AF360783

OBSERVATIONS

DES

TRIBUNAUX CRIMINELS

SUR

LE PROJET DE CODE CRIMINEL.

DÉPARTEMENS

Contenus dans ce volume.

———

OBSERVATIONS

DES

TRIBUNAUX CRIMINELS

SUR

LE PROJET DE CODE CRIMINEL.

TOME IV.

A PARIS,

DE L'IMPRIMERIE IMPÉRIALE.

An XIII.

OBSERVATIONS

DU TRIBUNAL CRIMINEL

DU LOIRET,

SUR

LE PROJET DE CODE CRIMINEL.

OBSERVATIONS

DU TRIBUNAL CRIMINEL

DU LOIRET,

SUR

LE PROJET DE CODE CRIMINEL.

L'INSTITUTION du jury est maintenue par le projet de Code criminel, avec des modifications que l'on prétend devoir la purifier des imperfections que l'expérience a fait connaître, et la rapprocher le plus près possible de l'excellence de ce système trop long-temps spéculatif, où le mode de répression garantirait, dans une proportion parfaitement égale, et les intérêts de la société et ceux de l'accusé.

Le tribunal criminel du département du Loiret n'affirme point que cette institution fortifiée par des améliorations, ne puisse procurer de grands avantages dans l'administration de la justice criminelle ; c'est une proposition qui ne se vérifiera complètement que par la pratique des moyens indiqués ; et d'ailleurs elle est le fruit des conceptions d'hommes si éminemment doués de lumières et d'intégrité , que l'on ne pourrait la nier absolument sans une aveugle précipitation, et sans brusquer une autorité respectable ; mais quel que soit le desir du tribunal de voir réaliser les espérances du perfectionnement dont il s'agit, il trouve différentes raisons de douter de l'efficacité des amendemens par lesquels on pense l'obtenir. Il va les exposer, ainsi que ses réflexions relatives à l'établissement du jury en général.

Des hommes recommandables, pénétrés des maximes des anciens, électrisés par le souvenir de leurs grandes actions, enflamés de l'amour du bien public, mais vivant en France dans un siècle et sous un Gouvernement où l'héroïsme avait une direction moins effervescente, où les idées libérales ne sortaient guères du domaine de la méditation ; placés ainsi dans l'impuissance de mettre en action le résultat de leurs observations, ont établi des théories sur des comparaisons tirées de l'état de la législation de différens peuples. Réduits à la seule contemplation, dans le silence du cabinet, ils ont orné ces théories de tous les prestiges que leur offrait une imagination qu'exalte l'amour de l'humanité; mais il n'est pas certain que ces célèbres écrivains n'eussent consulté que leurs propres livres, s'ils avaient été appellés à donner en effet des lois à leurs concitoyens. Un examen de l'ordre des choses, dans ce qu'elles sont par essence, leur aurait peut-être prouvé qu'ils avaient été séduits par plus d'une abstraction.

Quoi qu'il en soit, leurs écrits philantropiques se répandirent rapidement, et bientôt un évènement mémorable, l'assemblée des états-généraux en 1789, les fit encore rechercher avec plus d'empressement. On avait à reprocher aux lois criminelles des défauts que le temps et l'habitude n'avaient pu couvrir : une procédure secrète depuis le premier acte jusques et compris le jugement, l'accusé privé d'un défenseur, les peines hors de proportion avec la nature des crimes et délits, des juridictions de faveur, des cas privilégiés, nécessitaient une réformation, et les représentans de la nation se hâtèrent de la préparer et de l'effectuer. La méthode que l'on proscrivait, avait, pour ainsi dire, une physionomie de sévérité qui n'envisageait la plupart des hommes que comme adonnés au crime ou disposés à s'y laisser facilement entraîner. L'on y substitua une autre exagération, le mal du passé fit outrer la possibilité du bien, et l'on voulut croire l'espèce humaine dans la candeur du premier âge, où n'offrant que quelques vices transitoires qui seraient suffisamment réprimés par une peine modérée.

C'est dans cette disposition des esprits que parurent les lois des 16 septembre et 6 octobre 1791, sur l'établissement des jurés et le Code pénal. Elles furent reçues avec enthousiasme; mais il reste à décider si l'acclamation fut l'effet de leur bonté pressentie comme lois criminelles. Au surplus, l'on ne peut disconvenir qu'elles n'ayent été rédigées dans un ordre bien supérieur à l'ancien style des lois, et que souvent les principes qu'elles consacraient ne se rattachassent à d'immuables vérités.

L'usage de ces lois ne fit voir d'abord que les heureuses conséquences que l'on en attendait; c'est-à-dire des acquittemens à l'occasion d'accusations dont les faits n'étaient pas complètement prouvés : ensuite les absolutions ayant embrassé des crimes graves dont les auteurs avaient semblé convaincus, on commença à soupçonner qu'il se pourrait bien que les ressorts de l'institution ne fussent pas assez tendus. Pour y remédier, on créa successivement les lois des 5 et 30 septembre 1793, 7 et 30 frimaire, 2 nivôse, 14 germinal et 21 floréal an 2 : mais à ces époques d'une démagogie délirante, les vues de l'assemblée constituante n'étaient qu'un froid modérantisme : on voulut corriger son ouvrage par l'opinion du temps, et l'on n'ajouta que des tiraillemens qui détruisirent la simplicité de sa marche, sans raffermir les parties que l'on avait reconnues faibles.

Le Code du 3 brumaire an 4 vint purifier la législation criminelle, et rasseoir sur ses principales bases la loi du 16 septembre 1791, que l'on considérait encore comme le type de la meilleure forme de procéder. Il exigea l'âge de 30 ans pour être juré, multiplia les nullités dans le cours de l'instruction, et fit de la position des questions un travail de déduction et d'hypothèse, pour déterminer apparemment toutes les nuances du délit dans le rapport avec la loi pénale qui ne laissait aucun intermède à parcourir. Depuis l'an 4 jusqu'en l'an 8 inclusivement, les tribunaux criminels appliquèrent constamment les règles qu'il prescrit : il n'en est aucun qui, dans cet intervalle, n'ait eu à déplorer les scandaleux acquittemens qui en sont résultés, et tous en ont rapporté la cause à l'abus des questions intentionnelles soumises à des jurés pusillanimes, partiaux ou ignorans. Bientôt les réclamations devinrent si nombreuses, et les exemples d'impunité si effrayans, qu'il fallut voiler quelques-unes des pages du Code des délits et des peines. Alors parut la loi du 7 pluviôse an 9 , qui resserra les branches trop divisées de la poursuite, et lui donna plus d'énergie entre les mains du magistrat de sûreté. Cependant ce n'était là qu'un tempérament : les chauffeurs-garotteurs continuaient à désoler la société : ils trouvaient encore dans les formalités de l'institution trop de facilité à se perpétuer. Le Gouvernement institua des tribunaux purement spéciaux dans les départemens où les vols à main armée se commettaient le plus fréquemment; la loi du 18 pluviôse an 9 les investit du droit de juger d'après une poursuite accélérée, sans le concours des jurés et en dernier ressort. Tout-à-coup ces bandes dévastatrices se désunirent; leurs chefs saisis et punis, elles se dissipèrent totalement. Un autre genre de délits, les incendies de grange et d'autres dépôts de grains, et les faux de toute espèce se propageaient d'une manière alarmante : ils n'étaient pas compris dans les attributions de cette autorité judiciaire : la loi du 23 floréal an 10 érigea pour ces cas les tribunaux criminels en tribunaux spéciaux secondaires, avec le même pouvoir de juger en dernier ressort sans l'assistance des jurés, et ces crimes ont presque entièrement disparu. Ne semblerait-il pas, d'après ces rapprochemens, que l'institution du jury ne peut, en France, concourir salutairement à la repression des crimes! L'on a constamment proposé l'exemple de l'Angleterre ; mais a-t-on fait assez d'attention à la position de ce peuple insulaire, qui ne souffre presque point d'amalgame étrangère, tandis que nos limites territoriales permettent à une inombrable quantité d'individus, la plupart gangrénés de vices, de pénétrer chez nous, de s'y établir et de se confondre ensuite dans la masse des habitans! Or, pour contenir une multitude qui recèle tant de germes de corruption, l'établissement des jurés sera-t-il suffisant!

Le sera-t-il même avec les modifications proposées par le projet de Code criminel!

Sans doute la suppression de ces séries de questions si abusivement soumises aux jurés, est un des meilleurs moyens de réforme que l'on puisse adopter. C'était une erreur bien grave, que de demander des solutions de métaphysique à des hommes pris dans toutes les classes de la société ; mais pour unique interrogation leur demander si l'accusé est coupable, n'est-ce point aussi les dispenser trop légèrement de rendre raison des principaux motifs de leur conviction ! Si l'on pouvait espérer que tous les jurés seront désormais exempts de faiblesse et d'affection, l'excellence de cette seule question serait incontestable ; mais comme l'on ne peut supposer qu'ils seront toujours à l'abri des préventions, on doit craindre que la simplicité de la question dont il s'agit, ne leur présente une dangereuse facilité de favoriser le coupable. Ainsi, par exemple, un meurtre aura été commis sans autre provocation que des injures verbales que la loi n'admet jamais comme excuse ; les jurés qui, d'après leurs préjugés, verront dans ces injures une offense caractérisée, se garderont bien d'user de la faculté qui leur est accordée de faire une déclaration spéciale sur les circonstances aggravantes : ils se renfermeront dans la première question, donneront une déclaration négative, et l'accusé sera nécessairement acquitté ; on ne pourra même en apparence fronder leur décision ; car, n'en connaissant que le résultat et n'ayant point de règle d'où l'on puisse juger leur délibération intérieure, l'on présumera qu'ils ont eu connaissance de circonstances particulières, et de faits justificatifs qui s'opposaient à une condamnation quelconque. Une ou deux questions précédentes préviendraient peut-être cet inconvénient, si elles étaient tellement liées que l'une fût la conséquence naturelle de l'autre ; et l'on y trouverait un double avantage : d'abord le juré répugnant à faire des réponses incohérentes, serait retenu dans les liens de sa conscience par le sentiment de l'amour - propre ; on éviterait en même temps ces sous-divisions qui embarrassaient l'esprit et causaient l'erreur de ceux qui n'avaient que des intentions pures.

La formation des listes des jurés, leur nombre et l'époque de leur convocation, sont encore susceptibles de difficultés.

Charger les préfets de dresser les listes, et conséquemment de juger seuls de l'aptitude des personnes qui peuvent être jurés, c'est leur imposer une tâche pénible, et courir encore les risques que la multiplicité de leurs autres attributions ne leur fasse confier ce soin à des employés de leurs bureaux. Il semblerait utile de faire concourir à cette opération le président du tribunal criminel ; il se concerterait avec le préfet sur la désignation des sujets, et dans le cas où ils se trouveraient partagés, le sort pourrait régler la préférence, de manière néanmoins qu'il tombât toujours sur ceux qui avaient été indiqués ou par l'un ou par l'autre.

En dressant un liste de quarante-huit jurés peu de jours avant le terme de la session ; en ne la signifiant à l'accusé que la veille de l'ouverture des débats, et en la réduisant au nombre de douze à l'audience publique, on a pensé remédier aux abus des sollicitations pratiquées envers les jurés.

Néanmoins sera-t-il bien facile de réunir au même jour 40 ou quarante-huit personnes! A la vérité, le maire du chef-lieu pourra les compléter; mais ce dernier moyen n'entraînera-t-il pas des lenteurs d'autant plus intolérables, que le tribunal, les autres jurés présens et l'accusé, seront dans l'attente, livrés à une inaction embarrassante! Au surplus, est-il bien démontré que ce mode ne permettra plus d'aller visiter les jurés, et de les circonvenir! Il était, dit-on, très-facile de pratiquer des jurés dont l'accusé connaissait les noms et le domicile quinze jours avant la convocation, et dorénavant cela deviendra presqu'impossible. Il est néanmoins permis d'en douter. Sur cinquante procès criminels, il en est les deux tiers qui n'ont pour objet que des crimes commis par des individus voués à la misère et au plus absolu dénuement, sans parens, sans amis, ou qui, comme eux dans l'indigence, n'oseront ni ne pourront entreprendre d'aller solliciter des jurés disséminés sur plusieurs points du département : la mesure proposée serait donc pour ceux-ci sans application. A l'égard des autres, ils sont ou riches, ou revêtus d'une certaine considération; ils tiennent à une famille puissante, soit par son propre crédit, soit par celui d'autrui : alors, quel que soit le secret de la formation de la liste, ils le pénétreront; quelle que soit la briéveté de l'intervalle entre sa confection et le jour fixé pour le jugement, ils y trouveront encore un terme convenable : le nombre de quarante-huit jurés ne les effrayera pas plus que celui de douze; ils les verront tous en se distribuant à propos les distances et les rôles. Ainsi l'on n'aurait point atteint le but desiré, et l'on resterait avec une stérile formalité, très-dispendieuse pour le trésor public, et fort incommode pour les citoyens. Le tribunal pense qu'il faudrait former le premier de chaque mois une liste de quarante-deux jurés, dont le tiers serait pris parmis les citoyens du chef-lieu; sur ces quarante-deux, en tirer douze le cinq du même mois, en limitant les récusations de l'accusé et du commissaire, à neuf pour chacun; ensuite, lorsque les douze jurés seraient réunis et placés en présence de l'accusé, permettre à ce dernier d'en récuser trois péremptoirement, qui seraient aussitôt remplacés par trois autres restant de ceux du chef-lieu, et, à leur défaut, pris parmi les citoyens payant au moins 100 francs de toutes contributions, et réunissant d'ailleurs les conditions exigées par le Projet ; qu'il serait bon qu'une disposition de la loi avertît les jurés qu'ils ne doivent entendre aucune explication qu'on prétendrait leur donner, sous prétexte d'éclairer par avance leur religion sur la nature ou les circonstances d'un procès criminel, ni recevoir de mémoires à cet égard; qu'à l'audience publique on les interpellât individuellement de déclarer s'ils n'ont point écouté quelques sollicitations, et s'ils sont sans prévention par rapport à l'affaire qui va leur être soumise, et que ceux qui conviendraient avoir été circonvenus, fussent réprimandés publiquement par le président, et remplacés de suite.

Quand à la délibération des jurés qui devront rester assemblés jusqu'à ce qu'ils soient unanimes, il semble qu'il faudrait pourtant fixer un délai passé lequel la déclaration fût donnée à la majorité absolue; quelque disertement que soient développés les motifs du Projet contre cette majorité, on pense qu'il est presqu'impossible de ne pas l'admettre. Lorsque douze personnes réunies ont discuté pendant douze heures sans pouvoir s'accorder, celles qui se rendront ensuite, céderont plus par lassitude et par la crainte d'une plus longue reclusion, que par le sentiment intime de la conviction; alors il y aura bien unanimité dans la forme extérieure de leur déclaration, mais non dans la sincérité des suffrages; il est plus convenable aux intérêts de la société, plus digne de la majesté de la justice, de proclamer le résultat de la délibération tel qu'il est en effet, que l'unanimité produite par la contrainte et par l'accession à une formule impérative. Ainsi, en adoptant l'idée de son excellence le Grand-juge Ministre de la justice, on croit qu'il serait nécessaire d'autoriser le tribunal à fixer le terme après lequel les jurés qui n'auraient pu devenir unanimes, donneraient une déclaration à la majorité absolue; que ce terme ne dût pas excéder douze heures; qu'il ne fût fixé que d'office et du consentement du commissaire du Gouvernement.

La composition du tribunal criminel, ainsi qu'elle est projetée, semble présenter aussi des inconvéniens majeurs : chaque tribunal n'aurait que deux juges, un préteur et un propréteur. L'on restreint la décision des jurés à une question unique, qui laisse aux juges un assez vaste latitude dans l'application de la peine; dans quelques cas ils pourront prononcer depuis le simple emprisonnement jusqu'à la peine capitale. Et de pareils jugemens ne seront rendus que par deux personnes! Il arrivera même souvent qu'ils ne seront l'effet que d'un seul suffrage, puisque lorsqu'il y aura diversité d'opinions, l'avis du préteur prévaudra. Quelle terrible responsabilité morale, et quelle source de craintes pour les justiciables! L'ordonnance de 1670 avait des formes plus rassurantes. L'on n'y procédait point avec le concours du jury; mais aussi les jugemens, même ceux de simple instruction, étaient-ils rendus par sept juges.

Le préteur qui tiendra alternativement les grands-jours dans chacun des départemens de son ressort, sera, dit-on, étranger aux affections locales et à l'abri des atteintes de l'intrigue qui assiégent si opiniâtrément un président de tribunal criminel, né dans le département ou qui y fixe son domicile. Ce raisonnement est-il sans réplique! L'intrigue que l'on appréhende saura bien où trouver le préteur, et, à force d'importunité, obtenir qu'il écoute les discours officieux préparés au bénéfice de quelques accusés; s'il croit y reconnaître l'apparence de la vérité, et qu'il desire s'en assurer, il faudra qu'il prenne des renseignemens et s'en rapporte au témoignage d'autrui; tandis que le juge résidant qui connaît l'esprit de son département, la moralité des solliciteurs, celle des accusés, l'opinion du pays et ses préjugés sur certaines actions, ou à l'égard de certaines personnes, n'est point inquiété par la fausse direction que l'on voudrait donner à une affaire dont il sait apprécier le caractère; et l'on voit, d'ailleurs, que cette connaissance lui est essentielle, quand il a la faculté de proportionner la durée de la peine selon la gravité du délit qui dépend de différentes idées accessoires.

Cette ambulance continuelle du préteur occasionnera bien des embarras et des retardemens dans l'instruction des procès. Si, comme il est vraisemblable, sa collocation comprend au moins trois départemens, le temps qu'il emploiera à se rendre successivement de l'un dans l'autre, ne lui laissera presque plus le loisir d'examiner les affaires avant l'assemblée du jury de jugement, d'autant qu'elles seront nécessairement multipliées, les grands-jours n'ayant lieu qu'une fois par trimestre dans chaque département. Au reste, et c'est ici l'une des plus fortes objections, comment concilier le desir bien prononcé d'accélérer l'expédition des affaires criminelles avec l'établissement d'une seule session tous les trois mois! L'on sait qu'il est des procès dont l'instruction préliminaire se prolonge au delà de deux mois, et que ce n'est souvent que dans le cours du troisième que les accusés sont transférés de la maison d'arrêt dans la maison de justice. Ceux qui n'y arriveront qu'après la clôture des grands-jours, seront donc encore détenus pendant trois autres mois! Ainsi un accusé, peut-être innocent, aura subi, avant son jugement, une détention de six mois. Son innocence sera proclamée; mais qui l'indemnisera suffisamment des angoisses d'un aussi long séjour dans les prisons, et de l'altération de sa santé! Quant aux coupables, l'humanité réclame également pour eux, et l'intérêt de la société exige que la punition du crime ne soit pas trop différée, autrement l'exemple, cette première raison des peines, serait sans efficacité.

Le projet de Code appuie la réduction du nombre des juges sur l'espèce d'oisiveté où les réduit, dans quelques départemens, le peu d'affaires criminelles, dont la moitié des accusés sont acquittés par la seule ordonnance du président. Ne serait-il pas possible de n'établir qu'un tribunal criminel pour deux départemens où les affaires ne seraient point habituellement multipliées! Quant aux autres, la méthode proposée de ne soumettre aux jurés que la question de culpabilité, et de faire délibérer tous les jurés, soit sur l'acquittement, soit sur la condamnation, leur fournira une occupation assez laborieuse, en y joignant les affaires correctionnelles dévolues par appel. Dans cet état, et pour conserver l'équilibre des voix, il serait peut - être nécessaire de composer chaque tribunal de cinq juges; mais si l'on veut que les jugemens ne deviennent pas autant d'objets d'inquiétude publique, il paraît indispensable de les former de trois au moins.

Les fonctions du propréteur, que l'on fait en même-temps vice-président du tribunal civil et correctionnel, directeur du jury, et juge au tribunal criminel, sont une complication qui produirait peu de bons effets. On est étonné sur-tout de le voir juge en dernier ressort des affaires qu'il

aurait commencées et suivies en sa qualité de directeur du jury, contraire-
ment à ce qui s'est pratiqué depuis 1791 jusqu'à présent. On répondra
que le propréteur, dans les actes de la poursuite, n'a point à manifester
son avis sur le degré de culpabilité et sur l'application de la peine; qu'ainsi
il n'y a aucun danger à le laisser juger au tribunal criminel. Mais cependant, en réglant la compétence, il se sera formé une opinion à laquelle
il pourra tenir quand l'affaire sera présentée au tribunal criminel. Il faut
encore remarquer que le propréteur serait juge de son propre ouvrage,
dans les cas où il s'agit de prononcer sur des nullités; car il peut s'en
trouver dans l'instruction qu'il aura faite comme directeur de jury; et lorsque le commissaire ou l'accusé en demanderont la réformation, pense-t-on
que le propréteur soit disposé à l'ordonner, ou qu'il céde sans répugnance.

Enfin les noms de *préteur* et de *propréteur*, quoique connus dans l'an-
tiquité et respectés du peuple romain, conviennent-ils aujourd'hui à des
juges criminels! Le peuple français n'en fera-t-il pas dans sa langue un
sujet d'équivoque et de plaisanterie, non qu'il méprise l'établissement,
mais entraîné par son penchant à la gaieté qui le caractérise! Cette observation puérile en apparence, mérite d'être examinée sérieusement; l'on sait
que des institutions importantes ont succombé sous l'arme du ridicule.

Le tribunal criminel du département du Loiret va maintenant examiner les différens livres du Projet en ce qui touche la classification des
peines et les détails de la procédure, et fournir sommairement ses observations sur les articles qui lui en paraîtront susceptibles.

PREMIÈRE PARTIE.

LIVRE I.er

Art. 8. Les n.os 2 et 3 de cet article semblent exiger quelques modifications. Il ne paraît pas convenable que des citoyens non militaires, soient
pour un délit souvent léger, distraits de leurs juges naturels, sur-tout pour
ce qui se passe de contraire à l'ordre dans les casernes, ou à la porte des
corps de garde.

Art. 13. La peine de mort est malheureusement nécessaire; mais faut-il
en rendre les approches plus effrayantes! Pourquoi inventer des supplices
nouveaux! C'est remplacer les longues tortures que la révolution a supprimées. Le supplice de la roue était horrible, il n'empêchait pas les crimes.
La loi doit prévenir les délits; on doit soustraire de la société l'homme
qui lui est nuisible; mais l'amputation du poing est cruelle. Toute rigueur
qui ne peut être utile ne doit pas être autorisée.

Art. 14. L'on pense que, dans tous les cas, les corps des suppliciés
doivent être rendus aux familles, lorsqu'elles les réclament, ce qui est très-
rare; sinon, qu'ils doivent être inhumés suivant l'usage actuel.

Art. 15. Ici, ce n'est plus une peine contre le condamné, c'est une tache d'infamie qu'on répand sur sa famille, et qui se perpétuera. Cet article a des inconvéniens très-graves. Nous ne sommes point encore arrivés au point de ne pas regarder comme flétrissure, le poteau qui indiquerait que notre père, notre fils, notre frère, &c., a été mis à mort pour crime. Ce poteau ferait naître des querelles, sur-tout dans les campagnes, et occasionnerait des crimes au lieu de les prévenir. La peine infligée à ceux qui l'arracheraient n'empêcherait pas l'enlèvement.

Art. 28. Il ne paraît pas convenable de faire parler l'exécuteur. Le jugement affiché suffit.

Art. 29. Cet article a encore de grands inconvéniens ; quel est donc l'espèce de châtiment que l'exécuteur infligera ! N'a-t-on pas à craindre qu'il n'abuse de la latitude de correction qu'on lui laisse , sur-tout si l'irrévérence commise par le condamné lui est personnelle ! On ne pense pas que cet article puisse subsister sans modification.

Art. 31. Il n'est pas besoin pour l'exécution des jugemens de l'intervention de l'autorité administrative. Le procureur général connaîtra mieux ce qu'il sera convenable de faire pour l'exemple : il saura toujours bien qu'il ne faut pas multiplier les dépenses sans nécessité.

LIVRE II.

Art. 78. *Les aubergistes et hôteliers, à l'égard de celui qui , ayant logé chez eux , &c.* Il semble qu'on devrait dire , à l'égard de celui qui , logeant chez eux , &c. autrement l'article serait obscur, et le logeur serait responsable d'un délit commis par celui qui aurait logé chez lui , et qui pourtant n'y demeurait plus lorsqu'il a commis le délit.

LIVRE III.

Art. 107. Le délit qui par cet article emporte la peine de forfaiture contre un fonctionnaire public, n'est pas clairement spécifié : ces expressions *faire quelqu'acte arbitraire et attentatoire, soit à la liberté individuelle , soit aux droits ou aux propriétés d'une ou de plusieurs personnes ,* présentent un sens vague dont la malignité pourrait abuser pour tourmenter les fonctionnaires. Il est nécessaire sans doute de réprimer les prévarications ; mais il ne l'est pas moins d'en préciser les cas , en sorte qu'il n'y ait lieu à aucune incertitude ; et que les dépositaires ou les agens de l'autorité ne demeurent point à la merci de la malveillance.

Art. 151. Il en est de même de cet article ; sa rédaction actuelle ouvre un vaste champ à la mauvaise foi des plaideurs qui, dans la perte d'une mauvaise cause, prétendront toujours que leur adversaire a eu la faveur du juge ; et en matière criminelle, le condamné, à qui tous les moyens sont bons quand ils peuvent retarder l'exécution de la condamnation , attaquera ses juges comme ayant été l'objet de leur inimitié. Cependant la faveur et l'inimitié sont des un mouvemens de l'ame que la loi ne peut atteindre quand des résultats extérieurs n'en manifestent pas indubitablement l'existence.

Art. 276. L'on pense que le délai de responsabilité doit être limité, pour qu'on puisse clairement entendre dans quel temps, après quarante jours, celui qui aura frappé pourra être poursuivi.

Art. 363. *Tout négociant, marchand , &c. qui aura, par quelque moyen que ce soit, enlevé, détourné, récelé, diverti au préjudice de ses créanciers la totalité ou partie de son actif mobilier ou des titres de ses biens-immeubles....* Il semble qu'après ces mots *au préjudice*, il faudrait ajouter ceux-ci, *et en fraude.* Par l'effet des circonstances et des chances du commerce , un négociant peut dissiper ou divertir son avoir , ce qui constitue la faillite simple plus ou moins préjudiciable à ses créanciers ; mais elle n'est criminelle que lorsqu'elle est accompagnée du dol et de la fraude.

Art. 367. La peine de deux années de détention, établie comme le *minimum* pour ce genre d'escroquerie, serait trop forte dans quelques cas où il ne s'agirait que de l'extorsion d'une légère somme ou d'une chosse de peu de valeur; d'un autre côsé, la fixation de l'amende à 100 francs au plus, serait insuffisante à l'égard d'objets considérables. L'article 35 du titre II de la loi du 22 juillet 1791, maintenu par la loi du 7 frimaire de l'an 2 , qui prononce que l'emprisonnement *ne pourra* excéder deux ans et l'amende 5,000 francs , laisse aux juges une latitude qui leur permet de graduer la peine selon les nuances et la gravité du délit; l'art. 421 du Projet ne paraît pas remédier entièrement à ces inconvéniens.

Art. 413. Il faudrait n'infliger aucune peine à celui qui tuerait des volailles trouvées sur ses propriétés , parce qu'il est rare qu'elles n'y causent pas de dommage. L'art. 12 du titre II de la loi du 6 octobre 1791 sur la police rurale, permet de les tuer sur le lieu au moment du dégât.

II.ᵉ PARTIE.

LIVRE I.ᵉʳ

Art. 469. L'expérience a fait connaître la nécessité d'astreindre les gardes champêtres, à affirmer leurs procès-verbaux dans un délai très-rapproché de leur date : il conviendrait que l'affirmation eût lieu dans les vingt-quatre heures.

Art. 477. Il semble que cet article devrait être supprimé. Charger le commissaire du Gouvernement près le tribunal criminel des fonctions de magistrat de sûreté de l'arrondissement où siége le tribunal criminel, c'est créer des difficultés nombreuses et entraver la marche de l'instruction des procès. D'abord les occupations de ce fonctionnaire comme commissaire

en chef lui laisseront peu de loisir pour vaquer à celles de magistrat de
sûreté, qui cependant sont de tous les instans et ne peuvent souffrir de
retard ; ensuite une telle réunion de fonctions dans la même main ne
deviendrait-elle pas alarmante pour les citoyens ? Un seul homme ferait
les premières poursuites, rédigerait l'acte d'accusation ; il viendrait encore
le présenter aux jurés, au tribunal criminel, et dirigerait aussi les débats
sur son propre ouvrage ; sans doute il faut croire à l'impartialité de ces
magistrats, mais aussi l'on doit éviter de les mettre aux prises avec une
sorte d'amour-propre dont quelquefois les hommes les plus justes ne sont
pas exempts ; et certes il pourrait s'en trouver qui, pour soutenir les actes
émanés d'eux, se laissassent entraîner à des exagérations, tout en n'y voyant
que l'accomplissement de leurs devoirs. Enfin la procédure du magistrat
de sûreté, et celle du propréteur devant être examinées par le commissaire, aux termes des articles 820 et 821, cette formalité sera donc illusoire ; car il deviendra le censeur de ce qu'il aura fait personnellement et
de ce qu'aura fait le propréteur, de son avis et d'après ses conclusions ;
l'objection est encore plus forte par rapport aux art. 611, 612, 613 et 614.

Art. 501. Il arrive assez fréquemment que le magistrat de sûreté ne
trouve pas dans la plainte de la partie civile un intérêt public ou des
motifs suffisans pour diriger des poursuites. Si cette partie néanmoins le
somme d'aller en avant et qu'elle ne présente pas une solvabilité capable
de garantir le recouvrement des frais à faire, devra-t-il accéder à sa réquisition et grever le trésor public de l'avance de ces mêmes frais dont la
rentrée ne pourra s'effectuer ? On estime que dans ce cas la partie
plaignante devrait présenter une caution qui ferait sa soumission au greffe
du directeur du jury, tant pour les frais que pour les dommages-intérêts
que le prévenu pourrait réclamer en définitif ; que si elle ne pouvait offrir
cette caution, elle devrait justifier de son indigence par une attestation
en forme ; qu'alors le magistrat de sûreté en référerait au commissaire près
le tribunal criminel qui, d'après la décision de ce tribunal, l'autoriserait
à commencer les poursuites ou à s'en abstenir.

Art. 538. Lorsque dans le cas de cet article, le prévenu se sera trouvé
transitoirement sur le lieu, et que l'on ne connaîtra pas son domicile fixe,
il lui sera facile de se soustraire aux poursuites et à la condamnation.
Pour obvier à l'impunité, il faudrait lui faire donner caution ou le
détenir jusqu'au jugement et au paiement de l'amende.

Art. 565. Le propréteur ou directeur du jury devant recueillir tous les
genres de preuves, et conséquemment entendre la totalité des témoins,
l'on ne voit pas la nécessité de la première information faite par le magistrat de sûreté aux termes de l'art. 514, et hors les cas prévus par les
art. 508 et 509 : il suffirait qu'il eût la faculté d'entendre un ou deux
témoins sur le fait dénoncé, quand il le jugerait nécessaire pour établir

ou fortifier un commencement de preuves ; l'audition de tous les témoins
dès les premiers pas de la poursuite , occasionne inutilement d'assez gros
frais , et retarde ou embarrasse la marche de l'instruction.

LIVRE II.

Art. 617. La mesure proposée de faire présider le tribunal de police
par un suppléant des juges du tribunal d'arrondissement, semble impraticable. Il est impossible qu'à Paris et dans les autres tribunaux de police
siégeant dans les grandes villes, le suppléant se livre à cette nouvelle
fonction sans répugnance comme sans difficulté ; mais dans les campagnes
et dans les villes qui ne sont pas chefs-lieux d'arrondissement , que d'obstacles il aura à surmonter ! des déplacemens dispendieux et pénibles, de
grandes distances à parcourir ; des chemins dans le plus mauvais état,
et souvent inaccessibles en hiver. Paraît-il convenable d'ailleurs que ce
tribunal soit présidé par un jeune homme de 20 à 21 ans ! et c'est ce qui
arriverait à Orléans, où deux suppléans qui n'ont que cet âge, sont
encore chez un avoué, ou chez un homme de loi. Pourquoi les juges
de paix ne conserveraient-ils pas ces fonctions ; ils joignent, sur-tout dans
les villes , les lumières et l'expérience à la maturité de l'âge. Il vaudrait
mieux prendre les juges de police dans chaque localité, et composer le
tribunal du juge de paix, d'un suppléant et de l'un des membres du
conseil municipal , ces deux derniers désignés tous les trois mois par le
directeur du jury de l'arrondissement.

Pour les délits de simple police, il faut une répression prompte, et le
Projet donne une audience par mois ; cela paraît impraticable : supposons
que parmi les affaires qui seront soumises à ce tribunal , il y en ait huit
ou dix, et ce n'est pas exagérer, dans lesquelles il faille entendre des
témoins ; supposons encore qu'il faille , ce qui est assez fréquent, un
transport sur le lieu du délit , alors les séances seront nécessairement
prolongées au-delà des cinq jours que l'art. 683 semble y affecter , les
autres affaires souffriront de l'empêchement du juge de paix, et pendant
le mois qui s'écoulera jusqu'à la première audience , les preuves pourront
périr ; et la justice ne sera point rendue ou elle ne le sera qu'imparfaitement.

Art. 638. Il serait peut-être utile d'établir une juridiction particulière
pour les eaux et forêts.

Art. 639. Dans les communes au-dessus de cinq mille habitans, l'on
croit que le ministère public près les tribunaux de police , devrait être
rempli par l'un des adjoints du maire et non par les commissaires de
police dont la plupart n'ont ni la capacité ni la considération nécessaire
pour l'exercice de ces fonctions.

Art. 642. Si on établissait un tribunal forestier, les huissiers qui y
seraient attachés , feraient le service.

Art. 683. *Le jugement sera prononcé de suite ou au plus tard à l'audience qui suivra celle où l'instruction aura été terminée.* Il faudrait ajouter à peine de nullité, d'avertissement et de réprimande envers les juges : on a vu des tribunaux correctionnels (l'instruction terminée) mettre l'affaire au rapport et ne prononcer le jugement définitif que plusieurs mois après ; malgré les dispositions formelles des art. 184 et 189 du code des délits et des peines.

Art. 698. Puisque l'on charge le magistrat de sûreté de l'exécution et de l'appel des jugemens correctionnels, ne pourrait-on pas aussi le charger directement des fonctions de commissaire du Gouvernement près cès tribunaux, c'est-à-dire, d'y exposer l'affaire et d'y conclure ! par ce moyen le commissaire du Gouvernement serait entièrement à ses fonctions civiles, sauf les circonstances où les procès introduits civilement pourraient donner lieu à l'application des peines correctionnelles, auxquels cas seulement il tiendrait le parquet à l'exclusion du magistrat de sûreté. Il n'y a pas lieu d'invoquer ici par analogie les objections formées contre l'art. 477, puisque les jugemens correctionnels ne sont pas rendus en dernier ressort, et que d'ailleurs les matières y ont moins d'importance qu'au tribunal criminel, jugeant sur accusation admise.

Art. 715 et suivans jusqu'à l'art. 723. Ces divers articles établissent un nouveau mode de procéder lorsque le tribunal criminel, pour omission de formes, aura renvoyé à un autre tribunal d'arrondissement. Le jugement de ce dernier tribunal est susceptible d'appel ; mais pourquoi donc cet appel n'est-il pas porté devant le tribunal criminel ! C'est le dessaisir sans motifs légitimes d'une contestation sur laquelle il n'a pas prononcé, pour en saisir le tribunal d'appel qui n'a pas l'habitude de ces sortes d'affaires, qui sera obligé d'en faire une étude particulière, et qui sera distrait de ses occupations, assez nombreuses pour employer tous ses momens. C'est d'ailleurs occasionner des frais considérables à l'égard des procès qui nécessairement seront portés à trente lieues du lieu des séances du tribunal criminel.

Art. 741. L'on ne peut trop perfectionner l'instruction à lire aux jurés d'accusation, pour les persuader qu'il ne leur appartient pas de scruter la moralité du fait imputé au prévenu, et de décider s'il est ou non coupable. C'est en leur annonçant qu'ils ne peuvent dépasser ces limites sans trahir leur devoir et leur conscience, que l'on préviendra ces déclarations abusives devenues l'objet des réclamations de la majeure partie des tribunaux.

Art. 811. Cet article paraît singulièrement contrarier la hiérarchie des pouvoirs judiciaires. Le commissaire du Gouvernement près le tribunal de première instance de l'arrondissement, est, selon l'ordre de la magistrature, dans un degré inférieur à celui qu'occupe le commissaire près le tribunal criminel ; il est même en quelque sorte sous sa surveillance, à raison de la poursuite des affaires devant le tribunal correctionnel, et de l'exécution des jugemens : or il ne semble pas convenable de le charger de l'instruction préliminaire à l'occasion d'un délit dont le commissaire près le tribunal criminel se serait rendu coupable. L'art. 297 du Code des délits et des peines avait établi un mode plus conforme à la graduation des pouvoirs. Les articles 808, 809 et 810 du Projet comportent, entre le préteur et le commissaire criminel, une différence qui peut être choquante pour ce dernier.

Art. 855. *Il ne sera lu aux jurés aucune déclaration écrite de témoins non présens dans l'auditoire.* Cette disposition, littéralement renouvelée de l'art. 365 du Code des délits et des peines, a toujours offert, dans sa pratique, une faveur excessive pour l'accusé, et un obstacle pour la partie publique poursuivante. Il arrive assez fréquemment que les déclarations des témoins absens ou décédés sont les seules qui puissent déterminer la gravité du délit, dissiper des doutes sur quelques circonstances de l'accusation, et indiquer la situation morale du coupable au moment de l'action. Les jurés ne pouvant en avoir connaissance, demeurent dans une perplexité qui finit par produire un acquittement. Il serait donc nécessaire de leur donner lecture de ces déclarations, en leur observant toutefois qu'ils ne doivent pas en faire la règle unique de leur décision.

Art. 881 et 897. Il vaudrait mieux renvoyer l'accusé acquitté mais inculpé sur un autre fait, devant le magistrat de sûreté de l'arrondissement dans l'étendue duquel le délit nouvellement découvert aurait été commis ; l'instruction s'y ferait avec plus de facilité, avec moins de frais, et le système de compétence ne serait pas entravé sans nécessité ; depuis long-temps l'on avait, sous ce rapport, sollicité la réforme de l'art. 427 du Code des délits et des peines.

Art. 894. Si l'accusé est sans aveu, sans moyens de responsabilité, il est indubitable que pendant les délais qui suivront le pourvoi, il se dérobera par la fuite aux recherches que l'on ferait de sa personne après la cassation du jugement d'absolution. L'élection de domicile à laquelle on l'assujettit n'est qu'une stérile précaution, même à l'égard de tous. La première pensée d'une personne acquittée est de se soustraire aux chances incertaines d'un nouveau procès criminel ; l'on croit donc qu'il faudrait astreindre les accusés ainsi acquittés, quel que fût leur état, à fournir caution solvable de se représenter ; et, qu'à défaut de caution, l'intérêt public exige qu'ils soient transférés de la maison de justice dans celle de dépôt, et y soient retenus jusqu'à la décision du tribunal de cassation, mais dans le cas seulement où le pourvoi aurait été formé par le commissaire, celui de la partie civile n'étant pas susceptible d'une semblable mesure.

Art. 964. La rédaction de la dernière partie de cet article ferait peut-être croire à quelques personnes que les commissaires du Gouvernement, près les tribunaux, pourraient être aussi condamnés à l'indemnité et aux frais envers le prévenu lorsqu'ils auraient succombé dans leur pourvoi en cassation. En effet, ces fonctionnaires se trouvant compris dans la cathégorie des agens du Gouvernement, ils paraîtraient d'abord passibles de la même responsabilité. Pour dissiper toute équivoque, il faudrait les en excepter par une disposition formelle.

Art. 1021. Cet article laisse encore subsister les interprétations de l'article 476 du Code des délits et des peines, par lesquelles les uns ont prétendu que l'accusé contumax, arrêté ou repris après le jugement, devait être jugé de nouveau, soit qu'il eût été condamné ou acquitté par le premier jugement; les autres, qu'il ne devait être remis en jugement que lorsqu'il avait été condamné, et jamais lorsqu'il avait été acquitté; opinion qui semble néanmoins contraire à la jurisprudence du tribunal de cassation, fixée en ces termes dans un jugement du 13 ventôse an 11, bulletin 4, n.° 99 : « Considérant que la disposition de l'article 476 est absolue et de droit » public, qu'elle embrasse également l'intérêt de la société et celui de l'ac- » cusé ; que si elle a pour but d'assurer à ce dernier tous ses moyens de » défense, elle veut aussi la recherche la plus sévère des délits qui troublent » l'ordre social, et leur répression ; et que le but du législateur ne serait pas » atteint, s'il pouvait dépendre de l'accusé de donner une existence légale et » définitive à un jugement que la loi annulle pour l'intérêt de tous. »

C'est donc en expliquant expressément que, l'accusé jugé par contumace et arrêté depuis, sera remis en jugement, soit qu'il ait été condamné ou acquitté, que l'on fera cesser toute incertitude ; l'explication est d'autant plus indispensable que, jusqu'à présent, la plus grande partie des tribunaux criminels n'appliquent cet article 476, qu'au seul cas où l'accusé contumax a été condamné.

Au surplus, les jugemens par contumace ont-ils des effets de répression bien salutaires dans l'état actuel de la législation criminelle! l'expérience n'a-t-elle pas prouvé que les formes de la procédure et de ses condamnations, anéanties de plein droit dès que les accusés sont arrêtés ou qu'ils se représentent, bien loin d'en imposer aux coupables, leur offrent un moyen d'impunité et les décident à se soustraire à l'arrestation immédiatement après le délit! Ils y trouvent l'espérance d'être acquittés par le jugement de contumace, et l'avantage d'avoir été en liberté pendant les délais de l'instruction : s'ils sont condamnés, ils attendent que le temps et les circonstances aient affaibli l'idée de leur crime ; que des témoins soient décédés ou dépaysés, et alors ils viendront s'offrir à la justice lorsqu'ils l'auront réduite à l'impuissance de les frapper.

Pierre Ayrault, ce savant criminaliste, dont les auteurs du Projet ont souvent adopté les opinions, s'exprime énergiquement sur la procédure par contumace. « C'est ici, dit-il, le plus grand abus que j'aie toujours estimé

» être en notre style et façon de juger (qui plus est cause tant de meurtres
» et autres infinis crimes qui s'y commettent) que cette facilité de mettre
» ces jugemens au néant. Car tout homme , tant coupable soit-il , laisse
» passer la chaleur et ardeur des jugemens , la colère et première douleur
» de ceux qui accusent ; il est tout assuré qu'un ou deux ans lui apporteront
» libération ou impunité. Il apprend cependant ce qu'il y a de preuves au
» procès ; il le divertit , le corrompt , gagne son demandeur , s'il est possible ,
» s'accommode de juges , pratique témoins pour de faux faits justificatifs et
» de reproches ; et finalement , par les formalités mêmes de la justice , le
» voilà plus juste et plus entier qu'elle même. . . . . Que les anciens étaient
» bien plus sages ! Il n'y avait homicide , tant fortuit , qui n'eût sa puni-
» tion pour un temps , ni sentence par contumace qui n'eût autant de force
» jugée et ne fût tout autant exécutée si le condamné se trouvait , que si
» elle avait été donnée et prononcée parties ouïes ; cela faisait que , qui se
» délibérait de mal faire , ne pouvait espérer d'échapper , &c. »

Il serait en effet plus efficace de donner aux jugemens par contumace
l'autorité de la chose jugée et de les rendre définitifs , comme s'ils eussent
été prononcés en présence de l'accusé ; en y appelant des jurés , en per-
mettant à l'absent de plaider ses moyens par l'organe d'un conseil , de se
pourvoir en cassation ; et à défaut de pourvoi de sa part , en prescrivant au
commissaire d'adresser les pièces du procès au tribunal de cassation , on
aurait fait assez pour la garantie de ses intérêts , si d'ailleurs , suivant l'usage ,
son identité était reconnue lorsqu'il s'agirait de l'exécution effective.

Art. 1115. Il serait bon de donner la police particulière des maisons de
justice aux présidens des tribunaux criminels , et de laisser seulement aux
fonctionnaires administratifs celle concernant la salubrité du local , la quantité
et l'espèce des alimens. On croit aussi qu'il faudrait que les concierges ,
geoliers , guichetiers des mêmes maisons , fussent à la nomination des présidens criminels , et que le tribunal pût les destituer après avoir vérifié les
plaintes qui lui seraient portées. Dans l'état présent , les concierges sont trop
indépendans du pouvoir judiciaire : ils n'apportent pas toujours l'exactitude
desirable dans ce qui leur est ordonné pour la surveillance des accusés ; et
les avertissemens que leur donne une autorité qui ne peut les atteindre ,
ne les rappellent qu'imparfaitement à leur devoir.

Le tribunal criminel du Loiret , après avoir ainsi examiné chacun des articles du projet de Code , va présenter quelques observations , qui , tenant
à son ensemble , n'ont pu être placées selon l'ordre méthodique adopté par
la commission.

Multiplicité des Amendes contre les fonctionnaires.

Le projet de Code a multiplié les amendes au point qu'à chaque pas de
la procédure les officiers de police judiciaire et les juges trouvent une peine

pécuniaire pour une inadvertance, une omission ou une erreur qui leur sera échappée, et sera souvent causée par la surcharge des affaires et le desir de les accélérer. Il semble qu'il ne faudrait prononcer d'amendes que dans quelques cas de négligence reconnue, et lorsque, par le fait des fonctionnaires, il y aurait un préjudice évident aux intérêts de l'accusé ou à ceux de la société; autrement, ils seront livrés à une sorte de crainte servile et au découragement. D'ailleurs, la multiplicité de ces amendes fera que, dans l'usage, on les considérera bientôt comme peines comminatoires, et que le recouvrement n'en sera point effectué.

Surveillance spéciale trop étendue.

Il semble encore que le renvoi sous la surveillance spéciale du Gouvernement, ne devrait s'appliquer qu'aux individus poursuivis pour crimes de conspiration, d'attentat à la sûreté de l'État ou à la paix publique; l'étendre presqu'indéfiniment, c'est affaiblir le ressort de cette mesure, et même la rendre impraticable par l'immensité des détails qu'elle occasionnerait.

Frais de Greffe exorbitans.

Parmi les frais de justice, ceux des greffes criminels appellent toute l'attention du Gouvernement. C'est déjà une grande économie que la suppression proposée des copies de la procédure, si dispendieusement délivrées aux accusés; mais il est nécessaire de la porter encore plus loin. Les greffiers criminels ont un traitement égal à celui de président, et on leur paie en sus les expéditions des jugemens et des autres actes qu'ils délivrent, à raison de quatre décimes du rôle d'expédition ou plutôt de grosse, dont le produit leur est entièrement attribué. Ensorte qu'annuellement leurs bénéfices s'élèvent de beaucoup au-dessus de ceux des autres greffiers, même des tribunaux d'appel, dont les fonctions sont infiniment plus laborieuses et plus pénibles. Il paraît juste de réduire leurs émolumens à un décime par rôle de grosse; cette indemnité sera plus que suffisante pour le salaire des scribes, s'ils en emploient, et il leur restera en outre toute l'intégrité de leur traitement.

Abus et Dangers de la licence du Port d'armes.

La liberté illimitée du port d'arme est devenue l'occasion d'une infinité d'événemens fâcheux, de délits et de crimes; les armes à feu sont aux mains des enfants, des ouvriers, des domestiques, des gens sans aveu; dans les campagnes sur-tout l'usage en est si commun qu'il n'est pas de manœuvre, de pâtre, ni de bucheron qui n'ait un fusil, et ne le porte habituellement tout en vaquant à ses travaux; les moindres abus qui en résultent sont le goût du braconnage et de l'oisiveté; mais bientôt le désœuvrement amenant la misère, l'emploi des armes qui n'était d'abord qu'un délassement et une distraction agréables, se convertit en moyens criminels pour obtenir par la force ce qu'on a perdu par défaut de travail ; et l'on demande au bout du fusil des secours que l'imminence du danger ne permet pas de refuser. Heureux encore le passant ou le voyageur si l'attaquant ne commence pas par l'atteindre mortellement pour s'emparer de toute sa dépouille !

Après ces redoutables effets de la licence des armes, il en est d'autres non moins funestes et dont les tribunaux ont plus souvent retenti. Deux cultivateurs sont-ils divisés par quelque intérêt, deux pâtres sont-ils en mésintelligence, s'ils se rencontrent armés, le desir de la vengeance et la facilité de la satisfaire, écartent tout autre sentiment ; et c'est le premier prêt ou le plus adroit qui tue son adversaire. Dans plusieurs départemens les préfets ont soumis la faculté du port d'armes à feu à des conditions qui en ont diminué les dangers ; les uns n'en ont permis l'usage qu'aux propriétaires ou fermiers possédant ou faisant valoir une étendue de terrain déterminée ; d'autres l'ont défendu au-delà des maisons et enclos, et l'ont prohibé totalement à l'égard de ceux qui n'étaient pas compris aux rôles des contributions foncières. Il est indispensable de poser des règles constantes qui soient uniformément observées, et que les pères et mères, tuteurs et les maîtres, soient civilement responsables du fait de leurs enfans, pupilles, apprentis, compagnons, domestiques ou commis, quant aux délits ou contraventions qu'ils commettraient sous ce rapport.

Les membres composant la cour de justice criminelle du département du Loiret, et le procureur-général impérial près la même cour.

Signé Le Bœuf, *président ;* Fougeron, Pelé, *juges ;* Russeau, *procureur-général-impérial.*

OBSERVATIONS

DU TRIBUNAL CRIMINEL

DU LOT,

SUR

LE PROJET DE CODE CRIMINEL.

OBSERVATIONS
DU TRIBUNAL CRIMINEL
DU LOT,
SUR
LE PROJET DE CODE CRIMINEL.

LE tribunal criminel du département du Lot, d'après l'invitation qui lui a été faite par le grand-juge de fournir ses observations sur le projet de Code criminel, correctionnel et de police , a l'honneur d'observer ,

1.° Que dans le Projet on propose la réduction des juges ; et la raison qu'on en donne, est prise de ce que le premier d'entre eux préside seul à l'examen de l'accusé, et que , si l'accusé est acquitté de l'accusation, les deux autres n'ont pour ainsi dire rien à faire.

Nous disons à cela que, quoique le président soit plus spécialement chargé que tout autre juge de diriger les débats entre les témoins et les accusés, et entre les accusés entre eux, la présence des deux autres juges n'est pas inutile ni superflue.

En effet , l'article 354 du Code des délits et des peines porte que, non-seulement le président peut demander au témoin et à l'accusé tous les éclaircissemens nécessaires à la manifestation de la vérité, mais encore les juges ont là même faculté en demandant la parole.

Or, il n'est guère possible qu'un président qui dirige les débats puisse lui seul prévoir toutes les questions qu'il doit faire ; et quand il aurait assez de sagacité pour cela, le défaut des forces physiques lui en ôterait les moyens.

Il arrive donc que , quand le président croit avoir épuisé ses questions , les juges en proposent de nouvelles, soit au témoin , soit à l'accusé , qui sont la conséquence des premières ; et c'est de leur solution que le crime le plus occulte parvient souvent à être découvert.

L'expérience nous a appris que les témoins, qui la plupart sont habitans de la campagne, soit par timidité, soit par crainte , font des déclarations insignifiantes ; et ce n'est qu'à force de questions qu'on parvient à decouvrir la vérité jusqu'alors tenue cachée ; à tel point qu'une procédure écrite , en sortant des mains d'un directeur de jury, semblait ne devoir produire aucun résultat ; et cependant la série des questions proposées à propos par les juges, et la réponse à ces questions, ne laissent plus aucune espèce d'incertitude sur la culpabilité ou l'innocence des accusés.

Sous ce rapport, nous croyons donc que le nombre de trois juges est nécessaire en l'état où les choses se trouvent aujourd'hui ; et ce nombre sera plus nécessaire encore si le Code des peines, tel qu'il est proposé, est adopté, puisqu'il y a une infinité de cas où la punition d'un délit est arbitraire aux juges, et qu'ils sont obligés de se fixer sur un *maximum* et un *minimum de peine,* ce qui, ce semble, ne devrait pas être laissé à la volonté d'un seul juge, pas même de trois ; la morale exigerait que les juges en matière criminelle fussent en nombre pair, pour que, en cas de partage d'opinions, le jugement fût rendu *in mitiorem.*

2.° Dans le Projet on prétend réduire le nombre des présidens, parce que six tribunaux criminels, dans une année, n'ont jugé que cent et quelques procès criminels ; que vingt-neuf n'en ont jugé que de cinquante à cent, d'où l'on tire la conséquence que les tribunaux qui n'ont jugé que cent ou cent cinquante procès criminels, n'ont fait dans un an que l'ouvrage d'un mois ; et ceux qui en ont jugé de cinquante à cent, n'ont fait que l'ouvrage de quinze jours, &c.

Nous répondons à cela, que si les tribunaux dont on entend parler n'ont jugé que cinquante ou un moindre nombre de procès criminels, ils n'ont eu malheureusement que trop de travail ; et il serait à desirer, pour l'amélioration de l'espèce humaine, qu'ils n'eussent eu rien à faire, puisqu'il s'ensuivrait que dans leur ressort il n'y avait eu aucun coupable à punir, puisqu'aucun crime n'avait été commis.

Du reste, quand le rédacteur du Projet a dit que le tribunal qui n'avait jugé dans un an que cent et quelques procès criminels, n'avait fait que l'ouvrage d'un mois, que celui qui en avait jugé de cinquante à cent n'avait fait que l'ouvrage de quinze jours, nous croyons qu'il a tiré une conséquence absolument forcée, puisqu'il en résulte qu'en un jour on a pu expédier quatre, cinq, six, et même sept procès, ce qui paraît invraisemblable.

En effet, il arrive quelquefois, mais c'est fort rare, qu'un procès criminel est jugé dans un jour ; ce procès est celui d'un homme pris en flagrant délit, et qui s'est trouvé nanti de la chose volée.

Mais les procès de meurtre, d'assassinat ou d'incendie, et tous ceux où il s'agit de crimes où tout est conjecture, présentent des difficultés qu'il n'est pas possible de surmonter en un jour ; c'est dans ces procès où il faut saisir toutes les lueurs et ajuster tous les bouts, qu'on peut voir si le ministère des juges est inutile ou inactif : il faut ordinairement trois jours pour les jugemens de ces causes, et souvent il n'y en a pas assez d'un pour les plaidoiries du commissaire et celles des défenseurs; et certes si ces procès étaient jugés dans un jour, on pourrait compter sur autant d'acquittemens qu'il y aurait de prévenus.

Il y a à-peu-près un an que le tribunal eut à s'occuper d'une cause où il y avait huit accusés; elle dura quatorze jours, malgré que le tribunal entrât sept heures par jour; à coup sûr les débats, dans cette occasion, ne furent prolongés aussi long-temps que parce que le crime dont il s'agissait, et qui était atroce, était occulte; la procédure écrite ne présentait que doutes et incertitudes. Cependant sept des prévenus furent condamnés à la peine de mort; et le huitième fut acquitté. L'innocence de celui-ci, en effet, et la culpabilité des autres, furent portées au plus haut degré d'évidence; et ce résultat fut l'effet de l'attention qui fut portée à comparer les déclarations des témoins avec les dires des accusés, et à saisir les contradictions de ceux-ci; ce qui ne pouvait se faire ni dans trois ni dans quatre jours.

Au reste, l'expérience a appris qu'il ne faut pas fatiguer l'attention des jurés; ce sont ordinairement des hommes qui ne sont pas accoutumés à une longue tension d'esprit : du moment qu'ils commencent à s'impatienter, et cela arrive souvent dans les temps froids et les temps chauds, il faut nécessairement lever la séance, parce qu'alors ils n'écoutent plus rien; les uns s'endorment, les autres sortent, ils prétextent des besoins; c'est pour eux une position gênante que de rester assis pendant plus de trois heures : aussi les voit-on se tenir debout; ce qui est, en quelque façon, indécent. Il vaut donc mieux, en pareil cas, cesser toute espèce de travail, que de se voir exposé à le mal faire; et on le fait toujours mal quand l'impatience et le dégoût s'en mêlent.

3.° D'après le Projet, on veut réduire non-seulement le nombre des juges, mais encore celui des présidens : on veut qu'un suffise pour quatre ou cinq départemens; on ne croit pas même qu'il doive appartenir à aucun des départemens où il serait né, ou bien où il aura fixé sa résidence : on en donne pour raison qu'il serait à craindre que ce président ne se plongeât dans l'atmosphère départementale, parce qu'il ne pourrait se dissimuler qu'il n'y a de succès à opérer, qu'en administrant la justice au gré des directeurs de l'esprit départemental.

On croit pouvoir répondre à cela, que s'il a existé des jugemens empreints, comme on dit, d'une partialité qui a étonné tout le monde, ce n'est ni aux présidens, ni aux juges, ni à l'accusateur public qu'on doit en imputer la faute : les hommes, en effet, à qui la magistrature a été confiée, ont des comptes à rendre de leurs opérations au public, et au Gouvernement qui les a institués. Il n'en est aucun qui ne veuille jouir de la réputation d'un homme de probité, et qui ne veuille la transmettre à ses descendans. Quelle que soit l'ambition d'un magistrat, soit qu'il veuille être porté à une place plus éminente , soit qu'il veuille se maintenir dans celle qu'il occupe déjà, il doit être pénétré de ce principe, qu'il ne viendra à bout de ses projets qu'en jouissant de la réputation d'un homme intègre ; au lieu qu'il doit s'attendre à être bientôt écarté, et à vivre dans l'opprobre, s'il se signale par sa partialité.

Au surplus, il est très-possible qu'il y ait diverses nuances dans l'esprit public des cent et quelques départemens qui composent la France ; mais cet esprit public , quels que soient ceux qui le dirigent, ne sera jamais tel, qu'en certains lieux, plus qu'en bien d'autres, on veuille que le crime soit récompensé, et que l'innocence soit punie. Ainsi, il n'y a rien à redouter de l'atmosphère départementale.

Mais, nous dit-on, un président placé pendant un an dans une ville centrale, est là comme à poste fixe, et souvent au milieu de parens, d'amis, de créanciers, de débiteurs, pour recevoir leurs sollicitations.

Réponse. On ne doit choisir pour président, qu'un homme dont la réputation ait été mise à l'épreuve ; s'il est parvenu à l'âge où il peut présider un tribunal sans que sa vertu ait éprouvé le moindre échec, il faut croire qu'il marchera toujours dans la même voie ; si vous prenez, sur-tout, la précaution de donner à ce président de bons collaborateurs, c'est-à-dire, des juges, si vous les laissez sous la surveillance du magistrat chargé des fonctions du ministère public ; si le public lui-même est à portée de juger des actions d'un tribunal, les membres qui le composeront seront les surveillans les uns des autres, et ils chercheront à mériter l'estime publique, qui est la meilleure récompense. Le préteur, au contraire, n'aura pas cet entourage à craindre, puisqu'il n'est que sous la surveillance du Gouvernement.

4.º Le préteur, suivant le Projet, doit présider tous les tribunaux d'une division militaire ; il ne peut être nommé à cette place dans l'étendue de la division qui l'a vu naître , ni dans celle où il a fixé sa résidence.

Nous répondrons à cela que dans la 20.ᵉ division militaire d'où dépend le département du Lot, en général, les débats dans les affaires criminelles se font dans l'idiome patois ; cet idiome varie de trois lieues en trois lieues, en telle sorte que les habitans des deux extrémités les plus reculées du département du Lot ont peine à s'entendre : les juges du tribunal criminel, qui se sont formés pourtant à ces différens idiomes, ont souvent de la peine à entendre l'idiome vulgaire des habitans de Lot-et-Garonne, et de ceux de la Dordogne.

Comment donc un préteur, qui sera peut-être de Paris ou de Blois, &c., entendra-t-il le langage de ceux qui ne parlent que l'idiome de la Gascogne ! N'est-il pas plus naturel, par conséquent, que les tribunaux criminels soient présidés et même composés de gens du pays !

Nous avons l'expérience que la connaissance des lieux où les crimes ont été commis, la connaissance des mœurs et des habitudes des gens de ces

mêmes pays , fournissent souvent un excellent moyen de parvenir à la découverte de la vérité ; il faudrait qu'un juge du tribunal criminel connût,
dans certains cas, ce qui se pratique dans tel état ou dans telle profession,
pour pouvoir mieux, à son aise, consulter la nature et connaître la vérité, par
la comparaison des faits qu'on lui expose, avec les chances qui doivent se
présenter naturellement.

Par suite du raisonnement que nous avons cru devoir combattre , les
rédacteurs du nouveau Projet pensent que tel coupable qui aurait été puni
dans tel département , a été relaxé dans tel autre.

Nous avons l'expérience du contraire dans la cause dont nous avons parlé :
sept individus furent condamnés à la peine de mort ; le jugement fut cassé ,
et , dans le département voisin , deux de ces sept furent acquittés ; encore
les cinq autres ne furent condamnés que parce que le commissaire du Gouvernement près du premier tribunal prit la précaution d'envoyer à son
collègue le plan figuratif des lieux , et les autres renseignemens qui étaient
résultés du premier débat ; sans cette précaution , tous les sept accusés
auraient été acquittés. Cela suffit par conséquent pour prouver que la
nouvelle Constitution n'offre point de résultat plus avantageux.

5.° D'après le Projet, il paraît qu'on veut conserver la procédure par
jurés, malgré qu'on reconnaisse en général que cette institution ne peut
point convenir aux Français ni à leurs mœurs : à la vérité se propose-t-on
de faire un meilleur choix des jurés, puisqu'au lieu de trois cent quatre-
vingts dont les listes de trimestre sont composées dans le département du
Lot, la liste des jurés de jugement ne sera composée que de quarante-
huit , et celle des jurés d'accusation ne sera composée que de quinze ; delà
on conclut qu'on ne choisira que l'élite des bons citoyens considérés sous
le rapport des mœurs , de la probité et des lumières.

Il est dit dans le Projet que les citoyens inscrits sur la liste des jurés
d'accusation , ne seront pas inscrits durant la même année sur la liste des
jurés de jugement, et réciproquement ; mais il ne dit pas si on peut ,
plusieurs fois dans la même année, inscrire les mêmes citoyens sur plusieurs
listes de jurés d'accusation et de jugement ; de sorte que *primus* , juré d'accusation en vendémiaire an 13 , puisse l'être encore en brumaire, nivôse,
germinal , &c. , et que *secundus* , inscrit dans la liste des jurés de jugement
à la même époque , puisse l'être dans les mois suivans.

Ce doute devrait , ce semble , être expliqué ; et en l'expliquant, il faut
faire attention que si les mêmes citoyens peuvent être plusieurs fois jurés
d'accusation dans la même année , et qu'ils soient forcés de se rendre ,
ces fonctions deviendront onéreuses : si au contraire les mêmes citoyens ne
peuvent être portés sur la liste deux fois dans une année, le département du Lot
ayant quatre arrondissemens, il ne faudra pas moins de sept cent vingt
jurés d'accusation par année, et environ deux cents jurés de jugement ;

ces deux nombres réunis forment au-delà de la moitié du nombre des jurés dans les quatre listes de trimestre ; et il s'en faut de beaucoup que la moitié ni le quart de ceux qui sont portés dans les quatre listes aient les qualités requises pour être jurés.

La loi ne dit pas non plus si ces jurés devront être défrayés de leur voyage, séjour et retour : si par événement ils ne devaient pas l'être, on peut compter qu'il n'en viendra pas un ; ils se diront tous malades, et, qui plus est, ils le prouveront par de bons certificats d'officiers de santé.

Dans le cas même où les jurés devront être défrayés, il en manquera, comme il en manque toujours, la moitié ; et il en manquera les trois quarts à l'époque de la moisson, à celle où l'on fauche les prés, à l'époque des vendanges, et à celle où s'ouvrent les grands travaux de la campagne : les propriétaires en effet, n'importe qu'ils aient des colons, craignent avec raison d'être volés par eux, ou bien que les agriculteurs qu'ils emploient ne s'acquittent de leurs travaux qu'à demi.

On ne voit pas non plus que le négociant quitte son comptoir, l'avocat son cabinet, le notaire et l'avoué leur étude, le médecin ses malades, pour le seul plaisir d'être juré, sur-tout pendant l'hiver et le gros été, et lorsque les chemins sont impraticables.

Nous voyons cependant des citoyens de toutes ces différentes professions, et, lorsque cela arrive, on peut compter que ces citoyens ont des affaires au chef-lieu du département ; tantôt c'est une pétition à faire répondre, de l'argent à compter ou à recevoir, des denrées à vendre ou des emplettes à faire, ou des procès à consulter : aussi arrive-t-il toujours que le tribunal est obligé d'attendre au moins pendant une grosse heure que le jury soit complet ; et malgré les exemples de sévérité qui ont été faits dans certaines occasions, le mal n'en a pas été moins jusqu'ici sans remède.

Nous avons déjà dit qu'il manque presque toujours la moitié des jurés sur quinze que l'on convoque ; nous devons avouer pourtant que quelquefois, par extraordinaire, ils se rendent tous, ou bien qu'il n'en manque qu'un ou deux : mais quand cela arrive, on peut être assuré que les jurés ont été sollicités ; l'épreuve que nous en avons faite, est infaillible.

De tout ce que nous venons de dire il suit que sur quarante-huit jurés il en manquera vingt-quatre ; or, comme la ville de Cahors et d'autres chefs-lieux moins considérables eu égard à leur population n'auront pas seize citoyens inscrits sur la liste des précédens grands jours, il s'en suit que le mode indiqué par le Projet n'est pas praticable.

Il ne faut pas perdre de vue en même temps, et nous parlons toujours d'après l'expérience, que les habitans du chef-lieu n'aiment pas à être jurés de remplacement ; pour ne pas y être exposés, ils partent de la ville, ou avant que la séance s'ouvre, ils ont à l'audience leurs espions qui avant que les huissiers leur aient porté l'ordre de se rendre, viennent les prévenir de se tenir cachés : aussi malgré la plus grande latitude qu'a le président d'après la loi du 3 brumaire an 4 pour faire des listes supplétives, il arrive qu'il faut vingt-quatre heures pour compléter le jury.

Nous ne pensons pas du reste que le nouveau Projet en cas qu'il soit adopté, procure des résultats plus avantageux, en ce qu'il porte que les jurés de remplacement seront contraints de se rendre à la séance des grands jours par mainmise sur leur personne ; il serait à craindre que des jurés, après une telle contrainte n'apportassent point à leur décision le calme et le sang-froid qui convient à leurs fonctions.

6.° On ne peut qu'applaudir au plan indiqué par le Projet de ne poser qu'une seule question, *l'accusé est-il coupable !*

Il faut néanmoins que dans l'article 886 du Projet, il soit dit, en parlant de la déclaration qui doit être faite par le chef des jurés, qu'elle doit être conçue en ces termes : « Sur mon honneur et conscience la déclaration du jury est, *oui* l'accusé est coupable *du crime mentionné en l'acte d'accusation.*

Supposons en effet que dans un acte d'accusation il soit dit qu'un vol a été fait avec effraction, tandis que cette circonstance ne paraîtra pas constante aux jurés, sous prétexte que le voleur sera passé par une fenêtre restée ouverte et n'aura cassé qu'un carreau de vitre ; il sera possible sans doute qu'un jury où se trouvera quelque ergotiseur, quelque demi-savant, où se trouvera peut-être quelque mal-intentionné, il est possible, disons nous, que le jury convaincu que le délit existe, mais que certains des faits qui rendent le délit plus grave n'existent pas, ne rende une déclaration négative sur le tout, s'il est obligé de déclarer que l'accusé est ou non coupable du délit mentionné en l'acte d'accusation ; nous pensons donc que le jury doit répondre à la seule question, *l'accusé est-il coupable !*

A la vérité l'article 869 porte que le jury, après qu'il en aura déclaré l'intention au tribunal, pourra donner une déclaration spéciale sur une ou plusieurs circonstances aggravantes.

Nous pensons que cet article restera sans exécution, parce qu'il n'arrivera presque jamais que le jury connaisse à cet égard les dispositions de la loi ; donc il ne pourra pas réclamer le droit de jouir de la faculté qui lui est attribuée. Nous pensons en conséquence qu'il devrait y avoir un article dans la loi par lequel le président devrait avertir le jury, qu'après sa déclaration il pourrait donner une déclaration sur les circonstances aggravantes ; il faudrait encore que la loi expliquât si le jury pourrait délibérer sur cette question et quel serait le nombre de voix requis pour savoir s'il y avait lieu à réclamer la faculté dont parle l'article 869.

Mais supposons que toutes ces difficultés ne se présentent pas, parce que le jury n'aura pas réclamé le droit d'user de la susdite faculté ; en ce cas un homme, c'est-à-dire le président seul, puisque, quoiqu'il soit assisté d'un juge, il doit avoir la voix prépondérante, ce président devra-t-il appliquer la peine suivant toutes les chances et les circonstances portées dans l'acte d'accusation, tandis que quelqu'une de ces circonstances qui rendent la peine plus forte ne lui aura pas paru constante! La chose ne paraîtrait pas juste; et si le président a droit d'élaguer cette circonstance, s'il fait en cette partie les fonctions de juré, son pouvoir sera trop étendu.

Il y a plus; suivant l'article 733 du Projet, l'acte d'accusation doit exposer le fait et les principales circonstances; la nature du délit doit y être déterminée.

Or comme le nouveau Code pénal est entièrement changé, il faut s'attendre que les actes d'accusation seront, du moins pendant quelque temps, fort mal dressés, et que plusieurs circonstances des délits y seront omises.

D'un autre côté, il est très-possible que dans un acte d'accusation, dressé suivant le vœu de la loi, une circonstance aggravante ait été omise; et on sait que cela peut arriver toutes les fois que dans les déclarations écrites les témoins ne se seront pas expliqués sur ces circonstances, parce qu'elles n'auront été connues que par suite des développemens qui résultent du débat. Dans ce cas, on sait que, suivant les articles 373 et 374 du Code des délits et des peines, on posait toutes les questions résultant de l'acte d'accusation, et celles qui résultaient du débat; et par cet ordre le délit qui d'après l'acte d'accusation n'était qualifié que de meurtre, pouvait devenir assassinat si la préméditation ou le guet-apens était prouvé.

Dans le projet de Code, ce cas a été négligé : il paraît pourtant d'assez grande importance pour qu'il dût être prévu; et s'il est vrai qu'il faille avoir égard à cette partie de nos observations, il convient de déterminer les précautions qui doivent être prises pour sauver les formes et pour ne pas exposer le jugement à cassation ; c'est-à-dire, pour que le condamné ne puisse pas alléguer qu'on a appliqué toute autre peine que celle qui était indiquée par la loi, d'après l'accusation portée contre lui.

En somme, nous pensons donc qu'il ne doit être posé qu'une seule question conçue en ces termes, ni plus ni moins : *l'accusé est-il coupable!* Par ces moyens la tâche du jury sera moins pénible ; mais celle du tribunal sera toujours la même, puisque l'application de la peine est la conséquence des questions qu'on propose en ce moment au jury, et que le tribunal devra poser, en quelque façon, pour lui-même. Nous avons dit, au surplus, qu'à défaut par les jurés de réclamer la faculté de donner leur déclaration sur les circonstances aggravantes, il serait possible que le tribunal fît en cette partie les fonctions de jury ; ce qui sera un surcroît de travail qui ne sera pas de peu d'importance.

Nous allons examiner maintenant s'il convient que la déclaration du jury soit rendue à l'unanimité ; ce sera le septième point de nos observations.

Le tribunal criminel du département du Lot, par l'expérience qu'il a des actions humaines, par la connaissance qu'il a des mœurs de ce siècle, n'a pas lu sans frémir, que, suivant le nouveau Projet, la déclaration du jury devait être rendue à l'unanimité ; d'où il résulte qu'il suffirait que l'accusé eût un seul juré en sa faveur, pour être acquitté.

Quoi ! lorsque le desir de s'enrichir prédomine sur tout ; lorsque l'intérêt de l'argent est porté à un taux exorbitant ; lorsque le frère a recours à des voies obliques et à des actes simulés, pour envahir tout le bien de sa famille, sans craindre de dépouiller ses autres frères ; lorsque les dispenses de service se vendent au poids de l'or ; lorsque, pour de l'argent, on se trouve avoir plusieurs années de plus que celles qu'on a effectivement ; qu'on se fait marier avec une femme morte ou vivante, qui n'en a jamais rien su, on a la bonhomie de croire qu'un accusé riche ne parviendra pas à corrompre un juré qui lui vendra sa voix ! Certes, le tribunal criminel du Lot ne partage pas cette opinion, malgré qu'il soit bien convaincu que tel juré qui vend sa voix, ne la vendrait pas pour faire punir un innocent ; et ce que nous disons des jurés, nous le disons des témoins à décharge.

En effet, si pour être juré de jugement, il suffit de payer cent francs de contributions, ce qui suppose un revenu net de quatre à cinq cents francs, on trouvera dans cette classe beaucoup d'hommes qui, surchargés d'enfans et de dettes, poursuivis peut-être par des créanciers, n'auront pas la force de résister à des offres qui, réalisées au même instant, amélioreront leur sort, et donneront une existence à leur famille.

D'un autre côté, il faut qu'on sache que l'institution des jurés a beaucoup de détracteurs, et que tels hommes qui, par leur capacité, seraient faits mieux que bien d'autres peut-être pour remplir ces fonctions, votent toujours en faveur de l'accusé, ne fût-ce que pour faire voir que l'institution est mauvaise ; et elle n'est mauvaise que parce qu'elle a pris naissance, en France, depuis la révolution.

Nous avons aussi des philantropes qui prétendent que la vie est un présent de la Divinité, duquel les hommes n'ont pas droit de disposer. Quand ces hommes sont du nombre des jurés, dans les causes d'assassinat et d'incendie, non-seulement ils ne votent pas affirmativement sur la préméditation, mais encore ils déclarent qu'il n'y a pas eu intention de crime.

D'autres, et ceux-ci sont ordinairement les hommes de loi, ne comptant la conviction pour rien, sous prétexte qu'aux débats on ne leur a pas présenté deux témoins *de visu*, vous disent : Je crois que l'accusé est coupable ; mais cela n'est pas prouvé. C'est dans cette classe que se trouvent les hommes les plus dangereux ; car nous avons fait plusieurs fois l'expérience qu'un seul de ces hommes a entraîné la majorité de son côté, quoique, dans le commencement, il eût onze voix contre lui.

A toutes ces considérations il faut ajouter la sollicitation ; c'est encore une arme bien dangereuse qu'emploient les parens et les protecteurs des accusés : à quelque prix que ce soit, ils trouvent le moyen de parler aux jurés ; ils s'attachent plus fortement à celui qu'ils connaissent le plus faible : ils lui font entendre que l'accusé est innocent ; que tel témoin qui l'accuse, est le meneur de l'affaire ; qu'il dépose par méchanceté, parce que l'accusé aimait ou sa femme, ou sa fille, ou sa sœur ; que tel autre témoin lui veut du mal pour l'avoir réprimé avec trop de violence lorsqu'il lui volait des fruits, du bois, ou telle autre chose. Les solliciteurs ajoutent encore, que quand bien même l'accusé serait coupable, il fallait prendre en considération que son père était l'homme le plus respectable de la contrée, que sa femme appartenait à la meilleure famille du pays ; et que le déshonneur d'une condamnation prononcée contre l'accusé rejaillirait sur toute sa famille, qui était digne d'un meilleur sort.

C'est par de tels motifs que quelques jeunes gens du département de la Dordogne, appartenant à de bonnes familles, paraissant d'ailleurs avoir reçu quelque éducation, accusés d'avoir volé, à quinze lieues de leur domicile, et dans le département du Lot, la diligence de Toulouse allant à Paris, furent acquittés.

Jamais cause cependant ne fut plus claire que celle-là : mais, comme leur famille était ancienne, le ban et l'arrière-ban du Périgord et du Quercy se soulevèrent ; les prêtres se joignirent à eux ; ceux-ci firent allumer un grand cierge dans une église, pour annoncer aux fidèles qu'il fallait prier pour les accusés, non pas pour qu'il leur fût rendu justice, mais pour qu'ils fussent acquittés : ils le furent en effet. Le commissaire du Gouvernement se pourvut en cassation ; il parvint même à faire casser le jugement, et à faire renvoyer la cause devant le tribunal de l'Aveyron ; les mêmes moyens furent employés devant ce nouveau tribunal, et il s'ensuivit un même résultat.

Tous ces faits cependant se sont passés sous les yeux de tous les habitans de Cahors ; car jamais cause n'a entraîné un plus grand concours de spectateurs et de curieux : dans le nombre des jurés, il y avait des hommes très-connus par leurs lumières et leur probité, et on ne s'est pas apperçu que malgré leur erreur, mais ce n'est pas là le mot, il faut dire leur prévarication, leur réputation ait éprouvé le moindre échec. Comment donc pouvoir espérer que sur douze jurés, il n'y en aura pas un qui soit d'un avis différent des autres, par la seule crainte d'être regardé comme mauvais citoyen ! celui-là sans doute trouvera son excuse dans sa timidité, dans les sentimens d'une belle ame, qui craint toujours d'opprimer l'innocence, et qui ne croit pas à l'existence du crime, parce qu'il pense que tout le monde est vertueux comme lui.

Ce sera encore bien autre chose, s'il s'agit de prévenus qui aient enlevé un conscrit à la gendarmerie, ou qui aient mutilé des employés de l'octroi, ou des préposés à la recette des droits pour l'entretien des routes : si ces causes continuent d'être soumises à des jurés, les faits auront beau être aussi clairs que le jour ; les accusés seront acquittés à l'unanimité ; et s'il est vrai que le préteur soit entouré de la confiance publique, s'il dirige le jury de manière qu'on puisse s'apercevoir que cette espèce de délit ne doit pas rester impunie, on verra qu'il sera traité d'homme barbare, qui a étouffé tous les sentimens d'humanité ; on fera plus, on dira que la loi de la conscription est une loi atroce et révolutionnaire ; on prendra même un prétexte de là pour calomnier le Gouvernement.

Mais revenons à ce qui est prétendu, que le jury sera mieux composé : eh bien, puisqu'on a bien voulu faire attention à ce que le commissaire du Gouvernement près le tribunal criminel du Lot écrivit au grand-juge, qu'à raison d'une tentative de crime, le jury avait déclaré qu'elle n'avait pas été manifestée par des actes extérieurs, sous prétexte que les faits s'étaient passés dans l'intérieur d'une maison ; nous dirons que dans le nombre des jurés il y avait un homme de loi des plus achalandés de la ville de Cahors, et un autre citoyen de la même ville, fils d'un ancien magistrat, homme très-recommandable ; ces deux citoyens sont certainement bien faits pour entrer dans un jury bien composé : ces deux citoyens cependant furent ceux à qui il fut demandé compte de leur décision, et ils s'expliquèrent de la manière que la chose a été transmise au grand-juge.

On leur dit qu'ils avaient d'autant plus tort d'avoir mal entendu la question, que le commissaire dans sa plaidoirie avait expliqué ce qu'il fallait entendre par actes extérieurs ; qu'il n'y avait pas même eu contestation sur ce point de la part du défenseur de l'accusé : ils répondirent que chacun expliquait les choses à sa façon ; qu'ils s'étaient fort peu occupés de ce qu'avaient dit le commissaire et le défenseur, parce que chacun cherchait à tirer parti de sa cause ; qu'ils ne s'étaient arrêtés qu'à ce que les témoins avaient déposé, et à la défense que l'accusé avait opposée personnellement.

Mais l'on ne sait pas assez, est-il dit page 69 des Observations, qu'en France tous les jugemens par jurés depuis bientôt six ans sont aussi rendus à l'unanimité, hormis quarante jugemens environ par an.

Nous dirons à cela que, depuis la loi du 18 fructidor an V, les jurés, dans les vingt-quatre heures de leur réunion, ne peuvent voter pour ou contre qu'à l'unanimité ; voici comment cela se pratique dans le département du Lot.

Les jurés qui prévoient qu'il y aura différence d'opinions entre eux, et qui se voient exposés à passer les vingt-quatre heures, du moment qu'ils sont réunis dans le lieu de la délibération, conviennent que la minorité se rendra au vœu de la majorité ; en conséquence, si après avoir recueilli les voix, la majorité est pour l'acquittement, les jurés demandent à voter, et l'accusé est acquitté.

Si au contraire la majorité est contre l'accusé , les jurés qui sont les plus orientés et qui veulent qu'il y ait acquittement ou bien simplement peine correctionnelle, impètrent contre la convention; ils disent que dans des affaires de si grande importance un pareil accord ne peut pas avoir lieu, que leur conscience répugne à cela, qu'au demeurant il serait bien malheureux que pour si peu de chose l'accusé fût condamné à la peine de mort (notez que quelquefois il ne s'agit que des délits emportant quelques années de fers, la détention ou la gêne).

Comment , disent alors certains des jurés qui étaient de la majorité , il s'agit ici de la peine de mort! eh bien , nous nous rangeons du côté de la minorité. Quelqu'autre, à l'exemple de ceux-ci , en fait autant. Il lui importe peu , dit-il, que l'accusé soit condamné; mais ce qui l'intéresse beaucoup, c'est de ne pas tomber malade; et il le serait, s'il faut l'en croire, s'il passait la nuit dans la chambre des délibérations; il ajoute que ses affaires l'appellent ailleurs : ainsi, qu'on arrange l'affaire de la manière qu'on voudra. C'est ainsi que la minorité se recrute et devient la majorité; et quand les autres jurés voient qu'en passant la nuit blanche, ce qui à dire vrai n'est pas agréable, il n'en serait ni plus ni moins , ils finissent par se ranger à l'avis des autres. Voilà, en un mot, comment dans le département du Lot, et vraisemblablement dans toute la France, les jugemens se rendent à l'unanimité ; et il est fort à craindre sans doute que cet usage ne se maintienne.

Nous ne pensons pas non plus , d'après ce qui s'est passé à Rome dans certains temps, d'après ce qui se passe aujourd'hui en Angleterre, que les choses doivent se passer en France de la même manière. Chaque pays en effet a ses mœurs , ses usages et ses préjugés particuliers.

En Angleterre, par exemple, tout le monde est convaincu et tout le monde se conduit en conséquence de ce principe , que les fautes sont personnelles. En France, au contraire, ce principe n'est reconnu vrai que dans le droit ; mais dans le fait, et d'après ce qui se pratique dans la vie sociale , l'infamie du condamné rejaillit sur sa femme, sur ses enfans , sur son père, sur ses frères et sur ses plus proches parens. Il en a été de même à Rome, lorsque Brutus envoya ses enfans à la mort, comme convaincus de haute trahison; son inflexibilité, son courage, lui méritèrent l'admiration de tous ses concitoyens : si l'action de Brutus au contraire devait être jugée en France, la très-grande majorité des Français dirait que Brutus était un homme atroce, un barbare, un monstre.

Les choses étant dans cet état, les membres du tribunal criminel du département du Lot estiment que moyennant un meilleur choix qu'on se propose de faire des jurés, on ne devrait conserver que le seul jury d'accusation, et que le surplus de l'instruction et le jugement doivent être confiés aux tribunaux, bien entendu toutefois que l'instruction sera publique, que l'accusé aura un ou plusieurs conseils, qu'ils pourront les uns et les autres avoir connaissance de toutes les pièces de la procédure, et qu'ils auront toute la latitude nécessaire pour faire valoir les faits et les moyens justificatifs.

Nous pensons en effet, pour nous servir des propres expressions contenues au rapport du grand-juge, que « l'opinion publique et la crainte » du blâme ont une toute autre influence sur des magistrats que sur de simples » jurés : ceux-ci peuvent toujours se flatter que les erreurs et les écarts trou- » veront leurs excuses dans leur inexpérience, dont on ne peut leur faire un » crime ; au lieu que des magistrats, obligés par devoir, d'être appliqués et » instruits, n'ont pas la ressource d'une telle excuse : ils n'ignorent pas qu'il » est des erreurs qu'à leur égard on distinguerait très-peu de crimes, et » pour lesquelles le public serait sans indulgence. »

Du reste, l'expérience semble avoir justifié d'avance l'opinion que nous émettons dans ce moment, et que d'autres avaient émise avant nous, puisque les tribunaux spéciaux, créés en vertu des lois du 18 pluviôse an IX et du 23 floréal an X, ont procuré les résultats qu'on avait jusqu'alors attendus inutilement de la part des jurés.

Passons aux tribunaux correctionnels. Nous pensons qu'on devrait diminuer le nombre des arrondissemens de chaque département, et composer les tribunaux de chacun de ces nouveaux arrondissemens d'un assez grand nombre de juges, afin que l'examen des procès correctionnels n'interrompît pas l'examen des procès civils, *et vice versâ*. Il n'est que trop vrai qu'il y a un grand nombre de procès correctionnels dont l'instruction est interrompue par la grande multitude des procès civils, et qu'il y a aussi un grand nombre de procès civils dont le jugement est différé par la grande quantité des procès correctionnels.

Dans le cas où la justice criminelle doive être administrée par des préteurs et des propréteurs, attendu que d'après le Projet, le propréteur établi dans la ville où siége le tribunal criminel, doit en même temps remplir les fonctions de directeur du jury près le civil de ladite ville, il devrait être déterminé si le susdit propréteur pourra connaître de l'appel de ses ordonnances dans les cas prévus par les articles 611 et 675 du Projet, qui paraît être muet à cet égard ; il semble que ce cas est assez important pour devoir être prévu : on pense même qu'il devrait être décidé pour la négative ; la raison est prise de ce que le droit d'appeler se réduit à bien peu de chose. Si le juge de première instance peut connaître en cause d'appel de la validité de ses ordonnances, d'un autre côté, suivant l'article 670 du Projet, le juge de police ne pouvant connaître de l'appel des jugemens auxquels il a concouru, il semble que la même raison milite pour exclure le propréteur lorsqu'il s'agit de l'appel d'une ordonnance qu'il a rendue.

Venons aux tribunaux de police. Suivant le Projet, il ne doit y avoir qu'un juge de police par chaque arrondissement communal ; ce juge doit chaque mois parcourir tous les cantons du susdit arrondissement pour y juger toutes les affaires pendantes, et avoir terminé ce travail dans vingt jours.

Nous croyons que la chose est impossible, par la raison que dans un arrondissement il y a dix ou douze cantons et quelquefois davantage ; et il y a des cantons qui sont à une journée de distance l'un de l'autre, du moins en temps d'hiver, à raison de la difficulté des chemins : à cela il faut joindre les difficultés qui peuvent se rencontrer pour former le tribunal de police ; les accidens qui peuvent survenir au juge, qui sera quelquefois obligé de s'arrêter au milieu de sa course, qui sera obligé de devenir parasite et souvent à charge à quelqu'un, parce qu'il n'y aura pas d'auberge en certains endroits.

Du reste, quand tous ces inconvéniens ne se rencontreraient qu'en certains cas, il peut y avoir appel de jugement de simple police : il faudra par conséquent écrire les déclarations des témoins ; il ne sera guère possible que le juge puisse terminer son travail dans vingt jours : on pense donc qu'à défaut de pouvoir mieux faire, il convient de laisser les choses en l'état où elles sont.

Procès-verbaux.

En général on trouve dans le Projet qui a été envoyé, que les procès-verbaux doivent faire foi jusqu'à inscription de faux.

Nous observons à cela qu'on trouve une semblable disposition dans les lois relatives à la perception des octrois et des droits des barrières : il faut qu'on sache néanmoins, qu'en général, les commis à de telles perceptions, les gardes champêtres et les garnisaires sont des hommes perdus de vices, de débauche et de fainéantise ; et certes, vu le modique salaire qu'on leur donne, à coup sûr ils n'auraient pas pris de tels emplois s'ils eussent été capables de faire autre chose.

Cela posé, il semble que pour que les verbaux de tels employés dussent faire foi, il faudrait que ceux qui les rédigent, inspirassent quelque confiance. A la vérité, peut-on prendre la voie du faux pour faire renverser de tels actes, lorsqu'ils sont injustes ! Mais ce moyen, toujours extraordinaire, est souvent infructueux : il est d'ailleurs très-coûteux ; il est par conséquent nul pour celui qui, n'ayant pas les moyens de le faire valoir, est obligé de se laisser condamner sans pouvoir opposer la moindre défense.

Projet du Code pénal.

Le tribunal criminel du département du Lot admire cet ouvrage comme étant dicté par la sagesse et la prudence : il proposera néanmoins s'il ne conviendrait pas d'y ajouter une disposition calquée sur l'édit de 1556, non pas à telle fin que la femme qui aurait caché sa grossesse ou qui n'aurait pas appelé des témoins à son accouchement, fût censée coupable d'infanticide, mais qu'elle fût punie d'une peine correctionnelle pour le seul fait d'avoir caché sa grossesse.

Nous observons encore que les causes d'infanticide, celles de viol et de castration entraînent, lors des débats, un concours prodigieux de personnes de tout âge et de tout sexe : ne conviendrait-il pas, pour la conservation des mœurs, et sans entendre rien diminuer de la publicité de l'instruction des procédures en matière criminelle, de donner au président le droit d'ordonner que les personnes du sexe, et tous ceux qui n'ont point atteint l'âge de discrétion, fussent obligés de se retirer de l'audience !

Le tribunal criminel du Lot n'a pas cru devoir pousser plus loin ses observations : qu'il lui soit néanmoins permis de profiter de la faculté qui lui a été donnée d'émettre son opinion sur un ouvrage qui intéresse singulièrement l'ordre social et la tranquillité publique, pour s'acquitter du tribut d'admiration dû au rapport du grand-juge, à celui du tribunal de cassation, qui ont si bien secondé les vues du Gouvernement, en indiquant les moyens les plus efficaces pour l'amélioration de l'administration de la justice.

Délibéré à Cahors, le 20 floréal an 12.

Les membres composant le tribunal criminel du Lot,

JUDICIS, *président ;* SEGUY, G. DARDENNE, *juges ;* MONDINS, *commissaire.*

OBSERVATIONS

DE LA COUR DE JUSTICE CRIMINELLE

DE LOT-ET-GARONNE,

SUR

LE PROJET DE CODE CRIMINEL.

OBSERVATIONS

DE LA COUR DE JUSTICE CRIMINELLE

DE LOT-ET-GARONNE,

SUR

LE PROJET DE CODE CRIMINEL.

Lᴇ temps limité par la lettre du Grand-juge, pour fournir des observations sur le projet de Code criminel, était trop court. Deux mois et quelques jours ! Le tribunal n'a pu y consacrer que de rares loisirs.

Ce Projet exigeait une profonde méditation.

Les lois criminelles et pénales doivent être essentiellement en rapport avec les mœurs du peuple pour qui on les fait. S'il est frivole, il est nécessairement doux et humain.... Donnez-lui des lois trop dures, elles seront une calamité, elles exciteront la compassion envers le coupable, et leur durée sera courte.

Si cette durée était longue, malheur à ce peuple, son caractère en serait déformé, il deviendrait dur et méchant, parce qu'il serait disposé à la mélancolie, et terrible à la fin dans son désespoir; ou il tomberait dans l'avilissement absolu, ou il briserait ce frein devenu faible parce qu'il aurait été trop long-temps rongé.

Ces lois doivent être strictement nécessaires.

Si pour des frivolités, résultat des passions d'un peuple volage, mais sentimental, chaque acte peut offrir un délit à punir, ce peuple deviendra faux et dissimulé ; l'honneur et l'opinion qui l'auront dirigé d'abord seront remplacés par l'astuce ou l'hypocrisie, et il perdra essentiellement à l'échange.

Il semble donc plus convenable d'avoir des lois moins sévères, des peines plus douces, plus accommodées au caractère national ; elles lui conserveront cette prééminence que l'Europe reconnaît aux Français.... Craignons qu'ils ne ressemblent aux habitans du nord de l'Europe, ou qu'ils ne naturalisent sur leur sol l'hypocrisie de ceux du midi et leur vengeance terrible......

Celui-là qui méditera sur les lois criminelles doit ne jamais perdre de vue cette vérité morale, qu'elles doivent se prêter un peu à la faiblesse et aux passions, en ne réprimant que les actes qui attaquent ouvertement la société. Le détail de tout ce qui peut indirectement blesser le bon ordre en devrait être banni, parce que dans un pays où les idiomes différens établissent quelque différence dans l'acception des termes, ces lois ne seraient pas universellement comprises ; il y aurait des criminels que le juge oserait à peine punir et les lois manqueraient de cette proportion morale que le législateur doit établir entre les délits et les peines.

Que les lois se raccordent toujours avec les mœurs en les améliorant, mais que jamais elles ne les brusquent. . . . . . !

La licence que la révolution avait introduite sur le sol français en paraît bannie ; sa naissance eut lieu au milieu de la guerre civile ; des crimes inouis jusqu'alors ont été commis, et il faut la reconnaître cette honteuse vérité, tous ces crimes ont d'abord paru intarissables.

Mais cette triste époque de notre vie a cessé avec la guerre civile, et l'Empereur, sous le nom de Consul, gouvernait l'Empire depuis deux ans, que les tribunaux n'avaient plus à punir que ces restes de bandes dont les crimes se rattachaient à des temps reculés de trois ou quatre ans.

Si nos lois criminelles ont suffi pour opérer ce retour au bon ordre ; s'il est démontré que depuis deux ans les tribunaux criminels ont très-peu à faire, n'est-ce pas l'apologie de ces mêmes lois qu'on veut corriger en aggravant leur sévérité !

Ah ! laissons aux mœurs elles-mêmes le soin d'opérer leur amélioration ! N'en arrêtons pas les progrès, plus sensibles qu'aucun homme ne l'eût osé espérer, il y a cinq ans, et la bonté du peuple deviendra l'ouvrage de son bon naturel ; pourquoi lui ravir une si honorable réforme, qui s'opère d'elle même sans le secours des lois !

Ennoblissez son caractère par des institutions et des encouragemens ; que sa foiblesse, sa courte, frêle et pénible existence se soutiennent par la liberté, la vérité, la justice, la paix des familles ; bannissez de son ame l'avarice qui la dégrade, la vengeance qui l'empoisonne ; dirigez-la vers le travail, vers la sagesse, vous embellirez ses pensées ; et les loix criminelles seront rarement employées ou elles ne devront pas être sévères.

Quelles plus terribles lois ; quelles formes plus détestables furent inventées sous les Tibère, les Claude et les Néron ! Marc Aurèle mérita des autels par son retour aux lois anciennes, enseigna le pardon des offenses, éleva l'ame en posant la propriété sur son unique base, le respect qui doit l'entourer, et reconnut qu'il valait mieux instruire que punir, encourager qu'effrayer.

En lisant ces lignes on sentira facilement leur allusion.

Le burin de l'histoire gravera le nom de *Napoléon* au-dessus de celui de Marc Aurèle ; que ses lois soient, s'il est possible, supérieures en sagesse.

Ces réflexions préliminaires donnent l'idée de l'esprit qui a présidé à l'examen du Projet.

L'ensemble des peines qu'il présente est trop dur ; il afflige plus qu'il n'effraie.

Ce détail de nouveaux délits inconnus, dans la nomenclature des délits, est minutieux ; ils ne sont pas également blâmables d'un département à l'autre, et il en est plusieurs de ravis à l'opinion qui, jusqu'à ces jours, les flétrissait assez.

L'honneur français n'a-t-il pas été un frein qui arrêta ou punit certaines actions que le Projet classe parmi les délits ! recréez sa magistrature, ses châtimens seront plus efficaces que de temporaires détentions, que la loi y attacherait.

Le style du Projet des lois criminelles, en général, est peu concis, et il manque de correction. Plusieurs articles présentent des idées non précisées et insignifiantes ; vaudrait-il mieux encore la simplicité de l'ancien Code, que ce volume nouveau.

L'examen que nous allons en faire sera succinct, et ne tendra qu'à prouver les propositions que nous avons posées dans les réflexions qui précèdent.

PREMIÈRE PARTIE.

Délits et Peines.

§. 1.ᵉʳ La peine de mort réservée aux plus grands crimes, précédée de la mutilation, offre l'image de la barbarie ; qui pourra donc voir cette horreur sans se couvrir la tête en fuyant !

S'il est vrai, comme nous en demeurons d'accord, que la peine de mort soit nécessaire dans certains cas, l'humanité semble interdire le droit de la donner en détail et petit à petit.

Élevez des colonnes qui rappellent le châtiment ; c'est un avertissement continuel, et l'amour de la vie, pour peu qu'il soit ennobli par le sentiment de ce qui est juste et honnête, arrêtera le bras de l'assassin.

On reconnaît, article 16, qu'il est dû des alimens nécessaires au soutien du reste de vie du condamné à mort après son jugement. Cet hommage à l'humanité contraste trop avec cette mutilation du poing, que bientôt après il doit éprouver. L'enfant qui s'est heurté avec douleur, frappe l'objet de l'achoppement ; le poing n'est pas plus coupable que la pierre.

Le véritable criminel c'est l'ame, les passions, les inclinations perverses.

Une prompte mort, sans trop faire souffrir, est un hommage à la sensiblité contractée dans la nécessité de punir.

§. 2. *La peine des travaux forcés à perpétuité.* Cette phrase n'est pas exacte ; la vie de l'homme a son terme : comment le condamner à une peine perpétuelle, lorsque la mort la rendra bientôt de courte durée !

Le langage des lois ne doit pas être hyperbolique.

Si le législateur veut établir des peines qui se prolongent jusqu'à la mort du criminel, pourquoi ne pas dire que la peine durera pendant la vie entière du condamné, ou employer une synonymie qui rende cette idée ?

Mais l'humanité ne s'accommode pas à des peines si longues : si le législateur est forcé de les établir, ce ne doit être que contre le misérable dont le retour au bien est absolument inespérable.

§. 3. L'amende et la confiscation ne devraient jamais se trouver dans le Code pénal d'un peuple généreux.'

Cette législation appartient à des peuples naissans ou barbares : mais lorsque la civilisation a fait ses progrès , et lorsqu'on s'occupe de la perfectionner , qui peut trouver une idée libérale dans cette peine! L'avarice quelquefois gémirait de voir les hommes trop sages ; et comme dans les calculs des revenus de l'État on compterait le produit du crime au rang des ressources, le Gouvernement pourrait en souffrir si cette ressource devenait nulle. N'établissez jamais de peines semblables, l'intérêt du fisc ne doit pas se calculer sur l'immoralité des hommes.

Art. 8 , n.ᵒˢ 2 et 3. Cet article, sur les délits militaires, comporte une innovation terrible. Il n'est pas possible que tout le monde ne s'élève contre cette définition, *que quelque personne, et en quelque lieu que ce soit qui commet un délit envers des militaires remplissant actuellement des fonctions militaires ou en état de service , doit être jugée par un tribunal militaire.*

Les tribunaux militaires sont des tribunaux d'exception : il faut supposer que la compétence dans ce cas se détermine par la qualité du sujet passible de la contravention , tandis qu'en matière de compétence c'est le fait en soi et le personnel du délinquant qui doivent être ses bases.

Rarement le bourgeois provoquera , offensera le militaire en état de service. L'offense dans ce cas ne doit pas dénaturer la personne de l'offensant.

Ne donnez pas cet avantage à l'homme armé et accoutumé au maniement des armes ; la force et son courage lui en donnent peut-être trop sur le bourgeois.

D'ailleurs le cas prévu dans cet article sera infiniment rare : rendez au Code criminel ce délit, il ne demeurera pas impuni, et la liberté du citoyen sera moins exposée.

Art. 183. On frémit en lisant cet article. Un militaire dans l'exercice de ses fonctions les oublie pour faire une querelle à un citoyen : il le provoque, le frappe. Le citoyen, cédant au premier mouvement de la nature, repousse la force, tue l'assaillant, et ce citoyen sera sans excuse, et on le punirait comme un assassin ! Conserver cet article , serait jeter le fondement du despotisme militaire. On peut répondre que, dans cette espèce, le militaire n'agit pas dans l'ordre de ses fonctions ; mais dans ce cas il faut exactement préciser ce que c'est qu'agir dans l'ordre de ses fonctions, et dire s'il est quelque cas où le militaire agissant dans l'ordre de ses fonctions puisse être considéré non agissant dans cet ordre.

Un gendarme conduira un détenu ; ce gendarme, voyageant, frappe un citoyen, le blesse ; le citoyen le tue par suite de la provocation qu'il vient d'éprouver ; peut-on dire que ce gendarme n'était pas dans l'ordre de ses fonctions ! et cependant pour un meurtre excusable on sera puni comme un assassin.

Art. 190. La disposition de cet article peut devenir vexatoire : quoique la défense du magistrat ne soit pas de longue durée, non plus que la peine, il faudrait néanmoins accommoder cette gêne momentanée, de manière que le magistrat n'abusât pas de son autorité.

Art. 194. Cet article offense la nature et brusque nos mœurs : à vingt-un ans le fils de famille est hors de la puissance paternelle ; les passions le dominent ; il sera indocile aux avis des siens ; il se moquera d'eux : et la loi va ajouter au malheur de son père et de sa mère, en les ruinant !...... Les larmes des pères et mères auraient déjà dû avoir effacé l'arrêté du Gouvernement qui a établi cette peine de 1500 fr.....

L'article serait juste avec cette modification : « *s'il est prouvé qu'ils aient favorisé la désobéissance*.....» Le politique jamais ne justifiera une pareille loi sans cette modification.

Art. 197. Cet article doit être modifié par le mot *sciemment*, pour ôter toute équivoque. Un conscrit peut se glisser dans mon grenier ; je l'ignore, et cependant je le recèle......; ma volonté n'a jamais été complice du fait : et je serais puni !.... Cela ne doit pas être.

Art. 207. Cet article, ainsi que tous ceux relatifs à l'évasion des prisonniers, s'éloigne trop de la nature; l'ame d'un condamné ne perd pas son énergie par l'effet du jugement. Les tourmens de la captivité enflamment son ardeur pour recouvrer la liberté..... Et lequel des deux est le plus blâmable, ou de l'administration qui ne fait pas assez surveiller les détenus, ou du détenu qui se dérobe à ses gardes ! Si la condamnation matérialisait le coupable, ce serait heureux;..... mais si le coupable ne perd pas le besoin de la liberté, dès qu'il est détenu ; si ce besoin va en raison décuple à mesure des tourmens qu'il éprouve, pourquoi le punirez-vous d'avoir fui, lorsque ses gardiens ou l'administration lui en auront ménagé l'occasion par leur invigilance !.... Ces questions devraient être examinées au flambeau de l'humanité...... Vous ne plierez jamais l'ame au tourment : le besoin de s'en défendre est au-dessus de toutes les lois.

Art 245 et 252. *Morale publique, morale naturelle.* Il faudrait dire ce que c'est, et quel est le sens large ou étroit qu'on doit trouver dans ces mots, sur lesquels les publicistes ou les traités de morale ne sont pas tous concordans.

A 3

Art. 257. On ne connaît pas d'instrument destiné à la mort *par un usage homicide* , si ce n'est la guillotine...... Mauvaise rédaction.

Art. 259. Il faut que cet article ait une faute d'impression. Le style : *ou dans les quarante jours avec armes* , ne présente aucune idée exacte. Cette phrase incidente n'est pas française : d'ailleurs , il faudrait trouver , rappeler dans l'article *l'intention de donner la mort*, qui est énoncée dans celui qui le précède.

Art. 267 et 274. Sur la tentative de crime.... Il faut nécessairement la préciser dans son véritable caractère , qui est *l'interruption par des circonstances fortuites et indépendantes de la volonté du coupable.*

Autrement , on confondrait et celui que l'horreur du crime aurait arrêté , après l'avoir prémédité, et celui qui aurait été interrompu indépendamment de sa volonté.

Art. 277 et 278. Les peines de ces deux articles sont trop dures, quelque pervers que soient le guet-apens et la préméditation.

Art. 285. La définition de l'infanticide présente une idée étroite. Ce crime peut être commis par une femme , par une veuve et par une fille.

On n'est pas moins infanticide pour donner la mort à un enfant né depuis six mois , un an, dix ans, qu'à l'enfant nouveau-né.

La définition doit être réfléchie sur ces autres accidens.

Art. 288. Qu'est-ce qu'une *correction légitime* , lorsque la loi ne le détermine point !

Art. 289. Cet article comporte une peine trop douce, ou l'article 279 en comporte une trop sévère. D'ailleurs , il n'y a point de parité entre des coups donnés avec préméditation et le crime de viol. Nos mœurs et l'honnêteté publique ont marqué la différence dans les deux cas. Les confondre n'est pas discerner avec justesse.

Art. 328. Tous les articles relatifs à la calomnie et à des injures, présentent un détail minutieux. Punissez la calomnie, c'est le vœu de tous.

Punissez aussi la médisance , que souffre et justifie l'article 35 ; mais dégagez ce détail indigne du style des lois , et dites ce que c'est que *grossièreté:* ce terme ne présente qu'une idée relative.

Art. 339. Cet article enchaînera la liberté de l'avocat et gênera le génie. En général, les injures semblables sont des écarts qui échappent dans la chaleur. Il paraîtrait plus sage de soumettre ces écarts à la discipline de l'ordre , après en avoir réglé la censure sur chacun de ses membres , sauf l'appel au tribunal témoin des écarts. Quant à ce qui touche *les calomnies graves,* le renvoi aux tribunaux compétens est bien imaginé.

Art. 370. *Dans lesquels le hasard domine....* La loi doit préciser qu'est-ce, ou, pour mieux dire, quels sont les jeux où le hasard domine.

Art. 387. La propriété du génie doit être sacrée comme toutes les propriétés ; mais a-t-on bien examiné la conséquence de cet article ! Si l'auteur est avare et met un prix exorbitant à sa production ; et cependant si son ouvrage était essentiel aux progrès des sciences et arts , il faudrait un moyen de réprimer la cherté. Les contrefaçons y remédiaient : cela est mauvais ; mais la loi ne doit-elle pas pourvoir à cet inconvénient dans l'objet de prévenir le crime ?

DEUXIÈME PARTIE.

Police et Justice.

Le Projet, dans cette partie, présente comme un des plus grands fléaux de la société , l'impunité d'un coupable ; tout y respire le besoin de punir, et de punir avec précipitation.

C'est la lenteur des antiques lois criminelles qui firent dire par quelque poète ,

Scelestum sequitur pœna pede claudo.

Certes , il n'en sera pas ainsi d'après le Projet ! on courra toujours la poste pour établir le crime , découvrir et punir les coupables....!

L'immortel d'Aguesseau avait une toute autre idée des devoirs du magitrat : « Qu'il se hâte, dit-il, pour la promptitude de l'exécution, mais » qu'il sache se hâter lentement pour la *plénitude de sa propre instruction.* » (Mercuriale sur l'emploi du temps.)

On a vu des juges criminels manifestant des remords ou le dépit s'il leur échappait un coupable...Le préteur en sera à l'abri en vertu de l'article 874 ; car s'il lui paraît que le jury se soit trompé, il pourra surseoir au jugement, et sans doute renvoyer l'affaire pour être examinée par un autre jury....!

Une telle théorie offre trop d'alarmes pour qu'elle soit adoptée ; un accusé coupable ou innocent, jugé par ses pairs que le hasard a choisis , sera saisi d'effroi s'il a plus d'une chance à courir.

Il ne sera plus digne de notre respect cet établissement, qui , dans le jugement criminel , doit être l'image de la conscience publique, vraie , fixe, impeccable comme la pensée de la Divinité.

Cette antique vérité morale et philantropique, qu'il vaut mieux que mille coupables s'échappent plutôt qu'un innocent périsse, sera exilée; et il sera vrai que de chance en chance nouvelle, de renvoi en renvoi à la prochaine tenue des grands-jours, il ne sera pas impossible de victimer l'innocence en butte avec la prévention qui voudra la sacrifier.

N'en déplaise aux auteurs du Projet , on ne fut pas entraîné en sens contraire lorsque l'instruction par jurés fut introduite en France. C'est ce Projet qui paraît avoir ce défaut. Les réflexions précédentes semblent le démontrer.

L'expérience nous indique les moyens de perfectionnement. Le tribunal de cassation, le Grand-juge, dans leurs observations, les indiquent : pourquoi ne pas les adopter !

L'esprit de parti occasionna des revers à l'institution ; mais depuis deux ans que cet esprit a cessé d'avoir l'intensité funeste qui a scandalisé l'homme juste, il n'est point d'homme impartial qui ne demeure d'accord avec nous, qu'à quelques exemples près, la justice criminelle n'a point eu à gémir du triomphe de grands coupables.

Le Code du 3 brumaire an 4 s'accommodait avec l'esprit du Gouvernement d'alors : bannissez-en les principes démocratiques, déchirez-en les pages qui trouvaient essentiellement des coupables en ceux que les factions qualifiaient criminels, parce qu'ils n'avaient pas endossé leur livrée, et on peut en extraire un excellent Code de police.

Réduisez à des notions exactes et sensibles, ces questions nombreuses à faire au jury, souvent inintelligibles, parce qu'on aura trop travaillé la simplicité de l'image à présenter, source de cassations humiliantes pour les tribunaux.

Rendez aux tribunaux la dignité qu'il ne fallait pas séparer de la justice, que les débats présentent un asile sacré où la vérité, la décence et la liberté soient toujours en scène, à la place d'une arène où le mensonge, l'audace et la licence pouvaient impunément s'exercer faute de loi suffisamment coercitive ; et l'institution telle qu'elle est sera supérieure à celle qu'on trouve si belle en Angleterre. Sur-tout, que le jury se compose d'élémens populaires. Indiquez au formateur des listes, qui doit toujours être l'homme du peuple, la classe des citoyens où son choix doit puiser... et le jury sera véritablement national.

Tel qu'on le veut être dans le Projet, le jury ne l'est pas.... il se composera d'hommes au choix du Gouvernement.

De sorte que vous aurez cette organisation, qui peut être dangereuse sous le meilleur des princes, et affreuse sous un mauvais.

Le ministère public s'exercera par le magistrat nommé par le prince ;

Le tribunal sera composé des magistrats du prince ;

Le jury ou les juges du fait seront choisis par le magistrat qui administre au nom du prince, qui peut choisir des jurés voués au prince, attendant de lui des faveurs ou des bienfaits, ou séduits par l'espoir de plaire au prince dont ils voudraient seconder l'intention.

L'institution, dans son principe, promet des hommes indépendans et désintéressés...., et l'accusé ne verra plus que des hommes choisis par les agens du prince au nom de qui la justice se dispense.

Dans le discours qui précède la II.ᵉ partie du Projet, on rapporte en quelque sorte l'évènement des procès aux habitudes du président ; on censure sa marche , ses goûts , ses besoins, on lui rapporte jusqu'à la lenteur que les débats peuvent produire.

Mais un préteur ne sera-t-il donc point un homme ! Sera-t-il impénétrable dans ses goûts, dans ses passions ; ne saisira-t-on pas bientôt son côté faible !

Et l'homme qui , par une fuite précipitée, après avoir rendu un jugement mauvais , parvient plutôt à faire oublier sa faute sans redouter les reproches de la multitude, est-il préférable à celui qui demeurera dans la cité en présence de ses concitoyens, et qui devra , pour son propre intérêt, surveiller davantage sa conduite et sa vie !

Dans ces débats terribles où tout peut être funeste , principalement le dialecte des témoins et des accusés, dialecte dont les acceptions offrent des sens divers de la rive d'un fleuve à la rive opposée, préférerez-vous pour le juger un étranger à l'homme du lieu, qui entendra le langage de sa nourrice dans celui des témoins et de l'accusé.....! On le demande aux auteurs du Projet, s'ils étaient accusés dans une de nos provinces méridionales ou maritimes , dont ils seraient originaires , n'aimeraient-ils pas mieux avoir pour juge un basque , un bas-breton ou un gascon, suivant les lieux , qu'un Parisien, avec sa bouche arrondie et ses accens flûtés , qui n'y comprendrait rien !

Il faut sans doute administrer la justice avec éclat, lui donner une marche sagement précipitée ; mais celui qui la rend, doit au moins entendre le langage des débats. Or on met en fait que dans les neuf dixièmes de la France un habitant de Paris ou de Rouen aurait besoin d'un truchement s'il était préteur.

La théorie des préteurs toujours roulans est belle en soi ; mais la pratique en paraît impossible , dans un pays immense, marqueté par des idiomes presque innombrables. Cette vérité est incontestable.

Sur la foi d'un voyageur , monsieur Oudart ne trouve rien de beau comme la justice criminelle en Angleterre...... On suivrait avec confiance une route indiquée par un savant qui l'aurait parcourue........ Mais en fait de lois , d'institutions , c'est une faible garantie que celle d'un voyageur. ..... Qui n'a peut être point mis le pied dans les greffes , n'est pas initié dans leurs secrets...... Un étranger peut être ébloui par la pompe de l'accueil fait au Grand-juge, accueil tel, que la justice *qui arriverait n'en aurait pas de plus brillant* ..... C'est de la fumée dont n'ont que faire les accusés qui languissent dans les prisons, &c..... et qui ne garantit pas que ce juge seul ait une supériorité de vertu, qu'il soit l'ami de l'ordre, inaccessible à l'esprit de parti, à l'intrigue, et travaillé de la soif indésaltérable de faire le bien en compatissant au malheur ou à la faiblesse......

Ce juge arrivant au lieu de ses assises , entouré de plaisirs , au milieu des fêtes et des réjouissances , se précipite dans le travail pour en voir bientôt la fin , dominant la conscience du jury , &c. Mais cet éclat , ce fracas, prouvent-t-il que son travail soit préexcellent! et pour se servir d'une idée de d'Aguesseau , extraite de la mercuriale citée , ce juge n'est-il pas plus touché du plaisir d'avoir beaucoup fait , que du mérite d'avoir bien fait ! Oh ! certes cette conjecture , que d'autres voyageurs affirment être assez exacte , ne fût-elle qu'une hypothèse, ne décidera jamais un esprit réfléchi de mettre à la place de notre institution une institution étrangère , sur l'attestation d'un homme qui affirme qu'aucun *exemple de partialité* contre un accusé *ne peut être encore cité dans une cause criminelle.*

Hyperbole d'un enthousiaste qui n'a fait que passer, et qu'il aura peut-être recueillie dans les *tavernes.*

Mais ce préteur qu'on veut instituer, où le trouvera-t-on tel, qu'il ne puisse alarmer les départemens qu'il doit parcourir et ses collaborateurs qui sont sous sa surveillance ?

Sa puissance est extraordinaire et absolue , sans autre surveillance personnelle que sa conscience : qui le reprimera s'il est cruel !

Le Gouvernement ! . . . . Mais il sera sans moyens ; le préteur ne doit compte de ses opérations qu'au chef de l'État , et une fois par an.

Le propréteur !. . . . . Mais il serait dangereux d'encourir la disgrace du préteur , qui , capricieusement , peut chaque jour le chagriner par ses semonces ou ses rapports au chef de l'État ; qui exigera de lui la préparation de sa propre besogne , pour que la justice criminelle s'administre avec célérité.

Le commissaire ! . . . . . Il doit être sous la même dépendance que le propréteur.

Ce Magistrat paraît donc entouré d'une indépendance ; . . . . il peut fouler , écraser sous le poids de l'autorité , quiconque sera soumis à sa juridiction ; . . . et lorsqu'il aura dit au chef de l'État : *j'ai bien et sagement dispensé la justice* , on sera forcé de l'en croire, d'après le Projet , car nul ne pourra le contredire , à moins de vouloir sacrifier sa vie au besoin de faire connaître la vérité.

Autre inconvénient qui se présente sous le cachet de l'humanité :

Dans l'état actuel des tribunaux, chaque accusé mis en accusation est jugé dans le mois de sa remise dans la maison de justice ; souvent il n'y reste pas quinze jours ; il n'y reste pas au-delà d'un mois, sans quelque raison majeure. Ce Projet y retiendra nécessairement les accusés beaucoup plus long-temps. La novation projetée, quel bien peut-elle produire qui compense le tourment de l'innocence sous ce rapport !

L'administration de la justice ne présente pas , d'après le Projet, de l'économie : le préteur devra recevoir des indemnités extraordinaires en raison des dépenses excessives qu'occasionneront ses voyages et la représentation que ce magistrat aura. Quel raison politique pourra justifier ce luxe , dont le peuple devra supporter la dépense ?.....

Il paraît , d'après le Projet, que *le propréteur doit être à vie.* Le propréteur doit être un homme déroulant et composant sans cesse les annales du crime ; il sera ce qu'étaient *les lieutenans et assesseurs criminels.*

L'Europe applaudit naguères à la publication de cette triste vérité , qu'il faut défendre le cœur du Magistrat criminel de l'endurcissement ; qu'il faut soigneusement ménager sa sensibilité , qui est une garantie au malheur , inspire la confiance à l'accusé ; qu'il n'est d'autre moyen que de donner une courte durée à sa magistrature ; parce qu'autrement , entouré sans cesse de papiers qui conservent l'histoire de la perversité des hommes , il peut se faire un besoin , pour son bonheur particulier , de ne plus croire à la vertu........ Et l'on se propose de recréer des *lieutenans et assesseurs criminels à vie !.....* Si l'on épure cette idée au creuset de la philantropie , bientôt elle sera démontrée dangereuse : la plus simple analyse suffira.

Cet inconvénient rend plus dangereux l'alternat habituel des propréteurs ; leur cœur peut devenir insensible , et le désagrément de déplacemens successifs leur étant fâcheux , s'ils sont époux et pères , s'ils sont vieillards , devenant chaque fois plus pénible, on sera loin de trouver leur ame disposée aux émotions de la pitié, qui, si elle ne peut pas tempérer la sévérité de la loi, tranquillise le condamné , et lui sert de garantie, que son juge n'a pas pu céder à l'intérêt qu'inspirent et la faiblesse et l'égarement, même les plus grands crimes , lorsqu'il a travaillé à sa condamnation.

Si le juge est dur, peu accoutumé à voir l'innocence accusée, il sera toujours disposé à ne voir que des coupables dans les accusés ; et cette prévention peut produire les plus funestes effets.

Le tribunal criminel de Lot-et-Garonne croit avoir rempli la tàche qui lui était imposée. Il eût poussé plus loin sa censure sur le Projet ; car il le trouve très-imparfait dans son ensemble ; mais il est arrêté par un sentiment auquel on ne résiste que difficilement. Ce Projet comporte la composition d'un tribunal nouveau ; il ne faut pas être soupçonné d'avoir défendu sa cause , quand on n'est d'ailleurs mû par d'autre desir que par celui de concilier les droits de l'humanité avec les moyens de réprimer l'audace et le crime.

Agen , le 30 prairial de l'an 12.

OBSERVATIONS

DU TRIBUNAL CRIMINEL

DE LA LOZÈRE,

SUR

LE PROJET DE CODE CRIMINEL.

OBSERVATIONS

DU TRIBUNAL CRIMINEL

DE LA LOZÈRE,

SUR

LE PROJET DE CODE CRIMINEL.

APPELÉS à concourir à la rédaction d'un Code qui doit garantir la sûreté des personnes et des propriétés, nous nous sommes livrés à un examen profond du Projet présenté par la commission des cinq, pour tâcher de répondre à la confiance que le Gouvernement nous témoigne.

Pour cela, nous avons cru faire précéder de quelques observations géné·rales sur la formation des tribunaux et des jurés, sur l'examen et l'instruction des procès, sur les débats, et sur les questions à présenter au jury, les observations particulières sur chacun des articles du Projet qui nous en ont paru susceptibles.

Les tribunaux criminels tels qu'ils sont établis aujourd'hui, nous paraissent, sans contredit, préférables à l'établissement proposé dans le projet de Code; et voici nos motifs : le nombre des préteurs qui sera déterminé en exécution de l'article 773 du Projet, quel qu'il soit, ne peut jamais atteindre le but auquel doit tendre l'institution des lois criminelles.

Un préteur assigné à chaque division chaque année, doit prendre chaque année une connaissance des mœurs et des usages des peuples qui habitent les départemens compris dans sa division ; souvent, s'il est envoyé dans certains départemens qui ont en usage des idiomes particuliers, et dont la majorité des citoyens ignore parfaitement la langue française, il ne pourra se faire entendre de personne, ni recevoir la réponse des accusés et les déclarations des témoins. L'assistance du propréteur ne peut point remédier totalement à cet inconvénient ; et outre les difficultés que l'interprétation présente dans une matière aussi essentielle que l'est la législation criminelle, il ne faut pas que le juge soit toujours livré à l'explication souvent trompeuse d'un tiers, dont l'interprétation, presque toujours dangereuse, peut donner lieu à une opinion erronée, et dont les maux qui en sont la suite deviennent irréparables.

En second lieu, cette institution s'éloigne du but que doivent se proposer les lois criminelles.

La peine appliquée par la loi n'est pas une vengeance ; la loi est impassible, elle n'est point susceptible de sentimens bas et cruels : c'est donc la nécessité de la peine qui la rend légitime.

Pour atteindre le but de la loi, il faut que l'exemple de la peine suive de près l'exemple du crime ; sans quoi le but de la loi est manqué, parce que l'horreur et l'indignation qu'inspire le crime dans les premiers momens où il est commis, font nécessairement place, dans le cœur de l'homme sensible, après un certain temps, à la pitié et à la commisération pour le coupable.

Si l'exemple du châtiment ne suit de près l'exemple du crime, combien de scélérats, qui n'attendent que l'étincelle de l'exemple pour enflammer des vices, déjà préparés dans leurs cœurs, ne se livreront-ils pas à tous les excès de la fureur qui les presse !

Or, le préteur ne pouvant se rendre dans les divers départemens de sa division que successivement, il en résultera un délai préjudiciable entre l'époque du crime et sa punition !

Les tribunaux criminels, tels qu'ils existent aujourd'hui, offrent à la société une garantie plus assurée. Les présidens de ces tribunaux, pris parmi les juges des tribunaux d'appel, sont amovibles : s'ils manquent à quelques-uns de leurs devoirs, ou qu'ils n'inspirent pas le dégré de confiance qui leur est si nécessaire dans l'exercice de leurs fonctions, ils peuvent être renvoyés à leurs tribunaux d'appel, et remplacés à la volonté du Gouvernement. Mais d'ailleurs, l'exercice de la justice criminelle demande impérieusement que le magistrat qui en est chargé soit familiarisé avec les lois qui la compètent, avec l'idiome du pays dont il connaît et les mœurs et les localités, et qu'il soit distrait de toutes autres fonctions.

Ce n'est pas, au surplus, par le nombre de jugemens rendus en matière criminelle qu'on doit juger de l'utilité des tribunaux ; il serait à souhaiter que la justice criminelle restât toujours vacante : il vaut mieux prévenir le crime que de le punir ; et si les tribunaux locaux et permanens sont parvenus au but d'assurer la tranquillité de la société, de procurer la sûreté des personnes et des propriétés, leur institution est nécessairement avantageuse.

Les remplacemens en cas d'absence ou d'empêchement, ne devant être faits que par celui qui gouverne l'État, nous ont présenté des longueurs nuisibles ; et les désignations à faire par les préteurs pour les propréteurs absens ou empêchés, nous offrent les mêmes incohérences.

Nous proposerions que le propréteur, qui remplace le directeur du jury, fût reconnu juge du tribunal d'arrondissement auprès duquel il est placé ; il en résulterait un double avantage pour la chose publique. Lorsqu'il aurait vacance pour l'instruction des affaires criminelles , il siégerait au tribunal civil , et se rendrait utile tant par la dignité et l'éclat qu'il donnerait à ce tribunal , que par ses lumières et ses travaux , en coopérant à la départition de la justice civile, d'autant plus que les tribunaux d'arrondissement sont encombrés d'affaires , et ont besoin de secours.

Nous desirerions encore, qu'en cas de maladie ou de légitime empêchement du commissaire du Gouvernement près les tribunaux de première instance, le substitut , magistrat de sûreté de cet arrondissement, le remplaçât dans ses fonctions près le tribunal civil, sans qu'il fût besoin de requérir des suppléans, ou des avoués ou défenseurs, qui souvent peuvent avoir intérêt à la cause ; et cela serait d'autant plus juste, que les obligations deviendraient réciproques entre le commissaire du Gouvernement et le substitut magistrat de sûreté, puisque , dans le même cas d'absence ou d'empêchement légitime, celui-là est tenu de remplacer celui-ci dans les matières criminelles.

Plus les membres des tribunaux sont nombreux, plus ils inspirent de confiance à leurs concitoyens, et plus ils sont à même de faire le bien.

A l'égard des propréteurs, il se présente ici une réflexion bien simple : le propréteur en fonctions dans la ville où siége le tribunal criminel, assiste le préteur dans les jugemens criminels à rendre aux grands-jours. Mais si ce propréteur a instruit lui-même l'affaire devant le jury d'accusation , comment peut-il se faire qu'il devienne juge dans son propre ouvrage, et qu'il soit en même temps juge de première instance et juge d'appel !

Dans les matières correctionnelles, il en est de même, lorsque jugeant avec deux autres propréteurs ou deux suppléans, il est revêtu de l'autorité souveraine et réformatrice des jugemens rendus par ses égaux en pouvoir et en dignité.

L'institution des jurés a été controversée, et l'est encore ; cette institution, vraiment philosophique, a besoin d'être perfectionnée, si on veut la conserver et qu'elle produise quelque bien.

Une longue et triste expérience nous a démontré que, dans certains cas, cette institution avait produit les plus grands maux ; et nous avons vu que cette espèce de procédure ayant été suspendue dans beaucoup de départemens par la loi du 18 pluviôse an 9 , les tribunaux spéciaux ont fait pâlir le crime, dissipé les brigands, les voleurs de diligences et les bandes de chauffeurs ; de manière que nous penserions, avec quelque raison , qu'il serait avantageux de confier aux tribunaux seuls la départition de la justice criminelle.

Oui, l'expérience, qui vaut mieux que toutes les théories, nous a prouvé que l'institution des jurés ne pouvait guère s'acclimater en France ; cependant, comme on a proposé dans le Projet un nouveau mode d'organisation qui semble offrir plus de garantie, mais qui, dans le fait, n'en donne pas davantage, on peut essayer de ce nouveau mode; et d'après le compte qui en sera rendu par les tribunaux, le Gouvernement jugera dans sa sagesse si cette institution, tant attaquée et tant défendue, doit être conservée ou supprimée.

C'est parmi les six cents citoyens les plus imposés dans un département, composé comme le nôtre de trois arrondissemens communaux, que doivent être pris les jurés d'accusation; et dans aucun cas, ces six cents citoyens ne peuvent être compris dans la liste du jury de jugement : voilà donc six cents citoyens qui, à raison de leur fortune, sont supposés les plus instruits et les plus éclairés (ce qui n'est pas toujours), qui destinés au jury d'accusation exclusivement, rendent la formation du jury de jugement plus pénible et plus difficile, comme si pour juger définitivement, il ne fallait pas autant d'intérêt que pour accuser.

Nous démontrerons dans les observations particulières que nous présentons à la suite des générales, combien le mode de remplacement de ces jurés était vicieux, et même souvent impossible. Nous n'en parlerons donc pas ici.

Ici viennent se placer naturellement quelques réflexions sur l'examen, l'instruction et le jugement des procès, sur les débats et sur les questions à présenter aux jurés.

Nous avons frémi en voyant dans le Projet, qu'après avoir lu divers actes d'accusation dressés contre un ou plusieurs coupables pour des délits graves, tantôt les mêmes et tantôt différens, il était laissé à l'arbitraire d'un juge seul de déterminer les questions soumises à la décision du jury, d'en régler l'ordre et d'en suspendre l'exécution toujours à son gré, de manière à rendre presque toujours inutile ou illusoire la déclaration du jury, lorsque sur-tout il peut exister une connexité dans les délits qui en rendent les différentes circonstances plus ou moins sensibles, et que ce juge peut refuser au jury le droit de donner une déclaration spéciale sur une ou plusieurs de ces circonstances aggravantes, en ne lui adressant que les éclaircissemens qui peuvent les éluder.

L'institution criminelle doit donner une plus forte garantie aux citoyens; car si le préteur peut, d'office, rejeter du procès la déclaration du jury, et renvoyer l'affaire aux prochains grands-jours pour être examinée par un autre jury, il reste seul juge de la cause et du jugement.

Le préteur, à raison de ses fonctions, ne peut pas suivre l'instruction de la procédure criminelle; il faut qu'il en laisse le soin aux propréteurs qui sont sur les lieux : dans les désignations qu'il fait des propréteurs pour tel ou tel arrondissement, il ne peut prévoir les causes de suspicion ou empêchement légitime du propréteur qu'il a désigné; il ne peut vaquer qu'au jugement du procès, et dès-lors sa surveillance est illusoire ou inutile pour ce qui concerne l'instruction.

Si la procédure n'est pas assez instruite pour le jugement, et qu'il la renvoie aux prochains grands-jours, quelle dépense n'exige point la convocation du jury inutile, et l'appel fait aux témoins ! Mais ce qui nous frappe encore davantage, c'est que les lois pénales laissent une latitude aux juges du double de la peine dans beaucoup de cas, et que cet arbitraire soit confié à un seul juge ; car, dès qu'il a la voix prépondérante, celle du propréteur ne peut être que consultative.

Et quel sera le juré qui déclarera affirmativement la question de culpabilité, dans laquelle il se trouvera restreint, sur des délits qui peuvent lui présenter ou une connexité, ou quelques circonstances atténuantes ! Sa conscience troublée, sa sensibilité, la crainte de voir appliquer à sa déclaration une peine trop sévère, lui dicteront une réponse négative ; de là, nécessairement, l'impunité du crime : la recommandation à la commisération du Gouvernement, qui lui est permise, ne lui suffira pas pour le rassurer ; il verra une peine trop grave à raison des circonstances du délit, et dans cette idée, il penchera nécessairement pour la pitié.

Nous savons par expérience que les jurés diffèrent la plupart du temps ou sur la réalité du délit, ou sur la conviction de culpabilité, ou plus souvent encore sur les questions intentionnelles et les circonstances qui tendent à rendre le délit excusable. Si les débats qu'ils se forment entre eux ne les éclairaient et ne les réunissaient, il serait rare de les voir porter une décision unanime de culpabilité : il faut donc les laisser eux-mêmes juges, d'après leur conscience et leur conviction, 1.° du fait, 2.° de la culpabilité, 3.° des excuses ; sans cela, nous le répétons, aucun crime ne sera puni, parce que ces trois questions réunies dans une seule feront nécessairement qu'ils répondront négativement, l'un parce qu'il ne verra pas le fait constant, l'autre parce qu'il ne croira pas l'accusé coupable, et les autres parce qu'ils le croiront excusable : ainsi, quelques précautions que l'on prenne pour perfectionner l'organisation du jury, le résultat n'en présentera que plus d'inconvéniens et l'impunité de grands coupables. Le système d'amélioration que le projet de Code présente pour la composition du jury, serait rendu illusoire par les abus sans nombre qui résulteraient du défaut des questions qui doivent être soumises à leur décision.

Nous avons à parler d'un autre abus non moins frappant ; il regarde la police municipale : elle est dévolue à un suppléant du tribunal civil ; mais ce suppléant peut-il se trouver dans tous les lieux, dans tous les cantons où la police judiciaire l'appelle ! Occupé dans une autre partie, doit-il abandonner ce travail pour voler à un nouveau ! et les audiences qui ne sont tenues qu'une fois par mois, suffisent-elles ainsi que la présence de ce suppléant, pour constater les délits champêtres, et autres de cette nature! Les vérifications des dégâts dans les campagnes, exigent plus de promptitude et de célérité, soit pour être mieux constatées, soit pour les faire cesser plus vîte; les juges ont souvent besoin de les connaître par eux-mêmes; les rapports d'un garde champêtre peu instruit, sont rarement exacts, et déterminent encore plus rarement la valeur du dommage. Nous pensons donc à cet égard, que le mode actuel, dans l'exercice de cette partie de la justice, est préférable à celui que le Projet présente, soit qu'on considère que le tribunal de police qui doit être actif et vigilant, est toujours formé dans chaque canton, au lieu que les désignations à faire par le maire, du citoyen le plus imposé de la commune, pour juge dans le tribunal à former d'après le Projet, présentent des difficultés et des inconvéniens insurmontables. Tantôt il sera en voyage, ou en foire pour les objets de son commerce, tantôt à une exploitation éloignée d'un ou plusieurs myriamètres; de là, point d'audience : il faut désigner un autre citoyen; même difficulté et mêmes inconvéniens : ensorte qu'il arrivera souvent qu'il s'écoulera plusieurs jours sans que le tribunal puisse être complété; et le suppléant qui aura une autre audience à tenir dans un autre canton, y rencontrant les mêmes obstacles, aura parcouru l'entier arrondissement sans avoir pu juger un seul procès, après avoir occasionné beaucoup de frais inutiles aux parties, et distrait de leurs occupations beaucoup de citoyens.

Nous finirons les observations générales par voter un adoucissement dans les lois pénales, qui, dans certains cas, prononcent des peines trop sévères pour certains délits, et qui sont toujours surchargées d'une amende que certains autres délits ne nous ont point paru devoir faire encourir.

En thèse générale, les amendes ne peuvent être applicables que pour réparation de délits ou de contraventions : sous ce point de vue, elles appartiennent plutôt aux tribunaux correctionnels qu'aux criminels ; la négligence, après l'avertissement officiel, peut et doit donner lieu à des indemnités, et même à la prise-à-partie de la part de la partie lésée, mais non à des amendes envers le fisc, qu'on regarde comme flétrissantes.

L'oubli total des devoirs doit entraîner la forfaiture et la destitution de celui qui s'en rend coupable ; c'est un véritable crime envers la société : mais une légère omission, si elle ne présente point un caractère de malice, doit être assez punie par l'avertissement officiel et la réparation civile s'il y a lieu.

Nous allons présenter au Gouvernement les observations particulières que nous avons faites sur les articles du projet de Code qui nous en ont paru susceptibles, n'ayant rien dit sur ceux qui nous ont paru devoir être conservés ; nous les avons mise par ordre, conformément à celui qui est observé dans le projet de Code, dont nous aurons soin de citer les livres, chapitres et articles, afin de donner plus de facilité pour les comparer ensemble.

PREMIÈRE PARTIE.

Délits et Peines.

DISPOSITION PRÉLIMINAIRE.

ART. 8. Les délits militaires doivent être restreints aux délits commis par les militaires envers des militaires ; sans quoi la sûreté individuelle des citoyens serait continuellement menacée, et, sous le moindre prétexte , le citoyen paisible serait distrait de ses juges , et traduit devant un conseil de guerre ou commission militaire , à la moindre discussion qui s'éleverait entre lui et un militaire même en permission , auquel le conseil d'administration pourrait déléguer par suite quelque pouvoir.

Par exemple , un militaire chargé du recrutement voudra enrôler certains jeunes gens ; il est en état de service militaire : dans une partie de plaisir quelconque, il s'élève une rixe entre ce militaire et ces jeunes citoyens ; il la prépare même pour venir à son but ; et de ce que cette rixe aura occasionné un délit quelconque, ces citoyens deviendront justiciables du conseil de guerre devant lequel ils seront traduits, et, à coup sûr, condamnés par esprit de corps, et par des lois qu'ils ne peuvent pas connaître.

La loi criminelle devient presque nulle, toutes les fois qu'un peuple presque tout militaire est soumis aux lois militaires , qui doivent être purement et simplement faites pour les militaires. Cependant , tous les militaires sont citoyens, et tous les citoyens ne sont pas militaires.

Les lois pénales sont faites pour les citoyens ; celles des militaires sont pour eux , et ne forment qu'une exception à la loi générale : or, cette loi d'exception ne doit point attirer à elle celle qui régit toutes les autres classes de citoyens ; et néanmoins, par cet article, il semblerait qu'un conscrit ou réquisitionnaire ou tout autre appartenant à l'armée, qui aurait une dispute avec son voisin, pourrait le traduire devant les juges militaires, et le faire juger sur des lois qu'il n'est pas fait pour connaître : cette marche serait abusive et destructive des droits de la société ; car le citoyen ainsi distrait de ses juges, quoique déclaré innocent, serait détruit dans sa fortune et dans son honneur. En effet, contre qui pourrait-il réclamer la restitution des frais de déplacement que cette marche nécessiterait, et le paiement de la juste indemnité qui serait due à son innocence ! Il serait sans garantie à cet égard ; et après avoir subi une procédure humiliante et ruineuse, il n'en aurait pas moins perdu la confiance et son crédit aux yeux de ses concitoyens , que l'éloignement du lieu où le conseil de guerre siégerait, n'aurait pas permis d'être les témoins de son innocence.

En adoptant le système porté par le Projet, il faudrait pour lors créer autant de tribunaux militaires qu'il y a de cantons, d'arrondissemens communaux ou de départemens, suivant la nature des délits dont les citoyens seraient prévenus envers des militaires, pour les juger.

Et d'un autre côté, le militaire qui se sera rendu coupable d'un délit, sera toujours assuré de l'impunité, dès que le tribunal qui doit le juger, même pour un délit de simple contravention, est à trente ou quarante myriamètres du délit; et à cet effet, il ne manquera pas de récriminer contre le citoyen qui se sera plaint, pour faire diversion à la plainte.

Ce système même qui est attentatoire à l'autorité judiciaire, devient en cela seul injurieux à la société par les précautions qu'il prend contre les citoyens, qui ne voient dans un militaire qu'un frère, qu'un ami, qu'un défenseur de la patrie, et qui sont bien moins tentés de l'insulter que de lui être utile.

LIVRE I.er

CHAP. I.er

Art. 13 et 15. Le premier devrait être restreint aux coupables condamnés pour parricide, pour conjugicide, seulement dans le cas du crime d'assassinat ou d'empoisonnement, et pour le meurtre exécuté avec tortures, quant à l'exposition pendant une heure et au poing droit coupé; les autres délits paraissent seulement devoir être punis de la peine de mort.

Art. 14. Maintenu pour les crimes énoncés en l'article précédent.

Art 15. *Idem;* mais on observe que ces espèces de délits ne se commettent pas sur les grands chemins, et que même les poteaux à établir le long des grands chemins, ne servent qu'à intimider et effrayer le voyageur en encourageant le méchant : on pourrait, pour les crimes énoncés dans l'article 13, exécuter cette mesure dans un lieu apparent, le plus proche de la commune où le crime aurait été commis.

Art. 22 et suivans. On observe que les condamnations aux travaux forcés à perpétuité, ne laissant aucun espoir de retour au condamné, détruiront dans son ame tous les principes de bien et de correction que la peine inflige et que la société est en droit d'en attendre ; que, d'ailleurs, l'effet de l'exemple de la peine diminuant en proportion de l'éloignement du condamné et de l'époque de la condamnation, ne sera d'aucune utilité pour la société; que même le condamné à perpétuité, n'ayant aucun intérêt à devenir meilleur, entretiendra l'amour du crime dans l'ame des condamnés à temps, et renverra dans la société des monstres plus nuisibles qu'ils ne l'étaient auparavant; que conséquemment, au lieu de la perpétuité, il serait plus avantageux de prolonger la durée de la peine, en laissant toujours aux condamnés l'espoir de rentrer dans la société, ce qui les engagerait à devenir meilleurs.

Art. 23. Il existe des délits qui méritent une peine moindre que celle

qui

qui est prononcée par cet article ; et conséquemment le *minimum* de la peine doit être moindre.

Art. 25. Même observation.

Art. 29. Définir le genre du châtiment à infliger.

Art. 31. L'exécution doit se faire sur une place publique du lieu où le jugement a été rendu. Il y aurait presque toujours du danger dans la traduction des condamnés, lorsque d'ailleurs la certitude de l'exécution du jugement opère la même impression, et qu'on évite des frais très-considérables de transport. Le préfet ne doit point obtenir l'initiative sur les exécutions : c'est au tribunal qui a connaissance des circonstances du crime, et de la nécessité de l'exemple, à proposer au préfet le changement du lieu pour l'exécution, dans certains cas, et au préfet à l'approuver, ou à refuser la sanction du Gouvernement. Pour cet effet, les tribunaux donneront connaissance aux préfets des motifs qui les y auront déterminés.

Art. 33. Les dispositions de cet article paraissent contraires les unes aux autres. Les condamnés aux travaux forcés à perpétuité et à la déportation ne doivent point rentrer dans la société, ni acquérir des droits civils , du moins dans le territoire européen de la République; au lieu que les condamnés aux travaux forcés à temps , à la reclusion et à l'infamie, après avoir subi leur peine , redeviennent citoyens français, en obtenant la réhabilitation. Il est donc nécessaire de revenir sur cet article, et de le diviser d'après la classification des peines.

Art. 39. Il est nécessaire d'expliquer quels sont les droits de citoyen dont la peine de forfaiture prive le condamné.

Art. 41. Par qui seront faits les cris et les affiches ! et quelle sera la forme de ces criées !

Art. 43. La confiscation doit être grevée , non-seulement des dettes légitimes à concurrence de la valeur des biens, mais encore de l'obligation de fournir aux enfans l'entière portion déclarée indisponible , et les alimens à qui il en est dû de droit, à moins qu'elle ne soit prononcée pour un des crimes de faux , ou de fausse monnaie et de leur altération, ou de concussion , &c., qui ont produit une fortune considérable au condamné , au préjudice de l'Etat ou des particuliers ; auquel cas la confiscation générale est légitime , et ne doit être grevée que des dettes du condamné antérieures à son crime, et de l'indemnité due à la partie lésée, s'il y a lieu.

CHAPITRE II.

Art. 47. Les dispositions de cet article sont trop infamantes pour des peines correctionnelles ; le tribunal vote sa suppression.

CHAPITRE III.

Art. 49. Cet article doit être conservé, pour ce qui concerne le Gouvernement ; quant à la partie intéressée , il est nécessaire , pour éviter les dangers de la passion et de l'intérêt , de la soumettre à se réunir à la partie publique, pour exiger de l'individu placé dans l'état de surveillance le cautionnement prescrit.

Art. 52. La surveillance du Gouvernement doit cesser après la réhabilitation , ou ne durer qu'un temps égal à celui de la peine.

Art. 60. La peine de l'emprisonnement pour amendes , restitutions, indemnités et frais , doit être modérée, même supprimée dans le cas notoire d'insolvabilité, sauf à exercer la contrainte par corps, s'il survient au condamné des moyens de solvabilité. Le défaut de paiement de la part d'un insolvable ne doit point lui procurer une double peine.

Art. 63. Les dispositions de cet article ne doivent point être bornées aux dispositions gratuites du coupable ; les ventes, cessions simulées , transports, quittances , &c. , faits depuis l'époque du crime, doivent être pareillement réputés faits en fraude , la République et les parties lésées devant jouir des mêmes droits que les autres créanciers du coupable.

CHAPITRE IV.

Art. 64. Cet article ne contient aucune disposition contraire à notre vœu, si ce n'est pour la peine des travaux forcés à perpétuité.

Art. 66. Le premier *alinea* doit être maintenu : le second, supprimé.

LIVRE II.

Art. 68. Ajouter le mot *sciemment* aux numéros 2 , 3 , 6 et 7 ; plus, au n.° 7 , étendre l'exception aux frères, sœurs, neveux et alliés aux mêmes degrés.

Art. 70. Le Projet ne parle pas d'un prévenu qui, quoiqu'en état de démence , a des momens lucides, pendant lesquels il a pu commettre des crimes ou délits. Alors il existe un crime, parce qu'il y a intention criminelle. La loi ne dit pas encore si le temps que dure la démence, court utilement pour la prescription du crime.

La loi devrait encore désigner les personnes qui doivent déclarer la démence du prévenu, et établir si la démence existait avant le délit ou non, car, dans ce dernier cas , le coupable doit être puni, et non dans le premier, Il devrait d'ailleurs être laissé aux tribunaux le pouvoir, d'après les circonstances ;

de pourvoir à l'indemnité due aux personnes lésées, s'il y en a , et à la sûreté du prévenu et de la société, en le faisant enfermer dans un lieu à ce destiné.

Art. 76. Étendre l'exception portée dans cet article, aux individus estropiés, et notoirement invalides, incapables de supporter les travaux forcés.

Art. 77. Même exception pour les estropiés ou atteints de maux non susceptibles de guérison.

LIVRE III.

TITRE I.er, Chapitre I.er, Section I.er.

Art. 84 et 85, Ces dispositions doivent appartenir au Code militaire.

Art. 87. Ces crimes doivent être punis de mort, et les biens des coupables confisqués.

Art. 88. Le moyen de constater le délit judiciairement !

Art. 89. Le cas mérite peine de mort, et semble appartenir au Code militaire.

Section II.

Art. 94. Tout étranger au département, tout déserteur qui se trouverait dans ces bandes, doit être réputé chef, et compris au §. I.er

Art. 98. Tous ces cas appartiennent au Code militaire.

Art. 99 et 100. Il semble que les coupables de réticence incivique, devraient être renvoyés sous la surveillance spéciale du Gouvernement.

Chapitre II.

Art. 112. Ceux qui font usage du faux, pour être punis, doivent le faire sciemment.

Art. 113. Cet article devrait être subdivisé quant aux fonctionnaires divers ; une disposition trop longue devient confuse, plus difficile à saisir et à comprendre.

Cet article n'est pas le seul qui embrasse trop d'objets à-la-fois ; la loi, pour être plutôt saisie, a besoin d'être plus claire et précise.

Art. 122, 123 et 124. Les amendes prononcées par ces articles , tant contre les magistrats , juges , commissaires et officiers de justice, que contre les agens du Gouvernement revêtus de fonctions administratives , font perdre de la considération, et avilissent l'autorité. L'article 125 doit être conservé.

Chapitre III, Section I.re

Art. 127. La participation à l'émission ou exposition des monnaies contrefaites, &c. doit être faite sciemment.

Art. 128. Celui qui trompe sciemment, en livrant pour bonnes des pièces contrefaites ou altérées, doit en outre être tenu de l'indemnité envers la personne à laquelle il les a livrées.

Art. 129. Dans les trois paragraphes, il faut que celui qui fait usage des effets ou papiers contrefaits l'ait fait sciemment. Celui qui aura contrefait, ou fait usage du sceau d'une autorité, s'il n'en retire aucun profit au préjudice du Gouvernement, ne doit pas être puni de la confiscation de ses biens.

Art. 132. La contexture de cet article prouve la nécessité indispensable de le diviser et de le préciser.

Art. 134. Même observation.

Art. 135. Il faut ajouter « les porteurs faisant usage de ces actes. »

Section II.

Cette section entière doit être revue : les peines qu'elle prononce contre les magistrats sont avilissantes ; le fonctionnaire public qui se rend coupable de crimes et délits doit être destitué, et puni pour les crimes et délits qu'il peut commettre. Un magistrat continuellement puni par des amendes, ne peut inspirer aucun respect. Noté d'infamie, il perd toute considération et confiance, et n'est plus magistrat.

Et lorsque, ne suivant que l'impulsion de sa conscience, il est exposé à être accusé d'avoir jugé par faveur ou par inimitié, contre une partie ; les complices, les amis, viendront appuyer l'accusation, et le juge sera exposé à la peine de la déportation ou à celle de mort sur de pareilles assertions.

D'un autre côté, le jury, qu'il est difficile de rassembler ou réunir, ne se rendra plus au poste que la loi lui assignera, si jugeant en son ame et conscience il est menacé d'être condamné à la peine de la déportation ou à celle de la mort.

Du moins faudrait-il prendre les plus grandes précautions pour empêcher que les parens, ou les complices des condamnés, ne pussent en aucun cas accuser ni appuyer l'accusation, soit contre le magistrat, soit contre le juré qui aurait assisté au jugement de condamnation. Au surplus, un seul juré ne forme pas la déclaration de culpabilité : il faut qu'il en entraîne plusieurs autres à son opinion ; et rien n'établit quelle est l'opinion particulière de chaque juré dans la décision générale qu'ils ont à rendre. Et quant au juge, il ne prononce la peine que d'après la déclaration du jury ; s'il se trompe sur son application, le pourvoi en cassation contre le jugement est ouvert : ainsi que nous l'avons déjà dit, cette section doit être entièrement revue et réformée.

Section III.

§. I.ᵉʳ Art. 170. Ajouter à ce qui concerne la réquisition de la force publique, que cette réquisition sera faite par écrit.

Art. 175, 176 et autres, par observation générale.

On pense qu'on doit répéter à chaque article la disposition pénale, et non renvoyer aux dispositions de différens autres articles, afin de donner plus de précision à la loi et plus de facilité aux magistrats pour son application : toute ambiguité, tout doute que la loi présente, en rendent l'exécution plus difficile. D'ailleurs, dès-qu'il faut lire le texte de la loi, et l'insérer dans le jugement, il est certain que le public qui voit qu'on tire des inductions d'un article par l'autre, n'étant pas pour l'ordinaire versé dans la connaissance des lois, ne peut pas saisir dans son esprit les dispositions pénales qu'elle prononce ; et les lois doivent être assez claires et assez précises, pour que tous les citoyens puissent en entendre et en saisir l'esprit.

Art. 177. Cet article tend à détruire dans l'homme l'amour inné de la liberté ; il ne présente aucun délit aux vrais philosophes : nous en votons la suppression.

§. II. Art. 178. Il faut définir quels sont les fonctionnaires et officiers publics que cet article embrasse sans distinction et trop généralement ; et, dans ce cas, définir les peines et la durée à raison de l'importance et de la nature du service.

Art. 179. Quelle est la durée de la peine!

Art. 180. Cet article présente trop d'incertitude et d'incohérence quant au fait en lui-même ; il faut définir d'une manière précise le temps et les circonstances où on aura appliqué au coupable une première peine, soit pour crime, soit pour délit: faudra-t-il, parce que la mort surviendra au fonctionnaire ou à l'officier public frappé, le remettre en jugement!

Art. 181. Cet article présente encore plus de louche, les circonstances aggravantes du délit ne pouvant se concilier.

Art. 184 et suivans. Mêmes observations qu'à l'article 178.

§. III. Art. 189. La peine de détention et de l'amende ne doit pas avoir lieu contre les fonctionnaires publics désobéissans ; il faut les destituer.

§. IV. Art. 194. Définir quelles sont les personnes, autres que les père, mère, tuteurs et tutrices du réquisitionnaire ou conscrit, qui peuvent avoir autorité sur lui.

§. V. Art. 201. Il n'existe point de proportion de peine entre la négligence et la connivence : la dernière est un crime ; la première n'est qu'un délit.

En général la peine de l'amende est trop multipliée dans le Code.

Art. 202. Même observation.

Art. 205. Cet article est contradictoire : s'il y a violence contre les gardiens dans les bris des prisons, pourquoi punir les gardiens !

Art. 206. Même observation.

Art. 207. Les dispositions de cet article doivent être restreintes aux crimes et délits que pourraient commettre les détenus pour s'évader.

§. VI. Art. 210. Distinguer le cas où les scellés se détachent sans aucun fait de négligence de la part des gardiens.

Art. 216. Il semble que la peine portée par cet article doit être moindre que celle portée par l'article précédent contre le greffier, attendu que celui-ci, comme dépositaire public, serait plus coupable.

Section IV.

Art. 222. Ajouter *sciemment* à ceux qui auront fourni aux bandes, &c., les armes et munitions, &c.

Section VIII.

L'art. 250 n'a pas prévu le cas où un associé, sans être chef, directeur ou administrateur de la société, porterait le costume ou le signe de réunion de la société hors le lieu de la réunion.

TITRE II, Chapitre Ier

Art. 262. Le nombre des coupables du crime mentionné dans ce titre doit être réduit à un seul, dès que c'est pendant la nuit, et maintenu pour plusieurs pendant le jour, lorsque la maison est isolée.

Art. 263. Mieux définir les coups et les violences graves.

Art. 271. Il faudrait que les coups portés ou les blessures faites occasionnassent la perte de la vue ou d'un membre pour emporter peine de mort.

Art. 274. Sauf les observations faites aux articles 13 et 15.

Art. 275. Modérer la peine.

Art. 276. Le terme au-delà de quarante jours est trop vague; il doit être fixé.

Art. 278. Cet article contient les mêmes dispositions, quant au crime, que l'article 275 ; et néanmoins les peines sont différentes.

Art. 279. Même réflexion sur cet article, comparé à l'article 277.

Art. 285. La définition de l'infanticide n'est pas exacte, puisque la mère engagée dans les liens du mariage peut s'en rendre coupable comme celle qui n'est pas engagée dans les mêmes liens.

Art. 286. Cet article n'énonce que les cas de présomption d'homicide, par la privation de ce qui est nécessaire à la vie ; mais le crime de l'infanticide peut être commis par méchanceté et par violence, et alors il devient meurtre ou assassinat.

Art. 287. La peine fixée dans cet article pour le défaut des alimens, ne doit point écarter celle qui est due au meurtre ou à l'assassinat par le présent Code.

La privation des alimens est un acte prémédité, un véritable assassinat ; au contraire, le défaut de précaution, de secours et de soins est l'effet d'une négligence coupable et imprudente.

Art. 294. La peine pour l'abandon d'un enfant au-dessous de sept ans dans un lieu solitaire, est trop douce ; et si la mort de l'enfant s'ensuit, les auteurs ou complices de ce crime doivent être punis comme coupables de meurtre.

Art. 299. Et si le ravisseur est mineur, ainsi que la fille, y a-t-il lieu à des peines ? Cet article n'en parle pas.

Art. 300. Cet article n'a pas reçu l'étendue nécessaire ; le notaire et l'officier public doivent être punis.

Art. 306. On doit s'occuper, dans cet article, des intérêts de la partie lésée.

Art. 310. Cet article contient une peine trop forte contre le serviteur, d'autant que souvent dans les fermes, ceux qui sont employés comme domestiques, ont plus de fortune à eux que la fille du maître et le maître lui-même : d'ailleurs le serviteur est sous la surveillance du maître ; au lieu que ceux dont il est question dans ce même titre, ont une autorité sur l'enfant, le serviteur est tenu de lui obéir.

Art. 313. Le 2.ᵉ alinéa de cet article est ignominieux pour le mari, qui ne veut pas trafiquer de l'honneur de sa femme ; il pourrait très-fort arriver qu'il se trouvât des maris assez lâches pour faire ce honteux commerce.

Art. 314. Cet article doit être totalement supprimé ; et d'ailleurs, à qui sont dus les dommages-intérêts ?

Art. 315. Même réflexion qu'à l'article précédent.

Il devrait y avoir une peine contre l'inceste, le péché contrenature, &c.

Art. 332. Il semble qu'il faudrait ajouter que l'allégation que le rapport a été fait par telle ou telle personne, du fait calomnieux, ne doit pas être reçue pour excuse, parce que les poursuites en deviendraient ou impossibles ou très-multipliées, si l'on suivait une chaîne de rapports qui auraient pu être successivement faits.

Art. 334. Bon pour l'impression, affiche et publication ; supprimer les peines portées par l'article 47.

Art. 336. Il faudrait préciser davantage quel est le vice déterminé dont il est parlé dans l'article, et s'il ne doit pas y avoir une variation dans les peines, proportionnée à l'état et aux fonctions du citoyen qui a reçu les injures, ou contre lequel les expressions outrageantes ont été proférées publiquement, &c.

CHAPITRE II, SECTION I.re

Art. 340. Dans le cas où l'auteur des soustractions prouve évidemment par titre, que la chose soustraite lui appartient, qu'il y a droit ou qu'il ne l'a pas soustraite dans le dessein d'en dépouiller le possesseur ou le détenteur, il semble que la loi doit autoriser les juges à prononcer sur cette preuve, avant de soumettre l'acte d'accusation à la décision du jury de jugement, et à renvoyer le prévenu devant les juges compétens.

Si au lieu de preuves authentiques ou légales, l'auteur de la soustraction n'allègue que les mêmes moyens par la preuve testimoniale, dès-lors l'accusation étant soumise au jury de jugement, les juges et les jurés auront tel égard que de raison à ses défenses, au rapport des personnes entre elles, et aux circonstances.

Art. 342. La peine de mort portée par cet article, est trop forte, comparée avec les articles suivans; d'ailleurs cet article n'explique point les circonstances dans lesquelles il doit recevoir son application, exclusivement aux articles suivans.

A considérer le crime comme simple vol, la peine est trop forte, sauf à en aggraver les peines d'après la nature des blessures ou contusions.

Art. 343. Cet article ne paraît devoir être maintenu qu'en raison des articles qui le suivent.

Art. 344. Cet article présente une contradiction dans la peine, si on maintient l'article 342.

Art. 345. Cet article présente la même contradiction.

Art. 347. Supprimer du n.° 2, *l'escalade.*

Art. 350. Il semble que les grandes routes devraient être distinguées pour la peine, des autres chemins mentionnés dans cet article.

Art. 352. Il semble qu'il faut distinguer entre parc et enclos, et définir la hauteur des clôtures, la largeur et la profondeur des fossés, tant pour l'un que pour l'autre, et si tous les deux ne doivent point avoir des portes fermées à clefs.

Art. 358. Mais si la clôture est détruite par dégradation dans certaines parties, y aura-t-il escalade ! il semble que non, parce que c'est de la faute du propriétaire.

Art. 360. On devrait distinguer les peines, selon le genre de la filouterie, et la valeur des objets filoutés, la peine étant trop forte pour de petits objets d'usage journalier, valant à peine 50 centimes.

SECTION II.

SECTION II.

Art. 365. Il n'existe dans cet article rien de relatif à ceux des marchands qui ne savent ni lire ni écrire, et qui par conséquent ne peuvent observer ce qui est prescrit par le Code du commerce.

Nota. Il n'est pas question dans cette section des crimes d'usure, d'accaparement, de monopole, &c. qu'il est si nécessaire de réprimer.

L'usure est si fort en usage, et poussée à un tel degré, qu'on connaît divers particuliers qui doublent leurs capitaux dans une année ou quinze mois ; il faut donc établir une peine contre l'usure.

L'accaparement des choses de première nécessité, est un assassinat contre la société.

SECTION III.

Art. 398. Il faut ajouter, *quiconque aura détruit malicieusement,* &c.

Les art. 400 et 401 sont sans doute la suite d'une émeute populaire, ce qui paraît devoir donner lieu à une explication à ce sujet ; car autrement ils porteraient le même caractère que les articles 342 et suivans.

Art. 404, 405 et 406. Fixer un *maximum* de peines.

Art. 410. Pourquoi ne pas étendre la peine pour les empoisonnemens des rivières et ruisseaux !

Art. 412 et 413. Il est certaines circonstances où le passant est obligé de tuer les chiens de garde, pour se mettre à l'abri des morsures ou d'en être dévoré ; il est des chiens si méchans qu'ils se portent avec une espèce de rage et d'ivresse contre les passans ; souvent même les maîtres ou les bergers les y provoquent : il faudrait donc une exception à cet égard, et même que lorsque les chiens de garde sont méchans, les maires fussent autorisés à les faire tuer.

Art. 414. Il faut y ajouter la condamnation à l'indemnité de la partie qui souffrirait par suite de ce passage.

Art. 418. Diviser l'article en presque autant d'objets qu'il en contient, et classer les peines de chacun, lesquelles ne peuvent pas être égales, divers objets devant supporter une peine plus forte.

LIVRE IV.

CHAPITRE II. SECTION Ire

Il faut ajouter aux peines de cette section entière, les restitutions des dommages causés.

SECTION II.

Même observation pour ce qui en est susceptible.

SECTION III.

Même observation.

Lozère. C

DEUXIÈME PARTIE.

Art. 449. Il semble, par les termes de cet article, que l'action civile peut être poursuivie devant les tribunaux jugeant civilement, et devant les tribunaux jugeant correctionnellement ; cependant l'action civile résultant d'un délit, et ce délit ne pouvant être caractérisé que par les tribunaux correctionnels, il semblerait que l'article devrait faire un devoir aux parties lésées de poursuivre les fins de leur action civile devant les tribunaux correctionnels, et non leur laisser la faculté de la porter devant les tribunaux civils, tout cela se ferait en changeant le mot *peut* en celui de *doit.*

LIVRE I.er

CHAPITRE II.

Art. 461. On doit ajouter que, lorsque dans une commune au-dessous de 5,000 habitans, il n'y a qu'un maire ou un adjoint qui se trouve légitimement empêché, il doit être suppléé par l'adjoint de la commune la plus voisine.

CHAPITRE III.

Art. 466. Ajouter, *s'il ne sait écrire et signer.*

Art. 468. Dans les campagnes, la plupart des maires et adjoints sont incapables d'écrire et de rédiger un procès-verbal.

Art. 469. Si le maire ou l'adjoint a rédigé le procès-verbal, ils ne peut en recevoir l'affirmation.

CHAPITRE V, SECTION I.re

§. I.er Art. 490. Dans le cas de cet article, le juge d'un tribunal quelconque qui aura fait la dénonciation officielle au magistrat de sûreté, doit-il rester juge si la procédure est portée au tribunal dont il est membre !

§. II. *Nota.* Une dénonciation qui donnerait lieu à des peines afflictives ou infamantes, ayant été déclarée fausse, donne-t-elle simplement lieu aux peines prononcées contre les calomniateurs, et la peine ne doit-elle pas être graduée, relativement à la gravité et aux suites que peut avoir la calomnie !

§. III. Art. 496. Si on a négligé de faire signer le plaignant ou dénonciateur, ou son fondé de pouvoir, ou de faire mention qu'il n'a su ou voulu signer ; si le magistrat de sûreté n'a pas signé à chaque feuillet, cette dénonciation ou cette plainte seront-elles nulles !

Art. 498. Cet article met sur le compte de la partie civile tous les frais, tant qu'elle reste partie civile ; mais si cette partie civile ne fournit pas, ou n'a pas de quoi fournir aux frais, faut-il que l'instruction de la procédure cesse? ou bien les avances doivent-elles être faites par le trésor public?

Dans le cas où la partie qui se prétend lésée se constitue partie civile, au moment du jugement définitif, est-elle tenue du remboursement des frais avancés par la partie publique, ou non?

. Art. 501. Si, après plusieurs réquisitions faites au magistrat de sûreté, par la partie civile, de procéder sur sa plainte, les réquisitions restent infructueuses, qu'elle est la voie de l'y contraindre?

Art. 502. Dans le cas de cet article, le prévenu doit être renvoyé devant le magistrat de sûreté du lieu du délit, et la procédure ne peut jamais être instruite devant le magistrat de sûreté du lieu où le prévenu pourrait être trouvé, puisque l'instruction de la procédure, devant ce dernier magistrat, entraînerait des obstacles, des longueurs et des frais incalculables.

§. V. Art. 507. Il n'est pas prévu, lorsque le magistrat de sûreté, non instruit à temps, n'est pas présent, qui doit remplacer l'adjoint du maire, pour la présence aux procès-verbaux, puisqu'alors c'est ce même adjoint qui dresse le procès-verbal.

Lorsque le délit à constater se trouverait dans une maison isolée, ou endroit éloigné, qu'il serait difficile d'appeler deux citoyens domiciliés dans la commune, lesquels, le plus souvent, refuseraient de se rendre, les procès-verbaux seraient-ils nuls, de cela seul que le magistrat de sûreté, ou l'officier de police le remplaçant, aurait agi sans assistance d'autres personnes?

Art. 513. Il semble que ce serait accélérer la marche de la justice, et la rendre moins dispendieuse, que de renvoyer le prévenu devant le magistrat du lieu du délit, au lieu d'exiger de celui-ci l'envoi des actes, procès-verbaux et pièces tendant à constater le délit.

Nota. On demande, s'il s'élève des contestations sur les limites des arrondissemens ou des départemens, et que les magistrats de sûreté de chacun des arrondissemens limitrophes réclament, quel est celui qui fera les poursuites, après avoir constaté le délit? Ce cas, qui peut se présenter, n'est pas prévu par le Code. Nous pensons que le premier arrivé doit en être chargé.

Il peut quelquefois être question de constater l'identité du prévenu, alors comment prouver l'identité, si le prévenu n'est représenté aux témoins?

Art. 519. Si le magistrat de sûreté est empêché légitimement, ne peut-il pas déléguer au juge de paix et autres officiers de police judiciaire, les fonctions de se transporter en la demeure des témoins empêchés, pour recevoir leur déclaration?

Nota. Aucune disposition du Code n'a prévu le cas où le témoin ne comparaîtrait pas sur la citation, et les moyens pour parvenir à le faire rendre sur une citation nouvelle ; nous demandons qu'il soit fait des dispositions à cet égard.

§. VII. Art. 529. Pour que le prévenu puisse employer le ministère d'un avoué ou fondé de pouvoir spécial, à l'apposition et levée des scellés mentionnée dans cet article, il est indispensable que l'ordonnance du magistrat de sûreté rendue en exécution de l'art. 511, ou la réquisition par lui faite au magistrat du lieu où les papiers se trouvent, soit signifiée au prévenu, avec sommation de choisir son avoué ou fondé de pouvoir spécial, dans un délai fixe et déterminé.

Section III.

Art. 546. Cet article paraît contraire dans ses dispositions, à celles portées par l'art. 505, §. 5 de ce chapitre ; celui-ci charge le magistrat de sûreté de se transporter sur les lieux pour y décrire le corps de délit, et prendre les renseignemens, et l'art. 546 charge les juges de paix, officiers de gendarmerie, &c. des mêmes fonctions ; il arrivera nécessairement que, l'un se reposant sur l'autre, aucun des fonctionnaires tenus ou chargés de ces fonctions, ne remplira ce devoir ; le juge de paix, averti officiellement par le magistrat de sûreté, ne manquera pas de lui retorquer par l'art. 505. Il faut donc, pour prévenir cet abus, que le juge de paix soit tenu d'agir d'office, jusqu'à ce que le magistrat de sûreté se soit transporté sur les lieux, sans quoi il serait impossible de trouver quelqu'un dans le flagrant délit.

Chapitre VII.

Art. 561. Le magistrat de sûreté est toujours chargé des poursuites devant le propréteur ; c'est donc à lui à citer les témoins, et au propréteur à les entendre ; l'un est juge, et l'autre accusateur.

Art. 562. Outre l'observation sur l'article précédent, qui est analogue à celui-ci, et la peine que peut infliger le propréteur sur les réquisitions du magistrat de sûreté, au témoin, ce témoin doit être forcé de comparaître et de faire sa déclaration, sans quoi le délit ne sera pas prouvé : quelle est donc la voie pour l'y contraindre ! Il faut une disposition à cet égard.

D'ailleurs, si par l'article 522 le propréteur ne peut punir le témoin délinquant, que sur les réquisitions du magistrat de sûreté, après qu'il aura été cité et entendu, pourquoi l'article 562 ne porte-t-il pas, dans le même cas, de citer et d'entendre les témoins ?

Art. 563. 1.º Si le témoin est absent pour affaires, il ne peut se rendre sur la citation qu'il ne connaît pas ; si son absence est prorogée, il ne peut pas former d'opposition au jugement rendu contre lui, puisqu'il ne le connaît pas, et ne peut pas le connaître : la loi doit prévenir ce cas.

Cet article porte qu'il sera statué sur l'opposition du témoin, sur les conclusions du substitut magistrat de sûreté. L'article 524, qui contient les mêmes dispositions, ne parle pas de ces conclusions; il faut donc ajouter à l'un, ou retrancher de l'autre.

Art. 564. Tout devant être favorable à l'accusé, et la plupart des prévenus, ignorant les formes de la procédure, pouvant ne pas user de la faculté que cet article leur accorde, d'être interrogés de nouveau après la communication des charges, nous desirerions que le propréteur fût chargé de les instruire qu'ils ont cette faculté.

Art. 566. L'article 565 n'accorde rien au substitut magistrat de sûreté, ni à son greffier, dont il ne parle pas, pour leur déplacement; il paraît juste de leur accorder la même somme que l'article 566 leur accorde, lorsqu'ils sont avec le propréteur.

Art. 569. Si les réquisitions des parties civiles sont infructueuses, quelles voies doivent-elles prendre pour faire procéder sur leur plainte !

Art. 572. Cet article autorise le propréteur à mettre en liberté le prévenu qui a détruit entièrement les charges; ne devrait-on pas accorder la même autorité au magistrat de sûreté, après les premières poursuites qui lui sont déléguées par les articles 533 et suivans de la II.ᵉ section du chap. V de ce même Code !

Art. 576. L'action en prise à partie au profit du détenu, contre l'auteur du mandat, peut être conservée; mais jamais l'action en détention illégale, ne doit l'être contre le gardien de la maison d'arrêt, en ce que celui-ci est un être purement passif, à qui la garde des détenus est confiée en vertu de mandats judiciaires, signés par ceux qui en ont reçu l'autorité.

Au surplus, il semble qu'il faut caractériser les cas où, par une intention criminelle et coupable, un propréteur s'obstinerait à détenir quelqu'un non coupable, sous le prétexte d'une identité qui n'existerait pas. Sans quoi un propréteur agira toujours dans la crainte d'une prise à partie, et mettra le plus souvent en liberté les vrais coupables, parce qu'ils contesteront l'identité.

CHAPITRE VIII.

Art. 582. Cet article n'a pas prévu le cas où le mandat recevrait son exécution hors de l'arrondissement, et dans une distance éloignée, par l'interposition du magistrat dans l'arrondissement duquel le prévenu se trouve, le délai de vingt-quatre heures n'étant pas suffisant pour cela.

Art. 584. Le juge naturel étant celui du lieu où le délit a été commis, la preuve plus facile à acquérir dans ce lieu, que dans tout autre, nous en reviendrons aux réflexions que nous avons faites sur l'article 513, qu'il est préférable de renvoyer le prévenu et la procédure devant le jury d'accusation du lieu du délit, que de l'instruire dans le lieu où il est trouvé, et où l'on ne peut appeler les témoins qu'en multipliant les dépenses nationales, étant certain d'ailleurs que, par l'éloignement de la procédure du lieu du délit, la conviction devient cent fois plus difficile.

Art. 585. Le but de cet article est dificile à connaître.

Art. 587. Mêmes observations qu'aux articles cités.

Art. 594. Mêmes observations que sur l'article 576.

CHAPITRE IX.

Art. 609. Cet article a besoin d'être plus précisé. Le prévenu doit-il être saisi et écroué après le jugement, s'il n'est pas condamné, malgré les poursuites dirigées contre sa caution! ou bien la caution et le cautionné sont-ils sujets à la même contrainte!

CHAPITRE X.

Art. 613. Cet article ne déclare pas, comme en l'article suivant, si les ordonnances du propréteur s'exécutent provisoirement, ou si, au contraire, leur exécution en doit être suspendue pendant les dix jours accordés au commissaire pour se pourvoir.

Il faut encore préciser le mode d'envoi et réception des ordonnances du propréteur au commissaire, dans les vingt-quatre heures.

LIVRE II.

CHAPITRE I.er

Des Tribunaux de police.

La formation de ces tribunaux paraît impraticable, ou au moins extrêment difficile, soit qu'on considère la difficulté de trouver des suppléans qui veuillent ou qui puissent remplir ces fonctions, tant à raison du mince salaire qu'on leur attribue, de leurs affaires particulières, des difficultés de communication dans plusieurs saisons de l'année, des risques qu'ils peuvent courir à raison de leurs fonctions, que de leurs occupations publiques auprès des tribunaux auxquels ils peuvent être attachés, soit comme avoués, soit comme hommes de loi;

Soit qu'on considère la difficulté d'organisation dans chaque canton, où un maire non prévenu ou qui ne voudra pas l'être, laissera le tribunal dans l'impossibilité d'être formé; où le plus imposé est quelquefois le moins instruit, et le plus souvent ne sachant lire ni l'un ni l'autre; où les habitans plus imposés ont moins de temps à donner à la chose publique, parce qu'ils sont plus occupés à la culture, ou plus éloignés du chef-lieu, et très-

souvent en voyage, sur-tout dans le pays où il se fait un commerce de
bestiaux ou de denrées; où, d'ailleurs, le citoyen qui s'abstiendrait par défaut
de connaissance, ou tout autre motif, manquerait de juges pour connaître
de son abstention; où la désignation serait par fois envisagée comme une
espèce de vengeance de la part du désignant; où trop de personnes seraient
employées pour la formation d'un tribunal; où, enfin, les peines suivent de
trop près ceux qui n'obéiraient point à des prétendues réquisitions ou désignations qui leur seraient faites. Tant d'entraves, tant d'inconvéniens dans
la formation de ces tribunaux, ne peuvent pas promettre une administration
prompte, sage et impartiale dans la justice; parce qu'on ne peut pas se promettre que le plus fort contribuable qui sera appelé, et l'adjoint du maire qui
fera les fonctions du ministère public, sachent lire et signer leur nom.

Nous votons donc la suppression des articles relatifs à cette formation,
préférant le mode des tribunaux de police actuel, à celui qu'on veut établir.
Les tribunaux existans à raison de ces délits, suffisent pour l'administration
de leurs attributions respectives; ils donnent même la certitude et plus de
garantie pour les délits dont la connaissance leur est respectivement attribuée.
La proximité des tribunaux engage souvent les parties à plaider; les animo-
sités se perpétuent, au lieu que des arrangemens provoqués par des amis ou
voisins, maintiennent l'union et la concorde; d'ailleurs, le mode de réglement pour la fixation des audiences dans chaque chef-lieu de canton, paraît
devoir tenir le suppléant chargé de la justice toujours en haleine, et même
le mettre hors d'état de pouvoir tenir régulièrement les audiences aux jours
indiqués, dans les divers lieux de l'arrondissement.

Chapitre II.

Des Tribunaux d'arrondissement.

Art. 674 et 675. Il paraît que le *visa* de la plainte doit être soumis au
propréteur, comme juge de compétence, sur les conclusions du substitut;
autrement c'est établir deux juges de compétence dans le même tribunal;
le propréteur et le substitut, ce qui pourrait entraîner beaucoup de contradictions, et en même temps autoriser le propréteur à fixer le délai des
citations, eu égard aux obstacles que peuvent présenter les localités ou les
saisons rigoureuses.

Art. 677. Le délai ne devrait pas être moindre de huit jours.

Art. 680. Proroger le délai de l'opposition à dix jours : il est des saisons
où les communications sont impossibles pendant un délai aussi court.

Art. 681. La voie de l'opposition étant ouverte, est-on recevable à
appeler! et, dans ce cas, l'appel ne doit-il pas être considéré comme
injurieux au tribunal qui a rendu le premier jugement!

Art. 683. La fixation des audiences correctionnelles, aux cinq derniers jours du mois, rend la justice trop dure à ceux contre lesquels la plainte est dirigée : il serait bon d'établir deux termes dans le mois , de trois jours chacun , au moins.

C'est au substitut magistrat de sûreté, lorsqu'il poursuit , et non au commissaire , à faire l'exposé de la cause , parce qu'il est partie poursuivante.

C'est au commissaire du Gouvernement, comme faisant partie intégrante du tribunal, exclusivement à tous autres, même à l'officier forestier, à faire le résumé des affaires , et à donner ses conclusions ; c'est à lui seul à conclure sur l'application de la peine, comme c'est à lui seul à éclairer le tribunal , par un avis motivé sur la justice des conclusions de toutes parties civiles ; le distraire ou le déplacer de ses fonctions , c'est un mépris et un avilissement injurieux pour le tribunal.

Lorsque toutes les parties intéressées, soit publiques, soit civiles , ont fini leurs plaidoiries et observations , elles ne doivent plus être admises à parler après le commissaire , à-moins d'une permission spéciale du président , sur de nouveaux faits que le tribunal croira essentiels.

Toutes parties devront remettre sur le bureau leurs conclusions écrites , contenant leurs noms, prénoms , âge, profession et demeure ; elles contiendront en outre leurs principaux moyens de défense.

Art. 684. Au lieu de : « pourra assister » , *assistera*.

Art. 686. Les témoins feront serment à l'audience et devant Dieu , &c.

L'amende ne peut point suppléer au défaut des notes ; elle ne restitue point à la partie lésée , par ce défaut de notes , les frais de nouvelles comparutions de témoins devant le tribunal d'appel , et ne supplée pas au cas où un témoin nécessaire se serait absenté pour un voyage de long cours. Ces notes font partie du jugement ; leur teneur doit être surveillée par le président : le défaut de les tenir serait un refus de la part du greffier, de remplir ses fonctions ; et la moindre peine devrait être sa destitution.

Art. 687. Il faudra s'en référer à l'art. 683.

Art. 688. Ajouter *oncles, tantes, neveux et nièces, et alliés aux mêmes degrés*.

Art. 691. Si le tribunal doit être constitué juge que le fait tel qu'il est énoncé dans la plainte ou la dénonciation, ne présente qu'une contravention de police, ce jugement doit précéder l'instruction ; dans ce cas, cet acte devrait être consommé par le tribunal avant la citation. Cet article doit être supprimé d'après nos observations sur les articles 674 et 675.

Art. 692. Il faut les noms des parties , leur âge et leur profession , et maintenir les jugemens dans la forme qu'ils ont aujourd'hui. Les motifs principalement sont la partie la plus essentielle pour sa justification, soit devant les tribunaux supérieurs , soit devant le public.

Il faudrait ajouter à cet article la peine de nullité.

L'amende

L'amende est une flétrissure pour le fonctionnaire public ; il vaut mieux le rendre garant de la nullité du jugement.

Art. 698. Supprimer l'exception pour les délits forestiers.

Art. 700. Substituer la conjonctive *et* à la disjonctive *ou,* quant à l'officier forestier.

Art. 703. Cet article ne prescrit point le délai dans lequel l'appelant est tenu de remettre sa requête ; cette disposition est néanmoins nécessaire : on pense qu'à cet égard on devrait suivre les dispositions de la loi existante.

Art. 714. Cet article ne prévoit pas le cas où le propréteur aurait présidé le tribunal qui aurait jugé correctionnellement, ce qui le rend lui et le tribunal suspects en pareille circonstance ; il semble qu'il devrait contenir les mêmes dispositions que l'art. 715.

Art. 718 et suivans. L'appel de ces jugemens où il s'agit plus de l'application des lois pénales que de la restitution des objets volés, semble plutôt appartenir au tribunal criminel qu'au tribunal d'appel civil, où les jugemens sont plus difficiles à obtenir à raison du grand nombre d'affaires dont ils sont surchargés.

D'ailleurs ces tribunaux, par leur institution, ne doivent point s'occuper des lois pénales ; c'est encore embarrasser le ministère public d'une surveillance inutile des prisons et des détenus.

CHAPITRE III.

Art. 732. Contre qui peut-il y avoir lieu à prise à partie ! Est-ce contre le magistrat de sûreté ! Mais la compétence à été déterminée par le propréteur ; mais l'acte d'accusation n'est pas son ouvrage : il faut donc que la loi s'explique clairement là-dessus.

Art. 734. C'est d'après les dispositions de cet article, que la prise à partie, déterminée par l'article 732, doit être réglée.

Art. 736, 737 et 738. Pourquoi ne pas comprendre, dans le même acte d'accusation, tous les prévenus impliqués dans la même procédure, ou tous les délits imputés au même prévenu, en déterminant chacun des délits, et chacun des prévenus, d'une manière claire et précise ! Cela éviterait une multiplication d'actes d'accusation, et les différentes longueurs et difficultés sans nombre qui s'élèveront dans l'assemblée du jury, soit sur les différentes circonstances d'un même délit, soit sur les délits connexes, dont les pièces se trouveront en même temps produites devant lui. C'est ainsi que le veut la loi actuelle ; elle simplifie les opérations, tant pour le magistrat de sûreté que pour les jurés eux-mêmes. Et ne peut-on pas exiger du jury qu'il fasse sa déclaration motivée, tant sur chacun des prévenus, que sur chacun des délits qui lui sont présentés !

Art. 744 et suivans. Les jurés doivent, dans tous les cas, décider à la

Lozère. D

majorité , soit l'accusation , soit la non accusation, c'est - à - dire, que la moitié doit suffire pour admettre la négative contre l'affirmative.

Dans le cas où le substitut et la partie civile ont présenté chacun un acte d'accusation séparé, il paraît inutile que le jury prononce séparément sur chacun de ces actes, puisque souvent il en résulterait une contradiction manifeste dans leurs décisions. Il est bien plus naturel, qu'avant de prononcer séparément sur chacun des actes, le jury examine et décide sur lequel des deux il doit porter sa décision, en laissant l'autre à l'écart.

Art. 750. En cas de contravention de la part des jurés de se conformer aux formules indiquées dans l'article précédent, et lorsque la nullité de leur déclaration , &c., aura été prononcée, il faut qu'ils se rassemblent de nouveau, et sans désemparer ; et supprimer le renvoi de l'affaire à la première assemblée du jury.

Par manière d'observation , nous demandons si les diverses opérations des jurés doivent être publiques ou secrètes.

Art. 751. Le procès-verbal de la remise de la déclaration du jury, doit être à la charge du propréteur, et non du greffier ; et dès que le défaut de ce procès-verbal emporterait nullité, il ne doit point être question d'une amende.

Art. 754. Cet article doit être restreint au renvoi devant le tribunal correctionnel ; mais le prévenu une fois jugé pour un délit, ne doit jamais subir une seconde mise en jugement pour un même délit ; la liberté d'un individu serait à la merci et au caprice d'un substitut magistrat de sûreté.

En finissant l'examen de ce chapitre , nous nous sommes aperçus qu'aucune des dispositions du présent Code n'avait conservé à l'accusé la prérogative d'opter en certains cas, pour être jugé dans un des tribunaux voisins, prérogative qui lui est accordée par le Code des délits et des peines du 3 brumaire an 4 ; nous faisons des vœux pour qu'elle soit rendue aux accusés, qui ont, dans certains cas, à redouter la prévention de leurs concitoyens, dans la procédure à subir devant le tribunal criminel de leur département ; l'expérience nous a démontré que cette mesure était très-salutaire, et très-avantageuse, soit pour le prévenu, soit pour la justice.

<h2 style="text-align:center">CHAPITRE IV.</h2>

Des Tribunaux criminels.

L'organisation proposée dans les divers articles paraît extrêmement vicieuse ; les craintes même que manifeste à ce sujet le citoyen Oudart dans ses observations *page 37 et suivantes,* sont des plus mal fondées. Les présidens des tribunaux criminels, ne rendent point les jugemens en matière criminelle, ce sont les jurés, et non les juges, qui n'ont pour eux que l'application de la loi ; 10. les motifs de partialité et de faiblesse attribués aux tribunaux criminels, sont imaginaires, puisque dans les jugemens de condamnation les condamnés d'ordinaire usent du pourvoi en cassation, et qu'on voit très-peu de jugemens annulés pour fausse application de la peine. Au surplus, nous avons donné plus d'étendue à ces observations, dans nos observations préliminaires.

CHAPITRE V.

Art. 306 et suivans. Le délai de cinq jours est trop court. Lors de l'arrivée d'un accusé à la maison de justice, le commissaire peut souvent être occupé aux débats d'une autre procédure, qu'il ne peut pas abandonner, d'une part ; de l'autre, souvent la procédure est si volumineuse, et les défenseurs des accusés ont si peu d'espérance de salaire, que cinq jours ne suffisent pas pour l'examiner ; ou bien ils ne veulent pas abandonner leurs autres affaires pour s'occuper uniquement de celle-là. Nous avons été souvent obligés de solliciter des défenseurs de se charger de la défense de certains accusés misérables.

Art. 310. Les dispositions de cet article semblent impossibles dans certains cas, et presque toujours, si l'on considère que le préteur est continuellement absent, que le propréteur de l'arrondissement dans lequel siège le tribunal criminel, peut être celui qui a instruit la procédure, et ne peut dès-lors convoquer le tribunal criminel, dont il ne doit point faire partie ; que les suppléans qui habiteront à une certaine distance du lieu où réside le tribunal criminel, refuseront de se rendre, 1.° parce que la 200.° portion du traitement du propréteur, qui leur est attribuée pour chaque jour de travail, ne suffit pas pour les indemniser de la dépense qu'ils ont à faire ; 2.° parce que leurs affaires personnelles peuvent les retenir ; 3.° parce qu'ils peuvent être atteints de quelque maladie, ou avoir quelque autre empêchement ; 4.° parce que les fonctions qu'ils ont à remplir peuvent provoquer contre eux la colère des complices, sur-tout dans le cas du brigandage ; et que d'ailleurs ces fonctions sont très-pénibles dans tous les cas ; et c'est un nouveau motif qui nous fait voter un tribunal constamment permanent, pour administrer la justice criminelle, d'autant plus que la marche doit en être suivie pied à pied, et qu'elle ne peut point être rendue, sans les plus grands dangers, par des magistrats disséminés dans toute l'étendue d'un département.

Il en sera de même dans l'exécution de l'art. 317 ; le préteur étant absent, le propréteur ne pourra pas prendre l'interrogatoire, lorsqu'il aura dirigé les poursuites.

Art. 322. Quels sont les fonctionnaires publics devant lesquels le témoin doit être fait ! Est-ce devant le même tribunal d'arrondissement et par-devant ceux qui doivent remplacer le propréteur devenu suspect ou légitimement empêché, ou devant le propréteur d'un autre arrondissement !

Au surplus, ici les propréteurs deviennent juges les uns des autres ; que d'inconvéniens ne peut-il pas résulter de cette mesure ! Ici les suppléans deviennent juges des propréteurs ; que d'inexactitude, que d'injustice n'en résulterait-il pas, si des hommes moins instruits et moins versés dans l'étude des lois criminelles, étaient conservés juges de leurs supérieurs !

Art. 824. Par qui sera dressé ce nouvel acte d'accusation ! et les dispositions de cet article ne contrarient-elles pas ouvertement celles de l'art. 815, qui veut qu'on ne puisse poursuivre devant les tribunaux criminels que sur une accusation reçue par un premier jury, à peine de nullité et de prise à partie ! Or, ce nouvel acte d'accusation n'ayant pas été reçu par un premier jury, sera nul, et exposera les juges à la prise à partie. Le nouvel acte d'accusation, qui sera dressé en exécution de l'article 824 n'étant pas le même, puisqu'on y aura relevé l'inexactitude dans l'exposé ou le résumé des faits, il en résultera que si l'exposé des faits ou le résumé eût été exact, ainsi qu'il le sera dans le nouvel acte d'accusation, le premier jury aurait pu prendre une délibération contraire à celle qu'il a prise, et dans le cas de cet article, le jury d'accusation deviendrait presque inutile.

Art. 825. Dans le cas de cet article, nous demandons quel sera le propréteur qui, en l'absence du préteur, recevra les déclarations des témoins, si le propréteur de service désigné par le préteur est légitimement empêché !

Art. 827. Toutes les lois doivent être favorables aux accusés. Leurs conseils, comme nous l'avons dit, sont souvent sans espoir de salaire ; se donneront-ils la peine d'aller prendre communication des pièces du procès au greffe, même copie de certaines pièces utiles à la défense de l'accusé ! Nous ne le pensons pas ; et, dans ce cas, l'expérience nous guide, l'accusé sera donc privé de sa défense. Nous croyons qu'il faut conserver le mode actuel de leur donner copie des pièces de la procédure, autres néanmoins que celles qui ne peuvent être d'aucune utilité pour la défense.

Art. 828. Les dispositions de cet article sont contraires à celles des art. 712 et 732 de ce même Projet. Pourquoi le tribunal n'annullera-t-il pas d'office l'acte d'accusation, et ne renverra-t-il pas l'accusé devant les juges compétens ! Ce serait éviter à l'accusé une espèce d'infamie, et des dépenses considérables à l'État.

Art. 830. Fixer le délai dans lequel l'accusé peut présenter au préteur sa requête en prorogation avant la tenue des grands-jours, sans quoi les témoins éloignés et les jurés auraient été convoqués, et coûteraient des frais inutiles.

Art. 832. Mêmes observations que sur les art. 736 et suivans.

Chapitre VI.

De l'Examen.

Art. 845. Après la déposition orale du témoin, l'accusé ou ses conseils pourront le questionner par l'organe du préteur ; mais, avant de dire contre lui et contre son témoignage tout ce qui pourra être utile à sa défense, il semblerait que cette faculté ne devrait lui être accordée qu'après que la déposition est totalement consommée ; c'est-à-dire, après que le préteur, le propréteur, le commissaire du Gouvernement, les jurés et la partie civile, auront fait des questions, soit au témoin, soit à l'accusé, dans la forme voulue par cet article. Une longue expérience nous a appris qu'un témoin irrité par les injures du conseil de l'accusé, disait au-delà de ce qu'il devait dire, ou qu'intimidé, il ne disait pas toute la vérité. L'expérience nous rend maîtres, et vaut mieux que toutes les théories.

Art. 848. Il faut ajouter l'exclusion des oncles et tantes, neveux et nièces, et alliés au même degré.

Dans le cas où, parmi le nombre des accusés, il s'en trouve qui soient prévenus d'un délit particulièrement exprimé dans l'acte d'accusation, peut-on entendre en témoignage le père, la mère, l'aïeul, &c. énoncés au présent article, d'un des coaccusés non prévenu de ce même délit ?

Art. 858. Dans le cas de cet article, ne faut-il pas que l'interprète soit appelé aux premiers actes de l'instruction ? et s'il ne s'en trouve pas dans le lieu où réside le tribunal criminel, dans le département, ni près de là, il faudra le faire venir de loin : quel moyen de contrainte pour cela ; et quelle indemnité lui sera accordée ?

Art. 861 et 863. Qui dénoncera le préteur ! qui l'avertira officiellement !

Si, pendant les débats, un juré capricieux ou malade, sort et ne rentre plus, quelle est la forme de son remplacement, et la peine à lui infliger ?

Ne faudrait-il pas quelques jurés suppléans !

Art. 866 et 867. Les jurés doivent d'abord prononcer sur le fait (1.re question) ;

2.º Sur la culpabilité ;

3.º Sur l'excuse.

Il est naturel qu'avant de chercher un coupable, il faut qu'il existe un crime.

Ces trois questions paraissent tenir à la morale publique, parce qu'il est essentiel qu'il soit connu du public qu'il a été commis un délit, qu'un tel en est coupable, qu'il en est absous pour les excuses admises par la loi, ou qu'il en est puni, parce qu'il n'existe pas d'excuses permises par la loi.

Art. 869 et 870. Les dispositions de ces deux articles sont inutiles ; le tribunal seul doit juger des circonstances atténuantes ou aggravantes du délit.

Art. 872. Mêmes observations qu'aux articles 736 et suivans.

Art. 873. La décision du jury ne doit point être soumise à l'arbitraire du juge; si les formes n'ont pas été observées, lors de la première, il faut simplement, en la rejetant, le renvoyer délibérer.

CHAPITRE VII.

Art. 886. Comment exécuter les dispositions de cet article, dès que le jury n'est point consulté sur les circonstances atténuantes, et que l'unique question qu'on lui fait, est, *est-il coupable ?* L'article 869 ne parle que des circonstances aggravantes, prononcées par la déclaration spontanée et spéciale du jury.

Art. 887. Il faut encore proscrire cet autre arbitraire du juge.

Art. 889. Si le préteur est averti officiellement, pour avoir omis le texte de la loi, le greffier n'a pu l'insérer dans le jugement, il ne peut y avoir lieu à l'amende contre lui.

Art. 890. Si l'un des juges refusait de signer, ou en était légitimement empêché, le jugement serait-il nul ! et peut-on punir le greffier d'un fait qui ne lui est pas personnel dans ce cas, et pour lequel il n'a aucune autorité !

CHAPITRE VIII.

Art. 901. L'on demande si le père et le fils, le beau-père et le gendre, les frères et beaux-frères, oncles et neveux, peuvent être appelés ensemble à une assemblée de jury, soit d'accusation, soit de jugement.

Art. 902 et 903. Les citoyens les plus imposés ne sont pas toujours les plus instruits, ce n'est donc pas dans cette classe de citoyens qu'il faut prendre, exclusivement à tous autres, les jurés; on pourrait laisser au préfet le droit de choisir parmi les citoyens moins imposés, un certain nombre de ceux qui lui paraîtraient les plus propres à exercer ces fonctions, soit par leur moralité, soit par leurs connaissances acquises.

Art. 906. Définir d'une manière précise ce qu'on entend par fonctionnaires publics, en donner même la nomenclature, afin qu'on ne puisse s'y méprendre.

Le préfet sera donc tenu de faire remettre à chaque tribunal, une liste des fonctionnaires publics, et de désigner, dans chaque liste particulière, ceux qui sont fonctionnaires !

Art. 907. A la bonne heure qu'un juré d'accusation ne puisse point être juré de jugement, dans la même affaire, cela se conçoit aisément, mais qu'on commence à écrêmer, dans chaque arrondissement, les deux cents citoyens les plus imposés , pour former la liste du jury d'accusation, c'est vouloir nuire à celle du jury de jugement, qui mérite cependant autant d'égards et de précautions que le premier jury , puisqu'il décide de la condamnation ou de l'absolution ; ne vaudrait-il pas mieux confondre tous les citoyens les plus imposés dans une même liste, d'où l'on tirerait et pour l'un et pour l'autre jury , en observant seulement que le juré de jugement n'ait pas été compris dans le jury d'accusation, pour la même affaire !

Chapitre IX.

Art. 914. S'il ne se trouve point des citoyens de la commune où le jury est assemblé, sur la liste des jurés d'accusation qui avait été faite pour l'assemblée précédente , quel est le mode de remplacement que cet article indique ! Point ; il faut néanmoins fermer cette lacune.

Nota. Il serait besoin d'expliquer par un article nouveau , si le jury d'accusation une fois convoqué , doit ou non, prononcer sur toutes les procédures sujettes à décision, ou bien, s'il faut convoquer un nouveau jury d'accusation pour chaque accusation.

Chapitre X.

Art. 922. Pourquoi tant d'entraves pour compléter une liste ! qu'est-il besoin du maire de la municipalité où siége le tribunal criminel , dès que les remplaçans doivent être pris parmi les inscrits sur la liste faite pour les précédens grands-jours ! Le tribunal ne peut-il pas procéder à ce remplacement , en présence de l'accusé , de son conseil et du public ! Et s'il n'y a pas de ces citoyens dans la commune , où faut-il les prendre !

Art. 933. Mêmes observations que sur les articles 861 et 863.

Chapitre XI.

Art. 942. Un jugement qui , dans le cas de cet article , sera rendu par un tribunal, pourra-t-il soumettre tous les juges indistinctement, même ceux dont l'opinion aura été contraire , à la peine prononcée contre l'officier ou le juge qui aura commis la nullité !

Cette condamnation passe-t-elle en cas de mort sur la tête des héritiers !

Nous demandons la solution de ces deux questions , et que la loi indique en même temps par quelle voie le juge dissident peut faire connaître son opinion contraire.

Le même inconvénient se présente dans les articles 147 , 148 et 151 du présent Projet.

Chapitre XII.

Des Demandes en cassation.

Art. 944. Un avoué qui a défendu l'accusé, doit-il être porteur d'un pouvoir spécial, pour la déclaration de recours, ou non !

Art. 957. Dans le cas du renvoi devant un autre propréteur que celui qui a réglé la compétence et reçu l'accusation, le jugement devra - t - il appartenir au même tribunal criminel qui aura laissé subsister les nullités ! Nous ne le pensons pas ; nous croyons, au contraire, que le nouveau propréteur qui reçoit le renvoi doit être pris dans un département voisin.

Art. 963. Il paraît essentiel de fixer le délai dans lequel l'accusé doit être traduit en exécution de cet article.

Il semble qu'il faudrait suivre la marche existante, de transcrire sur le registre le jugement de cassation, en marge du jugement annullé.

Chapitre XIII.

Art. 981. Dans le cas de cet article, le tribunal auquel le renvoi est fait, ne doit-il pas recommencer la procédure en entier ! Si les mêmes déclarations subsistent, les jurés d'accusation auxquels l'accusé n'est jamais présenté, prononceront sur les déclarations des témoins comme le premier jury, et ne seront pas à même de prononcer sur l'identité des coupables, de telle sorte, que l'article, dans l'état où il est conçu, ne fait que fournir aux nouveaux jurés d'accusation la matière à de nouvelles erreurs.

Chapitre XVI.

Sur le Faux.

Art. 1000. Quel est ce juge du lieu qui doit signer la pièce !

Chapitre XVII.

Des Contumaces.

Art. 1016. Pourquoi dans ces cas supprimer les jurés contre le contumax ! La seule méfiance que celui-ci a pour la justice, n'est pas un délit assez grave, ni ne donne pas la conviction qu'il est réellement coupable ; et cependant sans l'assistance de ses pairs, on prononce sur sa vie, sur son honneur, sur sa liberté, et on séquestre ses biens. Nous pensons qu'on devrait, à cet égard, rétablir les formes du Code actuellement existant.

Art. 1017. Nous avons déjà dit qu'il était plus économique et moins dangereux que les exécutions fussent faites dans le lieu où le tribunal criminel tient ses séances.

Art. 1020,

Art. 1020. Nous avons témoigné notre vœu dans le cas de la confiscation des biens , d'accorder aux enfans la moitié de la portion qui leur revenait de droit dans la portion indisponible. Nous pensons que dans le cas de la contumace, qui est plus favorable, il doit en être de même.

Nota. Si les héritiers même du contumax prouvent légalement qu'il est mort de mort naturelle, et que le contumax ne soit point accusé d'un crime emportant confiscation des biens , nous pensons encore, et nous votons pour que les biens soient rendus à ses héritiers.

CHAPITRE XVIII.

Art. 1034. Le partage des opinions parmi les juges, doit être en faveur de l'accusé , et non contre lui.

CHAPITRE XXII.

Art. 1056. Il faut ajouter au troisième *alinéa* de cet article, que pour servir de décharge , l'ordre doit être suivi de l'acte de dépôt.

Ce chapitre en entier n'est point satisfaisant : la procédure indiquée expose trop le prévenu aux oublis ou à la divagation de la mémoire ; nous desirerions que la procédure fût instruite de nouveau , à partir du plus ancien des actes non égarés.

CHAPITRE XXIII.

Art. 1062. Il faut y ajouter le substitut magistrat de sûreté , ou déclarer que le premier acte de ce dernier a saisi le propréteur.

Art. 1069. Le 2.ᶜ et le 3.ᶜ *alinéa* de cet article, doivent être supprimés , comme contraires aux dispositions de l'art. 1064, la voie de l'opposition n'étant ouverte qu'à ceux qui n'ont pas été légalement appelés lorsqu'ils sont magistrats ; et ils sont punissables s'ils n'ont pas déféré à leur devoir lors de la communication du jugement, portée par l'art. 1064 ; il suffirait seulement d'accorder un délai moral au commissaire , pour se conformer aux dispositions du susdit article , ainsi qu'il est porté par l'art. 1070.

Art. 1075. Au lieu de *préteur ,* mettre le *propréteur.*

CHAPITRE XXV.

Art. 1091 et suivans. Les greffiers ne doivent point être chargés des moyens d'assurer les exécutions des jugemens ; toutes ces mesures doivent être à la charge du commissaire du Gouvernement.

CHAPITRE XXVI.

Dans ce chapitre, il n'est point question du délai dans lequel la procédure doit être instruite et jugée, non plus que des frais et avances à faire pour parvenir au jugement et à son exécution; la loi doit y pourvoir, pour ne rien laisser à l'arbitraire.

CHAPITRE XXVIII.

Ce chapitre devrait contenir, à l'égard des commissaires et magisrtats de sûreté, les mêmes dispositions que pour les préteurs ou propréteurs, d'après l'article 1126, principalement à raison des mandats de dépôt.

CHAPITRE XXXXI.

Art. 1160. Trente ans sont un terme trop long, dès que le condamné à la peine de mort ou aux travaux forcés à vie doit subir la peine de la déportation. Il paraît que ce terme devrait être réduit à vingt ans.

Art. 1162 et 1163. Réduire le délai à dix ans pour les deux articles.

Nota. Le Code doit être terminé par un article général portant qu'au moyen du Code nouveau, tous les délits et crimes sur lesquels il y a eu commencement d'instruction, seront jugés d'après les règles du présent Code, et que toutes lois contraires aux dispositions qu'il renferme, demeurent abrogées et de nul effet; et comme la loi ne doit point avoir d'effet rétroactif, il faut une disposition expresse pour qu'on reconnaisse les délits qui ont été classés dans ce Code, et qui ne l'étaient pas dans l'ancien comme délits, et qu'on ne les punisse comme tels que depuis la publication de la présente loi.

P. GUYOT, *président.*

OBSERVATIONS

DU TRIBUNAL CRIMINEL

DE LA LYS,

SUR

LE PROJET DE CODE CRIMINEL.

OBSERVATIONS

DU TRIBUNAL CRIMINEL

DE LA LYS,

SUR

LE PROJET DE CODE CRIMINEL.

Lorsque la France voit son illustre Chef au milieu des plus vastes projets, s'occuper de l'amélioration de l'administration de la justice, associer à ses sublimes méditations, les hommes les plus profonds, les plus éclairés et les plus dignes de sa confiance, le tribunal de la Lys pourrait se dispenser d'émettre son opinion sur un ouvrage formé par des jurisconsultes célèbres, et destiné à la discussion des sages, présidés par le premier magistrat de la République; mais lorsque d'autre part le Gouvernement exige les renseignemens que l'expérience seule peut donner; se taire, serait manquer aux vues bienfaisantes qui animent le Chef de l'État.

C'est d'après cette considération, que nous soumettrons au Gouvernement, avec franchise et confiance, les observations que l'expérience nous a fait faire dans l'exercice des fonctions qui nous sont confiées; et nous pensons que, si quelques-unes portent plus particulièrement sur les inconvéniens éprouvés dans le territoire où nous administrons la justice, le Gouvernement en pourra conclure jusqu'à quel point l'ensemble du Projet peut convenir à toutes les parties de l'immense territoire de la République.

L'instruction criminelle par jurés a-t-elle produit, dans le département de la Lys, tout l'effet qu'on en avait espéré, sera la première, comme la plus importante des questions que nous examinerons, d'après tout ce que l'expérience en a démontré.

La procédure criminelle par jurés, fut introduite chez nous dans le courant de l'an 4; la loi du 3 brumaire de la même année, titre X, prescrivait le mode de former les listes des jurés d'accusation et de jugement; les administrations départementales, animées du desir de voir réussir en France une institution si belle en théorie, mirent toute l'attention que la loi commandait, pour la formation de ces listes ; et malgré les nombreux obstacles qu'ils rencontrèrent dans ce travail, tels que les exclusions des ex-nobles, des parens d'émigrés, des hommes qui n'entendaient pas la langue française, le résultat fut plus heureux qu'il ne l'est aujourd'hui ; mais en considérant les hommes tels qu'ils sont, et non tels qu'ils devraient être, il ne sera pas difficile de découvrir le sujet de succès si opposés.

En l'an 4, l'instruction des procédures criminelles en public, était une chose non usitée jusqu'alors, par conséquent une nouveauté pour tous ; la curiosité excita tout le monde ; chaque citoyen, porté sur la liste des jurés, était jaloux d'être désigné par le sort pour concourir à cette instruction, d'abord par curiosité, ensuite par amour-propre à se voir associé aux travaux des premiers magistrats de l'ordre judiciaire. Tous y apportèrent du zèle et une attention particulière ; l'enthousiasme était général, et chacun voulait bien, aux dépens de son intérêt particulier et de ses affaires domestiques, concourir à cette nouvelle instruction ; et l'on peut dire que, dans les premiers momens, l'institution promettait quelque succès, malgré que cet enthousiasme n'était pas basé sur les véritables principes ; enfin les hommes le voulaient et les choses marchaient bien ; malheureusement ces dispositions favorables ne furent pas de longue durée, l'attrait de la nouveauté disparut. Ce que le zèle et l'amour-propre avait inspiré aux hommes, ne leur parut plus qu'une charge pesante et un devoir pénible à remplir : les excuses devinrent fréquentes, et bientôt on s'aperçut qu'un dégoût général ne fournissait plus au tribunal que des hommes de mauvaise volonté, que la seule crainte d'être punis amena au poste que le sort leur avait assigné.

La loi du 6 germinal an 8, en établissant un nouveau mode pour la formation des listes des jurés, augmenta le mal au lieu d'y porter remède. Les juges-de-paix, sur-tout dans les communes rurales, sont circonvenus par les principaux de l'endroit, et ainsi, par les plus propres aux fonctions de jurés ; cependant il faut une liste en triple, de sorte qu'après avoir écarté les hommes les plus aptes, l'ensemble de ces listes présente toujours un amas d'individus de l'ignorance la plus crasse, dont la majeure partie ignore la langue française, et le reste ne sait ni lire ni écrire. Indiquer le vice dans son origine, c'est prouver que, quelles que fussent les opérations suivantes, le résultat fut toujours mauvais et effrayant.

C'est ainsi que les listes sont envoyées, pour chaque trimestre de l'année, au président du tribunal criminel, qui, le premier de chaque mois, tire au sort quinze personnes pour les affaires à porter devant le tribunal : la liste est présentée aux accusés, et par la raison que la plupart du temps les accusés ne connaissent pas plus que les juges les jurés, ni de nom ni de vue, les récusations sont très-rares ; mais le quinze du mois, à l'ouverture de la session, les jurés se présentent ; la simplicité de la plupart d'entre eux, leur physique enfin , annoncent d'avance leur ineptie, et le juge gémit lorsqu'il pense que le sort des accusés va dépendre de leur déclaration.

Quelques-uns d'entre eux (ce qui arrive presque toujours) viennent annoncer au tribunal leur incapacité (souvent chez nous sous prétexte d'ignorer la langue); d'autres plus ignorans encore, mais moins délicats, se taisent et prennent place parmi les jurés. Les premiers sont remplacés par des citoyens de la ville, au terme de la loi ; mais quel en est le résultat, celui ou ceux de la ville, désignés par le sort en remplacement, exercent , par leur éducation, par la confiance qu'ils captivent, une telle influence sur les autres, qu'eux seuls décident, et que par-là la majorité se trouve presque toujours entraînée à tort et à travers, suivant la faiblesse, la fermeté ou la peur de celui qui domine. C'est ainsi que l'expérience démontre journelle- ment que l'instruction par jurés n'existe que dans l'imagination et non de fait, et que le sort d'un accusé dépend tantôt de l'opinion d'un seul, tantôt de celle de deux ou trois , et jamais de celle de douze personnes.

Les opérations ultérieures des jurés , ainsi que la conduite qu'ils ont tenue jusqu'à ce jour, d'après notre propre expérience, sont si clairement énoncées dans les observations du Grand-juge ministre de la justice , que nous ne pouvons que nous y référer entièrement.

D'après cette triste expérience , peut-on douter que, malgré tous les essais qu'on s'efforcera de faire , l'institution ne s'acclimatera jamais en France ! et ne vaut-il pas mieux abandonner le sort d'un accusé et l'in- térêt de la société à des magistrats obligés par devoir d'être instruits , probes et intègres !

Des Tribunaux criminels.

En l'an 4 , il y eut un tribunal criminel par chaque département , il était composé d'un président, d'un accusateur public, de quatre juges pris dans le tribunal civil, du commissaire près le même tribunal, d'un substitut qui lui était spécialement donné pour le service du tribunal cri- minel, et d'un greffier.

Les directeurs de jury et présidens des tribunaux correctionnels étaient alors également pris tous les six mois, et par tour , parmi les membres des sections du tribunal civil.

C'étaient les directeurs des jurés qui , au bout de six mois, venaient faire le service au tribunal criminel, pendant un égal terme de six mois.

Dans cette organisation , l'expérience démontra que la besogne du com- missaire ou de son substitut était absolument nulle , et par la loi du 27 ventôse an 8 , ces attributions furent données aux commissaires accusa- teurs.

Mais on remarqua dans cette organisation deux inconvéniens assez graves.

D'abord, un juge appelé à remplir les fonctions de directeur pendant six mois, était-il occupé à instruire une affaire majeure et compliquée, dont les recherches demandaient une attention et un travail suivi, il devait au terme échu quitter la besogne, pour être remplacé par un de ses collègues, qui n'en avait pas la moindre connaissance; ensuite, les directeurs de jury rentrant au tribunal criminel, chacun d'eux ne pouvait siéger au tribunal criminel dans les affaires dans lesquelles ils avaient instruit ou dirigé le jury d'accusation, et ainsi le sémestre s'écoulait encore par des remplacemens continuels, qui en même temps entravaient le travail du tribunal civil.

Sous l'empire de la loi actuelle, le second de ces inconvéniens est venu à cesser, en attachant spécialement deux juges au tribunal criminel; mais le premier subsiste encore à l'égard des directeurs de jury.

Dans le Projet, on propose d'écarter le premier; mais on veut en même temps recréer le second, car le propréteur qui aura instruit les affaires dans son arrondissement communal, ne pourra siéger comme juge dans ces mêmes affaires au tribunal criminel; par la même raison qu'on ne veut pas qu'un individu qui a été juré d'accusation, soit juré de jugement dans une même affaire; et il ne sera pas toujours vrai de dire comme le porte l'art. 779 du Code projeté, que les jugemens des tribunaux criminels seront rendus par le préteur et celui des propréteurs en fonctions dans l'arrondissement communal où est établi le tribunal criminel.

L'organisation proposée fixe un tribunal criminel par département, composé d'un préteur, des propréteurs du département, de trois suppléans, tous nommés à vie, d'un commissaire du Gouvernement et d'un greffier.

D'abord ce tribunal existera-t-il de nom ou de fait! Le préteur, dans son domicile, ne sera dans le département qu'aux grands-jours; les propréteurs, chacun dans son arrondissement, occupé de sa besogne; les suppléans, hommes étrangers à la chose, soigneront leurs intérêts particuliers selon leur état, et seront toujours insoucians sur un objet qui ne les concerne qu'accidentellement; le commissaire, qui sera en même-temps substitut dans le chef-lieu, sera comme les autres substituts à la première recherche des délits. Donc, hors les grands-jours, dans chaque département, le tribunal criminel existera dans la personne du greffier seul.

Mais indépendamment de cette première observation, il en est une seconde de la plus haute importance, et qui concerne particulièrement le préteur chargé de diriger les jurys de jugement dans l'exercice de leurs fonctions.

On veut que le préteur soit un homme absolument étranger au département dans lequel il juge : on veut même qu'il change chaque année de division ; de manière qu'en peu d'années chaque préteur aura parcouru l'immense territoire de la République ; d'où résultera nécessairement que la division confiée à ses soins se trouvera éloignée de son domicile souvent au-delà de cent lieues, et cependant on le charge de surveiller ses pro-préteurs.

On veut qu'il soit environné d'une grande considération ; son apparition seule, dans un département, fera événement, dit-on ; mais la considé-ration ne se commande pas. Veut-on que tel homme, parce qu'il a la qualité de préteur, soit considéré ! Certes, non ; la considération ne s'ac-quiert que par les actions, la conduite, les talens, la probité et l'intégrité dans les fonctions qu'on exerce. Eh bien ! un préteur qui paraîtra une seule fois dans sa vie dans un département, inconnu de tout le monde, aura-t-il le temps de se faire considérer ! sera-t-on à-même de l'apprécier !

Mais une autre demande plus forte encore : le préteur, d'après l'organi-sation qu'on propose, sera-t-il à-même de se faire considérer !

A l'ouverture des grands-jours, il arrivera dans le département ; son arrivée sera annoncée comme une fête publique ; avant de prendre séance il sera installé par le préfet, les propréteurs, les suppléans ; le commis-saire du Gouvernement, ses substituts et le greffier y seront présens pour faire, ainsi que le préteur, leur serment. Donc tous les chefs de l'ordre judiciaire, c'est-à-dire, les propréteurs et substituts d'un département en-tier, seront en voyage comme le préteur.

« *Ils prendront séance immédiatement.* » Et comment le préteur prendra-t-il séance, et avec qui !

Je suppose, et ma supposition se réduira au *minimum*, que l'un des départemens, faisant partie de la division du préteur, soit composé de quatre arrondissemens ; que chaque propréteur ait préparé, pour l'ouver-ture des grands-jours, quatre affaires criminelles, il y aura seize affaires à instruire. Quand le préteur examinera-t-il ces seize affaires dont il ne connaîtra rien à son arrivée, et qu'il doit parfaitement posséder pour diriger les jurés, ainsi que son devoir le prescrit ! et si parmi ces affaires il s'en trouve une majeure dont quelquefois les préparatifs et le tra-vail de bureau du préteur demandent deux mois et plus, et l'examen un mois ou davantage, viendra-t-il prendre alors son domicile exprès dans l'un de ces départemens où telle affaire se présentera ! Enfin je dis avec qui ! Car chaque propréteur qui aura dirigé dans son arrondissement le jury d'accusation, ne pourra siéger au tribunal criminel dans ces mêmes affaires ; de là des remplacemens continuels, et l'inconvénient dont nous avons parlé ci-dessus.

Mais en se pénétrant davantage de l'importance des fonctions du président d'un tribunal criminel, il ne sera pas difficile de démontrer que l'organisation proposée est impraticable à l'égard des préteurs , et que le mal , dont on se plaint généralement, que trop de coupables échappent , ne ferait qu'augmenter au lieu de diminuer.

En matière civile , on conçoit aisément que les présidens et juges arrivent à l'audience sans avoir besoin de connaître l'affaire ; quelqu'importante qu'elle puisse être , elle est plaidée devant eux de part et d'autre , et le juge , fort de ses principes , prononce suivant le texte de la loi applicable au cas.

Mais il n'en est pas de même au tribunal criminel; là, le président, chargé de l'instruction , arrive à l'audience , préparé et connaissant déjà le fort et le faible de l'affaire , la possédant enfin à fond. Pour démontrer combien le travail du président , qui doit précéder le jour de l'instruction , est essentiel au succès des affaires criminelles , nous tâcherons de développer en quoi consiste le devoir de ce magistrat d'après six années consécutives d'exercice et d'expérience.

Lorsqu'un accusé arrive en la maison de justice , le président va lui-même le reconnaître en cette maison; je dis reconnaître , parce qu'un interrogatoire plus ample serait moins avantageux à la manifestation de la vérité , comme nous le démontrerons dans la suite.

Cette reconnaissance faite par lui-même est très-utile , sur-tout lorsqu'il y a plusieurs accusés dans un même fait; les pièces du procès sont envoyées au commissaire du Gouvernement qui , si l'instruction est régulière , la sanctionne au bas de l'ordonnance de prise-de-corps ; les pièces sont ensuite envoyées au greffe pour en faire la copie.

Elles sont ensuite envoyées au président , et c'est ici que commence le travail essentiel.

Le président analyse le fait et ses circonstances , tels qu'ils sont consignés dans l'acte d'accusation.

Il prend lecture des dépositions des témoins , souvent très-multipliées , parce que le premier juge instructeur à qui rapport fut fait que tel ou tel individu avait connaissance du fait , n'a pu se dispenser de les entendre , quoique le résultat soit souvent insignifiant et inutile ; il se concerte avec le commissaire du Gouvernement , et écarte , de commun accord , tous ceux qui ne promettent rien au succès de l'affaire ; il classe les témoins absolument nécessaires dans l'ordre où ils doivent être entendus à l'audience , et tient note des principaux points de leurs déclarations : par ce travail, il a le double avantage de simplifier l'affaire et d'épargner au trésor public l'indemnité d'une foule de témoins absolument inutiles et dont la masse ne ferait souvent qu'embrouiller les jurés au lieu de les éclairer.

Il prend ensuite lecture des interrogatoires que les accusés ont subis devant le premier juge instructeur, et en tient également note ; il fait ses remarques sur ce qu'il y a de défectueux et d'incohérent, et se réserve de faire les questions essentielles à l'accusé en présence des jurés ; alors l'accusé répondant par lui-même, et ne s'attendant pas aux questions qui ne lui ont pas été faites devant le premier juge, n'ayant pas eu le temps de les dénaturer par des subterfuges, se trouve souvent confondu, et la vérité paraît dans son grand jour.

C'est par ce travail que le président, connaissant le fort et le faible de la cause, la présente dans le cours de l'instruction aux jurés dans toute sa simplicité ; rien n'échappe à leur esprit : si le témoin timide ne s'énonce pas avec clarté, il est interpellé sur les points essentiels, parce que le président connaît d'avance toute la force de sa déposition ; il en est de même à l'égard de l'interrogatoire à faire à l'accusé.

C'est ainsi que le président n'a jamais besoin d'interrompre l'instruction par des notes à prendre, elles sont toutes prises d'avance, et son résumé n'est plus qu'un simple narré des faits et circonstances qui étaient déjà présens à son esprit avant de commencer l'instruction.

C'est par une telle instruction que le commissaire du Gouvernement développe avec simplicité et facilité les moyens à l'appui de l'acte d'accusation.

Enfin, c'est ainsi que le coupable échappe rarement au glaive vengeur de la loi, et que l'innocent trouve toujours des protecteurs dans ses ministres ; c'est par ce moyen que l'homme pervers redoute ses juges, tremble d'avance d'être confondu, et ne hasarde pas si aisément de commettre ses forfaits dans le district où il sait que la punition suit immédiatement le crime.

C'est par ce moyen que la considération générale s'acquiert, qu'un magistrat est estimé dans son département, qu'il fait respecter les personnes et les propriétés, et qu'il bannit le crime de la juridiction où il exerce.

Reprochera-t-on à ce magistrat qu'il a peu d'affaires et qu'il faut supprimer sa place ; certes un tel calcul ne peut entrer dans l'esprit d'un Gouvernement sage et éclairé.

Dira-t-on que ce juge (quoique dans le département où il a son domicile) oubliera son devoir ! n'aura-t-il pas une réputation à conserver au milieu de ses parens, de sa famille ! voudra-t-il perdre l'estime de ses concitoyens, qu'il n'aura acquise que par une conduite irréprochable et un travail assidu ! ne serait-il pas plus raisonnable de croire que cet homme emploiera tous les moyens possibles pour mériter la continuation de cette estime ! et si par un événement ou des circonstances quelconques, les crimes se multipliaient, ne serait-il pas le premier à se dire : Redoublez de zèle; vous avez été toujours la terreur du crime, comme l'asyle de l'innocence; les personnes, les propriétés du lieu que vous habitez sont menacées, soignez l'intérêt général ; vous-même, vos biens y sont compris? Tandis qu'en exerçant passagèrement dans telle ou telle contrée, éloigné de son domicile, ne connaissant ni les hommes ni les choses, cet intérêt, ce desir même, ne sera jamais si ardent. L'expérience doit être le mobile du législateur. Il ne faut point, comme nous avons dit plus haut à l'égard des jurés, considérer les hommes et les choses tels qu'ils devraient être, mais tels qu'ils sont ; il ne faut pas non plus d'avance suspecter des hommes qui occupent les premières places dans la magistrature, supposer qu'ils se laisseront corrompre par des sollicitations de parens ou amis : qu'ils oublieront leur devoir pour un repas : c'est pousser un peu loin les observations pour faire valoir un système.

Et, sans doute, si telle conduite de la part d'un président, rappelée dans les observations de M. Oudart, eût existé dans l'organisation actuelle, il est fortement à croire que les juges, les commissaires du Gouvernement, les jurés mêmes, ne se soucieraient guères d'attendre le président au lieu de leur séance jusqu'à ce qu'il lui plût de revenir de son repas; et un tel président serait bientôt renvoyé à son tribunal d'appel pour être remplacé par un de ses collègues moins avide de repas. Le remède est prompt et sûr dans l'organisation actuelle; tandis que, suivant le Projet, le préteur, une fois nommé, est invulnérable.

Nous disons donc contre le Projet, que le président d'un tribunal criminel ne peut exercer trop long-temps dans un même département; il ne devient fort qu'après un long exercice, en connaissant les mœurs et les habitudes du pays dans lequel il exerce. Tel crime est plus fréquent dans une contrée que dans l'autre ; il doit sévir davantage dans le premier cas, et user de plus d'indulgence dans le second.

Nous disons contre le Projet, qu'en faisant voyager le préteur dans toute l'étendue de la République, comme le Grand-juge en Angleterre, on n'a pas réfléchi qu'en Angleterre on parle par-tout anglais, et qu'en France, l'idiome varie presque dans tous les départemens, sur-tout dans la basse classe du peuple, qui est celle à laquelle on a presque toujours affaire dans les tribunaux criminels. Eh bien ! l'expérience démontre journellement que le président d'un tribunal criminel doit parfaitement connaître l'idiome du pays dans lequel il exerce. Il est impossible que l'interprète le plus habile puisse toujours suffire dans l'instruction d'une procédure criminelle ; l'expression d'un témoin, dans sa langue naturelle, n'est pas toujours bien saisie par l'interprète ; et elle est souvent d'un tel poids, quand elle est bien saisie par le juge, qu'elle peut faire changer toute l'affaire de face, soit pour la conviction, soit pour l'absolution d'un accusé.

Nous disons que les craintes d'un président sédentaire, basées dans le Projet sur des présomptions qu'on ne peut raisonnablement avoir d'un premier magistrat de l'ordre judiciaire, avant qu'elles ne soient prouvées, sont chimériques ; et nous prouvons notre assertion par le plus fort des argumens, qui est la longue expérience. Dans le département de la Lys , un des plus considérables de la République par sa population, le tribunal criminel est le seul des neuf départemens réunis qui a été composé depuis l'an 6 , de tous hommes du pays, ayant eu depuis nombre d'années leur domicile fixe dans le chef-lieu même ; ils sont-là sans doute au milieu de parens , d'amis, de créanciers, de débiteurs ; eh bien! que l'on compulse les registres des correspondances au ministère de la justice, et qu'on vérifie là si des plaintes y ont été portées, que ces sollicitations ont opéré sur leur esprit ; qu'on vérifie également au tribunal de cassation , où les affaires majeures sont régulièrement envoyées, si la justice n'y a pas été distribuée avec plus d'énergie et d'impartialité qu'on n'aurait pu l'espérer , si le tribunal eut été composé d'hommes étrangers au pays.

Une dernière remarque qu'il nous reste à faire sur un passage contenu dans les observations de M. *Oudart* , est celle relativement au calcul qu'il fait en prenant, dit-il, un moyen terme, que moins de cinquante procès criminels auraient été instruits par chaque président dans le courant de l'an 9.

Malgré le désir dont chaque citoyen doit être animé de n'en voir instruire que cinquante pour toute la République, nous supposerons le calcul exact ; mais qu'en résultera-t il ! Il s'ensuivra qu'en donnant à chaque préteur quatre départemens pour sa division , il aura deux cents procès criminels à instruire par an.

Eh bien! indépendamment des fatigues du voyage, du temps que demandera le compte à rendre, chaque année au Gouvernement , même dans la supposition que le président fût sédentaire , comme dans l'organisation actuelle , nous défions à l'homme le plus intelligent , de la constitution physique la plus robuste, de soutenir une seule année le travail et l'instruction de deux cents procédures criminelles ; et , pour les motifs énoncés ci-dessus , il serait plus facile de prononcer sur deux mille affaires civiles , que d'instruire deux cents procès criminels ; à moins qu'un président ne se présente à l'audience sans connaître l'affaire , renvoyant indistinctement le témoin muet comme celui qui ne s'énonce pas sur les points essentiels , se contentant de la dénégation d'un accusé sur la seule interpellation , s'il a ou non commis le crime ; et c'est alors précisément qu'on ne doit point s'étonner si le grand coupable échappe.

Nous avons encore à l'appui de cette assertion la longue expérience qui doit prévaloir sur toute théorie.

C'est à ce petit nombre d'observations sur l'organisation proposée, que nous nous bornerons ; elles sont dictées par l'expérience. Le Gouvernement pesera dans sa sagesse jusqu'à quel point elles méritent son attention.

Quant aux peines et à leur application, le tribunal se réfère aux observations qui ont été transmises au Grand-juge, ministre de la justice, par le commissaire du Gouvernement près ce tribunal.

Ainsi fait et arrêté en la chambre du conseil, à Bruges, le vingt-sept du mois de floréal an 12 de la République.

Signé J. J. DE KERSMAKER, *président ;* P. VERPLANCKE, *greffier.*

OBSERVATIONS

DU TRIBUNAL CRIMINEL

DE MAINE-ET-LOIRE,

SUR

LE PROJET DE CODE CRIMINEL.

OBSERVATIONS

DU TRIBUNAL CRIMINEL

DE MAINE-ET-LOIRE,

SUR

LE PROJET DE CODE CRIMINEL.

LE projet de Code criminel, correctionnel et de police, présenté à l'examen des tribunaux d'appel et criminels, a été profondément médité par ses auteurs : si la tâche de la commission chargée de ce travail a été difficile à remplir, la discussion et les observations à faire sur ce même travail ne le sont pas moins.

Appelé à concourir à la rédaction d'un Code qui doit garantir la sûreté des personnes et des propriétés, le tribunal criminel de Maine-et-Loire s'empresse de répondre à la confiance du Gouvernement : il ne consulte ici que son zèle ; il sait qu'un Code criminel fait pour une grande nation, doit être approprié à son génie et à son caractère, et sur-tout qu'il doit atteindre au plus haut degré de perfection possible.

L'ensemble et le plan du projet de Code se divisent en deux parties : la première, *Délits et Peines ;* la deuxième, *Police et Justice.* Cette division est bien conçue ; mais dans chacune de ces deux parties il est des dispositions susceptibles de changemens ou de modifications, et d'autres qu'il est nécessaire d'éclaircir ou de développer. Enfin il est des omissions qui doivent être rappelées.

Ire PARTIE.

DEUX observations préliminaires sont à faire sur cette première partie. 1.º Les peines criminelles et correctionnelles se trouvent placées dans les mêmes livres, titres et chapitres : on desire qu'elles soient classées dans des livres séparément ; que les peines criminelles soient classées dans un livre ou code, et les peines correctionnelles dans un autre livre ou code. Alors l'étude des lois pénales devient plus facile, leur application est plus aisée, parce que les recherches des articles sont moins longues ; alors les tribunaux criminels et correctionnels saisissent mieux ce qui est dans leur attribution et connaissent mieux leur compétence.

2.° Le Code pénal paraît trop sévère. Chez un peuple civilisé, éclairé sur sa dignité et sur ses droits, la législation criminelle ne s'étaye pas sur l'appareil effrayant du supplice et sur les tortures : elle doit être sage et vigoureuse plutôt que sanglante ; elle doit principalement consister dans une prévoyance active, et punir à regret tout membre de la société qui s'est rendu coupable d'un crime.

Art. 8, §. 2 et 3. Ces deux paragraphes ne paraissent pas assez clairs et précis ; ils donnent une extension à la juridiction militaire, que jusqu'à présent elle n'a pas eue : par exemple, dans une manutention de vivres, dans un magasin de fourrages, un individu non militaire a une rixe avec un ouvrier attaché à ce genre de service et commet un délit, sans même que la rixe ait trait au service militaire ; il sera donc distrait de ses juges naturels et jugé militairement !

La loi du 22 messidor an 4 renferme des dispositions que l'on croit pouvoir être conservées ; elle comprend les deux articles qui suivent :

Art. 1.er « Nul délit n'est militaire, s'il n'a été commis par un individu » qui fait partie de l'armée ; tout autre individu ne peut jamais être traduit » comme prévenu devant les juges délégués par la loi militaire.

Art. 2. » Si parmi deux ou plusieurs prévenus du même délit, il y a » un ou plusieurs militaires et un ou plusieurs individus non militaires, la » connaissance en appartient aux juges ordinaires.

Art. 9, §. 2. Le projet de Code admet la peine des travaux forcés à perpétuité ; le tribunal croit devoir s'élever contre cette peine. Ses motifs sont ceux qui déterminèrent l'Assemblée constituante à n'admettre la peine des fers qu'à temps.

Quelque odieux que soit un crime qui trouble la société, il ne faut pas fermer au coupable tout espoir d'y rentrer : souvent un jeune homme, entraîné par de mauvais exemples ou livré à la fougue des passions de son âge, commet un crime ; si le repentir naît, si après plusieurs années sa peine expire, pourquoi le priver des moyens de réparer ses torts ! pourquoi lui interdire la faculté de devenir homme de bien, lorsqu'il est mûri par l'âge !

§. 6. La peine de la marque et de la flétrissure est rétablie. Le Code pénal et le Code des délits et des peines l'avaient proscrite ; la loi du 23 floréal an 10 n'a admis cette peine que dans les cas de *faux* et de *récidive*, et encore n'est-ce que jusqu'à l'époque où la déportation pourrait y être substituee.

Cette peine paraît contradictoire avec la réhabilitation que le nouveau Code propose. La marque ou la flétrissure a pour objet de reconnaître celui qui, ayant été repris de justice, commet un nouveau crime : elle laisse des traits indélébiles, qui frappent toujours dans l'opinion publique les individus, même après l'expiration de leurs peines. C'est un sceau de réprobation dont ils sont gravés, même après qu'ils ont tenu pendant plusieurs années une conduite irréprochable et exemplaire. Lorsque le crime est expié, l'infamie doit cesser ; et les peines ne peuvent durer autant que la vie.

§. 10. Ce nombre ou paragraphe de l'art. 9, détermine les peines à prononcer contre les personnes trouvées coupables de simples délits ; on a manifesté le desir de voir les peines criminelles et correctionnelles classées séparément.

N'est-il pas naturel de placer après l'article 9, la définition des peines qu'il énonce, et qui sont disséminées dans ce livre ? On propose de rapprocher ces définitions dans l'ordre et avec les modifications suivantes :

« 1.º La peine de mort est la simple privation de la vie, sans qu'il puisse » jamais être exercé aucune torture envers les condamnés.

» 2.º La peine de la déportation consistera à être transporté et à résider » à perpétuité dans un lieu déterminé par le Gouvernement, hors du terri-» toire européen de la République.

» 3.º La peine des travaux forcés consistera à employer le condamné à des » travaux au profit de l'État, ainsi qu'il sera déterminé par le Gouvernement.

» La durée de cette peine ne peut jamais excéder vingt-cinq ans, ni être » au-dessous de dix ans.

» 4.º La peine de la reclusion consiste à être renfermé dans une maison » de force, et à être employé à des travaux dont le produit pourra être » employé en partie au profit du condamné.

» La durée de cette peine sera au moins de cinq années, et de dix ans au » plus.

» 5.º La peine d'infamie et du carcan consiste à être attaché à un poteau » placé sur un échafaud dressé sur la place publique.

» Le condamné y demeurera exposé aux regards du peuple pendant six » heures, s'il est condamné à la peine de la déportation ; pendant quatre » heures, s'il est condamné aux travaux forcés ; et pendant deux heures, s'il » est condamné à la reclusion.

» Au-dessus de sa tête, sur un écriteau, seront inscrits en gros caractères, » ses noms, sa profession, son domicile, la cause de sa condamnation, et le » jugement rendu contre lui.

A 2

» 6.º La peine de la relégation consiste à être transporté par ordre du
» Gouvernement hors du territoire de la République.

» La durée de la relégation sera au moins de cinq années, et de dix ans
» au plus.

» 7.º La peine de forfaiture consiste dans la destitution du condamné, de
» toutes fonctions ou emplois publics, et dans son incapacité déclarée par le
» tribunal, d'exercer aucune fonction ou emploi public, ni aucun droit de
» citoyen, pendant vingt ans.

» 8.º La confiscation générale est l'attribution des biens d'un condamné
» au profit de l'État.

» Elle ne sera la suite d'aucune condamnation, elle n'aura lieu que dans
» les cas où la loi la prononce expressément. »

Si le législateur se décide à placer ces définitions après l'article 9, il conviendra de supprimer les articles 17, 20, 23, 25, 26, 28, §. 1ᵉʳ, 37, 39 et
42 du chapitre premier.

Art. 10. Cet article parle des peines contre les personnes trouvées coupables de simples délits. Ne serait-il pas mieux classé au commencement du
chapitre II, avant l'article 45 ! Ce chapitre traite des peines de la seconde
classe qui tiennent à la police correctionnelle.

Art. 11. Si, comme on le croit nécessaire, les peines criminelles sont
classées dans un livre, et si les peines correctionnelles le sont dans un autre,
cet article devra être répété au livre ou code des peines correctionnelles.

Art. 13. Les crimes de parricide, conjugicide, assassinat, empoisonnement, incendie, meurtre exécuté avec tortures, font sans doute frémir la
nature. Mais que dans ces cas on n'ajoute pas des tortures sanglantes à la
peine de mort, qui, dans son exécution, doit être la disposition énoncée à
l'article 12, et rien au-delà.

Pourquoi couper le poing droit ! Pourquoi exposer le condamné pendant
une heure aux regards du peuple ! Il n'est peut-être pas un seul condamné
chez qui la nature ne soit défaillante aux approches de la mort : alors il
n'inspire que la pitié au peuple qui l'entoure ; et le but que la loi se propose
en vengeant la société troublée, est manqué.

Pourquoi faire proclamer à haute voix par l'exécuteur, les noms du condamné, son crime et sa peine ! L'écriteau placé au-dessus de sa tête, n'est-il
pas suffisant pour instruire le peuple ! Que les jugemens s'exéctutent ; mais
pour la dignité des tribunaux criminels, que jamais l'exécuteur ne les proclame.

Que l'on cesse de conduire sur le lieu de l'exécution, les condamnés
revêtus d'une tunique rouge. Depuis le nouveau costume des juges, la tunique
rouge prête à des allusions qu'il faut éviter.

Art. 15. Cet article doit être rejeté en entier. En effet, l'inhumation des coupables exécutés à mort pour les crimes mentionnés dans l'article 13, le long des grands chemins, dans l'endroit le plus voisin du lieu où les crimes auront été commis ; des poteaux de bois érigés sur leurs sépultures, avec une inscription portant la nature des crimes, ne rempliront pas l'objet que l'on s'est proposé.

Le voyageur marchant avec sécurité sur un grand chemin, frissonnera de crainte et de frayeur à l'aspect de ces poteaux ; il croira voir les complices du crime gravé sur les poteaux, fondre sur lui.

L'expérience n'a-t-elle pas appris qu'autrefois les fourches patibulaires étaient des lieux renommés pour les vols et les assassinats, qu'elles étaient le point de réunion des brigands !

D'un autre côté, croit-on que ces poteaux de bois restent long-temps sur pied ! Les familles des condamnés ne les feront-elles pas disparaître ! Alors il faudra donc les renouveler à chaque instant.

Art. 21. Un déporté sort du lieu de sa déportation et rentre sur le territoire européen de la République ; dans ce cas, le projet du Code veut qu'il soit condamné à mort, sur la seule preuve de son identité.

Le législateur doit être avare de la peine de mort, sur-tout dans ce cas : l'amour de la mère-patrie est inné chez le Français ; faut-il donc ici mettre ce sentiment en opposition avec la loi positive !

Si le déporté sort du lieu de sa déportation, qu'il y soit conduit de nouveau, mais non puni de mort. Lorsqu'un accusé d'un crime capital s'évade des prisons, la loi ne lui inflige aucune peine pour son évasion.

Art. 24. On rejette la marque et la flétrissure.

Art. 25. La durée de la peine se comptant du jour de l'exposition, peut donner lieu à des inconvéniens. Un commissaire négligeant à faire exécuter le jugement, pourrait prolonger la peine. Un condamné peut être malade pendant plusieurs mois; une nouvelle accusation emportant peine capitale peut être dirigée contre lui.

On propose de faire compter la durée de la peine, du jour du jugement définitif.

Art. 28. §. 2. Doit-on, dans toutes les exécutions de jugemens, faire parler au nom de la loi l'exécuteur, qui ne doit qu'agir ! Voici la rédaction que l'on propose :

« Le coupable qui aura été condamné à la peine *de l'infamie et du carcan*, » sera conduit au milieu de la place publique de la ville où siége le tribunal » criminel qui l'aura jugé.

» Le greffier du tribunal criminel lui adressera ces mots à haute voix :

» *Votre pays vous a trouvé coupable d'une action infame. La loi et le tribunal*
» *vous ont déclaré infame.*

 » Le condamné sera ensuite mis au carcan , et restera pendant deux
» heures exposé aux regards du peuple. Sur un écriteau seront tracés en
» gros caractères ses noms, sa profession , son domicile, le crime qu'il a
» commis et le jugement rendu contre lui. »

 Art. 29. Quel est le châtiment que l'exécuteur infligera au condamné
attaché au carcan , et commettant des irrévérences ? quelles sont ces irré-
vérences !

 Art. 31. Cet article veut ৭ l'exécution se fasse sur l'une des places
publiques de la ville chef-lieu de l'arrondissement communal dans lequel
le crime aura été commis : c'est la répétition de l'article 5 du Code pénal
du 25 septembre 1791.

 Les abus de cette disposition de la loi de 1791 se firent bientôt sentir :
les frais dispendieux, les difficultés et l'embarras de transporter l'instrument
du supplice ; le peu de sûreté des prisons dans les chefs-lieux de district ,
aujourd'hui arrondissemens communaux ; le transport et la garde des condamnés ; tous ces inconvéniens donnèrent lieu à la rédaction de l'article 445
du Code des délits et des peines , ainsi conçu : « Elle (l'exécution) se fait
» sur une des places publiques de la commune où le tribunal criminel tient
» ses séances. »

 Le même article 31 du projet de Code accorde aux préfets la faculté
de déterminer provisoirement, et suivant les circonstances, le lieu où les
exécutions criminelles se feront. Pourquoi soumettre cette désignation aux
préfets ! Qui mieux que les tribunaux criminels sait si tel ou tel de ses jugemens doit être exécuté en tel ou tel endroit!

 Il faut donc conserver l'article 445 du Code des délits et des peines , et
laisser aux tribunaux criminels la désignation , en cas de circonstances particulières, du lieu où leurs jugemens seront exécutés.

 Art. 36. Un condamné , pendant la durée de sa peine, peut être ac-
cablé d'infirmités et avoir des besoins : on propose dans ce cas de laisser au
Gouvernement la faculté de fixer les sommes alimentaires qui pourraient lui
être données.

 On propose de placer ici l'article 10 du livre I.ᵉʳ du projet de Code.

 Art. 47. Est-il de la sagesse du législateur de laisser aux tribunaux jugeant
correctionnellement , l'interdiction en tout ou en partie des droits civiques,
civils et de famille ! Il importe à la société elle-même que des citoyens ne
soient pas privés légèrement de l'exercice de leurs droits.

 Art. 48. Les délits contre la Constitution ou la paix publique sont relatifs à tant d'objets, qu'admettre aussi généralement l'*interdiction*, c'est l'établir très-souvent pour des délits peu importans ; c'est isoler un individu coupable d'un délit qualifié *non crime*, de sa famille et de ses enfans, puisqu'il ne pourra voter dans les délibérations de famille, ni être tuteur ou curateur, ni jouir de la puissance paternelle.

Art. 55. Le *maximum* de la mise sous la surveillance spéciale du Gouvernement, est de dix ans en matière criminelle : pourquoi, en matière correctionnelle, ne pas fixer le *maximum* à cinq ans ?

Art. 60. L'emprisonnement du condamné pour l'acquit des condamnations pécuniaires, est fixé à trois années. Ce délai est trop long : qu'il soit réduit à *six mois*, en matière criminelle, et à *un mois* en matière correctionnelle. Faut-il punir un citoyen de son état d'insolvabilité ? faut-il prolonger la détention du *pauvre*, dont la famille n'existe que par le produit de son travail, lorsque le *riche* avec son or pourra recouvrer sa liberté.

Un individu sera condamné correctionnellement à onze jours de détention : son insolvabilité prolongera donc son emprisonnement pendant une année !

Si l'insolvabilité d'un condamné est absolue et bien notoire, lors de sa sortie ; si depuis il s'est conduit en homme de bien ; s'il a amassé quelque aisance pour le bien-être de sa famille ; en lui faisant reprendre la contrainte par corps, n'est-ce pas le réduire au désespoir, et sa famille à la mendicité ?

Art. 64. Aux mots, *si le second crime entraîne la peine de la reclusion*, ne vaut-il pas mieux substituer *la peine des travaux forcés à la déportation ?*

Aux mots, *si le second crime entraîne la peine des travaux forcés à temps ;* en n'admettant pas la peine des travaux forcés à perpétuité, il faut y substituer *la peine de la déportation.*

Art. 66. O. a proposé, sur l'article 55, de fixer à cinq années le *maximum* de la mise en surveillance par les tribunaux correctionnels.

Art. 68, §. 7. Étendre l'exception mentionnée dans ce paragraphe, en faveur des parens dans le degré où ils ne peuvent être témoins en matière criminelle.

§. 9. On n'a pu saisir ni entendre le sens de ce neuvième paragraphe.

Art. 70. La dernière partie de cet article est ainsi conçue : « L'auteur » d'un crime ou d'un délit, tombé depuis en démence, n'est poursuivi ni » puni, tant que dure la démence. »

En admettant cet article, ne résulte-t-il pas des inconvéniens ! Sans doute, on ne doit pas punir l'homme tombé en démence depuis le délit, tant que dure la démence : mais en suspendant les poursuites, les traces du délit se perdent, et les preuves dépérissent.

L'ancienne législation criminelle ordonnait aux premiers juges de prononcer la peine ordinaire du crime, sans égard à l'état de démence, lorsque l'insensé se trouvait juridiquement convaincu du crime.

Sur l'appel de leurs jugemens, les parlemens modéraient ou exemptaient des peines, suivant les circonstances.

Aujourd'hui, il ne faut pas punir un coupable d'un délit, tant qu'il est en démence ; mais aussi il ne faut pas laisser dépérir les preuves. On propose de laisser faire toutes les poursuites contre l'auteur d'un crime ou d'un délit, tombé en démence depuis ; de laisser porter l'acte d'accusation ; enfin, d'instruire contre lui comme s'il était *contumax*. Dans le cas où le prévenu ou l'accusé reprendrait son état de raison, il serait assimilé au contumax qui se représente et se fait juger.

Une observation basée sur des faits tout récens vient à l'appui de ce que l'on propose. Il existe un système de défense de la part des grands coupables. A peine sont-ils arrêtés, qu'ils affectent et prennent le caractère d'individus tombés en démence. Les officiers de santé sont appelés et trompés par les apparences extérieures, et déclarent l'état de démence : les coupables ne sont pas mis en jugement ; la surveillance n'étant plus aussi exacte, ils finissent le roman par leur évasion.

Un fait vient à l'appui : en l'an 9, *Beauvau*, chef de chouans, est arrêté, comme prévenu d'embauchage pour l'armée catholico-royaliste du Morbihan. A peine arrêté, il donne des signes de folie et devient maniaque. Conduit dans les hospices, il est baigné, reçoit les douches, et est assujetti au traitement de ce genre de maladie. *Beauvau* est déclaré, par les officiers de santé, fou et maniaque ; ensuite transféré, par ordre du Gouvernement, dans une maison de dépôt à Poitiers. Arrivé à Poitiers, *Beauvau* a toute sa raison, forme un projet d'évasion, et l'exécute avec plusieurs détenus. *Beauvau* a été jugé par contumace depuis son évasion ; les principaux témoins sont des militaires qui ont fait partie de l'expédition de Saint-Domingue, et dont on ignore aujourd'hui l'existence.

D'après ces observations, c'est au législateur à réfléchir sur le texte de l'article 70, et à bien examiner s'il remplit le but qu'il s'est proposé d'atteindre.

Art. 76 et 77. L'expérience et les tables de la vie humaine justifient que l'âge de soixante ans est le terme ordinaire de la vie. Au-delà de cette époque, ceux qui la franchissent sont tellement faibles, qu'il leur est presque physiquement impossible de supporter des peines rigoureuses : on propose de réduire l'âge de soixante - quinze ans à soixante années accomplies.

Art. 101. Mêmes observations que sur l'article 68.

Art. 116. Pourquoi punir d'une amende les officiers de police judiciaire

et

·et les juges qui, dans le mandat d'arrêt, n'auraient pas exprimé les motifs de l'arrestation, et la loi qui les autorise à l'ordonner! Jusqu'à présent, on s'était borné, dans ces cas, à prononcer la nullité du mandat d'arrêt.

Le projet de Code multiplie les amendes contre les juges, commissaires et greffiers des tribunaux. Un Code criminel ne doit jamais prendre le caractère d'une loi bursale : on va plus loin; il doit, au contraire, investir les tribunaux de toute la considération qu'ils méritent.

Si un juge prévarique, qu'il soit poursuivi comme étant coupable de forfaiture, et qu'il soit puni : mais, que pour un oubli des formes, quelque légère inadvertance, il ne trouve pas à chaque instant des amendes prononcées contre lui; amendes qui emportent avec elles la contrainte par corps; amendes qui peuvent faire descendre le juge le plus instruit, le plus probe et le plus irréprochable, de son siége, pour le confondre dans une prison avec les individus qu'il poursuivait au nom de la loi.

Art. 123 et 124. *Nonobstant les réclamations des individus ou de l'une des parties intéressées.* On observe que si les tribunaux sont arrêtés par ce genre de réclamations dans les poursuites qu'ils dirigeront, les individus poursuivis, très-souvent réclameront, quoique sans droit, pour laisser dépérir ou atténuer les preuves. Il semble que l'on pourrait borner les dispositions de ces deux articles *aux réclamations de l'autorité administrative supérieure.*

Art. 132. Aux mots *ou des faits que, même sans réquisition, il était formellement de son ministère de constater*, le projet de Code prononce la peine de la déportation.

Cette peine est bien sévère, dans ce cas, sur-tout lorsque l'on réfléchit que cette omission entraînait la nullité seulement des actes : une peine correctionnelle paraît suffisante.

Art. 134. Les peines doivent être graduées. *La déportation* est prononcée contre les faux commis par les fonctionnaires publics : on propose de punir les coupables dans les cas de cet article, de la peine des *travaux forcés.*

Art. 135. La disposition de cet article n'est pas assez graduée dans les peines, relativement au genre des délits qui y sont énoncés : un faux passeport, une fausse feuille de route, et de faux certificats, doivent être punis de la peine de la *réclusion.*

Celui qui a pris un faux nom dans ces actes, doit être puni de la *détention*, depuis six mois jusqu'à deux ans.

On demande que tout juge des tribunaux civils ou criminels, tout magistrat de sûreté, tout commissaire du Gouvernement, ne puissent être tuteurs onéraires, hommes d'affaires, agens à gage, qu'ils ne puissent écrire ni imprimer, même sous des noms empruntés, dans les affaires portées et pendante dans leurs tribunaux , à peine d'une amende de 500 fr. au moins, et de 10,000 fr. au plus, la première fois ; et de la *forfaiture*, la seconde fois.

Art. 151. La rédaction de cet article est vague : elle prête à l'arbitraire , et expose le juge le plus pur et le plus intact à être harcelé et tourmenté. A quels types reconnaîtra-t-on qu'un juge aura jugé par faveur pour une partie , ou par inimitié contre elle ! Toute partie qui aura perdu un procès, et qui saura que tel ou tel juge a émis une opinion qui lui a été contraire, pourra donc le poursuivre ou le faire poursuivre ?

La suppression de cet article est une suite nécessaire des observations que l'on vient de faire.

Art. 158. La peine d'interdiction de toute fonction ou emploi public, depuis cinq ans jusqu'à dix, et d'une amende de 51 liv. à 300 liv. pour la violation du sceau, et la suppression de lettres confiées à la poste, n'est pas assez forte.

L'article 638 du Code actuel des délits et des peines punit les auteurs de ce délit, de la *dégradation civique ;* et ceux qui en auraient donné l'ordre, de deux ans *de gêne.*

L'ancienne législation criminelle ordonnait , suivant la différence des cas et des circonstances , la peine *de mort,* soit celle *des galères* a temps ou à perpétuité , soit celle *du bannissement* et du blâme.

Ce crime a été dans tous les temps considéré sous les rapports les plus graves. On croit que la peine de la *réclusion* est celle qui doit être appliquée.

Art. 180 et 181. On propose, dans ces cas, de substituer la peine de la *déportation* à celle des travaux forcés à perpétuité.

Les commissaires du Gouvernement près les tribunaux éprouvent souvent des difficultés de la part des ouvriers qu'ils requièrent de faire les travaux nécessaires pour l'exécution des jugemens. La loi du 22 germinal an 4 a levé ces obstacles. On desire que l'article 2 de cette loi soit classé dans ce paragraphe. Il est conçu dans les termes qui suivent :

« Tout ouvrier qui refuserait de déférer à la réquisition des commissaires,
» sera condamné , la première fois , par voie de police simple, à un emprison-
» nement de trois jours ; et en cas de récidive, il sera condamné , par voie de
» police correctionnelle , à un emprisonnement, qui ne pourra être moindre
» d'une décade, ni excéder trente jours. »

Art. 257 et 258. Qu'entend-on par un *usage homicide !* ne devrait-on pas en donner la définition ?

Qu'entend-on par *présomption légale !* ne devrait-on pas en donner la définition !

Il est indispensable que ces deux articles soient rédigés avec plus de clarté et de précision.

Art. 259. Cet article ne paraît pas exact. Il répute *meurtre* les blessures ou les coups qui ont été faits ou portés sans armes meurtrières, si dans les dix jours la mort a suivi.

Les blessures ou les coups faits ou portés *avec armes,* sont aussi réputés *meurtre* si dans *quarante jours* la mort a suivi.

On croit qu'il y a erreur dans la rédaction; qu'il faut réputer le *meurtre,* 1.° si la mort a eu lieu dans les *dix jours* des blessures ou coups portés avec armes meurtrières; 2.° ou si elle a eu lieu dans les quarante jours des blessures ou coups faits ou portés *sans armes.*

Art. 260 et 261. On ne connaît pas de blessures ou de coups qui soient ordonnés par la loi ou l'autorité légitime.

Art. 262. *Lorsqu'elles sont commises par deux ou plusieurs personnes pendant la nuit.* Comment celui qui est attaqué au milieu de la nuit et assailli dans les ténèbres, qui repousse l'escalade ou l'effraction extérieure, peut-il connaître s'il est attaqué par deux ou plusieurs personnes ! Ne faut-il pas supprimer de l'article les mots imprimés en italique en tête de l'observation !

Art. 265 et 266. On croit qu'il est nécessaire d'insérer dans l'art. 265 les dispositions de l'art. 266. Voici la rédaction que l'on pourrait admettre :

« Le meurtre contre les père ou mère légitimes ou naturels, ou autres
» ascendans légitimes, est qualifié *parricide,* et n'est pas excusable, *si des*
» *coups ou des violences n'ont pas mis en péril actuel la vie du fils ou petit-fils.*»

Les motifs de l'art. 266 sont et doivent être les mêmes pour l'art. 265. Un père, un aïeul, nés avec un caractère violent, peuvent se porter aux plus grandes extrémités vis-à-vis du fils et du petit-fils : ceux-ci en se défendant peuvent tuer le père ou l'aïeul. Pourquoi dans ces cas ne pas admettre l'excuse !

Art. 272. Cet article renferme une définition vague ; il est si important, qu'on estime qu'il doit être conçu dans les termes les plus clairs et les plus précis. En effet, qu'entend-on par les mots *Toute introduction dans le corps humain, toute approche d'une substance qui peut donner la mort plus ou moins promptement, est qualifiée empoisonnement, quand même il ne se serait ensuivi qu'une maladie !*

Qui ne sait que, tous les jours, différens genres d'introduction dans le corps humain peuvent avoir lieu et causer des maladies, sans qu'il y ait eu le moindre caractère de poison !

Qui ne sait que, tous les jours, une approche d'une substance quelconque peut avoir lieu et causer une maladie, sans qu'il y ait approche de substance vénéneuse !

Rien n'est plus difficile à définir que l'empoisonnement. Lorsque l'*homicide par poison* a lieu, il faut, de toute nécessité, abandonner aux gens de l'art à déterminer si le malade ou le mort ont été attaqués ou ont péri par le poison, et à décider quelle a été et quelle est la nature du poison.

L'article 1 5 , section Ire , titre II , 2.e partie du Code pénal, pourrait, avec quelques développemens et modifications , remplacer cet article 272.

Art. 273. La peine de *mort* est proposée contre tous coupables de *meurtre*. Le Code pénal ne le punit cependant que de vingt ans de fers. D'après les mêmes principes qui dirigèrent l'Assemblée constituante, avare de la peine de mort, on propose de ne condamner les coupables de *meurtre qu'à la peine des travaux forcés.*

Art. 274. Mêmes observations qu'aux articles 1 3 et 1 5.

Art. 275. On n'admet pas les travaux forcés à perpétuité ; on ne les admet que pendant *vingt-cinq ans.*

Art. 276. Lorsqu'il n'y a pas de guet-apens ni de préméditation, lorsque les coups ou les blessures auront causé la mort au-delà de quarante jours, le coupable doit être puni des peines que l'on propose d'appliquer aux auteurs de *meurtre ;* c'est-à-dire , les travaux forcés à temps.

Art. 277. La peine *de la déportation* est trop sévère. Si les blessures ou les coups ont été faits ou portés sans préméditation, la peine de la détention , plus ou moins longue , est suffisante.

S'ils ont été faits ou portés avec préméditation , ou s'ils ont été commis même sans préméditation contre les pères ou mères naturels ou légitimes, ou autres ascendans légitimes des coupables ; et là où , dans le dernier cas , les pères ou mères naturels ou légitimes, ou autres ascendans légitimes , ne se seraient portés les premiers à des actes de violence, mettant en péril la vie de leurs enfans ou petits-enfans ,

La peine serait la *reclusion.*

Art. 281 et 282. C'est ici plutôt une contravention qu'un délit. On propose de la faire punir par voie de simple police.

Art. 285. L'infanticide est défini par le nouveau Projet, « l'homicide » causé par une mère non engagée dans les liens du mariage , ou par ses » complices, de son enfant nouveau-né. »

D'après cette définition , un père naturel ou un père légitime , ou une mère légitime , homicide son enfant nouveau-né ; ce ne sera donc pas un infanticide ! Comment alors classer ce crime !

Art. 286. « Le crime d'*infanticide* est commis lorsque l'enfant est mort » pour avoir été privé par sa mère, ou ses complices , des précautions, » des secours , des soins et des alimens, sans lesquels il n'a pu vivre. »

Cette définition ne répond pas , à ce qu'il semble, aux vues et à la sagesse du législateur ; on demande si une femme, à peine échappée aux dangers et aux douleurs de l'accouchement, quelquefois seule, sans secours et livrée à elle-même à raison de sa détresse et de sa misère, peut prendre toutes les précautions, donner tous les secours, tous les soins, tous les alimens qu'un enfant nouveau-né exige.

Le Code pénal n'a pas établi de peine contre l'infanticide; il a supposé ce crime impossible et hors de nature. Aussi n'a-t-on appliqué à l'infanticide que les peines prononcées contre l'assassinat et le meurtre.

Ne vaut-il pas mieux supprimer dans le projet de Code tout ce qui est relatif à l'infanticide !

Art. 287. Mêmes observations que sur l'article précédent.

Art. 288. *Autres que ceux qui sont condamnés à des peines afflictives.* Comment accorder aux concierges des maisons de justice le droit d'exercer des violences et des traitemens excédant les bornes d'une correction légitime sur des condamnés à des peines afflictives ? l'humanité et la raison s'y opposent.

Art. 289. Cet article, conçu dans les termes qui suivent, « Les per- » sonnes coupables du crime de *viol* seront punies de la reclusion » , doit être et est susceptible de plusieurs observations.

Il ne se présente pas une seule accusation de *viol* que les jurés et les tribunaux ne soient embarrassés, parce que la nouvelle législation ne définit pas ce crime.

Suivant la législation criminelle ancienne, le crime de *viol* se commettait lorsqu'un homme attentait, par force et violence, à la pudicité d'une fille, d'une veuve ou d'une femme pour la connaître charnellement.

Il est donc indispensable que le nouveau Projet définisse en termes clairs et précis le *viol*.

Art. 290. Le *viol*, une fois bien défini à l'égard des personnes pubères, exige encore qu'il soit défini relativement aux personnes impubères. Les caractères du *viol* ne peuvent, dans l'un et l'autre cas, être physiquement les mêmes.

Ces définitions sont demandées avec instance, pour ne pas confondre ce qui constitue le *viol*, ou la *tentative de viol*, avec l'outrage fait à la pudeur des femmes, qui est classé dans la police correctionnelle.

Art. 300. Il semble que cet article doive être supprimé. D'après le nouveau Code civil, ces sortes de mariages ne peuvent jamais avoir lieu.

Art. 304. Trois circonstances sont exigées dans cet article, pour que les auteurs d'enlèvement, séquestration ou détention des individus quelconques, faits sans ordre des autorités constituées et hors des cas où la loi ordonne de saisir les coupables, soient punis de mort :

1.° Si l'enlèvement a été exécuté sous la fausse dénomination, ou avec le faux costume, ou sous un faux ordre de l'autorité publique;

2.° Si l'individu détenu a été menacé de la mort ;

3.° S'il a été soumis à des tortures corporelles.

L'article 301 punit de la même peine qui y est énoncée, quiconque aura prêté un lieu pour exécuter la séquestration. Les articles 302, 303 et 304 paraissent frapper des mêmes peines les auteurs d'enlèvement, séquestration et détention, et ceux qui ont prêté un lieu pour exécuter la séquestration.

Si ceux qui ont prêté un lieu pour exécuter la séquestration, ignorent que l'enlèvement a été fait avec une ou plusieurs des circonstances ci-dessus établies, les punira-t-on de la peine de mort ? Ne vaut-il pas mieux adopter la distinction qu'établit le nouveau Projet, en parlant de la complicité des crimes !

Art. 307. Cet article doit être supprimé en entier ; les motifs de sa suppression sont inutiles à analyser. En lisant cet article, qui ne conçoit que jamais on n'aurait dû l'insérer dans un projet de Code criminel !

Art. 322. On rejette cet article, parce qu'on n'admet pas les dispositions de l'article 15.

Art. 331. Qu'entend-on par une imputation fausse de faits qui, s'ils existaient, en exposeraient l'auteur *soit au mépris, soit à la haine des citoyens!* Ces termes sont si vagues, qu'ils peuvent donner lieu à un arbitraire effrayant.

Art. 335. Comment concilier cet article avec l'art. 331 ! Ce dernier veut que l'auteur de l'imputation ne puisse être admis, pour sa défense, à en articuler la vérité, ni à demander que la preuve en soit faite. L'art. 335, au contraire, autorise l'auteur de l'imputation à rapporter la preuve légale de la vérité du fait imputé.

Art. 336. *Mais celle d'un vice déterminé.* On demande qu'est-ce qu'un vice déterminé. Sans une définition bien exacte, les tribunaux criminels sont arrêtés à chaque instant dans leur marche.

Art. 342. Cet article et le §. 5 de l'art. 343 ne sont autres que les dispositions de la loi du 26 floréal an 5. Dans cet article, on établit la peine de *mort :* dans le cas du §. cité, l'art. 345 du projet de Code établit seulement la peine des *travaux forcés à temps.*

On croit que, dans l'un et l'autre cas, il doit exister uniformité de peines.

Art. 343. La peine de *mort* n'est prononcée que lorsqu'il y a réunion des cinq circonstances exprimées dans l'article. Cette réunion sera très-rare, parce que les brigands accoutumés au crime, connaissant aussi bien que les tribunaux les lois pénales, éviteront avec soin un pareil *quine* de circonstances.

Art. 344. Mêmes observations que sur l'article précédent. C'est un *terne* de circonstances qui se rencontrera difficilement.

Art. 345. Mêmes observations que sur l'article 342.

Art. 346. Quels sont la nature et le caractère des vols que cette disposition entend punir de la peine de la reclusion ?
On ne voit pas non plus quelles sont les peines infligées aux vols commis dans les cinq circonstances mentionnées en cet article.

Art. 348. On demande que les bateaux servant à la navigation dans les fleuves et rivières, et à faire des voyages de transport, et qui servent aussi de logement ou habitation aux mariniers, soient compris dans cet article.

Art. 353. Dans les campagnes et dans les fermes, la presque totalité des portes des écuries et étables se ferment ordinairemant avec de simples verroux extérieurs, soit en fer, soit en bois, ou même avec des cordes attachées extérieurement à des clous.
Un voleur, pour s'introduire dans les écuries et étables fermées de cette sorte, y pénètre sans *brisement, forcement, rupture, dégradation,* ni *démolition* et *enlèvement.* Alors il n'y aura pas d'*effraction,* parce que cette manière de s'introduire dans les écuries et étables n'est pas spécifiée dans l'article.
Ne conviendrait-il pas d'ajouter ces mots, *tout déplacement ou dérangement des ustensiles ou instrumens servant à fermer ou empêcher le passage, et de toute espèce de clôture, quelle qu'elle soit !*

Le tribunal soumet ces réflexions au Gouvernement, sur le degré de perfectibilité que la section qui traite *des vols* peut atteindre : il pense qu'en supprimant les articles 342, 343, 344, 345, 346, 347, et les remplaçant par ceux qui vont être présentés, tous les différens genres de *vols* seront atteints et punis par la loi.
On propose de conserver les articles 340 et 341 en entier ; suivraient alors ceux-ci :

1. « Quiconque aura commis un vol à force ouverte et par violence
» envers les personnes, sur les grands chemins de villes à villes, ou sur
» ceux du second ordre, de bourgs à bourgs, sera puni de mort.

2. » Quiconque aura commis un vol à force ouverte, et par violence
» envers les personnes, la nuit, dans une rue ou place publique, dans les
» chemins vicinaux ou de traverse, dans les sentiers qui conduisent aux villes,
» bourgs, villages, hameaux, fermes, métairies ou maisons (autres que

» les sentiers qui longent les grands chemins de villes à villes, ou ceux de
» bourgs à bourgs), sera puni de la peine des *travaux forcés.*

3. » Tout vol de la nature de celui mentionné en l'article précédent,
» commis le jour par deux ou plusieurs personnes, ou si le coupable ou les
» coupables étaient porteurs soit d'armes à feu, soit d'autres armes meur-
» trières, sera puni de la peine *des travaux forcés.*

4. » Tout vol commis sans force ouverte ni violence envers les per-
» sonnes, le jour, dans une rue ou place publique, dans les chemins vici-
» naux ou de traverse, dans les sentiers qui conduisent aux villes, bourgs,
» villages, hameaux, fermes, métairies ou maisons (autres que les sen-
» tiers qui longent les grands chemins de villes à villes, ou ceux de bourgs
» à bourgs), par deux ou plusieurs personnes, ou si le coupable ou les
» coupables étaient porteurs d'armes à feu ou de toutes autres armes meur-
» trières, sera puni de la peine de la reclusion.

5. » Tout vol commis dans une maison, appartement, chambre ou loge-
» ment habités ou servant à habitation, ou leurs dépendances, avec violence
» envers les personnes volées, leurs commensaux, domestiques, parens,
» amis, voisins venant à leur secours ou se trouvant sur les lieux, lorsque
» les actes de violence auront laissé des traces de blessures ou de contu-
» sions, sera puni de *mort.*

6. » Quiconque aura commis un vol, soit en s'introduisant par la force
» des armes dans une maison, appartement, chambre ou logement habi-
» tés ou servant à habitation, ou leurs dépendances, soit en faisant usage
» de ses armes (lorsque même il n'y aurait pas traces de blessures ni con-
» tusions) dans l'intérieur des maison, appartement, chambre ou logement
» habités ou servant à habitation, ou leurs dépendances, envers les per-
» sonnes volées, ou ceux qui s'y trouvaient, ou ceux venant au secours,
» sera puni de *mort.*
» La même peine aura lieu contre tous les coupables, lors même que
» tous n'auraient pas été trouvés munis d'armes.

7. » Quiconque aura commis un vol dans les campagnes, habitations
» et bâtimens de campagne, lorsqu'il y aura effraction extérieure faite par
» deux ou plusieurs personnes, ou lorsque le vol aura été commis par une
» réunion de deux personnes au moins, porteurs d'armes à feu ou de toutes
» autres armes meurtrières, sera puni de la peine de *mort.*

8. » Quiconque aura commis un vol en s'introduisant dans une mai-
» son, appartement, chambre ou logement habités ou servant à habita-
» tion, ou leurs dépendances, en prenant le titre ou après s'être revêtu de
» l'uniforme ou du costume d'un fonctionnaire ou officier civil ou militaire,
» ou en alléguant un faux ordre de l'autorité civile ou militaire,

» Si

» Si le vol a été commis la nuit, sera puni de la peine des *travaux forcés ;*
» Si le vol a été commis le jour, sera puni de la peine de la *reclusion.*

9. » Tout vol commis la nuit, à force ouverte et par violence envers
» les personnes, dans l'intérieur d'une maison, appartement, chambre ou
» logement habités ou servant à habitation, ou leurs dépendances, sera puni
» de la peine des *travaux forcés.*
» Si le vol a été commis le jour, la peine sera la *reclusion.*

10. » Tout vol commis la nuit, sans force ouverte ni violence envers
» les personnes, soit à l'aide d'effraction, soit à l'aide d'escalade, soit à l'aide
» de fausses clefs, dans l'intérieur d'une maison, appartement, chambre
» ou logement habités ou servant à l'habitation, ou leurs dépendances, sera
» puni de la peine des *travaux forcés.*
» Si le vol a été commis le jour, la peine sera la *reclusion.*

11. » Lorsque deux ou plusieurs personnes non armées, ou une seule
» personne portant une arme à feu ou toute autre arme meurtrière, se sera
» introduite, la nuit, sans force ouverte ni violence envers les personnes
» volées, sans effraction, escalade, ni fausses clefs, dans l'intérieur d'une
» maison, appartement, chambre ou logement habités ou servant à habi-
» tation, ou leurs dépendances, et aura commis un vol, la peine sera la
» *reclusion.*
» Si le vol a été commis le jour, la peine sera celle *de la détention.* »

12. Placer ici l'article 361 du projet de Code criminel.

13. Placer ici l'article 362 du même Projet.

« 14. Seront aussi punis de la peine *de la reclusion,* les vols commis avec
» une seule des circonstances suivantes :
» 1.° Si le coupable est un domestique ou un homme de service à gages,
» même à l'égard des personnes qu'il ne servait pas, mais qui se trouvaient
» dans la même maison; un ouvrier, un compagnon ou apprenti dans la
» maison, atelier ou magasin de son maître, un ouvrier travaillant habi-
» tuellement dans la maison où il aura volé; un aubergiste, un hôtelier, un
» voiturier ou leurs préposés, lorsqu'ils auront volé les choses qui leur étaient
» confiées à ce titre ;
» 2.° S'il y a eu effraction, escalade ou usage de fausses clefs à des édi-
» fices ou enclos non servant à habitation, et non dépendans de maisons
» habitées ;
» 3.° Si les choses volées étaient exposées sur la foi publique, comme
» effets, denrées ou marchandises en foires ou marchés, dans les rues,
» chemins ou voies publiques, étendages de blanchisserie, instrumens d'a-
» griculture, récoltes, bois ou pierres dans les champs, dans les ventes,
» dans les carrières ou près des lieux où l'on bâtit ;

» 4.º S'il y a eu enlèvement ou déplacement de bornes servant de sépa-
» ration aux propriétaires. »

Placer ensuite les articles 360, 348, 349, 350, 351, 352, 353, 354, 355, 356, 357, 358 et 359.

Art. 425. On propose de réduire à dix jours la durée de l'emprisonnement. Les motifs en sont développés sur l'article 60 du projet de Code.

Art. 427. Mêmes observations qu'à l'article 425.

Art. 430, §. 7. Le projet de Code punit d'amende depuis un franc jusqu'à dix francs ceux qui auront laissé dans les rues, chemins, places, lieux publics ou dans les champs, des coutres de charrue, pinces, barres, barreaux ou autres machines, ou instrumens, ou armes, dont puissent abuser les voleurs ou les malfaiteurs.

Cette disposition est très-sage : mais on observe que les fermiers et métayers ont très-rarement des endroits où ils puissent renfermer et abriter tous leurs instrumens de labourage ; ils les laissent dans les champs lors des labours et emblavaisons des terres, ou à la porte de leurs fermes et métairies, à l'ombre d'un chêne ou d'un orme antique, élevé et réservé pour cet usage.

Dans le département de Maine-et-Loire, les fermiers et métayers seront continuellement amendables sous ce rapport.

§. 10. On propose d'ajouter à cette disposition de l'article 430, après les mots *dans les champs,* ceux-ci, *et les vignes.* Les motifs de cette addition n'ont pas besoin d'être développés.

§. 11. Dans le cas de ce paragraphe, il faut punir comme *injures verbales,* et non autrement.

Art. 435, §. 8. Ceux qui auraient jeté des pierres ou d'autres corps durs contre les maisons, édifices ou clôtures d'autrui, ou dans les jardins et enclos, seront punis d'amende depuis onze francs jusqu'à vingt-cinq francs. Cette peine paraît trop sévère : n'est-il pas mieux de classer cette contravention dans la première classe des peines pour contraventions !

Art. 436. *Contre ceux qui auraient jeté des pierres ou d'autres corps durs.* Cet article, dans cette partie, n'est pas facile à entendre. Dans quelle circonstance et contre qui l'article suppose-t-il que le jet de pierres ou autres corps durs aura eu lieu !

Art. 439, §. 2. Cette disposition de l'article 439 est la même que celle du §. 10 de l'article 430. Ainsi les glaneurs, râteleurs ou grappilleurs sont classés, pour les mêmes délits, dans la première et la troisième section. Ainsi ils sont punis, tantôt d'une amende d'un franc jusqu'à dix francs, tantôt d'une amende de vingt-six francs à cinquante francs, pour le même délit.

On desire que cette contradiction n'existe plus dans le nouveau projet de Code criminel.

Art. 446. « L'action civile a pour objet la réparation du dommage que » le délit a causé ; elle appartient à ceux qui ont souffert le dommage. » Il faut ajouter, pour plus grande clarté, et pour éviter toute équivoque : *Et à leurs héritiers.*

Art. 456. *Par les adjoints de maire et les maires.* On conserve l'exercice de la police judiciaire aux maires et à leurs adjoints.

Comment, en général, la police judiciaire est-elle exercée par cette classe de fonctionnaires publics?

Les plus riches propriétaires résidant soit au chef-lieu de département, soit aux chefs-lieux d'arrondissemens communaux, parviennent à être nommés maires dans les communes où ils ont des propriétés. Ils n'y séjournent que momentanément, lorsque leurs affaires personnelles ou la belle saison les y appellent. Pendant le temps qu'ils résident au chef-lieu de département, où ils remplissent souvent d'autres fonctions, les adjoints de maire les suppléent dans les fonctions administratives.

Quels sont ces adjoints de maire dans la presque totalité des campagnes? des ouvriers ou des laboureurs, sachant à peine signer leurs noms, et incapables de rédiger un procès-verbal. Aujourd'hui que les justices de paix embrassent un plus grand territoire, qu'il est impossible aux juges de paix de se trouver dans leur canton, par-tout où des délits se commettent, les procès-verbaux sont dressés tant bien que mal par ces adjoints des maires, ou souvent il n'en est rédigé aucun.

Les preuves premières, si précieuses à recueillir à l'instant où un délit vient d'être commis, ne sont pas saisies, demeurent inconnues ou périssent. Cependant, ce sont ces premiers actes qui basent l'instruction de la procédure criminelle.

La procédure devient encore plus vicieuse, et est sujette à cassation, lorsque des émigrés amnistiés, incapables, d'après le sénatus-consulte, pendant dix ans, d'exercer toutes fonctions publiques, ou des individus n'ayant pas trente ans, sont maires.

Il est donc essentiel d'établir dans le projet de Code criminel, 1.° que tout maire sera tenu de résider habituellement dans la commune dont il sera nommé maire ; 2.° qu'il ne remplira aucune autre fonction, soit au chef-lieu de département, soit au chef-lieu d'arrondissement communal, soit hors du département, exigeant une résidence ; 3.° qu'il sera âgé de trente ans accomplis ; 4.° qu'avant d'être nommé, il jouira pleinement, et sans aucune restriction, de la qualité, du titre et de l'activité civile qui appartiennent à tout citoyen français.

Art. 470. Comment, dans *les trois jours*, les gardes forestiers pourront-ils remettre leurs procès verbaux ou leurs rapports au conservateur, inspecteur ou sous-inspecteur forestier ? Souvent ces fonctionnaires demeurent à cinq myriamètres de la résidence du garde forestier.

On propose de fixer à *dix jours* le délai dans lequel les procès-verbaux ou rapports seront remis. Le Projet accorde bien un délai de *trois jours* aux gardes champêtres, qui n'ont qu'à remettre aux chefs-lieux de justice de paix leurs procès - verbaux ou rapports.

Art. 509. Suivant l'article 861 du projet de Code, les déclarations écrites des témoins ne peuvent être communiquées ni remises au jury de jugement ; il importe de dire dans cet article, que les déclarations des personnes qui paraîtront au procès-verbal, *seront rédigées sur des cahiers, séparément du procès-verbal.*

Art. 551. D'après cet article, il y aura dans chaque département autant de *propréteurs* qu'il y a d'arrondissemens communaux. Les fonctions que le projet de Code criminel leur attribue, sont les mêmes que celles exercées aujourd'hui par les *directeurs du jury d'accusation.*

Le tribunal, dans ses observations sur l'article 771 ci-après, propose d'établir un seul *propréteur* par chaque département, et de laisser subsister les *directeurs du jury* tels qu'ils existent actuellement.

En adoptant ce plan, c'est une économie pour l'État, parce que le nombre des juges civils de première instance ne s'accroît pas. On renvoie aux motifs développés sur l'article 771, et l'on propose de substituer au mot *propréteurs* ceux de *directeurs du jury ;* comme aussi d'appliquer à ces derniers sous cette dénomination, tout ce que le projet de Code attribue, sous le nom de *propréteurs,* à ces officiers de police qu'il crée.

L'art. 551 serait donc ainsi conçu : « Il y aura dans chaque département » autant de directeurs du jury d'accusation qu'il y a d'arrondissemens com- » munaux,

» Les directeurs du jury seront nommés à vie par le premier Consul, » et pris parmi les juges des tribunaux de première instance dans chaque » arrondissement communal. »

Art. 552. D'après les observations qui vont suivre sur l'art. 771, les *propréteurs* ou *directeurs de jury* ne seront pas membres des tribunaux criminels.

On ne voit pas qu'il y ait de l'inconvénient à ce que le Gouvernement puisse établir un second *propréteur* ou *directeur de jury,* dans celui des arrondissemens où il le jugera nécessaire.

Art. 553. Les directeurs de jury étant membres nés des tribunaux de première instance, et, en cas de maladie ou empêchement légitime, étant remplacés par les juges ou les suppléans, à quoi servirait et deviendrait utile leur délégation d'un arrondissement dans un autre, ou d'un service à un autre !

Art. 556. Dans l'arrondissement communal où siége le tribunal criminel, le *directeur du jury,* s'il est seul, sera remplacé, comme dans les autres arrondissemens communaux, par l'un des juges du tribunal de première instance.

Le propréteur, dont il sera parlé ci-après à l'article 771, sera remplacé dans toutes ses fonctions, en cas d'empêchement, par le premier suppléant du tribunal criminel.

Art. 557. En laissant exister les directeurs de jury, et se bornant à un seul *propréteur* par département, il est inutile d'insérer *qu'ils auront séance et voix délibérative dans le tribunal de première instance, même pour les procès civils.* Il suffit de dire que les directeurs de jury pourront assister aux audiences et juger les procès civils.

Dans tous les articles du chap. VII, qui traite des actes du propréteur comme officier de police, et du mandat d'arrêt, il faut substituer les mots *directeur du jury* à celui de *propréteur.*

Art. 558. Supprimer dans cet article les mots *au greffe du tribunal criminel.*

Art. 566. L'indemnité accordée au directeur du jury, au substitut magistrat de sûreté et au greffier, toutes les fois qu'ils se transporteront sur les lieux, est trop faible, et n'est pas proportionnée aux dépenses qu'entraînent aujourd'hui les voyages.

Art. 551, 585 et 587. On propose de mettre les mots *hors du département,* au lieu de ceux-ci, *cinq myriamètres.*

Art. 617. Le tribunal de police, dit le projet de Code criminel, sera composé de l'un des *suppléans* du tribunal d'arrondissement, qui sera juge de police, du juge de paix du lieu de la contravention, et d'un citoyen domicilié dans le ressort de la justice de paix, et pris parmi les cent citoyens les plus imposés.

L'organisation de ces tribunaux paraît contraire à l'activité de la police. Les contraventions dont ils doivent connaître, ne seront jamais punies assez à temps avec des juges de police ambulans, et rétribués seulement par jour de la 360.ᵉ partie du traitement des juges de première instance.

Ne serait-il pas plus simple de composer les tribunaux de police, *du juge de paix* du lieu de la contravention, et *de deux citoyens* domiciliés dans le ressort de la justice de paix, pris parmi les cent citoyens les plus imposés !

Les contraventions de police doivent être réprimées, pour ainsi dire, dans les vingt-quatre heures. Le suppléant d'un tribunal de première instance se déplacera-t-il à chaque instant ! Si les audiences de police se tiennent de loin en loin, l'effet de la loi est manqué, et elle n'est plus aussi salutaire aux yeux de la classe inférieure du peuple.

Art. 618. A supprimer, par suite des observations qui viennent d'être faites.

Art. 619. Même observation.

Art 620. Même observation.

Art. 631. Si l'audience du tribunal de police n'a lieu qu'une fois par mois, les affaires en souffriront ; elle devrait, au contraire, se tenir quatre fois par mois, les jours de foires ou marchés de préférence.

Art. 638. *Pour la répression des contraventions commises dans les foréts nationales, les fonctions du ministère public seront exercées* par le conservateur, *inspecteur ou sous-inspecteur forestier.*
Plusieurs justices de paix se trouvent dans l'arrondissement d'une inspection ou sous-inspection. Comment les inspecteurs ou sous-inspecteurs pourront-ils suivre les audiences de police, sur-tout lorsqu'elles se tiennent à la distance de plusieurs myriamètres de leur demeure habituelle ! Ne serait-il pas mieux d'agir à la requête du ministère public ordinaire !

Art. 668. A ces mots, *qui auront été rendus dans les vingt premiers jours,* il conviendrait de substituer ceux-ci, *qui auront été rendus dans le mois.*

Art. 683. Même observation que sur l'article 638. On ajoute que fixer les audiences de police correctionnelle à l'un des cinq derniers jours du mois, c'est retarder la prompte distribution de la justice ; c'est exposer un innocent à être détenu pendant un ou deux mois, à raison d'un délit qu'il peut n'avoir pas commis. La marche de la justice correctionnelle ne peut jamais être trop célère.

Du premier jury et de l'accusation. Le projet de Code criminel conserve l'institution du jury. Cette institution est la sauve-garde de l'innocence, rassure les citoyens paisibles et les rattache au Gouvernement. Sans elle, combien le nombre des victimes aurait été plus considérable dans le cours de la révolution ! et n'est-ce pas parce que l'institution du jury a été sans activité pendant la tourmente révolutionnaire, qu'un voile funèbre a couvert si long-temps la France !
Dès qu'une révolution est terminée ; dès qu'un Gouvernement fort,

sage et entouré de la confiance publique a succédé aux oscillations politiques ; dès que les principes sont stables , tous les citoyens ont un droit égal à la protection de la loi.

L'institution du jury a eu et a encore ses détracteurs. Ceux-ci ne jugent les institutions en général , que par les abus qui peuvent particulièrement en résulter , et non par la masse du bien qu'elles produisent. Au contraire , il faut juger les institutions par les avantages qui en naissent pour tous , et non par quelques inconvéniens.

Que l'on parcoure les fastes judiciaires depuis l'institution des jurés , on ne trouvera pas un seul innocent condamné. Il est vrai que des coupables ont souvent échappé ; mais ne vaut-il pas mieux que cent coupables parviennent à se soustraire au glaive de la loi , que de voir un innocent y succomber !

Que l'on parcoure, d'un autre côté, les fastes de l'ancienne législation criminelle ; combien est grand le nombre de victimes innocentes qui ont péri , au nom de la loi , dans les supplices ! combien est plus grand encore le nombre des coupables qui n'ont pas été punis !

Ce parallèle suffit pour rendre hommage à la sagesse de l'institution du jury et pour être convaincu de la nécessité de la conserver. Le tribunal criminel de Maine-et-Loire réunit les deux tribunaux spéciaux des 18 pluviôse an 9 et 23 floréal an 10 : il lui a été et il lui est encore facile d'apprécier lequel des deux modes est préférable, ou *l'institution du jury,* ou *les tribunaux jugeant seuls le fait et le droit.* Il ne balance pas à adopter la rédaction du projet de Code et à maintenir l'institution des jurés.

En maintenant l'institution des jurés, il faut la perfectionner ; et, pour arriver à ce but, il faut corriger les abus qui existent dans la formation des listes de jurés d'accusation et de jugement : la confection de ces listes est confiée aux juges de paix, sous-préfets et préfets.

Les juges de paix, en composant leurs listes, cèdent aux sollicitations de leurs parens et amis, afin de ne pas les y comprendre ; les maires et adjoints, les gardes forestiers et champêtres , étant récusés par le Code des délits et des peines pour jurés, il suit que, dans les campagnes, tout ce qui sait lire et écrire se trouve écarté de la liste des jurés.

Quelle conduite tiennent encore les juges de paix ! Ceux que l'institution du jury offusque, prennent plaisir à former leurs listes de citoyens sans aptitude quelconque à la chose ; leur intention est de jeter la défaveur sur cette institution : ceux-là, pour fournir leur contingent dans les listes, y comprennent des septuagénaires, des sourds, des paralytiques, des individus inconnus dans le canton.

Comme le travail est, dans cette partie, purement mécanique, les souspréfets et préfets s'en reposent sur des commis qui, machinalement et sans examen, composent les listes définitives. Il n'est fait aucun choix, il n'est pris aucune précaution pour s'assurer et vérifier la liste des juges de paix.

La formation des listes des jurés est vicieuse : voilà la source des abus et des inconvéniens. Cette source ne dérive pas de l'institution même ; elle découle des agens premiers et secondaires que la loi emploie pour leur composition.

L'expérience du passé doit éclairer sur l'avenir : jusqu'à présent les corps administratifs ont été chargés de la formation des listes des jurés d'accusation et de jugement. Ces listes ont toujours été mal composées ; les préfets ne connaissent pas assez la moralité de tous leurs administrés : ces listes fastidieuses, dans le travail qui les prépare, ne sont pas faites par eux ; ils laissent le soin de leur formation à des commis subalternes.

D'un autre côté, les accusés ne sont-ils pas en droit de s'élever contre les articles du projet de Code criminel qui confient aux préfets la formation des listes de jurés ! l'accusateur public qui les poursuit, est l'homme du Gouvernement ; les préfets sont les agens du Gouvernement ; ainsi le Gouvernement accuse èt donne les juges aux accusés : les listes de jurés doivent donc être formées d'une telle manière que les accusés ne puissent avoir d'inquiétude.

Le seul moyen de rassurer les accusés, est de former des listes de jurés à l'abri de tout soupçon, de toute recherche et de toute critique. Il consiste principalement à faire concourir le pouvoir judiciaire et le pouvoir administratif à la formation de ces listes.

Le projet de Code appelle tous les citoyens aux fonctions de jurés (à quelques légères exceptions près) : ces vues sont sages ; elles vont seules perfectionner cette institution , et lui rendre la confiance que ses détracteurs veulent lui faire perdre.

Toutes ces observations portent sur les jurés d'accusation comme sur ceux de jugement. On a cru devoir les placer ici, parce qu'il est question du premier jury et de l'accusation. Mais on se réserve à présenter des idées sur la formation des listes des jurés, lorsqu'on discutera le chapitre VIII.

Des tribunaux criminels. Une nouvelle organisation des tribunaux criminels est proposée.

Ces tribunaux ont rendu, on ose le dire, les plus grands service à l'État. Ils ont la confiance de tous les justiciables ; ils sont l'effroi des méchans et la consolation des malheureux. Que l'on consulte tous les départemens, et chacun des membres de ces tribunaux est tranquille sur l'opinion qui sera manifestée à son égard.

Les sorties faites contre les tribunaux et les juges criminels, dans la deuxième partie des observations sur le projet de Code criminel, ne seront pas relevées. Elles sont injustes ; et c'est au Gouvernement lui-même que

les

les juges des tribunaux criminels en appellent, pour rendre justice à leur zèle, à leur fidélité et à leur dévouement.

Lorsque des changemens sont proposés, ce n'est pas en déblatérant contre les institutions existantes, que l'on prouve l'avantage et la préexcellence des innovations. Il faut marcher de principe en principe, et démontrer que le nouvel ordre de choses proposé vaut mieux que l'ancien.

Le législateur, en organisant le pouvoir judiciaire criminel, doit envisager deux buts principaux : 1.° l'économie dans les frais de la justice criminelle; 2.° la célérité dans l'expédition des affaires.

1.° *Économie.* Les fonctionnaires de l'ordre judiciaire criminel sont multipliés; et l'augmentation du nombre des salariés est une surcharge pour la République.

Les préteurs, suivant le projet de Code, recevront de grands émolumens de leurs places. On veut, avec raison, qu'ils soient investis de la plus haute considération; on veut, ce qui doit être, qu'ils aient la plus grande représentation.

Eh bien ! les émolumens accordés aux préteurs surpasseront et au-delà les traitemens des deux cent seize juges criminels que le Projet supprime; on ne parle pas des présidens, parce qu'ils rentrent de droit dans les tribunaux d'appel, dont ils sont membres nés.

Sous les vues d'économie, le nouveau Projet ne présente rien d'avantageux.

2.° *Célérité.* La marche, dans les nouveaux tribunaux criminels, sera nécessairement plus lente. Les affaires ne seront jugées, dans le cours de l'année, qu'à quatre époques; au lieu qu'aujourd'hui elles peuvent être jugées à douze sessions différentes.

Si un préteur tombe malade la veille des grands-jours; si une procédure est annullée; si un accusé est renvoyé à une prochaine tenue, ou s'il est malade, et ne peut, pour cette raison, être mis en jugement; si une procédure n'est pas terminée à l'instant des grands-jours, l'accusé prolongera sa détention, et attendra pendant six mois qu'il soit prononcé sur son sort. Si cet accusé est injustement chargé, enfin s'il est innocent, combien les horreurs de sa longue captivité seront pénibles ! Si cet accusé est coupable, les témoins peuvent s'absenter et disparaître, ou être séduits et corrompus; les preuves peuvent enfin dépérir. Voilà les inconvéniens du nouveau système.

Si cependant le législateur n'est pas arrêté par ces deux puissantes considérations, l'*économie* et la *célérité;* s'il croit la suppression des tribunaux criminels actuels indispensable, le tribunal ne dissimule pas que la nouvelle organisation et le système des préteurs peuvent avoir lieu, mais avec les modifications qu'il va proposer. Le plan tel qu'il est conçu serait arrêté à chaque pas dans son exécution, s'il n'était pas perfectionné.

Art. 771. *Des prépreteurs du département.* On n'admet pas, comme on l'a vu ci-dessus, les *prépréteurs ;* on les laisse exister sous le nom de *directeurs de jury*, avec les attributions qu'ils ont eues jusqu'à présent.

On propose l'établissement d'un seul *prépréteur* dans chaque département. Ses fonctions, outre celles de juger avec le préteur, seraient, dans l'absence ou l'empêchement légitime du préteur, d'entendre l'accusé au moment de son arrivée, de faire citer et convoquer les jurés, de diriger l'instruction ; enfin de remplir toutes les fonctions que le nouveau Projet attribue au prépréteur du chef-lieu de département.

Comment établir comme parties intégrantes des tribunaux criminels, les prépréteurs en fonctions, dans les arrondissemens communaux où siégent ces tribunaux !

Lorsqu'il y aura appel des jugemens rendus par le tribunal de police correctionnelle que le prépréteur aura présidé, ou auxquels il aura pris part, lorsqu'il sera question d'examiner ou d'annuller une procédure tenue et suivie par le prépréteur du chef-lieu de département, qui statuera sur ces appels ! qui prononcera la nullité de la procédure !

L'article 780 dit que « dans les affaires correctionnelles, et toutes les » fois qu'il n'y aura pas lieu à présider le jury de jugement, le tribunal, » en cas d'absence ou de tout autre empêchement du préteur, sera com- » posé du prépréteur en fonctions dans la ville où siége le tribunal cri- » minel, qui fera les fonctions de président, et de deux autres prépréteurs » ou suppléans.

» Le préteur désignera d'autres prépréteurs ou suppléans, pour remplacer » ceux des premiers désignés qui seraient légitimement empêchés. »

D'après cette organisation, le prépréteur résidant dans la ville où siége le tribunal criminel, ne pouvant annuller ses procédures ni statuer sur l'appel de ses jugemens correctionnels, se fera remplacer par un prépréteur assisté de deux autres prépréteurs ; de sorte que dans un département où il n'y a que deux ou bien trois arrondissemens communaux, il sera physiquement impossible de remplir le vœu de la loi.

Les *prépréteurs*, d'après le Projet, se déplaceront continuellement pour venir dans la ville où siége le tribunal criminel. Ces *prépréteurs*, qui, comme directeurs du jury, comme vice-présidens des tribunaux de police correc- tionnelle, doivent être *tout yeux et tout oreilles*, qui seuls sont initiés dans les poursuites et les recherches des coupables, seront contraints d'aban- donner des fonctions aussi intéressantes pour la tranquillité publique, de les confier à chaque instant à des juges ou à des suppléans appelés en rem- placement, qui, avec la meilleure volonté, ne pourront remplir avec succès des fonctions qu'ils exercent momentanément.

Tout prouve qu'un seul prépréteur doit exister par département, et qu'il doit y avoir un directeur de jury dans chaque arrondissement communal ; alors l'article 771 pourrait être ainsi conçu : « Les tribunaux criminels

» seront composés d'un *préteur*, d'un *propréteur* du département , de trois
» *suppléans* tous nommés à vie , d'un *commissaire* du Gouvernement , de
» ses *substituts* et d'un *greffier.* »

Art. 773. Voici la rédaction que l'on propose : « Il y aura pour toute
» la République , au plus . . . . préteurs, et . . . . propréteurs
» au moins.

» Le nombre des tribunaux que devra présider un même préteur , sera
» de *trois.* »

En effet, le projet de Code veut que le préteur tienne une fois par
trimestre les grands-jours dans chaque département de sa division. Cette
tenue des grands-jours est impossible, si chaque division contient plus de
trois départemens.

Que l'on ajoute encore que tous les ans les préteurs se réuniront à
Paris ; que l'on considère que ceux qui partiront des extrémités de la République, laisseront leurs divisions sans tenue des grands-jours pendant un
certain temps.

Art. 776. « Nul ne pourra remplir les fonctions de préteur dans le dé-
» partement où il né , ni dans celui où il a fixé son domicile. »

On demande la suppression de la dernière partie de cet article ; on
demande que la loi ne lie pas les mains du Gouvernement : il faut laisser
à ce dernier la plus grande latitude ; ce qu'il a fait de grand et d'héroïque
est un sûr garant de ce qu'il fera pour le bonheur des Français.

Qu'on abandonne au Gouvernement la faculté de placer on non un
préteur, soit dans le département où il est né , soit dans celui où il est
domicilié ; qu'on lui abandonne aussi la faculté de prolonger la présidence
d'un préteur au-delà d'une année dans une même division.

Qui mieux que le Gouvernement, peut décider les moyens d'utiliser un
préteur pour le plus grand avantage de la société !

Art. 779. On propose la rédaction suivante : « Les jugemens du tri-
» bunal criminel seront rendus par le préteur et le propréteur du dépar-
» tement. »

Art. 780. Un préteur peut tomber malade la veille de la tenue des
grands-jours ; les jurés peuvent être convoqués et les témoins cités ; le premier Consul ne sera et ne pourra être prévenu à temps pour remplacer le
préteur par l'un des préteurs délégués dans les départemens voisins : faudra-
t-il renvoyer les jurés et les témoins ! faudra-t-il laisser l'accusé pendant
plusieurs mois dans les prisons !

Ne serait-il pas convenable, dans ce cas, de faire remplacer le préteur
par le propréteur, qui, avec deux suppléans , tiendrait les grands-jours !
En admettant cette proposition, on ajouterait à l'article 780, la disposition
suivante : « Dans le cas où le remplacement du préteur ne pourra avoir

» lieu à temps pour la tenue des grands-jours, le tribunal sera composé
» du propréteur et de deux des suppléans. »

Art. 781. Il y aura donc alors vacance dans les tribunaux criminels !

Art. 785. Substituer les mots *le propréteur*, aux mots *les propréteurs*.

Art. 788. Voici la rédaction que l'on propose : « Le propréteur et
» les directeurs du jury seront placés sous sa surveillance. »

Art. 789. Insérer dans cet article, *les directeurs de jury*.

Art. 801. Le propréteur et les directeurs de jury ne doivent pas être
soumis à la surveillance du commissaire du Gouvernement, puisqu'à l'article 788 ils sont placés sous la surveillance du préteur.

Nota. Un Code criminel doit tout embrasser. On demande comment
les juges du tribunal de cassation seront jugés. Le nouveau Projet est
muet à leur égard ; et cependant il détermine la manière dont tous les
autres juges seront jugés, et les peines qui leur seront infligées en cas
de culpabilité.

Art. 831. Le dépérissement des preuves peut avoir lieu dans le cas
de cet article. Il ne paraît pas d'inconvéniens à mettre la femme,
quoique enceinte, en jugement ; elle ne subirait la peine qu'après être
accouchée.

Art. 834. Si le législateur réduit chaque division de préteur à trois départemens, la tenue des grands-jours peut être fixée au 15 de chaque mois.

Art. 858. Comment jugera-t-on un muet ou un sourd de naissance !
Dans les départemens où les sourds de naissance n'ont pas d'instituteurs,
qui servira d'interprète !

Art. 862, 869 et 870. Il résulte de la combinaison de ces trois articles, une obscurité qu'il importe d'éclaircir. Suivant l'article 862, les
jurés se rendent dans leur chambre, s'il en est besoin, pour délibérer ;
et il n'est pas dit que le propréteur et le commissaire du Gouvernement se transporteront dans la chambre des jurés pour y rédiger avec eux
leur déclaration par écrit.

Suivant les articles 869 et 870, dans le cas où le jury a déclaré l'inten
tion de donner une déclaration spéciale, le propréteur et le commissaire
du Gouvernement se transporteront dans la chambre des jurés, pour y
rédiger avec eux leur déclaration par écrit.

Existe-t-il deux modes différens, pour que les jurés émettent leur déclaration ! Le mode, pour émettre la déclaration générale, diffère-t-il de
celui pour émettre une déclaration spéciale !

Le projet de Code ne s'explique pas assez clairement. Qu'entend-on
encore par déclaration spéciale et circonstances aggravantes ! On desirerait
que des développemens fussent donnés.

Art. 881. Nest-il pas plus simple et plus avantageux pour l'instruction de renvoyer l'accusé, acquitté du fait porté dans l'acte d'accusation et inculpé sur un autre fait, devant le directeur du jury de l'arrondissement communal où le délit a été commis ?

Art. 897. Même observation que sur l'article 881.

Art. 900. *Les fonctionnaires publics,* d'après cet article, *peuvent être dispensés par le préteur, ou le tribunal criminel, des fonctions de jurés, mais seulement dans les procès pour crimes contre les particuliers, compris dans le titre II du livre III de la Ire partie du présent Code.*

Ce titre comprend les crimes et délits contre les personnes ; les crimes et délits contre les propriétés, tels que vols, rapines, escroqueries, abus de confiance, destruction, dégradation et dommages.

Les tribunaux ne sont, pour ainsi dire, occupés que de ces sortes de crimes ou délits. Faciliter aux fonctionnaires publics les moyens de s'exempter des fonctions de jurés, par la condescendance du préteur ou du tribunal criminel, c'est priver l'institution du jury, dans la presque majorité des affaires criminelles, des lumières des citoyens les plus instruits. On croit par ces considérations, que la dernière partie de l'article 900 doit être entièrement supprimée.

Art. 902. Le projet de Code veut que les jurés d'accusation soient pris parmi les deux cents plus imposés de l'arrondissement.

On observe que les délits sont multipliés dans un arrondissement, à raison de sa population. Les procédures criminelles se trouvant plus nombreuses et les actes d'accusation plus fréquens, la réunion du jury d'accusation doit avoir lieu plus souvent dans un arrondissement communal populeux, que dans celui qui l'est moins.

On propose de dire que *les jurés d'accusation seront pris parmi le dixième des citoyens de l'arrondissement le plus imposé, &c. &c. &c.* au lieu de *deux cents.*

Art. 904 et 905. La formation des listes de jurés d'accusation et de jugement est confiée aux préfets. La première sera composée de quinze jurés, et formée sur la réquisition des propréteurs ; la seconde sera composée de quarante-huit citoyens, et formée sur la réquisition des préteurs.

Il importe, pour la formation de ces listes, de faire concourir les deux autorités judiciaire et administrative : les articles qui vont suivre paraissent devoir remplir ce but.

1.er « Avant le 1.er vendémiaire de chaque année, les sous-préfets » seront tenus, sous leur responsabilité, de remettre au greffe du tribunal » civil de leur arrondissement la liste du dixième des citoyens les plus » imposés, au-dessus de 100 francs, aux rôles des contributions foncière, » mobilière, somptuaire, et au rôle des patentes.

2. » Tous les mois, sur la réquisition des directeurs du jury, les présidens

» des tribunaux de première instance, les directeurs du jury et les sous-
» préfets se réuniront dans la chambre du conseil, et formeront les listes
» de jurés d'accusation, en présence du commissaire du Gouvernement.

» Chaque liste sera composée de quinze jurés pris sur la liste déposée
» au greffe par le sous-préfet.

3. « Les substituts magistrats de sûreté enverront les listes des jurés
» d'accusation, dans les vingt-quatre heures, au commissaire du Gouver-
» nement près le tribunal criminel, et aux citoyens dont les noms y
» seront portés, cinq jours avant celui où elles devront servir.

» Le jour et l'heure auxquels les jurés devront être assemblés, seront
» mentionnés dans l'envoi ou notification à chaque citoyen inscrit.

» A défaut de notification à sa personne, la notification sera faite à
» son domicile, ainsi qu'à celui du maire, ou de l'adjoint du lieu : celui-ci
» est tenu de lui en donner connaissance.

4. » Au premier vendémiaire de chaque année, les préfets seront tenus,
» sous leur responsabilité, de remettre au greffe du tribunal criminel du
» département la liste des citoyens propres à remplir les fonctions de jurés
» de jugement. Ils annoteront sur cette liste les noms des citoyens for-
» mant le dixième des citoyens dans les arrondissemens communaux, ré-
» servés pour le jury d'accusation.

5. » Les préfets, toutes les fois qu'ils en seront requis par les préteurs,
» se réuniront avec les préteurs et propréteurs dans la chambre du conseil,
» et formeront, conjointement avec eux, une liste de jury de jugement,
» en présence du commissaire du Gouvernement.

» Cette liste sera composée de quarante-huit citoyens pris sur la liste
» générale déposée au greffe du tribunal.

6. » Les commissaires du Gouvernement près les tribunaux criminels,
» enverront les listes des jurés d'accusation qui leur auront été transmises
» par les substituts magistrats de sûreté, et les listes des jurés de jugement
» au grand-juge ministre de la justice.

» Ils enverront et notifieront les listes des jurés de jugement aux citoyens
» dont les noms y seront portés ; le tout cinq jours avant celui où elles
» devront servir.

» Le jour et l'heure auxquels les jurés devront être assemblés, seront
» mentionnés dans la notification qui sera faite à chaque citoyen inscrit.

» A défaut de notification à sa personne, elle sera faite à son domi-
» cile, ainsi qu'à celui du maire ou de l'adjoint du lieu. Celui-ci est tenu
» de lui en donner connaissance. »

En adoptant ces articles, il conviendra de supprimer les articles 903,
904, 905, 908 et 910 du Projet.

Art. 911. Pourquoi ne pas continuer à donner une indemnité aux jurés
d'accusation et de jugement, qui se déplacent pendant plusieurs jours !

Art. 922. « Le nombre de quarante jurés sera complété par le maire de
» la municipalité où siége le tribunal criminel ». On propose de le faire
compléter *par le tribunal criminel.*

A l'instant où le tribunal siégera, si le nombre n'est pas complet, il
faudra donc qu'il envoie prévenir le maire; que celui-ci rédige un procès-
verbal, et le fasse parvenir au tribunal !

Que deviendront pendant ce temps les juges, les jurés et l'accusé ! Que
de lenteurs ! enfin que d'entraves ! Il est plus naturel de faire compléter
les quarante jurés par des citoyens de la ville où siége le tribunal criminel,
inscrits sur la liste des jurés de jugement faite pour les précédens grands-
jours; et à leur défaut, par des citoyens de la ville où siége le tribunal
criminel, propres à remplir les fonctions de jurés.

Art. 942. Cet article renferme encore l'une de ces dispositions qui ne
tendent qu'à la déconsidération des juges. Il veut qu'une instruction ou
jugement étant annullé par le tribunal de cassation, le procès recommencé
ou le nouveau jugement soient aux frais de l'officier, du juge ou du tribunal qui aura commis la nullité.

Chaque fois que dans le projet de Code il se présentera de pareils
articles, on proposera toujours de les supprimer : les juges et les tribunaux
ne doivent être punis que là où la mauvaise intention est bien manifeste de
leur part; mais un oubli des formes, ou une omission de quelques actes de
procédure, ne doit entraîner que la nullité et non la punition, puisque là où
il n'y a pas de mauvaise intention, il n'y a pas de délit.

Quelque respect que l'on doive aux décisions du tribunal de cassation,
on se permet de dire qu'il n'est pas infaillible : en lisant les bulletins de ses
jugemens, on y voit des décisions absolument contraires.

Ainsi, d'après un jugement du tribunal de cassation qui aura annullé une
procédure et aura servi pour les autres affaires de point de jurisprudence,
un tribunal instruit une procédure sur le pourvoi du condamné; le tribunal
de cassation rend un jugement contraire au premier, et annulle une procédure, quoique suivie conformément aux principes par lui établis antérieurement : qui du tribunal de cassation, ou du tribunal dont le jugement est annullé, doit être répréhensible aux yeux de la loi ! La solution de cette question, de quelque manière qu'elle ait lieu, fait sentir l'injustice ou tout au
moins l'inutilité de cet article.

Art. 990. La rédaction de l'arrêté du 7 thermidor an 9, est plus claire
et plus précise que cet article. On propose de le remplacer par les articles
2, 3 et 4 de l'arrêté cité.

Procès pour écrits répandus, publiés et affichés. Cette forme de procédure,
toute nouvelle, est un hommage rendu et que mérite à juste titre l'Institut
national; mais elle ralentira l'action de la justice : elle tend à faire examiner

par trois hommes de lettres, membres de l'Institut, un écrit à l'aide duquel un crime aura été commis; leurs observations, dit le Projet, seront lues au jury d'accusation et de jugement.

Si les membres de l'Institut estiment que le crime a été commis à l'aide de l'écrit, et si les jurés déclarent le contraire, cette contradiction ne serat-elle pas choquante?

Art. 1039, §. 3. Qu'un mandat d'arrêt n'exprimant pas formellement les motifs d'arrestation, ou ne citant pas la loi, soit annullé; telle a été jusqu'à présent la marche de la procédure. Mais qu'il y ait lieu à la prise à partie contre le juge qui aura décerné le mandat d'arrêt; il faut convenir que c'est une suite du système adopté dans le projet de Code criminel d'exercer les actes de la sévérité la plus rigoureuse contre les juges.

En effet, peut-on baser la prise à partie contre un juge sur de semblables moyens? N'est-ce pas l'exposer à être continuellement tourmenté, et compromettre à chaque instant sa fortune? Si le législateur veut écarter des tribunaux les hommes probes et instruits; s'il veut y donner l'entrée aux intrigans, aux ineptes et aux ignorans, qu'il consacre tous les articles du projet de Code qui tendent non-seulement à déconsidérer, mais encore à mulcter la magistrature.

§. 7. Lorsqu'un juge, dans l'exercice de ses fonctions, se sera conduit par fraude, par faveur ou par inimitié personnelle, il y aura lieu à la prise à partie.

C'est toujours le système élevé contre les juges. Combien ce paragraphe prête à l'inquiétude, aux vexations et à l'arbitraire! Qu'entend-on par ces mots : « se sera conduit par fraude, par faveur ou par inimitié! » comment prouver la *fraude*, la *faveur* ou *l'inimitié!*

Art. 1160. Au lieu de la disposition de cet article, on demande que l'article 3, titre VI, partie Ire du Code pénal, et l'article 480 du Code des délits et des peines, soient conservés, et que la prescription s'acquière par vingt années révolues.

Art. 1161. On propose la prescription de dix années contre les jugemens correctionnels.

Art. 1161 à 1163. La prescription de dix années suffit pour l'un et l'autre article.

Telles sont les observations que le tribunal criminel de Maine-et-Loire présente sur un ouvrage fruit d'une profonde méditation. Ce Code de la législation pénale ajoutera à la reconnaissance de la nation envers un Gouvernement chéri et respecté des Français.

Arrêté à Angers, en la chambre du conseil, le 21 floréal an 12.

Signé P. M. Delaunay, *président;* Boullet, Baranger, *juges;* Gazeau, *commissaire du Gouvernement;* Guibert-Audio, *greffier.*

OBSERVATIONS

DU TRIBUNAL CRIMINEL

DE LA MANCHE,

SUR

LE PROJET DE CODE CRIMINEL.

OBSERVATIONS

SUR

LE PROJET DE CODE CRIMINEL,

PRÉSENTÉES

PAR LE PRÉSIDENT DU TRIBUNAL CRIMINEL

DE LA MANCHE.

———

J'ESPÈRE qu'en lisant ces observations, on voudra bien s'attacher aux idées qu'elles contiennent, plus qu'aux négligences et aux incorrections sans nombre qu'on y remarquera.

Je serais inconsolable, si quelques-unes de mes expressions pouvaient faire naître le moindre doute sur mon respect pour les magistrats dont les noms sont placés à la tête du Projet : ce serait à moi et non à eux que je ferais tort par une attaque indiscrète et par une critique amère. Mais j'espère qu'on ne qualifiera point ainsi quelques phrases où j'ai pu fortement exprimer mon improbation sur certaines dispositions qu'ils proposent : si l'on croyait y remarquer trop de roideur, j'ose me flatter qu'on voudra bien l'attribuer en partie au peu d'usage que j'ai d'écrire, en partie à la contention de mon esprit, bien plus occupé des opinions que j'avais à combattre que des personnes.

Je n'ai point eu la vanité de vouloir entrer en lutte avec des hommes dont la supériorité est bien reconnue ; mais j'ai cru qu'il était permis de les supposer susceptibles d'erreur, et qu'il n'y avait point de témérité à placer à côté de l'ouvrage du génie les réflexions que m'a suggérées une assez longue pratique. On ne réunit pas toujours à la hardiesse des conceptions la rectitude que donne la seule expérience.

Au surplus, quoique j'aie combattu de bien bonne foi leurs opinions, je ne suis pas convaincu que les miennes soient préférables. Je sais trop qu'il est facile de trouver des inconvéniens dans tous les systèmes : la grande difficulté est d'en créer qui en soient exempts. Cette réflexion, qui doit toujours tenir le législateur en garde contre la tentation d'innover, est aussi bien propre à me préserver d'une ridicule confiance dans mes idées. Cependant, je pense que les aperçus que j'ai offerts sur le perfectionnement de la police, sur le jury d'accusation, sur le jugement des faux témoins et sur la formation des listes, méritent sur-tout d'être médités.

De ce que je n'ai loué aucune partie du Projet, il ne faut pas conclure que je le condamne en totalité ; au contraire, de ce que je n'ai critiqué que quelques articles, il résulte que je l'approuve en masse. Il y a bien cependant encore quelques dispositions sur lesquelles je ne pense pas comme la commission ; j'aurais même eu beaucoup d'observations à faire sur le Code pénal, quoique bien amélioré : mais la brièveté du temps et mes occupations m'ont obligé de me concentrer dans les parties que j'ai traitées. J'ai employé tous les instans que les affaires publiques m'ont laissés libres ; je les croirai bien employés si une seule de mes idées est jugée utile.

Le Projet, divisé en deux parties, a pour objet, dans la première, les délits et les peines ; dans la seconde, la police et la justice. On ne peut méconnaître que la première partie offre une grande amélioration dans la législation criminelle. La classification des délits, la graduation des peines sur la gravité des crimes, leur rapport avec l'état et les habitudes présumées des coupables, la latitude donnée aux juges dans la fixation de leur durée selon les circonstances plus ou moins graves, et enfin la prévoyance presque infinie des dispositions pénales, sont des titres qui recommandent les auteurs du Projet à la reconnaissance de la nation, et sur-tout de ceux qui sont chargés d'administrer la justice criminelle.

Ce serait cependant blesser la vraisemblance que d'affirmer qu'un ouvrage aussi étendu ne contient pas quelques défauts. J'oserai dire au contraire qu'on y remarque des omissions importantes, telles que le cas de duel qui n'y est pas prévu, et qui embarrasse les tribunaux chaque fois qu'il se présente. On y trouve peut-être des rédactions un peu obscures. Il y a des dispositions trop vagues, telles que celle de l'article 271, qui répute assassins, « les malfaiteurs qui, pour l'exécution de leurs crimes, emploient des » *tortures et des actes de barbarie.* » Il y en a de trop limitatives, telles que celle de l'article 262, qui ne répute la défense légitime, dans le cas d'escalade et d'effraction, que lorsqu'elles sont commises la nuit et par plusieurs personnes. Il y en a de trop sévères, telles que celle qui punit le simple meurtre comme l'assassinat et l'empoisonnement.

Mais on a l'espoir que ces légères imperfections pourront être aperçues par les auteurs eux-mêmes dans l'examen de leur ouvrage, et corrigées par une nouvelle rédaction.

Il en est autrement des vices qui peuvent exister dans l'organisation de la police et du système judiciaire : ils sont le résultat d'une opinion réfléchie et discutée entre les membres de la commission ; ils sont d'ailleurs d'une importance plus grave, puisqu'ils tiennent aux bases de l'institution qu'il s'agit de régénérer ou de proscrire entièrement. Or, ne pouvant pas discuter toutes les parties de cet immense Projet dans le court espace de temps donné pour cela par le grand-juge, je me réduirai à ce qui concerne la police et la justice, et je dirai toute ma pensée avec la hardiesse qu'inspire un Gouvernement assez sage pour vouloir combiner les leçons de l'expérience avec les conceptions du génie.

Chap. I.er *De la Police en général.*

S'il était possible d'assister aux conseils qui se tiennent entre les malfaiteurs, on serait convaincu qu'ils s'encouragent au crime, bien moins par l'espoir d'échapper à la justice, s'ils lui étaient livrés, que par celui de se soustraire à la police. Cette vérité, qui est de nature à être sentie de tout le monde, ne permet pas de douter que la multiplication des crimes ne tienne beaucoup plus à l'insuffisance de la police qu'à l'imperfection de la justice criminelle. S'il en est ainsi, le législateur doit se mettre en garde contre les déclamations qui se multiplient contre l'institution des jurés, et concevoir que son objet principal doit être le perfectionnement de la police.

Dans le principe, on avait confié ce pouvoir exclusivement aux juges de paix et aux officiers de gendarmerie, pour les cas ordinaires. L'ineptie de la plupart des juges de paix, l'esprit de parti qui dirigeait les autres dans ces temps où la cabale présidait aux élections, l'avaient rendu entre leurs mains inutile ou vexatoire. Par la loi du 7 pluviôse an 9, on centralisa ce pouvoir dans les mains d'un magistrat de sûreté commis dans chaque arrondissement, et les juges de paix ne conservèrent, avec le droit de dresser des procès-verbaux, que celui de faire conduire, dans certains cas, les prévenus devant lui.

On avait aisément reconnu l'insuffisance d'une police confiée à six mille individus distribués sur le territoire de la République, sans chef immédiat, étrangers à la législation criminelle, et peu zélés pour ce genre de fonctions accidentelles, qu'ils ne regardaient que comme un accessoire de leur fonction principale. Mais on a dû aussi bientôt s'apercevoir qu'un magistrat unique, placé au centre d'un cercle de trois ou quatre myriamètres de rayon, ne peut pas étendre une surveillance assez directe et assez active sur toutes les parties d'un territoire si étendu ; se transporter à-la-fois, malgré l'inclémence des temps et les mauvais chemins, aux extrémités opposées de son arrondissement, pour y observer et suivre les traces fraîches de plusieurs délits simultanés ; se retrouver encore dans les mêmes lieux, au temps où les coupables, rassurés par l'inutilité des premières recherches, commencent à prendre moins de précautions pour cacher les effets de conviction, et se trahissent quelquefois eux-mêmes par leur propre indiscrétion.

En effet, l'expérience a fait connaître que, malgré le zèle des magistrats de sûreté, les instructions, devenues très-dispendieuses par l'appel réitéré des témoins à des distances considérables, ont été beaucoup plus imparfaites qu'auparavant. Les tribunaux criminels ont entendu maintes fois des témoins marquer leur étonnement, au milieu d'un débat, de ce que telle personne qui avait des connaissances, n'était pas appelée : elle ne l'avait pas été, parce que ces notions n'étaient pas parvenues au magistrat de sûreté trop éloigné, et parce que sur les lieux il ne restait personne qui s'inquiétât de l'affaire dont ce magistrat était saisi.

Les auteurs du Projet ont aperçu ce vice de la loi du 7 pluviôse ; ils ont tâché de le corriger en rendant aux juges de paix, même en donnant aux adjoints des maires, le droit d'entendre sommairement les témoins. Mais qu'il soit permis d'observer que ce n'est pas assez. On doit rendre aux juges de paix la plénitude de leurs fonctions de police, sous la surveillance du magistrat de sûreté, qui aura le droit de concurrence et de prévention sur eux ; de manière que leur ministère soit suspendu dès que ce supérieur paraît, et reprenne son cours dès qu'il s'éloigne du théâtre du crime. Il faut que les juges de paix se regardent garans de la tranquillité de leur canton, comme l'adjoint doit l'être de celle de sa commune, et comme le magistrat de sûreté l'est de celle de tout l'arrondissement. Il faut plus ; il faut dégager la police des entraves multipliées que de fausses idées de liberté lui ont fait imposer. Il serait difficile de fixer le nombre des coupables qui ont échappé, à la faveur des formes, qui paraissent moins prescrites en faveur de la liberté qu'en faveur du crime. On n'a pas assez considéré que les premières recherches de la police sont des actes urgens, que les formes doivent beaucoup ralentir par la timidité et l'embarras qu'elles causent à ceux qui en sont chargés.

Qu'on se fasse une idée de ces embarras. Un crime vient de se commettre : on présume qu'une visite domiciliaire faite à l'instant dans telle maison, ferait découvrir des effets de conviction. Il faut pour cela que l'officier de police soit assisté d'une force armée : mais il n'a pas de gendarmerie dans la campagne, et il n'a pas le droit de réquisition directe sur ses voisins. Il parvient difficilement à se faire une escorte ; mais alors il se souvient qu'il doit rendre une ordonnance. Après avoir longuement réfléchi sur la forme de cette pièce qui ne lui est pas familière, il la fait en hésitant. Il court vers la maison suspecte ; mais ses préparatifs et ses hésitations ont consumé du temps : lorsqu'il arrive il est nuit, il est forcé de s'arrêter. Son escorte, qui n'est pas de bonne volonté, se disperse ; le coupable est averti du mouvement, l'effet de conviction disparaît. Le lendemain cet officier apprend que l'effet de conviction a été transporté dans une autre maison. On y conduit ses pas ; mais sur le point d'arriver, il trouve un ruisseau à franchir : ce ruisseau est la limite de son territoire ; il faut qu'il se retire. Je suppose qu'il arrive sans obstacle à la maison suspecte, on lui en refuse l'entrée jusqu'à ce qu'il produise l'ordonnance qu'il a dû rendre. Doit-il l'exhiber! La question n'est pas décidée. D'une part, on peut dire : A quelle fin rendre cette ordonnance, si elle n'est pas destinée à être vue! D'autre part, il y a des affaires, telles que celles de conspiration, amas d'armes, &c. où la police doit feindre d'ignorer le crime, jusqu'à ce qu'elle ait saisi les coupables. Nouveau motif d'hésitation, nouvel obstacle. Enfin il a découvert des indices contre quelqu'un ; mais on vient lui dire que le prévenu prend la fuite. « Courez après, dit-il, arrêtez-le. » On lui répond : « Donnez-nous un mandat. » Il se hâte d'en faire un ; mais le prévenu a profité du temps, il est sauvé. Enfin on arrête le coupable. Qu'en fera-t-on pendant la nuit! Le chef-lieu est éloigné. Il n'y a pas de maison d'arrêt dans la campagne, et la détention en maison privée est un crime. Les recherches, la détention, la conduite du coupable, occasionnent des frais : on ne sait comment y pourvoir. Toutes ces difficultés intimident le fonctionnaire public, toujours peu exercé dans ce genre de fonctions; et lorsqu'il est à la poursuite d'un crime, on ne peut douter qu'il ne forme le vœu secret de ne pas trouver d'indices, afin d'être affranchi de ces formalités qui compromettent sa responsabilité.

A la vue de tant de formalités protectrices du crime, on serait étonné que les juges de paix aient autrefois arrêté et arrêtent encore des coupables, si l'on ne savait qu'ils n'y parviennent qu'en les violant fréquemment, et que leurs supérieurs sont obligés de fermer les yeux sur ces infractions, pour ne pas paralyser leur zèle. Pourquoi conserver des formes qui mettent le fonctionnaire public dans l'alternative de se compromettre, ou de compromettre les intérêts de la société ! Il est bien essentiel au moins qu'on retranche toutes celles que la Constitution n'a pas rigoureusement prescrites. On ne peut trop répéter, et on ne doit jamais perdre de vue, que bientôt il n'y aurait plus de crimes, si les coupables n'avaient l'espoir de se soustraire à la police, et que peu s'y soustrairaient, si ce pouvoir était confié à des hommes actifs, distribués de manière à pouvoir saisir, pour ainsi dire, les coupables sur le fait, et dont rien ne gênât les mouvemens.

Pour parvenir à ce but, il est nécessaire qu'un magistrat de sûreté soit placé au centre de l'arrondissement, non pour exercer seul la police, mais pour en activer et en régulariser les mouvemens, pour donner la forme aux matériaux que ses subordonnés devront lui préparer, pour corriger leurs erreurs et suppléer à leur insuffisance. Il est bon que dans chaque canton il y ait un officier secondaire, plus rapproché du théâtre du délit, et qui puisse s'y porter plus promptement. Mais l'adjoint de la commune doit être le premier debout; son devoir est de courir sur le lieu du délit à l'instant même, de suivre la trace fraîche des pas du coupable, de l'arrêter et de saisir les effets de conviction; il a besoin, pour cela, de l'aide de ses voisins; il doit être autorisé à les requérir sans formes. Il fera arrêter provisoirement quiconque sera prévenu par un léger indice; il fera même arrêter, sur un simple soupçon, tout homme noté précédemment comme suspect sur le registre de la police ; il fera toutes visites domiciliaires sur la commune, en vertu de sa seule qualité suffisamment connue ; il en fera même sur les communes voisines, en cas d'indices puissans. Si sa qualité est méconnue, il appellera l'adjoint, et provisoirement la maison suspecte sera investie. Il sera exempt de responsabilité, s'il relâche dans vingt-quatre heures l'homme arrêté sur un simple soupçon, s'il n'est constant d'ailleurs qu'il y a eu méchanceté.

Après ces premiers actes rapides que l'instinct doit diriger plus que les formes, il doit s'empresser d'avertir à-la-fois le juge de paix et le magistrat de sûreté. Il leur indique la nature du délit, et se recueille ensuite pour en dresser procès-verbal. Il persiste cependant, il entend les témoins, il interroge les prévenus ; mais son ministère cesse à l'arrivée du juge de paix, comme la fonction de celui-ci se termine à l'arrivée du magistrat de sûreté, s'ils ne sont respectivement commis à quelque acte ultérieur d'instruction. Les frais occasionnés par les recherches de l'adjoint doivent être une charge communale ; ils sont taxés par le magistrat de sûreté, et payés sans retard.

Sur l'avis donné au magistrat de sûreté et au juge de paix, le premier examinera si le délit est de nature à mériter peine afflictive ou infamante, ou de simples peines correctionnelles. Dans le premier cas, il pourra se transporter sur les lieux, ou charger un officier de gendarmerie d'aller y faire l'instruction préparatoire, ou laisser ce soin au juge de paix, selon l'opinion qu'il aura de sa capacité. Si le délit n'emporte évidemment qu'une peine correctionnelle, il laissera opérer le juge de paix.

Dans tous les cas, celui-ci se transportera sur le lieu dès qu'il sera averti ; il vérifiera, autant qu'il sera possible, les procès-verbaux et renseignemens qui lui seront remis par l'adjoint, entendra de nouveau le prévenu, les nouveaux témoins, s'il y en a d'indiqués, même ceux qui auraient déjà été entendus par l'adjoint, s'il le trouve nécessaire.

Si le magistrat de sûreté, ou un officier de gendarmerie délégué par lui, se transportent sur les lieux, ils vérifieront et pourront recommencer les actes faits par les juges de paix, et continueront les recherches. Tout ce qui est dit de l'adjoint, relativement à la faculté de requérir mainforte, de faire des perquisitions, d'ordonner des arrestations, est commun aux juges de paix, officiers de gendarmerie et magistrats de sûreté. Toute arrestation ordonnée même verbalement, dans les cas urgens, par l'un des officiers dénommés, s'exécutera à l'instant. Le Code pénal déterminera les peines encourues par ceux qui refusent de déférer aux réquisitions qui leur sont faites. Si le juge de paix, l'officier de gendarmerie ou le magistrat de sûreté chargent quelque personne de faire une visite domiciliaire, elle ne pourra, dans ce cas, être faite qu'en vertu d'une ordonnance, et en présence de deux voisins. Ils pourront se dispenser d'énoncer dans leur ordonnance l'objet de la visite ; mais la personne chargée de la faire y sera désignée. S'il est nuit quand l'officier qui se propose de faire une visite domiciliaire, arrive à la maison suspecte, le maître de la maison sera sommé de consentir à la visite ; s'il refuse, la visite sera remise au lendemain, et la maison sera cernée.

Les personnes de la commune où a été commis le délit, n'auront aucun salaire, soit pour déposer sur les lieux, soit pour y assister les officiers de police, soit pour garder le prévenu; mais s'ils sortent de leur commune, leur vacation sera taxée ainsi que celle des témoins étrangers à la commune, et payée au bureau de l'enregistrement le plus prochain. Il sera fait un état de tous autres frais extraordinaires, qui sera rendu exécutoire par le magistrat de sûreté.

Si un homme arrêté sur un faux soupçon doit être relâché au plus tard dans vingt-quatre heures, celui même contre lequel il y a des indices ne peut être retenu sur les lieux en maison privée, qu'autant de temps que sa présence est nécessaire pour faciliter la recherche des premières preuves. Or il est rare qu'il faille plus de trois jours. On peut donc fixer à ce terme la détention du prévenu sur les lieux. Si des circonstances extraordinaires exigeaient une plus longue détention, le magistrat de sûreté en serait instruit. Pendant ce temps le prévenu sera détenu sans rigueurs, et seulement gardé à vue dans une maison publique, s'il y en a, ou dans telle autre maison qui sera indiquée par l'adjoint. On ne pourra l'empêcher de communiquer avec ses parens, s'il n'y a de justes causes et une défense par écrit de la part de l'officier de police.

Les trois jours écoulés, et même plutôt s'il est possible, le prévenu sera envoyé, avec les renseignemens recueillis, au magistrat de sûreté. Mais s'il survient postérieurement des renseignemens nouveaux, ils seront exactement reçus par l'adjoint, qui les transmettra dans les vingt-quatre heures au juge de paix, et celui-ci, dans les trois jours, au magistrat de sûreté. En cas d'indices découverts sur les coupables, ignorés jusqu'alors, ou sur les effets de conviction, ils agiront respectivement comme il est dit ci-dessus.

L'instruction provisoire étant transmise au magistrat de sûreté, dans tous les cas où il ne s'est pas transporté sur les lieux, il examinera si elle est faite avec clarté et précision : en ce cas, les pièces de cette instruction seront pièces du procès, et pourront servir de base à l'acte d'accusation. S'il en pense autrement, il recommencera cette instruction ; et, dans ce cas, les actes jugés imparfaits seront distraits du procès, et ne pourront être opposés à l'accusé. Mais il ne peut annuller un acte d'instruction pour le recommencer, que de concert avec le magistrat sédentaire qui concourt avec lui à l'instruction du procès.

Beaucoup de personnes blâmeront l'idée de mettre à-la-fois plusieurs officiers de police en mouvement pour la recherche d'un crime, de donner à un simple adjoint le droit d'arrestation, d'autoriser les officiers de police à faire des visites sans ordonnances, et à en faire dans certains cas hors de leur territoire ; enfin d'autoriser pendant trois jours la détention d'un prévenu sur le lieu du délit. Mais on doit considérer, 1.° que l'action des divers officiers de police ne peut opérer de confusion, parce qu'elle n'est point simultanée ; 2.° que le droit d'arrestation, donné à l'adjoint, ne peut guère avoir d'application qu'à l'égard de personnes de sa commune ; qu'il n'est pas à craindre qu'il en abuse pour arrêter un honnête homme que l'opinion publique environnerait, et que ses injustices seraient bientôt réparées par le juge de paix qui ne tardera pas à survenir ; 3.° qu'une ordonnance rendue par un magistrat pour s'autoriser lui-même à faire une visite, est une forme dérisoire s'il la retient en poche, qu'elle est dangereuse s'il la communique, et que dans tous les cas elle a l'effet de ralentir l'action ; 4.° que l'autorisation donnée à un officier de police de poursuivre ses recherches sur un territoire voisin, quand des indices puissans l'y déterminent, a lieu dans le cas de fausse monnaie, et qu'on n'en a reconnu aucun inconvénient ; 5.° enfin qu'un homme détenu par suite des indices découverts contre lui, doit rester sur les lieux pendant l'instruction provisoire, et que la nécessité, plus forte que toutes les lois, en a fait admettre l'usage. On ne peut appeler détention en chartre privée, la précaution de garder un homme à vue dans un lieu déterminé par l'officier de police.

Au surplus, quelque opinion qu'on prenne de mes propositions à cet égard, il est du moins indispensable que les adjoints et les juges de paix restent chargés de recueillir les renseignemens qui surviennent après l'envoi des prévenus et des pièces au magistrat de sûreté. L'expérience a prouvé que les révélations les plus importantes n'ont souvent lieu que quelque temps après le délit, et qu'elles ne parviennent que rarement au magistrat de sûreté, quand il est éloigné, et quand il ne reste personne sur les lieux chargé de les recueillir.

Chap. II. *Du Propréteur considéré comme officier de police.*

On peut aisément concevoir l'utilité d'un pouvoir central établi pour stimuler les agens de la police et suppléer à leur insuffisance ; mais on ne conçoit pas également l'indispensable nécessité de créer, sous le nom de propréteur, un autre officier de police dans chaque arrondissement. Deux motifs peuvent déterminer à créer de nouveaux offices : 1.° la multiplicité des fonctions ; 2.° leur incompatibilité.

Or, d'une part, d'après les calculs établis par les auteurs du Projet, le nombre moyen des affaires portées à chaque tribunal criminel est cinquante.

Si

Si l'on suppose quatre arrondissemens dans chaque département, il s'ensuit que chacun fournit une affaire par mois au tribunal criminel. Si le jury d'accusation acquitte la moitié des prévenus, il s'ensuit encore que le nombre des affaires criminelles instruites dans chaque arrondissement est de deux par mois ; à quoi il faut ajouter le petit nombre de procès correctionnels qui s'instruisent d'office ; le tout ne forme pas plus de trois affaires par mois, commises aux soins du magistrat de sûreté. Supposons qu'elles s'é-lèvent au nombre de six dans les arrondissemens populeux : ce nombre n'est point excessif; il ne surpasse point les forces d'un seul homme, et ne fait point une nécessité de lui donner un auxiliaire.

D'autre part, quel est, dans l'instruction des affaires, le genre de fonctions qu'on ne peut, sans danger, laisser au magistrat de sûreté ! Par la loi du 7 pluviôse an 9, il paraît avoir été créé pour provoquer et activer l'instruction des procès criminels, non pour faire lui-même aucun acte d'instruction. Les auteurs du Projet ont pensé, avec raison, qu'il convenait de lui donner des fonctions plus réelles : en conséquence, il est autorisé à entendre les témoins, à interroger les prévenus, à dresser des procès-verbaux ; en un mot, à faire tous actes d'instruction, jusqu'à ce que le propréteur puisse être saisi de l'affaire. Le propréteur peut, à la vérité, recommencer ces actes ; mais ce n'est pas une obligation pour lui, et on doit prévoir qu'il ne le fera presque jamais. Ces premiers actes d'instruction faits par le magistrat de sûreté seront donc mis au nombre des pièces légales du procès.

Or, si la loi investit ce magistrat de sa confiance pour la confection de ces premiers actes, qui sont communément les plus importans, pourquoi la lui refuserait-elle, lorsqu'il s'agit d'interroger de nouveau le prévenu ou d'entendre quelques nouveaux témoins ? Il faut convenir qu'il n'y a aucune raison de partager ainsi, entre deux magistrats, des fonctions du même genre. Craindrait-on l'influence du Gouvernement sur un officier révocable ! Il n'y aura jamais de Gouvernement assez corrompu pour commander à ses agens de recueillir infidèlement les déclarations des témoins ou des accusés, qui, d'ailleurs, ayant la faculté de s'expliquer oralement dans la suite, couvriraient de confusion le magistrat indigne qui aurait aussi bassement abusé de son ministère. Craint-on que cet officier ne soit distrait de ses autres recherches, qui peuvent exiger des déplacemens imprévus ! Il est vrai qu'il peut arriver des cas où il sera obligé de se transporter subitement au loin : mais ces cas sont rares ; et si alors il est occupé à une information, il y sera suppléé par un des juges du tribunal.

Il est donc vrai qu'on peut, sans inconvénient, laisser au magistrat de sûreté le soin de toute l'information. Je sais que cette opinion paraîtra révoltante à ceux qui ne peuvent détacher leurs pensées de l'ancienne procédure criminelle. Alors l'instruction écrite était d'une importance très-grave, puisqu'elle servait de base au jugement : mais, parmi nous, elle ne consiste qu'en de simples renseignemens ; son principal objet est d'instruire ceux qui sont chargés de décider s'il y a lieu à accusation ; et, en dernière analyse, cette procédure que l'on veut faire avec tant de solennité, ne sert guère, dans l'organisation actuelle, qu'à faire juger si un prévenu restera en prison quinze ou vingt jours de plus ou de moins.

Je ne contesterai pas cependant qu'un magistrat de sûreté ne pût étrangement abuser de son pouvoir, s'il était seul, soit en prolongeant arbitrairement la détention des prévenus, soit en donnant à des actes indifférens le caractère de crime, &c. ; aussi je ne propose pas d'abandonner à lui seul le soin du procès criminel. Mon but est d'établir qu'on peut sans inconvénient lui laisser le droit de continuer l'information qu'il a commencée, afin de ne pas distraire les juges du tribunal de leurs fonctions civiles. Mais je n'interdis point à ceux-ci le droit d'entendre eux-mêmes les témoins et les prévenus, lorsqu'ils croiront avoir besoin de nouveaux éclaircissemens, ou lorsque les prévenus le demandent par des motifs plausibles, ou lorsqu'il y a de justes soupçons sur l'impartialité du magistrat de sûreté. Il est bon d'ordonner que le magistrat civil soit instruit de la détention d'un prévenu, dès qu'il arrive dans les prisons ; qu'il vise à cet effet le mandat de dépôt ; qu'il puisse, quand il le veut, prendre communication des pièces et voir les progrès de l'instruction : c'est à lui de statuer sur la compétence, de décerner le mandat d'arrêt, de recevoir à caution, &c.

Or, si l'on donne seulement au magistrat civil le pouvoir facultatif d'entendre les témoins et les prévenus, pouvoir dont il usera peu fréquemment, il ne lui reste de fonctions réelles en matière criminelle, que l'ordonnance de compétence, le mandat d'arrêt, les réceptions à caution, et le soin de diriger le jury d'accusation. Certes, des fonctions aussi bornées et aussi faciles ne méritent pas la création d'une nouvelle place. Un des juges du tribunal peut les remplir, sans être sensiblement distrait de ses fonctions civiles.

Je prévois sans peine toute la répugnance qu'on aura à confier l'information à un magistrat qu'on s'est accoutumé à considérer comme partie ; mais je suis fortement persuadé que cette répugnance procède d'une confusion de pensées. Le magistrat de sûreté, tel que je le conçois, n'est pas plus partie dans les affaires que ne l'étaient, sous l'empire de la loi du 3 brumaire, les juges de paix, qui de leur chef informaient, dressaient des procès-verbaux, décernaient mandat d'arrêt ; il ne l'est pas plus que ne l'étaient alors les directeurs du jury, qui, dans certaines matières, faisaient tous les mêmes actes, et de plus réglaient la compétence et dirigeaient le jury d'accusation. Au contraire, le magistrat de sûreté n'agira presque jamais que d'après la provocation des adjoints, des juges de paix, et n'aura le droit ni de régler la compétence, ni de décerner mandat d'arrêt, ni de diriger le jury : au surplus, si l'on persiste à le considérer comme partie, il faudrait lui ôter le pouvoir de faire aucun des actes qui peuvent influer sur le sort du prévenu ; mais on conçoit que ce serait conserver le magistrat et supprimer toutes ses fonctions.

Laissons donc faire à cet officier tout ce qu'il peut bien faire, tout ce qui exige du zèle et de la célérité. Qu'il parcoure l'arrondissement ; qu'il poursuive les coupables à la trace ; qu'il les saisisse, les interroge, les retienne provisoirement ; qu'il entende les témoins, dresse des procès-verbaux ; et qu'après avoir amassé tous les matériaux qu'il a pu recueillir, il vienne les déposer entre les mains d'un magistrat civil, ou d'un tribunal entier, qui, dépouillé des préventions qui peuvent avoir séduit le magistrat poursuivant, examine avec sang-froid la nature du crime, la force des indices, et décide à-la-fois si le fait est de nature à être puni, et s'il y a des charges suffisantes pour arrêter le prévenu.

Telle est l'idée que je me suis faite d'une police active et vigoureuse, dont l'absence parmi nous est une des causes de la fréquence des crimes ; elle n'aura jamais la vigueur et la célérité nécessaires, si on divise entre plusieurs la tâche qu'un seul peut bien remplir, parce que, dès que la responsabilité et l'honneur se partagent, il n'y a plus de principe d'activité. N'est-il pas permis de prendre encore en considération l'épargne des deniers publics ? Les procédures sont devenues extrêmement dispendieuses : depuis la loi du 7 pluviôse, souvent les témoins sont appelés trois fois ; la première par les juges de paix, dont quelques-uns ont conservé l'usage d'informer ; la seconde par le magistrat de sûreté, qui fait lui-même une information, sous le nom d'actes de recherches ; et la troisième par le directeur du jury, qui seul donne la forme légale à ces informations.

Il me reste à exprimer le vœu que le traitement destiné au propréteur soit attribué, par supplément, au magistrat de sûreté. Je desire que cet officier, quoique pris dans la classe des hommes de loi, soit revêtu d'un costume militaire, et non d'une robe qu'il ne peut porter en campagne : il doit être obligé d'entretenir un cheval, afin d'être toujours prêt à se porter où sa présence est nécessaire ; il doit, accompagné de quelques gendarmes, faire deux tournées par an dans tout l'arrondissement, voir les juges de paix, les adjoints, recevoir leurs notes, leur donner ses conseils ; enfin il doit avoir une dénomination simple, facile à retenir et à prononcer. Qu'on le nomme lui-même propréteur ou autrement. Il importe qu'un magistrat dont il est nécessaire de réveiller souvent l'idée, ne s'appelle pas le *substitut du commissaire du Gouvernement près le tribunal criminel de ce département.*

Chap. III. *Du Tribunal de Police.*

En élevant la compétence des tribunaux de police en matière de contravention, la commission a jugé nécessaire de changer l'organisation de ces tribunaux; mais les précautions qu'elle a prises pour forcer l'un des membres de ce tribunal à remplir ses fonctions, attestent seules qu'il ne les remplira pas volontiers, et qu'il jettera du désordre dans la marche de cette institution. Je parle du citoyen adjoint au juge de police et au juge de paix, qu'on force de remplir des fonctions gratuites. Il faut bien se pénétrer de cette vérité, que les fonctions gratuites ne conviennent à personne, excepté aux hommes très-riches, auxquels elles confèrent une grande autorité. L'homme médiocrement fortuné est quelquefois flatté de l'honneur qu'on lui fait par un choix qui le distingue; il s'applaudit de la distinction: mais il prend l'honneur qui lui en revient, et laisse les charges, pour s'occuper de ses affaires. On forcera par des amendes ce juge à faire son devoir, ou un autre citoyen, par amendes et prise de corps, à le remplacer: mais quelle idée le peuple aura-t-il d'un tribunal ainsi composé par la force! et peut-on proposer de traîner un juge à l'audience pour le forcer de juger!

La création d'un juge de police pris parmi les suppléans de l'arrondissement, est une imitation de la cour des quatre sessions générales de paix en Angleterre, où l'on doit appeler, dans les cas difficiles, un juge du banc du roi, des plaidoyers communs ou des assises. Mais il faut observer que ce n'est que dans les cas difficiles et par extraordinaire qu'on évoque ce juge. Ici un suppléant sera tenu d'aller présider une fois par mois le tribunal de paix dans chaque canton; si l'on suppose qu'il y ait dix cantons dans chaque arrondissement, voilà dix jours de séance par mois pour ce juge, en supposant encore que toutes les affaires s'expédient en un jour. Il lui faut de plus un jour pour aller et un jour pour revenir dans les cantons éloignés et dans l'hiver. On pourrait, à la vérité, distribuer les audiences de manière qu'il allât de proche en proche et successivement dans les divers cantons, sans revenir au chef-lieu. Mais si on fixe de suite les dix jours d'audience, et que la première soit prolongée au-delà d'un jour, pour quelque cas extraordinaire, toutes les autres audiences seront dérangées Si le juge tombe malade dans sa tournée, le cours des audiences sera suspendu jusqu'à ce qu'on ait pu le remplacer.

On ne peut donc guère fixer de suite les audiences de tous les cantons; il faudra donc que le juge passe les deux tiers du temps à aller et venir. Or, quel traitement fait-on à ce magistrat assujetti à être toujours en bottes, toujours courant dans les fondrières, et logeant dans de sales cabarets, quand il en trouve! On lui donne environ 2 fr. 75 c. par jour d'audience. On peut dire qu'un homme riche n'acceptera pas une fonction si pénible; pour celui qui ne l'est pas, un traitement si borné ne peut pas tenir lieu d'un état, ni mettre un juge dans le cas de jouir de quelque considération.

On a senti la nécessité, en créant un juge ambulant qui va juger par chevauchée, de distribuer ses audiences de mois en mois dans chaque canton; mais on doit considérer que, par l'agrandissement donné à la compétence des tribunaux de police, ils pourront connaître de presque tous les délits forestiers, et, en général, de tous dégâts commis par les bestiaux. Or, peut-on attendre un mois pour statuer sur des bestiaux saisis et mis en fourrière, qui se consument par leurs dépenses ! C'est faire évanouir le gage du Gouvernement et celui des particuliers.

Il faut donc renoncer à l'idée d'un établissement dont la singularité peut séduire, mais qui, par sa complication et la combinaison d'élémens disparates, se détruirait bientôt lui-même. J'applaudis toutefois au dessein d'augmenter la compétence des tribunaux de police, et je reconnais le danger de donner au seul juge de paix un pouvoir aussi important. Sans la considération de l'inconvénient de différer le jugement de certaines affaires, je proposerais la réunion de trois juges de paix les plus voisins, pour former, une fois par mois, le tribunal de police dans leurs cantons respectifs ; mais cette considération me retient. Je ne connais de parti sage à proposer que celui d'autoriser le juge de paix à juger seul, et d'admettre l'appel de ses jugemens, quand ils prononcent une détention de plus de trois jours, la confiscation de quelque objet évalué plus de cinquante francs, ou une amende de vingt-cinq francs.

CHAP. IV. *Du Jury d'accusation.*

LA forme de procéder devant le jury d'accusation paraît peu susceptible de critique, si l'on conserve cette partie de l'institution. Il m'en coûte de manifester mes doutes sur ce point ; je trouverai peu d'approbateurs : mais je suis résolu de satisfaire au vœu du Gouvernement, qui attend des juges l'expression de toute leur pensée sur les diverses parties du Projet. Or je pense que l'institution du jury d'accusation est inutile, et même qu'elle a de mauvais effets. Qu'on ne m'accuse pas de vouloir innover, en attaquant un établissement consacré. J'ose dire que nos législateurs constituans, en voulant créer parmi nous un système nouveau de procédure criminelle, n'ont pas été assez en garde contre l'esprit d'imitation qui leur a fait introduire dans leur plan des pièces bien adaptées au système anglais, et qui sont déplacées dans le leur.

Le jury d'accusation est nécessaire chez les Anglais, où les sessions de jugement n'ont lieu que de six mois en six mois. Dans ce pays-là, c'est un acte très-important que celui qui met un citoyen en jugement, puisque par cet acte seul il est privé de sa liberté jusqu'aux prochaines assises ; et si quelque motif, comme l'absence d'un témoin, fait renvoyer le procès d'une session à une autre, la détention qui en resulte peut être d'une année. Là l'autorité qui accuse est différente de celle qui juge. C'est le pays, ce sont les grands propriétaires qui demandent justice au peuple. Mais parmi nous, où, jusqu'ici du moins, tout accusé a dû être jugé dans le mois ; parmi nous, où, jusqu'à ce jour encore, les jurés d'accusation et de jugement ont été pris sur la même liste, le jury d'accusation est vraiment une superfluité de garantie pour le prévenu.

L'accusation prononcée contre un prévenu est un acte par lequel on déclare qu'il y a lieu de le juger. Ce serait une formalité fort importante, même parmi nous, si les poursuites et l'arrestation n'étaient exécutées que par suite de cette décision ; mais elle ne se rend que quand tous les actes rigoureux sont exercés. Le prévenu languit depuis long-temps dans les fers, quand on s'avise de prononcer qu'il doit y être mis, et les formalités préparatoires de cette décision prolongent souvent la détention plus que n'aurait fait le jugement.

La décision par laquelle un citoyen est accusé, serait encore d'une grande importance si elle avait lieu immédiatement après l'arrestation, puisqu'elle le soumettrait ou le soustrairait, non seulement à l'appareil et aux chances d'un jugement criminel, mais encore aux longueurs de l'instruction préparatoire. Mais il est impossible que le jury prononce ni avant ni immédiatement après l'arrestation : avant, parce qu'il faut que l'officier de police ait le droit d'arrêter incontinent tout homme prévenu d'un crime ; immédiatement après, parce qu'alors les chargés n'étant pas recueillies, le prévenu serait presque toujours renvoyé, fût-il coupable.

Or quand, après une longue détention, tous les actes de recherches sont épuisés, quel intérêt présente au prévenu la formalité de l'accusation ? S'il était traduit immédiatement au tribunal criminel, il serait jugé presque aussitôt; au lieu que, par le résultat de l'accusation, il est souvent retardé d'un mois. Voici comment. Supposez l'instruction terminée le 30 messidor; si le prévenu est alors traduit au tribunal criminel, il sera jugé le 15 thermidor. Mais il faut quinze jours pour remplir les formalités de l'accusation; il ne pourra être envoyé au tribunal criminel que vers le 15 thermidor, et il ne sera jugé conséquemment qu'à la session de fructidor.

Le prévenu, je l'avoue, n'est pas toujours mis en accusation; et quand il est acquitté par le premier jury, il n'éprouve point le retard dont je me plains: mais toujours est-il vrai qu'il éprouve peu d'accélération; et quand il gagnerait quelques jours, cela ne vaut pas la peine d'exposer ceux qui sont accusés, à de fréquens retards d'un mois.

Ce n'est pas, dira-t-on, sous le rapport de l'accélération que le jury d'accusation intéresse les prévenus; c'est sous le rapport d'une première chance qu'il établit en leur faveur. Je n'aperçois pas l'utilité de cette première chance ; elle est toute en faveur du crime. En effet, ou il y a des charges suffisantes pour accuser, ou il n'y en a pas de telles. S'il n'y a pas de charges capables de motiver l'accusation, le prévenu innocent ne peut jamais être condamné au tribunal; au contraire, le coupable peut souvent se sauver devant le jury d'accusation, parce que l'instruction ne s'y fait que sommairement, parce qu'on n'y a pas de moyens, comme dans un débat solennel, d'éclairer les jurés, de les prémunir contre les dépositions des témoins complaisans, et parce que trop souvent les jurés, se méprenant sur l'objet de leur mission, veulent avoir la même conviction pour accuser que pour condamner. Aussi l'expérience journalière démontre que le jury d'accusation sauve beaucoup plus de coupables que le jury de jugement.

Toutefois le but de mes observations n'est pas d'établir qu'il faille indistinctement traduire au tribunal criminel tous les prévenus poursuivis par la police; je me suis proposé seulement de prouver que le jury d'accusation n'est point un de ces établissemens qu'on doive regarder comme le *palladium* de notre liberté, et qu'on peut, sans la compromettre, supprimer cette forme lente et dispendieuse, s'il est possible de remplir son objet par un moyen plus simple.

L'objet vraiment utile de ce premier jury est de faire une secrétion des affaires qui doivent être poursuivies, de celles qui ne doivent pas l'être, afin de ne pas surcharger à grands frais et en vain le tribunal. Or quand, après d'amples recherches, le magistrat de sûreté et le juge civil adjoint à ses fonctions pensent qu'il n'y a pas lieu de traduire un prévenu devant le tribunal, ne doivent-ils pas avoir le droit de le mettre en liberté ! Si au contraire ils pensent qu'il y a lieu de le traduire, leur opinion ne suffit pas, parce qu'ils peuvent être prévenus; le tribunal alors doit être consulté : c'est à ce corps impassible, étranger aux poursuites, et capable de les apprécier de sang-froid, qu'il appartient de prononcer l'accusation. Il s'adjoindrait pour cela les suppléans; et en cas de partage, l'accusation serait prononcée, parce que le partage suppose déjà des charges graves, et que l'opinion du magistrat de sûreté, quoiqu'il n'assiste pas à la délibération, doit cependant être comptée pour quelque chose.

Qu'aurait-on à craindre des effets d'un pareil pouvoir confié au tribunal ! Qu'il n'en abusât pour opprimer l'innocent ! Mais ce serait, de sa part, se déshonorer sans fruit, que d'accuser des citoyens lorsqu'il n'y a pas de charges, puisque, bientôt après, leur innocence serait proclamée par le tribunal criminel. Qu'il ne se laissât entraîner à des actes de complaisance ! J'avoue qu'il sera, encore plus que les jurés, exposé aux sollicitations ; mais il faut convenir aussi que l'honneur et la responsabilité dans ce corps permanent seront un frein bien plus fort pour lui que pour les jurés, qui, se dispersant après leur décision, se soucient fort peu de ce qu'on en pense. Au surplus, rien n'empêche de donner à l'accusateur public le droit de se pourvoir dans le mois, soit devant le tribunal criminel, soit même devant un autre tribunal d'arrondissement, contre la décision qui lui paraît évidemment injuste. A cet effet, les pièces lui seraient transmises immédiatement après le jugement du tribunal ; mais provisoirement le prévenu serait mis en liberté.

Si mes propositions étaient adoptées, on aperçoit que la direction du

jury se trouverait encore retranchée des attributions du magistrat qu'on veut
créer sous le nom de propréteur. Ses fonctions se réduiraient, 1.° à viser
le mandat de dépôt décerné par le magistrat de sûreté, avec faculté de
prendre communication des pièces ; 2.° à rendre l'ordonnance de compétence, non plus pour traduire devant le jury d'accusation, mais pour
déclarer que le fait est un délit, et qu'il est de nature à être jugé, soit par
le tribunal correctionnel, soit par les jurés, et à décerner mandat d'arrêt
dans l'un et l'autre de ces cas ; 3.° à recevoir le prévenu à caution, lorsque
la loi l'autorise ; 4.° à suppléer le magistrat de sûreté absent ou empêché ;
5.° enfin à prendre connaissance de la procédure, à entendre de nouveau les
prévenus et les témoins dans les cas rares où le magistrat de sûreté serait
soupçonné d'abus de pouvoir.

L'instruction des affaires criminelles aura une marche plus rapide et plus
simple. Un magistrat dont l'activité est le principal caractère, est commis
dans chaque arrondissement pour y garantir la paix et la sûreté ; il a, sur
tous les points, des agens subordonnés qui, dans les vingt-quatre heures
l'avertissent des événemens ; toujours prêt à monter à cheval, il se porte
par-tout où sa présence est nécessaire ; il recueille par lui-même, ou par ses
agens, tous les indices des crimes, et vient les déposer au greffe du tribunal. L'instruction s'y continue encore sous l'inspection du tribunal ou de
l'un de ses membres. Les premiers indices qui avaient d'abord séduit, se
trouvent détruits par des renseignemens survenus : le magistrat de sûreté
reconnaît son erreur ; il confère avec le magistrat qui est adjoint à ses
fonctions, et d'accord ils rendent la liberté au prévenu. Si les indices n'ont
reçu aucune altération, le magistrat de sûreté met toutes les pièces sous les
yeux du tribunal, et est censé lui dire : « J'ai présumé cet homme coupable ;
» mais mon zèle peut m'avoir séduit, ou j'ai pu me prévenir sur l'impor-
» tance de mes découvertes. Vous qui êtes de sang-froid, vous qui n'êtes
» pas prévenus, examinez, et décidez si cet homme doit être traduit devant
» le tribunal de ses concitoyens. »

Malgré les réflexions précédentes que chacun a pu faire comme moi,
beaucoup de personnes dont l'opinion est d'un grand poids, pensent que,
si l'on se détermine à supprimer un des jurys, c'est celui de jugement qu'il
faut supprimer. Elles prétendent que c'est assez pour la garantie de la liberté,
qu'un citoyen ne puisse être mis en jugement que par le vœu de ses concitoyens ; mais que la juste appréciation des charges et le jugement définitif
doivent être confiés à un tribunal permanent. Quel est, disent les partisans
de cette opinion, celui qui, étant accusé, ne préférerait pour ses juges cinq
ou sept magistrats respectables par leur science et leurs vertus, à une assemblée de jurés formée par l'aveugle sort, que l'accusé ne connaît pas, qui
sont certainement ignorans, et qui peuvent être prévenus ou passionnés !

Qu'il me soit permis de consacrer quelques lignes à l'examen de cette
opinion,

opinion, par anticipation sur le chapitre où j'examinerai les objections qu'on fait contre l'institution du jury.

Il est vrai qu'on peut se figurer un tribunal composé d'hommes instruits, sages et impassibles, constamment appliqués, et qu'un pareil tribunal inspirera plus de confiance qu'une réunion de jurés. Mais il ne suffit pas de l'imaginer, il faut savoir le composer. Ce n'est pas assez d'en composer un, même cinquante doués de ces qualités ; il faut être sûr de pouvoir en organiser un aussi respectable dans chaque département, afin que, dans aucun lieu de la République, l'honneur, la vie des citoyens, ne soient mis à la discrétion des hommes corrompus et pervers. Or, en y réfléchissant, on conviendra qu'il n'est point de système politique qui puisse garantir, dans chaque département, l'organisation d'un pareil tribunal.

Ou les juges seront nommés par le peuple, ou ils le seront par le magistrat suprême : dans le premier cas, la cabale dirigera les élections ; dans le second, si le chef est faible ou mal entouré, ce sera l'intrigue. Le juge sera nommé à temps ou à vie : dans le premier cas, il sera le vil complaisant du pouvoir, quel qu'il soit, qui lui a donné son état, et qui a le droit de le lui continuer ou de l'en priver ; dans le second cas, l'inamovibilité peut le conduire à l'insouciance de ses devoirs et au mépris de ses justiciables, qu'il regardera comme des êtres subordonnés, sur le sort desquels il peut prononcer légèrement. Si le Gouvernement est faible, qui contiendra dans le devoir des juges toujours portés à étendre la prérogative de leur indépendance ! Si le Gouvernement est fort et tyrannique, résisteront-ils à son ascendant, dans les causes où il prendra intérêt ! Leur inamovibilité les garantit contre la crainte d'une destitution injuste ; mais elle ne les préserve pas du desir de plaire au pouvoir dont dépend leur élévation. Si le Gouvernement est sage, et s'abstient de toute influence sur les jugemens, les juges n'ont-ils pas à redouter les passions qui les entourent, n'ont-ils pas leurs sociétés, leurs coteries à ménager, et ne doivent-ils pas des égards à l'opinion de la cité où ils vivent !

Mais je suppose qu'on n'ait rien à craindre de l'influence de toutes ces causes ; il n'est pas facile d'éviter les inconvéniens qui proviennent de l'habitude et de la satiété de juger, de l'amour-propre, de l'entêtement, de la faiblesse, et de beaucoup de vices enfin dont on ne songe pas assez à se corriger, parce qu'avec eux on est encore réputé honnête homme. Celui qui assisterait aux premières délibérations des juges qu'une élection nouvelle vient de réunir, serait enchanté de l'attention, de la bonne foi et du profond discernement avec lequel les affaires sont traitées parmi eux ; mais quand cette fonction honorable a perdu à leurs yeux le mérite de la nouveauté, chacun sent retomber peu-à-peu cette utile exaltation que la dignité d'une fonction nouvelle avait mise dans son ame, et il reprend le caractère qui lui est propre : l'un, paresseux, insouciant, manifeste un dégoût invincible pour les affaires, et ne prend part à la délibération que par sa présence, sans vouloir assujettir son attention ; l'autre y prend part, et se forme une opinion ; mais, manquant de facilité pour la développer et la faire valoir, il craint de se compromettre dans l'esprit de ses collègues, et n'émet son opinion que quand il a entendu prononcer la majorité, à laquelle il s'attache prudemment ; un troisième, rassuré sur la bonté réelle de son cœur, n'écoute que ses inspirations, et ne cherche jamais dans la cause ses motifs de détermination ; un autre a pris, par ses talens, un extrême ascendant sur ses collègues, et il ne manifeste son opinion qu'en sens contraire d'un antagoniste qu'il est accoutumé de combattre et de vaincre, et s'occupe bien moins de faire triompher la vérité que son système : l'un est caustique dans la discussion ; l'autre sème le ridicule avec facilité, et déconcerte la raison même. Enfin, il est en général peu d'assemblées délibérantes où, au bout de quelques mois, il ne se forme deux partis, dont l'un pense régulièrement le contraire de ce que l'autre a pensé ; de manière que le sort des affaires dépend quelquefois moins de la raison et de l'équité, que de ce que tel parti est ou n'est pas, lors de la discussion, composé de tous ses adhérens.

C'est un besoin pour mon cœur de déclarer que je n'ai pris les types des portraits que je viens de faire, dans aucun des tribunaux que je connais ; j'ai même une telle opinion de la magistrature actuelle, que je crois qu'aucun tribunal de la France ne me les aurait fournis. J'ai puisé mes observations dans l'humanité, en me souvenant que, de quelque dignité qu'on environne les juges, de quelque costume qu'on les décore, ils sont encore des hommes. Un choix heureux, dû à la prudence du Chef actuel de l'État, éclairé d'ailleurs par les événemens divers de la révolution qui ont fait connaître les hommes, ne doit pas rassurer sur l'avenir ; et les vertus même dont les magistrats actuels ont besoin pour neutraliser les vices que je redoute, attestent que ces vices existent dans le cœur de l'homme, et peuvent, dans d'autres temps, être très-dangereux.

On est à l'abri de ces craintes et de ces dangers dans le système de la procédure par jurés. De simples citoyens qui ne tiennent aucune faveur du Gouvernement ni du peuple, sont inopinément appelés pour statuer sur une affaire ; ils arrivent dans une ville où ils ont peu de relations, au milieu d'un peuple qu'ils ne connaissent pas, dont ils ne sont pas connus, et dont ils n'ont aucun intérêt de capter la bienveillance ; étrangers à la politique du Gouvernement qu'ils ignorent, ou aux factions qu'ils ne connaissent pas mieux, on leur demande leur opinion sur les preuves d'un fait, ils la déclarent sans passion, sans crainte, sans en prévoir le résultat ; ils n'ont ni puissans à ménager, ni coteries à satisfaire ; ils savent qu'en sortant du lieu de leurs séances, ils ne recevront ni plaintes, ni louanges, ni reproches. Chacun d'eux s'est réuni à des collègues inconnus, avec la prévention favorable que les hommes ont les uns pour les autres, jusqu'à ce qu'ils se soient donné des preuves de méchanceté ; ils sont trop peu de temps réunis , pour que les partis puissent se former parmi eux , et personne ne songe à s'en faire un dans l'exercice d'une autorité si passagère. Cependant cette autorité , nouvelle pour eux, élève leur ame; elle met en mouvement tous les ressorts de leur intellecte et de leur sensibilité ; ils portent dans l'examen des affaires cette exactitude , ce scrupule, qui n'appartiennent qu'à une conscience neuve , et non à celle qui est blasée par l'habitude ; enfin ils cessent d'être jurés avant d'avoir pu devenir indifférens à leurs fonctions.

Chap. V. *Des Tribunaux criminels.*

Suivant le Projet de la commission , le préteur forme seul le tribunal avec le propréteur du lieu , non seulement dans les affaires qui se décident par les jurés , mais encore dans les matières correctionnelles , dont les appels sont portés au tribunal. Ce n'est qu'en l'absence de ce grand officier, et seulement pour le jugement des affaires correctionnelles , que le tribunal est composé de trois propréteurs. Le préteur ne peut être suppléé que par un autre préteur , quand il s'agit de présider le jury.

En composant le tribunal de deux membres seulement, il a été indispensable de donner à l'un la voix prépondérante, et de ne laisser à l'autre que la voix consultative : en sorte qu'en définitif le tribunal n'est composé que d'un juge. Un seul homme prononcera sur les intérêts les plus chers des citoyens. Cette conception est trop éloignée des idées communes , pour ne pas éprouver quelque contradiction. Une première considération qui se présente , est que si l'homme investi d'un pareil pouvoir est délicat, s'il a cette louable timidité, apanage d'une conscience qui ne peut se familiariser avec l'injustice, il voudra sentir en lui une double conviction , si je l'ose dire , pour prononcer un jugement rigoureux dont il serait seul responsable. Si au contraire c'est un de ces hommes déterminés qui n'hésitent jamais , ou qui ne considèrent les intérêts particuliers que dans leurs rapports avec la politique , on doit prévoir de fâcheux résultats d'un pouvoir aussi peu limité.

D'autre part, cet homme ne sera-t-il pas trop sous l'influence de l'opinion publique et des factions , qui lui imputeront avec raison tous les jugemens ! ne sera-t-il pas trop directement en butte aux sollicitations et aux prières des partisans de l'accusé, auxquels il ne pourra résister que par sa propre énergie , ne pouvant prétexter la diversité des opinions, dans l'exercice d'une autorité non partagée ! ne sera-t-il pas sujet à mille erreurs en fait et en droit, lorsque, statuant dans les matières correctionnelles sur des informations volumineuses ou sur des questions délicates, telles qu'en présente notre législation sur plusieurs points, il n'éprouvera aucune contradiction !

Du choc des opinions jaillit la vérité. Il n'est personne qui n'ait cent fois senti s'évanouir en lui la résolution la plus décidée, par la suggestion d'une simple réflexion qui lui avait échappé.

Le propréteur, il est vrai, lui est adjoint pour l'éclairer de ses réflexions et discuter les questions avec lui. On discute avec ses égaux des questions auxquelles on s'intéresse; mais on argumente peu avec un maître, qui fait tomber les meilleurs argumens, en disant seulement *je veux*. Le rôle d'un propréteur sera triste, inanimé, humiliant. Ou ce sera un homme faible et complaisant; alors il cherchera, dans le cours du débat, à pénétrer l'opinion du préteur, pour être de son avis : ou ce sera un homme de caractère; alors, après avoir vu deux ou trois fois son avis écarté par l'opinion souveraine du préteur, il se fera une règle d'exprimer laconiquement sa pensée, sans faire d'efforts pour éclairer un homme qu'il s'applaudira peut-être de voir commettre des erreurs. Dans tous les cas, on ne doit pas s'attendre qu'un propréteur s'évertue beaucoup à penser sur une affaire dont le résultat ne lui promet ni blâme, ni profit, ni honneur.

Je suis loin de croire, comme je l'ai suffisamment exprimé, à l'infaillibilité des tribunaux composés de plusieurs juges; mais si je leur préfère les jurés pour décider les points de fait, je les préfère à un juge unique dans tous les cas. Si cependant on me proposait un homme doué d'une grande énergie et d'une grande modération, plein d'une forte horreur pour le crime, et de respect pour l'innocence; ayant beaucoup de perspicacité pour bien saisir les faits et les preuves, et capable d'une attention soutenue pour en apercevoir l'enchaînement, une force physique suffisante pour supporter les fatigues d'un immense débat, un esprit juste pour voir les choses dans leur véritable rapport entre elles, une mémoire fidèle, de la clarté, de la méthode, et une certaine facilité d'expression pour en bien faire le rapport aux jurés; je dirais : Donnez-moi cet homme pour juge unique; je le préfère beaucoup à un tribunal nombreux. Je le demanderais, dis-je, pour mon intérêt particulier, si j'étais accusé et innocent : mais je ne songerais pas à faire une institution semblable si j'étais législateur, parce que je sais qu'un pareil homme est très-rare; parce que si l'on en trouve un ou deux, il est très-difficile d'en trouver cinquante qu'il faudrait dans la République; parce que si les hommes doués de ce rare mérite sont nombreux, celui des hypocrites qui singent toutes ces vertus, l'est davantage encore, et que le Gouvernement peut s'y méprendre; et parce qu'enfin, si le Chef actuel de l'État est assez grand pour jeter, si je l'ose dire, un trait de son génie et de son caractère dans ceux qu'il choisit, on ne doit pas, en créant une institution, se rassurer sur ses imperfections par le génie de celui qui gouverne, parce que le même homme ne gouverne pas toujours, et que son successeur peut ne pas lui ressembler.

Renonçons donc à l'espoir séduisant, mais trompeur, de placer un homme parfait à la tête de la justice criminelle dans chaque division. Il faut, à la vérité, renoncer à l'espoir d'obtenir la perfection dans aucun plan possible ; mais adoptons au moins celui qui en approche le plus. C'est en général, et presque dans toutes les parties, le plus simple, celui qui se présente à la pensée sans effort d'imagination. J'ose dire que le parti le plus raisonnable qui se présente ici, est de supposer les hommes tels qu'ils sont, mais de tâcher de neutraliser leurs vices en les faisant concourir plusieurs à la formation du tribunal, de manière que les vertus ou même les vices de l'un servent de frein, par leur contraste, aux vices et même aux vertus quelquefois dangereuses de l'autre.

Ce n'est pas seulement dans les matières correctionnelles, qu'on a besoin des lumières de plusieurs ; il se trouve, dans les matières criminelles même, des difficultés sérieuses sur la compétence, sur la forme, qui exigent un certain concours de lumières pour être appréciées et résolues. Mais ce qu'on n'a peut-être pas assez considéré, c'est que le même Projet qui donne à un seul homme le pouvoir de juger, a beaucoup étendu ce pouvoir au-delà des bornes qu'il a maintenant. Les tribunaux actuels, après la décision des jurés, n'ont très-souvent qu'à faire l'application d'une loi précise ; c'est le cas de dire avec *Montesquieu :* « Il ne faut pour cela que des yeux. » Le Projet au contraire laisse aux juges une latitude considérable ; on s'y contente de leur indiquer la nature de la peine applicable au crime, et on les laisse maîtres d'en déterminer la durée. Les juges peuvent de plus renvoyer un citoyen sous la surveillance du Gouvernement ; acte très-important, et toutefois purement facultatif dans presque tous les cas. Ce n'est donc plus un pouvoir enchaîné par des dispositions précises, que la loi donne aux juges ; c'est un pouvoir réel, c'est le droit de châtier plus ou moins le coupable, après une sage pondération des circonstances qui aggravent ou atténuent son crime.

Mon dessein n'est pas de combattre cette partie du Projet qui donne une juste latitude au pouvoir du tribunal. Il n'est aucune personne instruite par l'expérience qui n'ait provoqué par ses vœux cette sage disposition, dont l'absence dans notre Code actuel a été cause de l'impunité de beaucoup de coupables. Les jurés, connaissant la gravité des peines dans certains cas, et l'impuissance où le tribunal était de les modérer, ont mieux aimé relâcher un coupable, que de l'assujettir à une peine sans proportion avec son crime. Lorsqu'ils ont vu un malheureux qui s'était introduit dans une maison en cassant un carreau de vitre, pour voler un morceau de pain, ils ont sans doute bien fait de l'acquitter, plutôt que de le faire condamner au même supplice que le brigand audacieux qui, à l'aide d'un levier, brise les portes et s'empare de sommes qui formaient toute la ressource d'une famille.

Mais c'est détruire d'une main le bienfait qu'on établit de l'autre, que de confier cette utile latitude de pouvoir à un seul homme qui en mésusera, soit par malice, soit par erreur. C'est peu cependant s'il ne se trompe que dans la fixation de la durée des peines ; mais c'est un mal extrême, s'il se méprend sur la nature de celles qu'il convient d'appliquer. Or, si une autre partie du Projet que je me propose de combattre était admise, le genre de la peine dépendrait souvent de l'arbitraire de ce magistrat. Cette partie du Projet est celle qui prescrit qu'il ne soit posé qu'une seule question : *L'accusé est-il coupable!* On conçoit que chaque délit étant susceptible de divers degrés de gravité qui peuvent donner lieu à l'application de peines très-différentes, le choix de ces peines dépendra entièrement de la volonté du tribunal. Ainsi, qu'une accusation de vol accompagné *de tortures et d'actes de barbarie* dégénère, dans le débat, en vol simple ; qu'une accusation d'assassinat dégénère en homicide commis par imprudence : le tribunal aura à choisir entre la peine de la prison, celle de la mort, et les autres peines intermédiaires.

Est-il prudent de confier à un seul homme, quel qu'il soit, un pouvoir si exorbitant! Je n'ai pas l'avantage d'être placé dans un point assez central pour bien juger l'état d'une immense population et apercevoir les maux qui exigent un remède aussi violent ; mais j'ose attester que les habitans du département que j'habite, n'ont pas besoin d'être consternés par l'appareil d'un pouvoir aussi épouvantable. Et moi aussi je desire que la peine tombe sur le coupable avec la rapidité de la foudre ; mais je désire que cette foudre soit dirigée par un conducteur qui ne lui permette pas de divaguer et de frapper également l'auteur d'un grand crime et celui d'une faute légère. Pourquoi soumettre la liberté, la vie des citoyens, à des formes mille fois plus militaires que celles des armées! Là, un nombre d'hommes choisis se réunissent pour juger le fait et le droit ; on délibère, on recueille les voix, on applique une loi précise, et le jugement ne s'exécute qu'après avoir été révisé. Ici, un magistrat unique, réellement juge du fait par l'influence qu'on prétend lui donner sur les jurés, est encore juge unique du droit, de la nature et de la durée de la peine. Je le répète, j'ignore si les Français sont assez malheureux pour avoir besoin d'une pareille institution : mais certainement ce n'est pas celle qui convient à un peuple doux, humain et éclairé ; ce n'est pas celle qu'on attend du Héros législateur qui a donné à la France le Code civil. On a droit d'espérer que celui qui environne de tant de formes et de si solides garanties les intérêts civils, n'abandonnera point au caprice ni à la discrétion de la vertu même, toujours douteuse, toujours chancelante, d'un seul homme, la liberté et la vie des Français. Il ne perdra pas de vue que l'institution qui se prépare, est destinée à exister après lui ; que, quand il pourrait garantir la sagesse de tous ses choix, il ne peut répondre de ceux de ses successeurs, et qu'enfin, dût le pouvoir arbitraire ne jamais dégénérer en abus, il est toujours un grand mal par la frayeur qu'il inspire aux honnêtes citoyens.

Suivant les dispositions du Projet, le préteur ne pourra être remplacé dans la direction du jury de jugement que par un autre préteur désigné par le premier Consul ; or il peut arriver que la veille des grands-jours, quand quarante-huit jurés sont réunis, lorsque tous les accusés comptent sur leur jugement, et que peut-être six cents témoins sont déjà assignés pour toute la session, le préteur soit attaqué d'un mal subit. Il ne sera pas temps alors de s'adresser au premier Consul, ni d'aller chercher un autre préteur qui, dans les départemens éloignés, est lui-même occupé de sa session. Cette courte réflexion démontre la nécessité d'indiquer un mode de remplacement plus prompt.

Les propréteurs des arrondissemens sont alternativement désignés par le préteur pour composer le tribunal criminel jugeant correctionnellement. Il en résultera que si le nombre commun des arrondissemens est cinq par département, les quatre propréteurs étrangers au chef-lieu seront six mois de l'année absens de leur propréture. Cela posé, ou l'on pensera, comme moi, que l'établissement d'un propréteur dans chaque arrondissement est superflu, ou bien on pensera, malgré mes observations précédentes, qu'on ne peut se dispenser d'établir ces officiers : dans le premier cas, pourquoi, dirai-je, créerait-on un officier inutile ! dans le second, n'est-il pas inconvenant d'enlever, de son poste, pendant six mois de l'année, un magistrat dont la fonction est réputée nécessaire, et ne vaut-il pas mieux maintenir des juges permanens au tribunal criminel !

Il est encore important d'observer ici que ce mode d'*alternat* qui transforme temporairement des juges inférieurs en juges d'appel des jugemens rendus par leur tribunal, les met dans le cas de se récuser dans toutes les affaires dont ils ont connu en première instance, ou dont ils ont préparé l'instruction ; dans les cas même où ils sont étrangers au jugement de première instance, leur présence au tribunal d'appel présente la choquante idée d'un *vice-président* d'un tribunal inférieur, réformant les jugemens rendus par ce tribunal, et prononcés par son président. On a aperçu, dès les commencemens, les inconvéniens de cet alternat qu'on avait d'abord établi dans la crainte que des juges permanens ne s'endurcissent dans les fonctions criminelles ; il est étonnant que, malgré ces inconvéniens sentis, on propose de faire revivre le même établissement, dans un temps où l'on n'accuse les tribunaux criminels que de trop d'indulgence.

Ce déplacement perpétuel des juges a sans doute encore pour but de rompre tous les liens qui pourraient les attacher à des sociétés dont on redoute l'influence ; du moins, c'est ce motif qui a déterminé la disposition qui exclut un préteur de toutes fonctions dans le département où il est né, ou dans celui où il a son domicile. Ainsi l'on veut sevrer les juges criminels de toutes les douceurs de la société, et qu'en se destinant à juger les hommes, ils ne conservent plus rien de commun avec eux. La précaution est inutile ; on n'étouffera point dans les juges le penchant irrésistible qui heureusement excite l'homme à chercher la société de ses semblables : plus on les fera voyager, plus on multipliera leurs relations ; et tel aurait borné le cercle de ses amis dans la cité où il est né, qui, en voyageant, s'en est fait dans tous ses séjours passagers.

Pourquoi, d'ailleurs, cette rigueur envers les juges criminels, lorsqu'on ne l'exerce pas envers les juges civils ! Ne sait-on pas que les sollicitations sont bien plus à la mode dans les matières civiles que dans les criminelles ! Personne ne rougit de recommander son ami, son parent, dans un procès civil ; mais on méconnaît bientôt ses rapports avec celui qui a commis un crime, à moins que ce crime ne soit du petit nombre de ceux dont l'honneur mal-entendu se fait un triomphe : aussi je ne pense pas qu'aucun juge criminel puisse se vanter d'avoir eu besoin de beaucoup de vertu pour faire son devoir.

On ne peut s'empêcher de reconnaître encore dans ces dispositions une imitation des pratiques anglaises. Le C.^{en} *Oudart*, à l'appui de cette partie de son Projet, cite *Blackstone*, qui dit : « Pour mieux écarter tout soupçon » de partialité, *il a été sagement établi* qu'aucun juge d'assise n'exercera ses » fonctions, soit dans le comté où il est né, soit dans le comté où il a son » domicile. » Et la commission, ajoutant encore à la rigueur de ce principe, prescrit que le préteur ne pourra exercer ses fonctions plus d'une année dans la même division.

Sans doute on peut considérer l'opinion de *Blackstone* comme étant de quelque poids ; mais il vaut mieux encore se déterminer par des raisons tirées de la nature des choses, sur-tout dans la question dont il s'agit, où il se contredit lui-même. Dans le même ouvrage où il fait l'éloge de la règle qu'il dit *sagement établie*, on trouve cet autre passage : « Autrefois, » en vertu du statut de *Richard II*, chapitres 2 et 33, et de *Henri VIII*, » chapitre 4, aucun juge ou homme de loi ne pouvait exercer cette com- » mission dans le district de sa naissance ou de son habitation, tout comme » il leur était défendu d'y exercer la judicature dans les assises et dans » les causes civiles ; mais cette partialité locale que nos ancêtres voulaient » éviter, *ayant été reconnue pour avoir moins d'influence dans le criminel que* » *dans le civil*, le statut 22 de *George II*, chap. 27, a donné à tout bon » sujet indifféremment la capacité de siéger dans cette cour et dans quelque » comté que ce soit. »

Ce second passage de *Blackstone* n'avait point échappé à la commission ; mais elle a cru qu'en commençant nous devions nous soumettre à la règle consacrée d'abord par les Anglais, sauf, dans la suite, à y renoncer comme eux. Sans insister sur l'inutilité d'un esssai que les Anglais ont pris la peine de faire pour nous, je placerai ici quelques observations de fait sur la translation annuelle des préteurs d'une division dans une autre.

Il ne faut pas que les législateurs qui ont sous les yeux le tribunal criminel de la Seine, regardent les débats qui y ont lieu comme le type de ceux

qui

qui se font dans les départemens. Les témoins, qui par-tout sont pour la plupart de la classe indigente et grossière, ne laissent pas, à Paris, de s'exprimer avec pureté, précision et élégance; ils font d'eux-mêmes une déposition en général satisfaisante; il y a communément peu de questions à leur faire. Dans les départemens, au contraire, les témoins de la campagne s'expriment dans un langage inconnu aux hommes qui ne sont pas nés parmi eux, ou qui n'ont pas l'habitude de les entendre; leur déposition s'enveloppe des adages et des lieux communs du pays, qu'il faut connaître; et l'on n'entend souvent leur pensée qu'à force de questions qu'on leur fait et d'explications qu'on exige. Il faut pour cela savoir l'idiome du témoin ; sinon le parler, au moins l'entendre. Or on ne le sait que quand on est né dans le pays ou qu'on y a résidé quelque temps. Mais comment l'homme qui n'a vécu qu'à Paris, pourra-t-il soutenir des dialogues nécessaires avec les Bas-Bretons, les Picards , les Auvergnats, les Savoyards ! ou comment celui qui sera né parmi un de ces peuples, s'accoutumera-t-il au langage des autres lorsqu'il y sera subitement transporté ! Cela est impossible. Non-seulement il y a en France divers patois , mais il y a des langues différentes. On parle italien dans quelques contrées, allemand dans d'autres, &c. ; et cette variété de langues et de patois élève un obstacle invincible à l'ambulance projetée des préteurs.

Chap. VI. *Procédure devant les Tribunaux criminels.*

On ne peut s'empêcher d'observer en commençant l'examen de ce chapitre, que la parcimonie qui détermine à priver les accusés d'une copie de la procédure , ne paraît pas digne de la nation française. J'estime à deux mille francs les frais de copie au tribunal que je préside. Le nombre des affaires , à raison de la population du département, doit être à-peu-près double du nombre moyen de celles portées aux autres tribunaux ; en sorte que les frais de copies ne peuvent pas excéder cent mille francs pour toute la République. On pourrait les réduire à la moitié, en statuant que l'on donnerait seulement copie des informations et procès-verbaux , non des interrogatoires qui sont connus de l'accusé, ni des pièces qui n'ont de rapport qu'à la forme, et en ordonnant encore qu'une seule copie serait donnée à tous les accusés, sauf les cas où le tribunal en jugerait autrement. Cette dépense serait ainsi réduite à cinquante ou soixante mille francs ; somme trop bornée sans doute pour qu'on se détermine à enlever aux accusés un avantage important à leur défense, et pour autoriser leurs conseils à aller obstruer les greffes pour prendre copie des pièces. Les accusés d'ailleurs n'ont pas toujours des défenseurs : la loi ordonne qu'on leur en nomme ; mais elle ne donne pas le moyen de contraindre personne à remplir ce ministère. Enfin les accusés peuvent choisir leurs conseils parmi leurs amis, leurs complices même, qui ne se feront pas un scrupule de soustraire les pièces essentielles, en abusant de la faculté d'en prendre copie.

Les sessions auront lieu de trois en trois mois. Ainsi on abandonne ce moyen salutaire d'effroi qu'inspire aux méchans l'idée du jugement et de la peine suivant immédiatement le crime. Sans doute c'est une nécessité si l'on commet un seul préteur pour une division composée de trois ou quatre départemens. Il faut donc balancer les avantages attachés à la création de ce grand officier ambulant, avec les inconvéniens qu'elle entraîne.

Parmi les inconvéniens il faut placer, 1.º celui dont il vient d'être parlé ; inconvénient très-grave puisque le coupable verra toujours entre le crime et le supplice un intervalle de plusieurs mois, qui lui offre des chances de toute espèce, et dont l'idée est bien propre à l'enhardir ; 2.º la détention prolongée de l'innocent ; 3.º l'accumulation d'un grand nombre de détenus dans des prisons généralement mal-saines, et les maladies qui en résultent ; 4.º l'augmentation des frais de geolage, et la nécessité de construire de nouvelles prisons dans beaucoup de lieux où il n'y en a pas d'assez considérables ; 5.º la nécessité de maintenir la formalité dispendieuse du jury d'accusation, que plus de célérité rendrait inutile ; 6.º la lassitude du préteur et des jurés, lassitude qui doit produire un grand relâchement dans les facultés des uns et des autres vers la fin d'une longue session.

On peut en effet évaluer à cinq jours par mois les séances des tribunaux criminels dans les départemens d'une population moyenne. Si on réunit les affaires de trois mois, on aura donc une session de quinze jours, sans parler des affaires extraordinaires qui peuvent la prolonger bien au-delà. Une pareille session sera sans doute très-fatigante pour les jurés, en général peu accoutumés à une pareille tension d'esprit ; mais elle le sera sur-tout pour le préteur, qui, environné d'un air épais et échauffé par les haleines d'une foule de curieux, sera obligé de parler toujours pour obtenir des explications indispensables des témoins grossiers, qui la plupart ne déposent qu'à mesure qu'ils sont interrogés. On ne peut pas douter que sa santé ne succombe enfin, si elle n'est très-robuste. Cependant, au lieu de se reposer à la fin de cette session, il n'aura que le temps de courir dans un autre département pour y prendre d'avance connaissance des affaires qui y sont accumulées, et recommencer le même travail.

Certes, il n'y aura pas lieu de faire à ce magistrat le reproche que le C.^{en} *Oudart* fait aux présidens actuels, qui, selon lui, ont *leurs aises.* Loin de son pays et de sa famille, étranger dans les lieux qu'il parcourt, n'ayant d'asile que les auberges, sevré de toutes les jouissances de la nature et de l'amitié, courant la poste un quart du temps, et, pendant tout le reste, occupé à repousser les mouvemens de sensibilité dont son cœur ne peut s'affranchir à la vue de malheureux même coupables ; toujours environné du crime et du noir tableau de ses horreurs ; toujours aux prises avec des êtres qui se défendent contre la mort ou le déshonneur, dont il est le ministre terrible : tel sera le sort, peu digne d'envie, de celui qui aura le courage de se livrer à ce rigoureux et sanglant exercice.

Il est vrai que le Gouvernement pourra attacher à cette fonction pénible un salaire et des honneurs capables d'en déguiser les désagrémens aux yeux de l'ambition ; mais il est à craindre que ce salaire et ces honneurs ne soient l'objet principal de ceux qui la solliciteront, et que l'homme d'un vrai mérite, d'autant plus effrayé des aspérités de la place qu'il sera plus digne de la remplir, ne se soustraie à une pareille fonction par répugnance ou par modestie.

Quels sont, au reste, les avantages attachés à l'établissement d'un grand juge criminel ambulant ! Nous les trouvons dans les observations prélimi-naires du C.^{en} *Oudart*, enveloppées dans des citations, d'*Airault*, de *Blackstone* et de *Liancourt*. Le premier de ces avantages est d'imprimer un grand respect au peuple ; le second est que ce magistrat soit à l'abri de l'influence des coteries de chaque endroit et des passions locales ; le troisième est d'établir par-tout l'uniformité des principes ; le quatrième est que ces officiers aient une telle influence sur les jurés, que la décision de ceux-ci soit toujours conforme à l'opinion de celui qui les dirige.

C'est peut-être ici le cas d'observer que les hommes sont trop souvent séduits par des idées étrangères à l'objet qu'ils doivent se proposer. Il s'agit d'établir la meilleure forme de rendre la justice criminelle ; et voilà que, se laissant entraîner à des vues purement politiques, on se propose de donner une grande considération au Gouvernement en créant des magistrats destinés à être aux yeux du peuple un témoignage de sa puissance et de sa gloire, par l'éclat donné à leur mission. Sans doute il est utile que le Gou-vernement inspire un grand respect au peuple par la dignité dont il doit environner quelques-uns de ses agens ; mais n'en a-t-il pas d'autres que les juges, plus naturellement destinés à imprimer ce genre de respect qui se reporte de ses agens sur lui ! Les sénateurs dans leurs sénatoreries, les préfets, les généraux, ne suffisent-ils pas pour remplir cet objet ! ne peut-on pas environner de plus d'éclat le tribunal d'appel ! ne peut-on pas détacher de temps en temps du tribunal de cassation, des *missi dominici* chargés de visiter les tribunaux d'appel et les tribunaux criminels ; d'y siéger même et d'y présider dans des cas extraordinaires, avec tout l'appareil convenable à leur dignité, et de rendre compte au Gouvernement de leur conduite !

Je le répète, l'objet qu'on doit se proposer est que la justice criminelle soit bien rendue, et que l'idée du tribunal inspire de l'effroi aux méchans : or, pour atteindre ce but, qu'importe que le préteur arrive environné de pompe, que le maire de la ville aille le complimenter, et que son arrivée dans un endroit soit l'occasion de la réunion de quelques oisifs ! Ne sait-on pas que ces impressions ne tombent que sur les ames des habitans des villes, qu'elles ne pénètrent point dans les campagnes ni dans la retraite des brigands ! Ne sait-on pas que si le premier regard se fixe sur la pompe qui environne un homme, le second pénètre jusqu'à lui et y reste attaché !

Ce grand pouvoir et ce grand appareil seraient au plus nécessaires, si nous avions encore à craindre ces tyrans subalternes qui opprimaient les peuples sous le régime féodal. En ce cas, le pouvoir qu'on veut organiser ne serait pas encore assez fort ; ce serait l'occasion d'envoyer nos *Scipion*, nos *Brutus*, comme faisaient les Romains dans les cas importans. Mais aujourd'hui il n'y a plus de grands en France, capables d'en imposer à un tribunal fort de l'autorité des lois. Ceux qui ne le sont que par leurs vertus et leurs talens, ne sont pas à craindre ; ceux qui ne le sont que par leurs richesses, n'en imposent qu'aux misérables qui en attendent leur subsistance ; ceux qui ne le sont que par leur argent et la chimère de leur naissance, sont ridicules. Je ne parle toutefois que des particuliers ; il est en France des hommes que leurs éminentes fonctions environnent d'une haute considération : mais comme on ne peut pas entreprendre d'élever les préteurs eux-mêmes au-dessus de ces grands fonctionnaires, il n'y a qu'un tribunal national assez imposant pour eux.

Sans doute il faut que les tribunaux qui prononcent sur l'honneur et la vie des simples citoyens, soient aussi revêtus d'une certaine dignité ; mais il est essentiel qu'elle ne soit déployée qu'avec de justes proportions. Elle ne doit point avoir un éclat trop imposant dans des hommes qui sont le plus souvent en contact avec la classe la plus grossière et la plus indigente du peuple. Que celui qui dirige les jurés leur inspire une juste confiance, on doit s'en applaudir ; mais qu'il leur en impose à tel point qu'ils n'osent plus douter de ce qu'il professe, et qu'après lui ils s'abstiennent de penser, ce sera un mal extrême et la ruine de l'institution. Les jurés, dans ce cas, ne seraient plus qu'un simulacre que l'on devrait franchement anéantir. Mais que sera-ce, si, non content de subjuguer les juges du fait, il étonne et stupéfie des témoins simples et timides ! Ce sera alors qu'il n'y aura plus de justice. Il faut que le témoin, sans manquer de respect au tribunal, puisse se mettre à son aise devant lui. La moindre contrainte, le moindre étonnement, obstrue ses facultés intellectuelles, et sur-tout sa mémoire. Malgré le peu de dignité que l'on suppose aux tribunaux actuels, j'ai vu plus de vingt fois des témoins se mettre à genoux en entrant dans la salle des séances, ou faire d'autres actes qui annonçaient le trouble accidentel de leur esprit ; ce n'est pas une petite peine que de les rassurer, et de les rappeler à leur sang-froid.

Il est cependant très-important de les y rappeler. Si le témoin est troublé, il ne parlera pas volontiers, et il ne répondra que par monosyllabes à vos questions ; il tronquera les faits, il supprimera les circonstances pour abréger et sortir d'embarras : vous n'aurez que le squelette de sa déposition. Mais s'il est calme et à son aise , vous l'entendrez rapporter le fait et toutes les circonstances ; il entrera machinalement dans le détail du temps , du lieu , de l'occasion , &c. ; sa voix , son regard , son geste , représenteront, sans qu'il y songe , l'accent , le regard , le geste de celui dont il parle , choses qu'il est souvent si essentiel de connaître. Le désordre même de sa narration, entre-mêlée de hors-d'œuvres en apparence indifférens , y met le sceau de la vérité , parce que l'on sait que le mensonge n'a point cet abandon et ce langage diffus ; qu'il est au contraire apprêté, méthodique , et d'une telle sécheresse , qu'il ne laisse aucune impression dans l'ame.

Si c'est un avantage que le magistrat n'ait aucun rapport d'intérêt , de parenté ou d'amitié dans le département où il rend la justice , afin qu'il ne soit dominé ni par la crainte de déplaire aux partis , ni par le desir d'obtenir leurs suffrages, cet avantage , on peut se le procurer dans l'ordre des choses actuel , le Gouvernement pouvant s'imposer de ne déléguer jamais les juges d'appel pour présider le tribunal de leur département , et de les changer assez souvent pour qu'ils ne puissent contracter en aucun lieu de fortes habitudes. Mais il examinera sans doute s'il est prudent, dans la pratique , de compter sur une vertu assez robuste dans les hommes qu'il emploie, pour qu'ils n'aient pas besoin d'être quelquefois soutenus par le regard et par l'estime des personnes estimées ; si un magistrat indifférent à la haine ou à l'amour de ses justiciables , jaloux seulement de plaire au Gouvernement qu'il peut tromper par ses rapports, fera plus de bien que celui qui a le desir et le besoin de plaire à ces mêmes justiciables ; ce qu'il ne peut obtenir que par une conduite vertueuse.

Le C.^{en} *Oudart* ne semble pas avoir assez rendu justice aux présidens des tribunaux criminels. S'il avait réfléchi au haut degré de considération que lui donnent sa place, ses talens et la confiance du Gouvernement , il aurait senti que l'usage du droit de censure envers ces fonctionnaires devait être d'autant plus mesuré de sa part, qu'il peut faire des plaies plus profondes , et qu'ils sont plus jaloux de mériter son estime. Il est trop rigoureux de les accuser en masse d'être les vils jouets des coteries de la ville qu'ils habitent, ainsi que des factions départementales, et de sacrifier leurs devoirs au desir de leur plaire. Que cela arrive à des hommes sans morale , qui n'étendent pas leur vue au-delà du moment, on le conçoit. Mais me serait-il messéant de dire que le Gouvernement a pu choisir ses fonctionnaires, dont le nombre est très-borné, parmi les hommes qui ont fait preuve de quelque intelligence et d'un peu de caractère ! Or les hommes de ce genre , leur morale à part, savent qu'une lâche condescendance a pour salaire le mépris du public et même celui des hommes qui en profitent ; ils savent que s'il est un moyen de se concilier la constante affection du peuple, c'est de tenir à des principes dont l'inflexibilité excite quelquefois des murmures passagers ; mais dont l'uniforme application finit par fixer l'opinion et commande le respect.

Si quelque chose peut consoler les présidens de l'opinion du C.^{en} *Oudart,* c'est qu'elle n'est pas partagée par le Gouvernement, puisqu'il n'a pas usé du droit de les changer tous les ans. Le grand-juge, auquel aboutissent tous les rapports sur l'ordre judiciaire, a fait solennellement l'éloge des tribunaux criminels ; c'est avoir fait l'éloge des présidens, qui y remplissent le premier rôle. Sans doute le chef de la justice n'a pas pensé que quelques mauvaises décisions des jurés dussent être imputées à ceux qui les président, parce que jusqu'à ce jour on n'a pas cru que les présidens dussent prendre sur les jurés une influence que la loi actuelle ne suppose pas. Il a sûrement pensé aussi que si l'estime du Gouvernement est l'unique salaire qui les flatte, il serait injuste de les flétrir en masse par une censure généralisée, quand même il y aurait lieu à quelques exceptions.

Le motif d'établir une unité de principes entre les tribunaux criminels, ne présente réellement aucune idée précise. La loi doit être la règle commune de tous. On ne songe pas sans doute à établir en matière criminelle un corps de jurisprudence composé d'arrêts et de réglemens. La sagacité des préteurs aura à s'exercer, non dans l'interprétation des lois, mais dans l'appréciation des faits particuliers, qui ne peuvent jamais donner lieu à des conséquences d'un intérêt général, ni fournir matière aux conférences qu'on prétend établir entre eux dans leurs réunions annuelles ; réunions d'ailleurs dont on ne conçoit pas la possibilité, vu le défaut absolu de vacances. Leurs rapports au Gouvernement devront encore être extrêmement arides et succincts ; on n'aperçoit dans leur mission aucun objet général dont ils puissent l'entretenir.

Enfin le but de donner une grande influence aux préteurs sur les jurés a ses inconvéniens, que j'ai déjà fait entrevoir. Les juges du fait doivent être pour le moins aussi indépendans que ceux du droit. Si l'on veut que, par son influence, le préteur fasse le jugement du fait, il serait plus franc, plus loyal et plus économique de supprimer entièrement les jurés. Ce sont les lois, dit *Beccaria*, et non le magistrat, qui doivent en imposer. « Qu'elles soient enfin l'objet du respect et de la terreur ; qu'on tremble » devant elles ; mais qu'elles seules fassent trembler. La crainte des lois » est salutaire ; la crainte des hommes est une source funeste et féconde » en crimes. »

Je placerai ici quelques observations sur une solution générale qui se présente à la plupart de mes objections contre quelques parties du Projet. Presque toutes les innovations que j'ai combattues, et d'autres encore qu'il me reste à combattre, sont extraites du Code criminel anglais. Dans ce pays, les accusés ne sont jugés que de six mois en six mois. Un grand juge est commis par le roi pour présider le jury et appliquer seul la loi. Il ne pose qu'une seule question aux jurés, dont il dicte en quelque sorte la décision par l'influence qu'il a sur eux. Or les Anglais, dit-on, sont contens de leur institution ; la bonté en est donc garantie par l'expérience.

S'il est vrai que la nation anglaise soit satisfaite de sa législation criminelle, il en résulte qu'on aurait tort de songer à lui en donner une autre ; parce qu'une législation vicieuse, mais consacrée par le respect du peuple, est préférable à une plus parfaite en théorie, non encore éprouvée. Mais ce n'est pas une raison pour qu'un Gouvernement qui veut en donner une nouvelle à son peuple, n'en donne pas une meilleure que celle de ses voisins, quand il la conçoit ; parce qu'il n'est pas sûr qu'une prévention favorable déguise chez son peuple les vices de la loi comme chez celui qu'il veut imiter, ni même que ce que la loi empruntée a de bon en elle-même s'adapte également au caractère du peuple qui doit la recevoir.

Mais est-il bien certain que le peuple anglais soit de bonne foi admirateur de ses lois criminelles ! Pour partager son enthousiasme, s'il est réel, il faudrait en avoir une autre idée que celle qu'en donne *Blackstone.* Je sais que les Anglais ont l'orgueil de vanter leur jury devant les étrangers ; mais ils vantent également toutes leurs autres institutions, leur génie, les productions de leur pays, leur supériorité dans tous les arts, et ils n'ont pas toujours raison. C'est moins l'éloge des leurs que le mépris de celles des autres peuples qu'ils expriment, quand ils vantent leurs lois criminelles. Et en cela ils n'étaient pas injustes quand ils comparaient leurs lois en faveur de la liberté, à celles des pays où les lettres de cachet remplissaient autrefois les prisons, et où l'incarcération d'un citoyen durait la moitié de sa vie par les lenteurs de la justice.

Quelle que soit au surplus l'opinion du peuple anglais sur ses lois, ce serait principalement par leurs effets qu'il faudrait les juger. Croit-on qu'elles eussent été plus efficaces que les lois françaises, tout imparfaites qu'elles sont, pour préserver leur pays des crimes de tout genre, si une révolution semblable à la nôtre était venue y mettre toutes les passions en mouvement ! Existe-t-il à présent plus de sûreté chez les Anglais, que parmi nous, pour les personnes et les propriétés ! On sait que le *coroner* n'est pas toujours oisif, et la précaution qu'on a de faire la bourse du voleur pour voyager, atteste que les routes ne sont pas sûres. Croit-on que beaucoup de coupables n'échappent pas là comme ici, soit par l'insuffisance des preuves, soit par le crime des faux témoins plus fréquens encore en Angleterre que parmi nous, soit à la faveur de formalités minutieuses ! Voici comme *Mathieu Hale* s'exprime sur l'abus de ces formalités :

« La ponctualité avec laquelle on est tenu de les observer est devenue, » dit-il, une flétrissure et un grand inconvénient dans l'administration de » la justice ; car, en prêtant une oreille trop facile aux légères inexacti-

» tudes que les criminels allèguent dans leur accusation, on en sauve
» plus que par la preuve de leur innocence, *et il arrive souvent que des*
» *vols, des meurtres et autres délits restent impunis par le moyen de ces dé-*
» *fenses minutieuses*, au déshonneur de la loi, à la honte du Gouverne-
» ment, à l'encouragement du crime et à l'offense de Dieu. »

. Il faut que l'abus dont se plaint cet écrivain soit bien grand; car *Black-stone*, qui rapporte ce passage, dit : « On croirait que celui qui parle ainsi » était d'un caractère dur et austère ; aucun juge n'était plus humain et » compatissant. » Cessons donc de porter envie à la législation anglaise en matière criminelle : il n'y a point de Français déprévenu, qui, ayant lu *Blackstone*, ne lui préfère la nôtre, tout imparfaite qu'elle est. Ne cherchons point à imiter un peuple qui n'est pas fait pour nous servir de modèle ; ou si nous l'imitons, que ce soit dans son constant attachement à ses lois, à ses habitudes, à ses mœurs. Les lois ne sont qu'un faible réseau par elles-mêmes ; elles ne deviennent vraiment lois que par le respect des peuples. Il serait étonnant que notre institution eût acquis quelque force, lorsque dès son berceau, dans l'âge de la faiblesse et de l'inexpérience, elle a eu à combattre les crimes d'une révolution inouie ; lorsque, d'autre part, elle a été assaillie par les déclamations absurdes de l'ignorance, de l'esprit de parti et de la mauvaise foi. Corrigeons ce qu'elle a de vicieux, puisque nous en sommes là ; mais quand nous l'aurons fait, sachons respecter notre ouvrage, et ayons la constance d'en attendre les fruits.

Chap. VII. *De l'Examen.*

La commission a cru devoir maintenir la disposition du Code actuel qui défend à l'accusateur public de faire entendre dans le débat aucun témoin dont les nom n'ait été signifié vingt-quatre heures d'avance à l'accusé ; et elle a même étendu cette défense aux témoins produits par celui-ci, dont le noms doivent réciproquement être signifiés à l'accusateur public vingt-quatre heures avant le débat. Il paraît rigoureux de borner ainsi l'accusé dans ses moyens de justification. Le débat peut faire naître l'idée et le besoin d'appeler un témoin essentiel qui habite dans le lieu des séances ; ou que le hasard y a conduit ; il peut s'élever des difficultés du ressort des médecins, des chimistes et autres gens d'art ; difficultés qui ont besoin de la présence de quelques-uns de ces hommes pour être résolues : et l'accusé n'aurait pas le droit de les faire appeler ! il périrait victime d'une fin de non-recevoir ! Le préteur peut faire comparaître à l'instant tous témoins nouveaux qu'il lui plaît d'entendre ; pourquoi l'accusé n'aurait-il pas le même droit pour sa défense, quand cela peut se faire sans suspendre ni retarder le débat ! Dès que l'on reconnaît que le préteur peut avoir de bonnes raisons pour faire appeler subitement un témoin non indiqué
d'avance,

d'avance, on doit reconnaître la possibilité des mêmes motifs, et de motifs plus sacrés encore dans l'accusé. Il est vrai que dans ce cas-là même il pourrait obtenir du préteur l'appel des témoins ; mais pourquoi laisser à ce magistrat le droit de refuser impunément à l'accusé un moyen de défense et de justification !

Il est difficile de concevoir l'utilité de cette signification réciproque de la liste vingt-quatre heures à l'avance ; on ne peut en apercevoir d'autre que celle de mettre l'accusateur public et l'accusé dans le cas de prendre des informations sur la moralité du témoin, sur ses relations avec l'accusé, la partie civile, &c., et d'appeler d'autres témoins, ou de produire des pièces propres à combattre sa déposition, quand on le présume passionné : mais pour cela le délai de vingt-quatre heures est bien insuffisant. L'accusé pourrait impunément porter le nom de son père, de son oncle, sur une liste signifiée la veille du débat, et soutenir qu'ils ne sont pas ses parens ; l'accusateur public n'aurait pas le temps de se procurer les moyens de le confondre, si le domicile de ces personnes est éloigné de quinze ou vingt lieues. La partie civile ne peut-elle pas de même faire employer par adresse, sur la liste de celui-ci, des personnes intéressées comme elle à la perte de l'accusé ! On ne peut contester cela. Il en résulte qu'il faut supprimer cette formalité, ou la rendre vraiment utile, en ordonnant qu'elle soit remplie au moins huit jours d'avance ; mais je ne pense pas qu'on doive en faire à l'accusé une obligation absolue : seulement on pourrait établir que le Gouvernement ne paierait que les témoins dont les noms auraient été signifiés dans le délai prescrit, et que les autres seraient à la charge de l'accusé. Au surplus, on est communément trop en garde contre les témoins administrés par lui, pour qu'il résulte un grand inconvénient de l'autoriser à en faire comparaître quelques-uns non précédemment indiqués.

Une autre disposition du Code actuel, conservée par le Projet, est celle qui défend de lire aucune déposition de témoins non présens au débat. Il n'y a sans doute personne qui ne reconnaisse tout l'avantage d'une déposition orale sur une déposition écrite ; mais il n'est point de règles générales auxquelles la nécessité ne commande quelquefois des exceptions. On a reconnu qu'il fallait en faire une à celle-ci pour les membres du Gouvernement, pour les sénateurs, &c. ; on a autorisé la lecture des dépositions de témoins décédés pendant la contumace. Je pense qu'il est nécessaire d'étendre l'exception à tous les cas où un témoin, par son grand âge, par une maladie qui ne permet pas l'espoir de son rétablissement, quelquefois par les blessures qu'il a reçues de l'accusé, par un voyage hors de la France, est dans l'impossibilité de comparaître ; cette exception doit avoir lieu à plus forte raison dans les cas de mort du témoin depuis sa déposition. Le défaut de cette exception que je réclame, est encore

une des causes qui ont contribué à discréditer l'institution. Il y a peu
d'affaires un peu considérables où quelque témoin essentiel ne soit ou
décédé ou retenu par une des autres causes dont il vient d'être parlé ;
et ces cas deviendront de plus en plus fréquens , si on diffère trois ou
quatre mois le jugement de l'accusé. Il n'est pas sans exemple que des
témoins aient été assassinés en allant déposer ; c'est un crime auquel les
partisans et les complices de l'accusé se porteraient moins volontiers , si
on savait que la déposition écrite de ces témoins pouvant être lue , on
commettrait un crime inutile en leur ôtant la vie.

Je conçois néanmoins combien il est essentiel de ne pas permettre de
relàchement dans les principes sur ce point capital de l'institution. Il doit
en conséquence être ordonné que la déclaration d'un témoin malade ne
serait jamais lue qu'après qu'il aurait été constaté par gens de l'art, qu'il
n'y a aucun espoir d'une guérison prochaine ; on ne pourrait la lire, sans
lire en même temps le récolement qui en aurait été fait par un juge
commis à cette fin ; et dans ce cas même, comme dans tout autre cas
où ce récolement serait impossible , le président serait tenu, sur son honneur , d'avertir les jurés que cette lecture est hors des principes de l'institution, et qu'ils ne doivent y avoir que tel égard que de raison.

L'article 856 conserve au préteur le droit donné au président du tribunal par le Code actuel , contre les témoins dont la déposition est
reconnue fausse dans le débat. Par le Code actuel, le président ne doit
faire arrêter le témoin que quand sa déposition paraît *évidemment* fausse ,
et les auteurs du Projet ont cru devoir supprimer le mot *évidemment.* Je
pense qu'il avait été prudemment employé. Il ne faut pas que le président se livre trop légèrement à la prévention qu'inspire quelquefois un
témoin. La déposition d'un seul homme, contrarié par quatre autres, n'est
pas toujours assez évidemment fausse pour autoriser à l'arrêter ; il peut
avoir dit le vrai, et les autres le faux. Il est bien important que les témoins
ne soient pas intimidés au point de n'oser dire une vérité invraisemblable.

Mon expérience m'a fait sur ce point adopter une idée que je soumet-
trai au Gouvernement, quoique je ne doute pas qu'elle ne paraisse bizarre
et hasardée. Je voudrais qu'on jugeât le faux témoin à l'instant même, ou
plutôt immédiatement à la suite du débat principal où il a figuré ; qu'il
fût jugé par les mêmes jurés , et en présence des témoins qui ont assisté
à ce débat ; je voudrais au moins qu'on accordât cette faculté aux tribunaux criminels, sauf à n'en pas user quand il y a quelque motif de craindre
que cette précipitation ne compromît l'innocence.

Je sens que ma proposition contrarie le principe, que nul ne peut
être mis en jugement avant d'avoir été accusé ; mais pourquoi ne délé-
guerait-on pas, dans ce cas extraordinaire, l'accusation aux membres du
tribunal ! Tous ceux qui ont rempli des fonctions dans les tribunaux

criminels, savent combien les faux témoignages se multiplient par l'impunité, et que cette impunité est encore une des causes principales. de
celle de beaucoup de coupables. Or, on n'atteindra jamais les faux témoins,
si on ne prend le parti que je propose, ou quelque autre équivalent,
parce que le mode de la déposition, qui ne laisse aucune trace, est une
garantie pour ce crime. J'ai fait arrêter plusieurs faux témoins ; mes pré-
décesseurs en ont fait arrêter : jamais aucun n'a été condamné. La raison en
est, que la preuve du faux en ce cas-là réside dans les contradictions du
témoin, contradictions constituées par des expressions fugitives, difficiles
à recueillir ; elle consiste dans sa contenance embarrassée, dans l'altération
de ses traits et de sa voix, dans l'énergie avec laquelle un autre témoin
ou l'accusé le combattent, dans l'accablement du coupable, et dans la
sérénité de ceux qui le contredisent. Toutes ces circonstances qui frappent
profondément les jurés présens, ne peuvent être transmises à d'autres
jurés absens, à l'aide d'un froid procès-verbal.

Ces jurés, témoins du délit et de tout ce qui en constitue les preuves,
sont les plus aptes, les seuls aptes à rendre une décision éclairée. Il
serait à desirer que tous les crimes pussent être jugés de même. Cela
est impossible ; mais au moins il semble qu'on doit volontiers saisir l'occasion de le faire quand il y a lieu. Si le témoin prévenu de faux alléguait
avec quelque probabilité qu'il existât des pièces ou des témoins propres
à le justifier, on procéderait alors comme il est prescrit par les articles 856
et 857.

Chap. VIII. *La Déclaration du Jury doit-elle se former à l'unanimité !*

Comme c'est ici un point fondamental de l'institution, j'examinerai cet
article avec quelque étendue. Les motifs développés sur cette question par le
C.^en *Oudart*, le sont avec une force qui appartient à la profonde persuasion ;
mais ils perdent ce qu'ils ont de séduisant, en subissant l'analyse. Ils se
réduisent à six principaux. Les voici dépouillés de leurs ornemens. 1.° Sous
la loi de l'unanimité, la discussion est poussée aussi loin qu'elle peut
l'être par les jurés intéressés à découvrir et à mettre au jour les motifs
propres à déterminer l'unanimité, au lieu que quand la minorité absout,
trois ou quatre jurés, décidés à acquitter, peuvent impunément laisser les
autres s'épuiser en raisonnemens qu'ils n'écoutent pas.

2.° L'unanimité est l'écueil de la vénalité, parce qu'il faudrait corrompre
non-seulement un juré, mais douze, ou au moins une majorité suffisante
pour entraîner les autres.

3.° La simple majorité n'est qu'une justice extérieure et présumée ; elle
peut laisser des doutes. Quand la majorité forme le jugement, si quatre

ou cinq jurés proclament l'innocence de l'accusé, la majorité qui le condamne n'offre pas une garantie suffisante à la justice ; quand une petite
minorité absout contre le vœu d'une majorité imposante, les intérêts de
la société ne sont pas à couvert, et l'on sait que dans ce cas le jugement se forme quelquefois par la retraite d'un homme pusillanime, d'abord
disposé à condamner, mais qui ne veut pas que sa voix concoure quand
il aperçoit qu'il ne faut que la retirer pour absoudre.

4.° La loi de la majorité donne lieu à des débats qui se prolongent
après le jugement, au scandale du public ; au lieu que, dans celle de
l'unanimité, les esprits se rasseyent après la discussion : l'adhésion de la
minorité d'abord dissidente, fortifie l'opinion de la majorité qui l'emporte,
et la décision qui survient est réputée l'ouvrage de tous.

5.° Sous la loi de l'unanimité, si la minorité cède, c'est la majorité qui
décide ; si c'est la majorité qui cède, c'est qu'elle reconnaît qu'elle avait tort.
Le côté qui cède est toujours celui qui n'a pas raison.

6.° La bizarrerie, les caprices, l'entêtement, viennent échouer contre
l'unanimité ; elle soutient le juré pusillanime, et le juré corrompu tenterait
en vain d'entraîner dans son parti la grande majorité prononcée dans un
sens contraire.

Je vais examiner successivement ces divers avantages attribués à l'unanimité, et je suivrai, autant qu'il sera possible, l'ordre dans lequel je viens
d'en offrir l'analyse.

Je conviens que, sous la loi de l'unanimité, la discussion est poussée
aussi loin qu'elle peut l'être ; quand il y a différence d'opinions, aucun juré
ne peut rester indifférent à l'opinion des autres, parce qu'il faut qu'il s'y
conforme ou qu'il en triomphe. Il doit pour cela s'établir un débat dans
lequel chacun expose sa pensée, avec les motifs qui le déterminent ; et ce
débat ne doit finir que quand l'unanimité est acquise : mais je pense que
ce n'est pas un résultat dont on doive s'applaudir. C'est un mal que des
jurés, qui, pour être parfaitement libres, auraient besoin de voter en secret,
soient obligés de mettre leur opinion au jour devant leurs collègues, et
d'entrer en lutte avec des forces inégales ; c'est un mal que la discussion
soit portée jusqu'à la lassitude, parce qu'elle peut dénaturer l'impression
du débat.

Sans doute on ne doit pas enchaîner la langue des jurés lorsqu'ils sont
retirés dans leur chambre ; mais il est à desirer qu'ils s'en tiennent à relire les
procès-verbaux, en cas de besoin, et à se rappeler entre eux, sans chaleur
et sans prétention, les principaux faits résultant du débat. Si la discussion
est portée plus loin, il est à craindre que les motifs, les vrais motifs de
détermination puisés dans le débat, ne disparaissent, et ne fassent place à
des impressions factices créées par la passion de quelqu'un d'entre eux qui
saura prendre de l'ascendant. L'affaire doit avoir été complétement discutée

dans l'auditoire, ou bien le tribunal n'a pas fait son devoir. Que peut-on ajouter aux éclaircissemens d'un débat où chacun a eu la liberté de questionner l'accusé et les témoins, où le ministère public a développé avec méthode les chefs d'accusation et les preuves, où le défenseur a fait valoir les moyens de justification, et où le président a, par une analyse claire et succincte, rapproché toutes les parties éparses du procès !

Certes, quand cette opération solennelle est achevée, la force des preuves doit avoir rempli et maîtrisé l'ame des jurés ; s'ils hésitent encore, c'est que les preuves ne sont pas suffisantes, c'est qu'ils ne doivent pas être convaincus. Il y aurait un grand danger à les distraire de l'une ou l'autre situation d'esprit où ils se trouvent alors. Leur détermination ne serait plus fondée sur les vraies bases qu'elle doit avoir, mais sur des bases créées hors du débat avec des élémens fictifs et illusoires. Supposez un certain nombre de jurés intelligens et probes, quoique simples, sortant de la salle publique avec la conviction que l'accusé est coupable : un homme plus instruit qu'eux, doué de cette volubilité qui incommode et embarrasse, vient essayer de bouleverser leurs idées en créant des systèmes sur les élémens que doit avoir la conviction, en posant pour certains des faits mal avérés, et pour douteux des faits bien constatés, en jetant des doutes sur l'impartialité des magistrats qui ont rédigé les procès-verbaux ou dirigé le débat. Qu'arrivera-t-il ! Si ces hommes simples et de bon sens avaient à voter secrètement, ils laisseraient parler le discoureur et garderaient leur opinion ; mais ils sont obligés de la produire et de la mettre en opposition avec la sienne : cette contradiction l'irrite ; il devient plus pressant, quelquefois insolent. Alors, ou les jurés sont faibles et modestes, ou bien ils ont une raison robuste et un peu de présomption. Dans le premier cas, bientôt la lassitude s'en mêle, la confusion s'établit dans leurs idées, leurs motifs de détermination se dispersent, ils chancèlent, ils cèdent. Si les jurés sont forts et présomptueux, c'est un autre danger ; ils soutiennent le combat pendant quelque temps : c'est ce qu'avait desiré l'homme adroit et passionné que je suppose parmi eux. Il leur pose des principes, ils les avouent ; il en tire des conséquences qui les étonnent, mais qu'ils sont obligés d'admettre ; il les conduit, de conséquence en conséquence, bien loin de leur opinion ; et les enveloppant dans leurs propres concessions, il leur en montre le résultat nécessaire, qui est l'absolution de l'accusé. Que faire alors ! Il faut céder, ou paraître inconséquent et entêté. On cède labialement, et cependant on était convaincu.

Si au contraire on place les jurés dans une position où ils n'aient aucun compte à se rendre de leurs opinions respectives, leur union dans la chambre n'aura pour but que de leur procurer la faculté de se recueillir, de prendre quelques renseignemens nouveaux sur les pièces, ou de se faire donner, par ceux de leurs collègues dans lesquels ils ont confiance, quelques éclaircissemens auxquels ils n'ont pas été suffisamment attentifs dans le débat : cela se fait avec simplicité, sans discussion et sans chaleur. Si quelque être officieux entreprend de les endoctriner sans en être invité, il leur inspirera de la défiance; ils seront sur la réserve, et, sans se commettre avec lui, sans le suivre ou le combattre dans ses raisonnemens, ils s'arrêteront au sentiment qui maîtrise leur conscience, et se réserveront, sans scrupule et sans crainte, à voter d'après eux.

Ainsi cette insouciance sur la discussion, que le C.^{en} *Oudart* semble redouter de la part de jurés déterminés, est ce que j'estime le plus; et le système de l'unanimité, eût-il d'ailleurs les avantages qu'il lui suppose, je le rejetterais par sela seul qu'il rétablit une discussion forcée entre des hommes inégaux en moyens, qu'il conduit à un débat obscur, informe, orageux, illégal, hors de la présence de l'accusé, des témoins et des juges, et qui doit presque infailliblement produire un résultat contraire à celui du vrai débat. Je n'ai pas l'avantage de donner à mes pensées le séduisant coloris qui prévient en faveur de l'opinion que je combats; mais j'ai pour moi l'argument le plus respectable de tous, l'expérience. J'atteste que toutes les fois que les jurés ne sont pas tourmentés par quelqu'un de ces hommes auxquels un certain talent fournit la prétention de dominer, toutes les fois qu'on ne renverse pas, pour ainsi dire, violemment l'opinion que le progrès du débat a fait naître et a fortifiée dans leurs ames, leurs décisions sont sages. Le tribunal que je préside a vu le jury tomber dans des erreurs; mais il n'en est pas une importante qu'il n'ait le droit d'imputer à tel homme prédominant, qui l'a extorquée en abusant de la discussion.

Quoi! l'on veut prendre des précautions contre la complaisance, la pusillanimité, la corruption, et l'on établit une arène d'où s'entendent au loin les violens débats des jurés, et où l'on ne remporte que des *victoires fumantes!* N'est-ce pas rendre en quelque sorte les solliciteurs témoins de la manière dont chacun se comporte, et accabler les jurés de tout leur ascendant! Tel homme a assez de probité pour suivre le mouvement de sa conscience, malgré les sollicitations, s'il vote en secret, qui n'a pas le courage de braver les reproches auxquels il s'expose si son opinion est connue. C'est le cas où la vertu timide et chancelante a le mystère pour asile. Il est bien étonnant que le secret soit jugé nécessaire dans les délibérations des juges civils, qui s'astreignent eux-mêmes par les lois de l'honneur à le garder scrupuleusement, et qu'on ne sente pas la nécessité de donner cette sauve-garde à la faiblesse des jurés.

L'unanimité est, dit-on, l'écueil de la vénalité, parce qu'il faudrait corrompre non seulement un juré, mais douze, ou au moins la majorité. Je réponds : 1.º J'espère présenter, pour la formation du tableau, un mode qui rendra toute tentative de corruption presque impossible. 2.º Dans aucun système personne ne sera assez mal-adroit pour mettre en usage des moyens de corruption envers beaucoup de jurés ; on en perdrait le fruit par le scandale qu'ils produiraient. Ce ne sera jamais que quelque juré marquant qu'on tâchera de corrompre, dans l'espoir que son ascendant entraînera les autres : or cet ascendant est plus efficace dans le système de l'unanimité que dans tout autre. C'est là sur-tout qu'on peut livrer la guerre à la faiblesse, l'embarrasser par des sophismes, l'intimider par des menaces, obséder, insister, et justifier son entêtement par la nécessité de s'accorder. C'est dans ce système que la force physique vient encore seconder les moyens moraux ; si l'homme qui s'est vendu à l'accusé ne réussit pas par la persuasion, il est sûr de réussir par la force de son estomac. Le commun des jurés a bien la volonté d'être juste et de punir le crime ; mais cette volonté ne résiste pas aux privations cruelles auxquelles ils sont assujettis lorsqu'ils ne s'accordent pas. La loi qui ordonne ces privations, n'est, dit-on, que comminatoire, en Angleterre : qu'est-ce que cela veut dire ! La vérité est qu'on l'applique quand on en a besoin. Toutes les lois pénales ne sont que comminatoires, et elles n'en sont pas moins des lois : il faut en venir là, quand il n'y a pas d'autre moyen d'obtenir une décision. Si la loi n'existait pas, la nécessité en tiendrait lieu. Il est donc un pays au monde où le froid, la faim, la soif, sont les motifs légaux du juge pour condamner ou pour absoudre ! et ce pays-là n'est point aux antipodes, il est dans l'Europe policée ! Je persiste à dire que dans ce pays-là on peut acheter un homme qui, champion de l'accusé, luttera contre onze autres à la force des estomacs ; il les vaincra quand il serait physiquement le plus faible, parce que les autres n'auront pas les mêmes motifs de constance.

Il ne faut pas croire que ce soit une témérité pour un juré passionné, que d'entreprendre d'en vaincre onze qui ne le sont pas. Si un se détache de ces derniers par lassitude, un ou deux autres s'en détachent bientôt aussi ; l'espoir et le courage de ceux qui persistent diminuent d'autant, et ils cèdent infailliblement. Il en serait autrement si la majorité faisait la loi. Dans ce cas-ci, on n'est forcé de céder qu'à la raison ou à ce qu'on prend pour elle ; dans le système de l'unanimité, on cède à la nécessité et à la force. Dans le premier cas, on méprise l'obstination d'un homme dont la voix isolée ne peut rien ; dans le second, on est obligé de respecter l'avis d'un homme sans lequel la décision ne peut se former. Oserai-je le dire ? il n'y a pas plus de chances en faveur de l'opinion d'une masse de onze jurés, qu'en faveur de celle d'un juré solitaire ; parce que chaque juré, d'un côté comme de l'autre, ne soutient son opinion que par les moyens physiques ou moraux qui lui sont personnels. Ces moyens peuvent être plus robustes dans le juré qui est seul, que dans chacun des onze qui lui sont opposés ; il n'a pas besoin d'une force supérieure aux forces réunies de ses onze adversaires, mais seulement d'être plus fort que le plus fort d'entre eux. Cet homme, dit-on, craindra le déshonneur : faible barrière pour celui qui a été assez vil pour se vendre! Est-ce que la somme promise et déposée aux mains d'un tiers ne peut pas être assez forte pour tenir lieu de tout à une ame corrompue! D'ailleurs ne reste-t-il pas toujours de l'incertitude sur la bonne ou mauvaise foi dans ce cas! Il y a plus; c'est que quand la majorité cède par faiblesse contre sa conscience, elle n'ose pas le divulguer ni s'en plaindre; ce serait pour elle que serait le déshonneur. Enfin malheur à votre institution, si la honte est le partage de celui qui ne pense pas comme les autres!

Qu'on cesse donc de compter parmi les avantages du mode dont il s'agit, celui de remédier à la vénalité; ce n'est que dans ce système qu'il est possible de tenter ce moyen. Dans celui de la majorité, il ne suffirait pas de corrompre un juré; il faudrait en corrompre plusieurs : or cela ne peut se faire sans scandale. Dans tout système où les jurés votent secrètement, il est impossible de faire une convention et de s'assurer qu'elle a été exécutée; l'homme assez vil pour se vendre, le serait assez pour tromper celui qui le paye. Dans le mode de l'unanimité, un seul juré, comme je l'ai dit, peut triompher de tous les autres; et l'émission de son vœu en présence de ses collègues, le rendant aussitôt public, lui fait une preuve qui l'autorise à en exiger le prix.

Mais la simple majorité n'est, dit-on, qu'une justice extérieure et présumée; quand cinq jurés proclament l'innocence de l'accusé, sa condamnation laisse des doutes. J'observe, 1.º qu'il n'est pas juste de rehausser les avantages de l'unanimité en les comparant à ceux de la simple majorité ; car il ne s'agit nulle part de la simple majorité : je ne sache pas que personne ait proposé ce mode de délibération. 2.º Il n'arrive jamais que cinq jurés proclament l'innocence de l'homme qui est condamné par sept; cela n'arriverait pas même dans celui de la simple majorité. La minorité qui n'a pu acquiescer à la condamnation, exprime seulement ses doutes; elle est communément elle-même très-persuadée que l'accusé est coupable : seulement elle n'est pas convaincue; ce qui est tout autre chose. Mais ses doutes, opposés à l'opinion d'une grande majorité qui se déclare convaincue, n'altèrent point la confiance due au jugement. Si huit jurés ont une pleine conviction et que quatre seulement hésitent, cette hésitation ne détruit point ce qu'a d'imposant la pleine conviction des autres.

Je conviendrai qu'il n'est pas sans exemple, dans le système de la majorité, qu'un juré faible et timide, d'abord décidé à condamner, ait retiré sa voix, lorsqu'il s'est aperçu qu'elle formait le nombre juste requis pour la condamnation. J'oserai dire d'abord à ceux qui voient en cela un grand inconvénient : Ne blâmons point le sentiment qui porte ce juré à en agir ainsi; il honore l'humanité; il n'appartient qu'à l'honnête homme; si on veut bien l'analyser, on verra qu'il suppose l'absence d'une conviction profonde. Mais j'ajoute : N'y a-t-il que l'unanimité qui puisse remédier à ce mal, si c'en est un! Je pense qu'il n'y a rien de plus efficace pour cela que

la

le mode de voter par scrutin secret, parce que chacun des jurés, ne sachant parfaitement ce que pensent les autres, ne tremble point sur les suites de son vœu, comme lorsqu'il aperçoit que c'est lui qui détermine la condamnation. Dans le mode de l'unanimité, le juré timide est soutenu, je l'avoue, par l'opinion des autres; mais cette sécurité empruntée est-elle bien légitime! Un honnête homme auquel la loi demande l'expression de son sentiment intime, peut-il compter pour quelque chose l'opinion d'autrui dans ses motifs! Rien n'est plus redoutable que cette manière de voter comme par acclamation et par l'effet de cette puissance électrique qui agit sur l'esprit des hommes réunis en grand nombre. Quand les jurés votent secrètement, chacun d'eux, pénétré autant et non plus qu'il ne faut de l'importance du vœu qu'il va émettre, est obligé de scruter scrupuleusement sa conscience pour y chercher ses motifs de détermination; quand ils votent par acclamation, la plupart sont entraînés par l'opinion d'autrui. Certes, c'est-là un mal : il faut que le suffrage d'un juré soit le fruit d'une délibération froide et réfléchie de sa part; il faut que son vœu soit tout à lui.

Ce n'est donc que l'homme peu délicat ou faible qui se laisse ainsi entraîner par la majorité, quand il balance; mais l'homme honnête, l'homme doué d'un certain caractère, ne se rassurera point ainsi contre ses doutes. Or, supposez un pareil homme au milieu de jurés forcés de voter à l'unanimité; il ne cédera jamais s'il n'est pas convaincu. Il se dira : Cet accusé ne peut être condamné qu'en conséquence d'une conviction uniforme de douze jurés; la mienne n'est pas parfaite; je serais un lâche si j'acquiesçais; le sang de cet homme retomberait sur moi.

A la vérité, cet inconvénient se fait peu sentir en Angleterre : mais s'ensuit-il qu'il ne soit pas un résultat du système de l'unanimité! Non : il s'ensuit seulement que ce système, sauf quelques cas particuliers, n'est pas réellement pratiqué en Angleterre. Le peuple de ce pays-là, plus sage que ses législateurs, a senti que l'unanimité n'est et ne peut être qu'une forme extérieure; il a conçu que c'était demander l'impossible, que de prescrire à douze hommes pensant différemment sur le même fait après mûre délibération, d'y penser de la même manière, comme s'il dépendait de chacun d'avoir deux opinions contraires. On conçoit que, ce principe admis et bien consolidé dans l'esprit de la nation, tous les jugemens s'y rendent à l'unanimité, quant à la forme, mais réellement à la majorité. La rigueur de la loi n'inspire aucun scrupule aux plus timides de la minorité; ils se rendent sans hésiter, quand la majorité est prononcée, parce que tout le monde sait que l'opinion générale et la raison universelle sont au-dessus des lois. D'après ces idées reçues, il ne résulte d'autre inconvénient de la bizarrerie du système anglais, que le scandale d'une loi tombée en dérision, d'un mensonge public qui se renouvelle chaque jour et ne trompe personne, et de l'imprudence du législateur qui l'a rendu nécessaire.

Si l'on convient que le système de l'unanimité est ainsi conçu et pratiqué en Angleterre, s'il est vrai que c'est réellement la majorité qui prononce en o' tenant le silence de la minorité, c'est le cas de dire de l'institution anglaise q 'elle n'offre qu'une *justice extérieure et présumée*, puisque la décision s'y forme souvent par la simple majorité, et non par une majorité imposante. Or, quand l'usage ne serait pas reconnu et avoué par les Anglais, pourrait-on douter un instant de son existence ? Qui oserait contester qu'après la discussion la plus lumineuse, il peut rester une différence d'opinion ! En vain dit-on que l'évidence ne peut pas également être des deux côtés; il n'y a point d'évidence proprement dite en cette matière. Ce n'est point par des procédés mathématiques que la conviction se forme ; elle est le résultat de preuves morales, dont chacun peut être différemment affecté. Nos jugemens sur un fait moral tiennent à une combinaison imperceptible de nos principes, de nos souvenirs, de nos habitudes, avec l'impression des circonstances du fait. J'ai entendu vingt fois des hommes déprévenus dire de bonne fois d'un accusé, l'un, Il a la figure d'un honnête homme; l'autre, Il a la figure d'un frippon. Cela provient de la variété des souvenirs que les traits, ou l'accent, ou le maintien de cet homme rappelaient confusément dans leur mémoire. Au surplus, je n'insisterai pas davantage pour prouver que les hommes peuvent être, de bonne foi, discordans sur un fait. Il s'ensuit que la loi anglaise est une loi folle qui prescrit l'impossible, ou une loi immorale qui commande de mentir au public.

L'unanimité a, dit-on, l'avantage de prévenir les débats scandaleux qui, dans la loi de la majorité, se prolongent après la décision ; on voit les esprits se rasseoir quand le jugement est rendu : l'adhésion de la minorité d'abord dissidente fortifie l'opinion de la majorité qui l'emporte, et la décision est réputée l'ouvrage de tous. J'oserai dire que rien de tout cela n'est vrai. Un juré fortement prononcé contre l'opinion qui triomphe, s'indigne de passer pour y avoir concouru. Il s'empresse de proclamer par-tout qu'il désapprouve le jugement. Il a d'autant plus intérêt de le faire, que l'unanimité peut être réputée réelle jusqu'à protestation de sa part. Il ne craint point de se déshonorer en publiant qu'il n'a cédé que labialement ; il n'y a de déshonneur que pour la loi qui lui en fait une nécessité. Cette nécessité justifie toujours la faible minorité qui cède enfin après que la discussion est épuisée. C'est se faire illusion que de prétendre qu'une pareille adhésion fortifie l'opinion de la majorité; un acquiescement purement labial ne détruit point l'opposition des opinions. La décision, il est vrai, serait plus respectée du public, si le secret était gardé; mais il ne le sera point dès que l'amour-propre sollicitera à le violer.

Ce n'est que sous la loi de la majorité qu'il est facile de prévenir l'éclat des ressentimens qui survivent à la décision ; parce que ce n'est que dans ce mode qu'on peut établir un scrutin où chacun émette son opinion sans connaître en particulier celle d'aucun de ses collègues. Un juré, dans ce cas, peut être mécontent du résultat; mais ne sachant à qui l'attribuer, son ressentiment est sans objet direct. Il n'aura pas le même empressement à proclamer son opinion, parce que, l'unanimité n'étant pas nécessairement présumée, il sait que personne ne peut s'en prendre absolument à lui d'une décision qui déplaît au public.

Il s'est formé, sans doute contre l'intention du C.^{en} *Oudart,* un jeu de mots sous sa plume, lorsqu'il dit : Si la minorité cède, c'est la majorité qui décide; si c'est celle-ci qui cède, c'est qu'elle reconnaît avoir tort : le côté qui cède est toujours celui qui n'a pas raison. Que signifie *céder* dans ces propositions ! Si céder est se laisser pénétrer de l'opinion contraire à celle qu'on soutenait, on s'est mal exprimé en disant que lorsque la minorité cède, c'est la majorité qui prononce; c'est alors l'unanimité, puisque, dans l'hypothèse, les opinions sont devenues uniformes. Si céder est condescendre à l'opinion d'autrui sans cesser d'en avoir une contraire, on s'est encore mal exprimé quand on a dit que, lorsque la majorité cède, elle reconnaît qu'elle avait tort. Elle ne reconnaît pas, dans ce cas, avoir tort, puisqu'elle garde son opinion; mais elle consent à une injustice. Dans l'un et l'autre sens, il n'est pas vrai que celui qui cède soit toujours celui qui n'a pas raison; c'est professer que l'homme opiniâtre et entêté qui ne cède jamais, est infaillible.

Enfin le C.^{en} *Oudart* a prétendu que la bizarrerie, le caprice, l'entêtement, viennent échouer contre la loi de l'unanimité. On ne conçoit pas cela. Pourquoi un juré n'aurait-il pas un caprice, une bizarrerie, dans un régime où il est sûr de réussir avec un entêtement persévérant, aussi-bien que dans un autre où une opinion capricieuse et bizarre ne peut lui garantir que la risée et le mépris de ses collègues !

Je terminerai cette discussion par un exemple qui seul démontrera le vice de la loi proposée. Je suppose qu'après une discussion solennelle, six jurés soient décidés à absoudre, et six à condamner. Il est bien permis de penser qu'aucun ne changera d'opinion : or en ce cas, dans toutes les législations du monde, l'accusé serait absous. Il n'y a point de partage en matière criminelle. Eh bien ! dans la législation anglaise, l'accusé n'est point acquitté par l'effet du partage; il y a plus, il court les risques d'être condamné. Les auteurs du Projet ont fait des argumens plausibles tant qu'ils ont supposé une minorité, parce qu'on a lieu de présumer qu'elle cède, et alors c'est la majorité qui prononce; mais quand il y a partage, peut-on prévoir quel parti cédera ? Ce sera, dira-t-on, le parti qui vote pour condamner. Je ne l'espère pas. Ma raison est que ceux qui opinent pour condamner, n'opinent ainsi que parce qu'ils sont convaincus; les autres n'opinent pour absoudre que parce qu'ils ne sont pas assez convaincus du crime, mais sans être convaincus de l'innocence. C'est chez eux un simple doute, un état d'hésitation. Or, opposez six hommes qui hésitent, à six hommes qui ont une volonté forte et déterminée, la probabilité n'est pas que ceux-ci céderont. L'accusé poura être condamné contre toutes les règles, en cas de partage.

Je conclus de tout ce que j'ai dit sur ce sujet, que la loi du secret, appliquée au système de la majorité, donne aux jurés une liberté dont ils ne jouissent dans aucun autre mode, et fait disparaître tous les inconvéniens qu'on reproche à ce système, le seul qui se présente sans effort à l'imagination, parce qu'il est le seul qu'indiquent la nature et la droite raison. Je conclus que le système anglais est un système bizarre, condamné par nos premières pensées, qui sont d'ordinaire les plus justes, et qu'il a des inconvéniens que rien ne peut balancer.

Chap. IX. *Quelle majorité est requise pour former la Décision du Jury!*

Dans toute assemblée délibérante, la règle naturelle est que le plus grand nombre fait loi. Mais la liberté et la vie des hommes sont des biens si sacrés, que, chez un peuple doux et policé, la loi ne peut les rendre dépendans d'une certitude aussi imparfaite que celle qui résulte de la simple majorité. La confiance due à l'opinion de six hommes est peu supérieure à celle due à l'opinion de cinq, quand elles sont formellement contraires; il est vrai qu'en cette matière elles ne sont communément que contradictoires. Quand une majorité de jurés dit, Nous sommes convaincus que l'accusé est coupable, la majorité ne dit pas, Nous sommes convaincus qu'il ne l'est point, mais seulement, Nous ne sommes pas convaincus qu'il le soit. Néanmoins, étant possible qu'une fois sur mille ceux qui veulent absoudre aient, sinon la conviction, au moins une très-forte persuasion de l'innocence, cette considération doit déterminer à exiger plus que la simple majorité pour condamner.

En l'an 5, le Corps législatif crut avoir trouvé un sage milieu pour prévenir les inconvéniens de la simple majorité et celle de l'unanimité anglaise, lorsqu'il ordonna, par la loi du 19 fructidor, que la décision des jurés ne pourrait être rendue qu'à l'unanimité dans les vingt-quatre heures, et qu'après ce temps elle le serait à la simple majorité. Ce système était fait pour séduire, jusqu'à ce que l'expérience en eût fait connaître l'abus. Une délibération de vingt-quatre heures épuise la discussion, et présente, sous ce rapport, tout l'avantage qu'on attribue au mode anglais. Après une pareille discussion, la majorité qui persiste n'est réputée le faire que parce qu'elle est maîtrisée par l'évidence : son vœu en devient plus imposant. Si les jurés s'accordent au moins labialement, ce qui arrive presque toujours, on obtient tous les résultats qu'on cherche dans l'unanimité. S'ils ne s'accordent pas, on a, au bout de vingt-quatre heures, une déclaration vraie et conforme à l'opinion du jury; on a évité le scandale d'un mensonge public. Aucun juré n'a le droit de se plaindre de la décision rendue à l'unanimité; il se ferait accuser de lâcheté pour avoir cédé avant l'expiration des vingt-quatre heures. Il sera mal écouté s'il se plaint de celle rendue à la majorité après ce temps écoulé, parce que, je le répète, l'opinion de la majorité en est devenue plus respectable, et le public, en ce cas, place l'entêtement du côté de la minorité.

On a donc tort de dire que ce système est une dérision qui favorise les passions et laisse un libre cours aux dissentimens. Je n'ai pas lu l'ouvrage du C.^{en} *Bexon* cité par le C.^{en} *Oudart ;* mais je ne puis croire qu'il établisse cela. Cependant, malgré les avantages apparens de ce système, je ne puis me résoudre à l'admettre : je le préférerais sans doute à tout autre s'il était pratiqué ; mais je le rejette, parce qu'il ne l'est pas, et parce qu'il n'y a point de moyens d'empêcher de l'éluder ; je le rejette, parce qu'il présente tous les inconvéniens de celui de l'unanimité, parce que, dans la pratique, c'est parfaitement le même système. Le C.^{en} *Oudart* m'en fournirait la preuve, si je ne l'avais dans ma propre expérience. « Depuis près de dix-huit mois , nous dit ce » magistrat, je prends note des jugemens rendus par jurés dont les pièces » sont apportées au greffe du tribunal de cassation, sur le recours du con- » damné ou du commissaire du Gouvernement ; je n'ai pas compté vingt » déclarations de jurés rendues à la majorité absolue. »

Ainsi, dans les cent huit tribunaux criminels de la République, il y a à peine un jugement par mois rendu à la majorité. Si chacun de ces tribunaux juge cinq affaires par mois, il s'ensuit qu'il y a environ un jugement sur cinq cents, rendu de cette manière. D'où cela provient-il ! Croit-on que tous les autres soient rendus à l'unanimité réelle ! Non ; il peut y en avoir un cinquième. Ainsi il reste par mois quatre cents jugemens effectivement rendus à la majorité, quoique prononcés comme résultats d'opinions uniformes. C'est que nos jurés, comme les jurés anglais, ont senti que quand la discussion est épuisée et que les opinions sont fixées, on attendrait vainement l'unanimité réelle. Le jugement est fait dès-lors par le vœu de la majorité ; il faut que la minorité cède, et elle cède en effet. Mais il résulte de là que depuis l'an 5 le jury français juge à la simple majorité comme le jury anglais : or la simple majorité, comme je l'ai dit, n'offre pas à l'innocence une garantie suffisante.

Il faut, d'une part, que la majorité qui condamne, soit assez forte pour ne laisser aucune inquiétude sur le sort de l'accusé ; il faut, d'autre part, que la minorité absolvante ait assez de consistance pour ne pas devenir la facile proie de l'intrigue et de la vénalité. L'Assemblée constituante, pleine d'idées libérales, avait fixé à cinq sixièmes la majorité nécessaire pour condamner ; peut-être elle aurait eu raison si le jury avait été formé d'un plus grand nombre de jurés, parce qu'alors la minorité absolvante eût encore été composée d'un nombre assez considérable pour être à l'abri du soupçon de vénalité ou d'affection particulière. Mais, dans un jury composé de douze, cette minorité si puissante n'est que de trois ; et le hasard peut rassembler quelquefois un homme corrompu, un homme passionné, et un de ces hommes timides qui ne peuvent se résoudre à condamner.

Je pense qu'on doit exiger cinq voix sur douze pour former la minorité absolvante. Ce nombre doit rassurer contre les tentatives de séduction, qui ne peuvent jamais être assez mesurées pour corrompre cinq hommes sur douze, sans faire un éclat dont la justice sera avertie; il doit rassurer aussi contre les effets du hasard, qui peut placer quelquefois dans le banc des jurés un ou deux partisans de l'accusé, jamais un si grand nombre. D'autre part, la majorité requise pour condamner sera, dans ce cas, de huit, et la minorité réduite à quatre : or, quand huit hommes sont pleinement convaincus du crime, et que quatre seulement hésitent, les incertitudes de ceux-ci ne sont pas d'un assez grand poids pour inquiéter la justice. Je sais que le C.^{en} *Oudart* paraît craindre pour l'accusé, si la majorité qui condamne est de huit; mais il craint aussi l'impunité du crime, si elle est de neuf. Cependant il n'est pas possible qu'il y ait des dangers opposés résultant de nombres si rapprochés. Il ne peut y avoir excès en plus dans le nombre neuf, et excès en moins dans le nombre huit : car, dans toutes choses susceptibles d'excès, il y a un milieu possible; or ici il n'y en a pas. J'observe, au surplus, que j'offre, en déterminant ainsi ce qui doit constituer la majorité, un adoucissement dans la législation criminelle, puisqu'il est vrai que depuis l'an 5 toutes les affaires se jugent à la majorité de sept contre cinq. Mais si l'on craint encore de compromettre l'innocence, on peut élever au nombre de neuf la majorité qui condamne; alors la minorité absolvante sera réduite à quatre. C'est un essai que l'on peut faire; du moins je suis d'avis que s'il faut être sévère, il est bon de ne le devenir que par degrés.

Chap. X. *De la Position des Questions.*

Ne sera-t-il proposé aux jurés que cette seule question, *L'accusé est-il coupable ?* C'est le vœu de la commission; elle y a été entraînée par l'exemple des autres peuples qui ont des jurés, et qui n'en posent pas d'autres. Mais, dans un ouvrage couronné par l'Institut national, le C.^{en} *Bourguignon* a sagement observé que ce qui convient aux autres peuples ne peut pas nous convenir, parce que notre Code pénal établit une graduation de peines relatives aux circonstances dont le délit est accompagné; d'où il conclut qu'il ne suffit pas qu'on sache que l'accusé est coupable, mais qu'il faut encore qu'on sache le degré de sa culpabilité, sans quoi le juge ne saura quelle peine appliquer. Il est vrai que le nouveau Projet de Code pénal, en laissant sagement aux juges le droit d'augmenter ou de réduire la peine dans certaines bornes déterminées, a affaibli l'importance de cette objection, mais il ne l'a pas détruite : il restera une infinité de cas dans lesquels le juge ne saura quelle peine prononcer s'il est de bonne foi, ou dont il abusera si ce n'est pas un homme juste. Je suppose les cas que j'ai cités ci-devant, d'un homme accusé d'assassinat, ou d'un homme accusé de vol accompagné de torture et de barbarie : au débat, l'accusé, dans le premier cas, se trouve convaincu d'un simple homicide par im-prudence; dans le second, il est convaincu d'un simple vol. Que répon-dront les jurés ! Ils doivent répondre, dans un cas comme dans l'autre, que l'accusé est coupable ; ou bien un vol et un homicide resteraient im-punis. Mais que prononcera le juge ! Il aura à choisir entre les peines diverses que la loi prononce contre l'homicide et le vol, dans les circons-tances variées qui peuvent accompagner ces crimes.

Le juge, dira-t-on, aura aperçu aussi-bien que les jurés le cas dans lequel se trouve l'accusé, et il lui appliquera les peines relatives. Je conviens que cela arrivera ordinairement ; mais il faut convenir aussi que cela dépendra de la volonté du juge, de l'attention qu'il aura donnée aux faits, et de la rectitude de son jugement. Ce sera lui enfin qui sera le vrai juge de l'im-portance du fait. On l'établit donc juge du fait : or, si on veut lui attri-buer ce pouvoir, il est très-inutile de lui adjoindre des jurés. Si ceux-ci ne sont destinés qu'à constater le fait matériel, et que l'examen des circons-tances soit du ressort du magistrat, ce magistrat est tout ; la vie et la mort de ses concitoyens sont entre ses mains. Il ne faut pas s'étonner, après cela, qu'en Angleterre le jury ait beaucoup de déférence pour le grand-juge qui le dirige, puisque la décision du jury n'a qu'une influence illusoire. Si l'on est content de cette espèce d'institution chez les Anglais, c'est une belle preuve de la force de l'habitude chez un peuple; mais cela ne prouve pas que l'institution soit bonne.

Les auteurs du Projet ont prévu l'inconvénient d'une question unique, et ils ont cru y remédier en autorisant les jurés, lorsqu'ils le demandent, à rendre une décision détaillée : ce qui s'appelle, en Angleterre, un *verdict spécial.* Mais pourquoi cette restriction, *s'ils le demandent!* Il serait nécessaire d'un *verdict spécial* toutes les fois que le vague de la réponse à la question consacrée pourrait donner lieu à l'application de plusieurs espèces de peines, selon la volonté du juge. Or les jurés ne le demanderont pas toujours : 1.° parce qu'ils auront confiance au magistrat qui aura sur eux un suprême ascen-dant; 2.° parce que la formule vague de la réponse qu'on leur demande, favorise leur paresse, et les dispense d'une attention scrupuleuse; 3.° parce que le plus souvent ces jurés, ignorant la graduation des peines et l'influence que telle circonstance doit avoir sur le sort de l'accusé, ne soupçonneront pas même l'utilité d'une pareille précaution. Il faudrait donc qu'ils fussent avertis qu'ils doivent rendre un *verdict spécial* toutes les fois que le débat présente les circonstances autrement que l'acte d'accusation ne les énonce. Or, comme il n'arrive presque jamais que les caractères du fait soient tels

qu'ils sont exposés dans cet acte d'accusation, n'est-il pas plus simple de
faire une règle générale qui oblige le juge à poser des questions sur toutes
les circonstances qui peuvent changer l'espèce de la peine ! Outre que cette
méthode a l'avantage de guider les jurés et de leur tracer l'ordre de leur délibération, en leur mettant en questions sous les yeux l'analyse du procès,
on épargne la rédaction d'une déclaration détaillée, pour laquelle on est
obligé de leur envoyer un rédacteur qui peut la rédiger dans son sens bien
plus que dans celui des jurés, qui ne manquera pas d'être assailli de mille
questions en entrant dans la chambre des délibérations, qui prendra, s'il le
veut, sur les jurés une influence très-dangereuse, et qui enfin viendra lever
le voile du secret dont beaucoup de jurés voulaient couvrir leur opinion.

J'avoue que si l'on ne veut conserver que le nom de l'institution des jurés
et rendre aux juges tout le pouvoir dont ils jouissaient en France avant la
révolution, on peut s'en tenir à la formule de la question proposée. Mais si
on veut réellement faire jouir la nation de l'institution des jurés, si on reconnaît qu'il soit bon que le pouvoir de juger en matière criminelle soit partagé
entre des juges du fait et des juges du droit, il faut laisser à chacun de ces
ordres de juges ce qui est de sa compétence; il ne faut pas qu'après que les
premiers ont déclaré un accusé coupable, les autres aient à déterminer la
mesure de sa culpabilité, parce qu'elle ne peut se déterminer que par des
faits, et que les faits ne sont pas de leur compétence.

On craint l'abus de l'esprit d'analyse, qui multiplie quelquefois les questions à l'infini, et peut jeter les jurés dans le plus grand embarras.

On cite des tribunaux qui ont posé dans une seule affaire trente mille
questions. Il est heureux d'avoir un pareil fait à citer contre un système qu'on
veut détruire. Mais puisqu'il s'agit de faits, je dirai que le département de la
Manche étant un des plus populeux de la République, le tribunal que je
préside doit être un des plus occupés; eh bien ! depuis quatre ans je n'ai pas
eu l'occasion d'y poser trente questions dans la même affaire, ce qui est bien
loin de trente mille. Dans les années 6 et 7 de la République, ce tribunal
avait à juger les restes de la première chouannerie ; on y traduisait quelquefois des bandes considérables accusées de faits multipliées : j'ai posé alors
une fois ou deux trois ou quatre cents questions. Ce nombre est encore loin
de trente mille.

Il est assez grand, dira-t-on, pour embarrasser les jurés. J'avoue qu'on a
lieu de le croire au premier aperçu; mais, dans la pratique, cette difficulté
disparaît. Je suppose en effet dix hommes accusés de dix crimes accompagnés
chacun de dix circonstances qui donnent lieu à autant de questions. Cela
en produit un très-grand nombre. Mais, 1.° les circonstances de ces crimes le
plus souvent ne sont pas contestées, ou bien sont constatées par des procès-
verbaux, à plus forte raison les crimes eux-mêmes; dans ce cas-là, les jurés
sont dégagés du soin de toutes ces questions, et du moins ne s'occupent

laborieusement

laborieusement que de celle de savoir si chaque accusé est convaincu.
2.° Parmi celles-ci, il y en a une partie sur lesquelles la conviction est complète,
d'autres sur lesquelles l'opinion est chancelante. Si les faits sur lesquels on
trouve les accusés bien convaincus, sont les plus graves, ou s'ils sont du
même genre que ceux sur lesquels on hésite, l'examen de ceux-ci n'offre
plus d'intérêt, puisque la peine serait la même pour dix crimes que pour un
seul ; on s'abstient d'y délibérer longuement ; on déclare sur ces faits l'accusé non convaincu : en sorte que j'ai vu souvent, sur des questions nombreuses, les jurés ne s'arrêter réellement qu'à deux ou trois.

Il est possible qu'il n'en soit pas toujours ainsi. Les intérêts de la partie
civile peuvent faire quelquefois un devoir de prononcer avec plus de maturité sur chaque question ; d'ailleurs les circonstances multipliées du crime
peuvent être contestées : mais dans ce cas, et toutes les fois que le magistrat de sûreté prévoit de la complication dans une affaire, à raison de
la multiplicité des faits ou des accusés, ne doit-il pas la diviser en plusieurs
actes d'accusation ! Mille personnes peuvent être prévenues du crime de
conspiration, par exemple ; chacun y a pris une part différente, et son
crime s'établit par des preuves diverses ; doit-on envelopper cette multitude
dans le même acte d'accusation ! Non sans doute. En vain on ne poserait
qu'une seule question à l'égard de chacun ; le juré ne serait pas moins obligé
de démêler dans sa mémoire les faits particuliers qui concernent chaque
accusé ; il n'y parviendrait pas. C'est donc à l'abus de comprendre trop
d'accusés ou trop de faits dans le même acte qu'on doit imputer l'étrange
multiplication des questions dont on nous épouvante ; mais cet abus est
facile à éviter.

Il est, à la vérité, des cas qui ne peuvent être divisés en plusieurs actes
d'accusation, et dans lesquels on a posé quelquefois une infinité de questions ; mais on peut dire que cela tient moins à la nature des choses qu'à
l'erreur de certains tribunaux sur ce qui constitue la complexité des questions, que la loi défend sous peine de nullité. Une question est complexe
quand elle porte sur deux faits distincts, de sorte que le jury répondant
négativement à cette question, il soit incertain s'il a voulu seulement nier
un des faits, ou s'il les nie tous les deux à-la-fois. Telle est la suivante :
« L'accusé a-t-il volé tel effet avec effraction » ! Si le jury répond l'affirmative, il n'y a pas d'équivoque ; il est constant que l'accusé a volé, et qu'il
a volé à l'aide d'effraction. Mais si le jury répond négativement, on ne
saura s'il entend nier à-la-fois le vol et l'effraction, ou s'il entend seulement
nier l'effraction, qui est une circonstance aggravante, non essentiellement liée
au fait principal.

Voilà sans doute un inconvénient qu'il faut soigneusement éviter ; mais,
en s'en préservant, beaucoup de tribunaux se sont jetés dans un excès
presque aussi dangereux. On a cru voir de la complexité dans toute question

qui, quoique portant sur un fait unique, paraissait indirectement comprendre une question de droit. Ainsi, par exemple, plusieurs tribunaux n'ont pas osé poser cette question : *A-t-il été fait une banqueroute !* parce qu'il leur a paru qu'elle contenait à-la-fois celle de savoir si les faits énoncés dans l'acte d'accusation sont constans, et celle de savoir si ces faits constituent une banqueroute. Ils n'ont pas osé poser celle-ci : *A-t-il été fait une tentative, &c. !* parce qu'il leur a paru également qu'elle comprenait à-la-fois celle de savoir si les faits énoncés étaient constans, et celle de savoir si, en droit, ces faits constituent une tentative. Par la même raison, on n'a pas osé poser ces autres questions : *A-t-il été formé une conspiration, commis un faux, &c.!*

Les auteurs du Projet semblent approuver cette rigidité dans la position des questions. Quand, disent-ils, vous demandez s'il y a un faux commis, le jury pourrait répondre au tribunal : Cette question est de votre compétence ; car c'est à vous, non aux jurés, de décider ce qui constitue un faux. Mais ils doivent reconnaître que, si on fait au jury cette question qu'ils proposent, *L'accusé est-il coupable !* il aura bien mieux encore le droit de dire : *Vous nous posez une question de droit.* On n'est coupable que quand on a commis un délit. Suivant le premier article du Code pénal, il n'y a de délit que les actes ainsi qualifiés par la loi ; c'est à vous de nous dire ce que la loi appelle délit.

Il n'est pas étonnant qu'avec des principes aussi stricts, quelques tribunaux aient posé trente mille questions ; il peut se trouver des cas où il y en ait davantage à poser. Qui peut borner le nombre des démarches multipliées d'où l'on fait résulter la preuve d'une conspiration, d'une banqueroute, ou d'une tentative de crime quelconque ! Si vingt personnes en sont accusées ; qu'il faille établir autant de séries qu'il y a de faits, et poser sur chaque fait les questions particulières à chaque accusé ; s'il faut ensuite étendre les questions, relativement à chacun, à tous les faits possibles qui peuvent constituer la complicité, on se trouve dans un abîme sans fond.

J'ai constamment évité cet embarras, en posant simplement les questions suivantes, selon le cas : *A-t-il été fait une tentative, une banqueroute, un faux, une conspiration, &c.!* Tous les faits que d'autres tribunaux ont pris pour objet de séries distinctes, je les ai envisagés comme autant d'élémens de la preuve, non comme le fait principal, que je fais consister en ce cas, à l'exemple du législateur, dans une pure abstraction. Ainsi, un homme est accusé d'une tentative de vol ; on l'a trouvé forçant la serrure d'une armoire : je ne fais point de ce fait matériel l'objet d'une question ; je demande seulement aux jurés s'il a été fait une tentative de vol ; et dans le cours du débat, comme dans mon résumé, je cite le fait comme preuve de la tentative. Un homme est accusé d'avoir conspiré contre le Gouvernement ; on l'a trouvé saisi d'une immense correspondance qui l'établit : je ne m'occuperai point à poser des questions relatives aux pièces de cette correspondance séparément : je poserai celle de savoir s'il y a eu conspiration , et je citerai les différentes pièces pour preuve de son existence.

On peut objecter que si l'on fait poser la question principale sur une abstraction, la réponse affirmative qui sera donnée par les jurés , ne sera pas satisfaisante, parce qu'il est possible que, quoique d'accord pour former cette solution affirmative, ils soient réellement discordans sur les faits qui les déterminent : ainsi, dans le cas de conspiration , il peut arriver que trois seulement soient convaincus que telle pièce est l'ouvrage de l'accusé , que trois autres le soient relativement à une autre pièce, et ainsi de suite. Dans ce cas, les jurés déclareront l'accusé coupable de conspiration , et cependant ils ne sont d'accord sur aucun des faits qui la constituent.

Je réponds qu'il n'est pas nécessaire, pour que la conviction soit parfaite, qu'elle soit, dans chaque juré, composée des mêmes élémens. Qui doute que, dans les procès les plus simples, tel juré ne se détermine par un motif qui ne fait aucune impression sur un autre ! Si, pour condamner, on exigeait l'identité de motifs dans les jurés , on ne condamnerait jamais ; il faudrait dès l'instant ouvrir toutes les prisons : mais il suffit que la conviction existe. Il ne faut pas perdre de vue que c'est un sentiment qui tient à un instinct moral plutôt qu'à une opération analytique de l'esprit. On enlève à cette conviction son caractère essentiel, lorsqu'on abuse de l'analyse; et je ne doute pas que cette multiplication excessive de questions sur des faits qui constituent plutôt la preuve du crime que le crime lui-même , n'ait été la cause de l'impunité de beaucoup de coupables. En effet, si vous questionnez le juré séparément sur tous les faits qui forment cette preuve, il est possible qu'il ne soit suffisamment convaincu d'aucun ; mais si vous lui demandez s'il est constant que l'accusé a commis le crime , il vous répondra qu'il en est convaincu. Comment, dira-t-on, peut-il être convaincu que l'accusé est coupable, s'il ne l'est d'aucun des faits qui constituent la preuve ! Il n'est point convaincu des faits isolés , parce qu'il n'y a sur chacun que des semi-preuves; mais ces faits à demi prouvés sont si multipliés, que le juré fait la réflexion très-sensée que le hasard n'a pu rassembler un si grand nombre de fortes présomptions contre l'innocence. Il n'aurait point cédé à une, à deux, à trois de ces présomptions ; mais il cède à vingt : il demeure convaincu, et en ce cas j'ose dire qu'il est convaincu comme il doit l'être.

Cette diversité de motifs dans la détermination des jurés n'est point un inconvénient particulièrement attaché aux questions abstraites. Je suppose le fait le plus matériel, un assassinat. Quatre témoins en déposent. N'est-il pas possible que trois des jurés n'aient de confiance qu'au premier de ces quatre témoins, trois au second, trois au troisième, et trois au quatrième ! Ils seront cependant tous les douze convaincus, et n'auront pas les mêmes motifs ? N'est-il pas possible aussi que l'assassinat ne soit prouvé contre l'accusé que par une multitude de démarches ou de propos dont chacun, pris

G 2

séparément, n'est peut-être pas suffisamment prouvé, mais qui, réunis, forment une masse de fortes présomptions auxquelles la conviction ne peut résister.

On ne doit donc pas craindre de poser une question abstraite, lorsque cette abstraction existe dans la loi, et qu'elle est à la portée de tout le monde, ou qu'elle peut y être mise facilement par une courte explication. Ces questions-là ne sont point questions de droit. Pour décider si une question est de droit ou de fait, il faut considérer quel est son objet direct. Or, quand je demande s'il y a faux dans un acte, ou plutôt si un acte est falsifié, il est évident que mon objet n'est point de m'instruire de ce qui constitue un faux, mais de savoir si l'acte qui le constitue a été commis. Celui qui doit me répondre est réputé connaître d'avance les caractères du faux; s'il ne les connaissait pas lui-même, on a dû les lui faire connaître avant de lui faire la question, et c'est-là le devoir du président.

Qu'on ne dise pas que c'est donner à ce magistrat un pouvoir dont il peut abuser en étendant ou restreignant arbitrairement la définition du crime. Je répondrai que ce pouvoir doit être donné aux juges ou aux jurés; car il faut qu'on soit d'accord sur la valeur des mots : or il y a moins d'inconvénient de le donner aux juges du droit, parce que c'est réellement une question de droit, que de savoir ce qui constitue tel crime. Il n'y a aucun inconvénient à laisser au président le soin de faire ces explications, parce que, parlant en public, en présence de ses collègues et des défenseurs de l'accusé, il n'y a pas d'apparence qu'il s'écarte des maximes admises dans l'opinion du tribunal, qui aurait le droit de réclamer contre de faux principes qu'on professerait devant lui et en son nom.

On doit se faire d'autant moins de scrupule sur la position des questions abstraites que j'ai présentées pour exemple, qu'il est difficile d'en poser sur le fait le plus matériel, sans y introduire des abstractions. Le président n'est-il pas obligé d'expliquer tous les jours ce qu'on entend par escalade, par effraction, par les mots *volontairement, provocation, imprudence, préméditation,* &c., qui présentent quelquefois des difficultés plus réelles que les mots *conspiration, tentative, banqueroute!* On cite comme preuve de l'ineptie des jurés, l'embarras qu'ils éprouvent quelquefois sur ces mots *volontairement, préméditation;* cet embarras m'a paru souvent, au contraire, une preuve de leur discernement. Un homme lance une pierre contre un autre, il le tue; il n'en avait pas la volonté, mais il avait celle de lancer la pierre sur lui. On fait la question s'il l'a tué volontairement; certes, ces circonstances donnent bien lieu à demander quel est le vrai sens du mot *volontairement* en ce cas. Il faut donc reconnaître qu'on a souvent besoin de se fier au président pour donner des explications fort importantes, et de supposer que tous les mots ayant été expliqués et les définitions nécessaires ayant été données dans le débat, quelque forme qu'ait la question, elle n'a jamais pour but qu'un point de fait.

Ces principes admis, la multiplication des questions ne pourra plus être à craindre si l'acte d'accusation est bien rédigé. Mais si, par exemple, le rédacteur de cet acte, après y avoir signalé un des accusés comme principal coupable, se contente d'accuser vaguement les autres d'être ses complices, il faudra poser autant de séries de questions qu'il peut y avoir de moyens de complicité, ce qui est infini. C'est là un inconvénient qu'on peut éviter, en prescrivant aux magistrats de sûreté de préciser le genre de complicité. Par exemple, s'il s'agit d'un vol dont l'objet a été recélé, on dira que tel est complice pour avoir recélé.

J'ajoute qu'on peut encore abréger beaucoup les questions, en comprenant dans la même plusieurs circonstances qui, réunies ou isolées, ont le même résultat, et prenant soin de les séparer par une disjonctive, ou plusieurs circonstances qui doivent concourir pour aggraver la peine, en les présentant en masse. Ainsi, s'il s'agit d'une provocation au crime, je puis demander à-la-fois si la provocation a eu lieu par des dons, ou par des promesses, ou par des menaces, parce que l'un de ces moyens de provocation a le même résultat que tous les trois réunis. Je puis demander, par une seule question, si un vol déclaré constant a été commis dans une maison habitée ou servant à habitation, sans demander d'abord s'il a été commis dans une maison, et ensuite si la maison était habitée, parce qu'il est indifférent que le vol ait été commis dans une maison, si elle n'est pas habitée.

Je pense donc, comme la commission, qu'il faut réduire autant qu'il est possible le nombre des questions ; mais je ne puis penser qu'il doive être réduit à une question unique. Je crois au contraire qu'il doit être proposé aux jurés des questions sur tous les faits contenus en l'acte d'accusation, et sur toutes les circonstances énoncées dans cet acte ou résultant du débat, qui peuvent influer sur la nature de la peine. Les faits et circonstances qui ne peuvent influer que sur sa durée, restent soumis à l'examen du tribunal.

Il me reste à examiner si une question intentionnelle doit être posée dans dans tous les cas. J'observe d'abord sur ce point, que si l'on conserve la règle actuellement existante, il est important d'établir une formule commune aux affaires de tout genre. Quoiqu'en général il soit vrai que les jurés ne sauvent, par leur réponse à la question intentionnelle, que ceux qu'ils ont résolu de sauver et qu'ils sauveraient de toute autre manière, il faut convenir qu'il est certaines formules qui leur en offrent l'occasion trop facile : telle est celle qui est prescrite pour le faux en écriture : *L'a-t-il fait méchamment et à dessein de nuire à autrui !* Certes, celui qui a fait un faux passe-port, ne l'a pas toujours fait à dessein de nuire à autrui ; il l'a fait le plus souvent pour se procurer un moyen d'évasion. Je crois que la formule la plus convenable dans tous les cas serait celle-ci : *L'accusé l'a-t-il fait avec la volonté de commettre un crime !*

Au surplus, pour décider si la question intentionnelle doit être posée dans tous les cas, il faut examiner ce qui constitue un délit. Les auteurs du Projet le définissent, comme la loi du 3 brumaire an 4, un acte défendu par les lois pénales ou correctionnelles. Cette définition est bonne dans la pratique pour apprendre aux juges quels actes ils doivent poursuivre et punir ; mais elle ne donne pas une idée de ce qui constitue le délit. Je pense qu'on peut le définir, une atteinte portée méchamment, par action ou par omission, aux droits d'autrui.

Les sociétés ne s'étant formées que pour maintenir chaque individu dans la jouissance de ses droits, il est évident que, tant qu'aucun de ces droits n'est violé, le but de l'association est rempli, et que les dépositaires du pouvoir n'ont à sévir contre personne. On ne blesse point les droits d'autrui par la pensée ; chacun peut se complaire dans la sienne, sans être tenu d'en rendre compte. On blesse les droits d'autrui par un acte extérieur, ou par l'omission d'un acte dû ; mais si l'acte est purement physique, ou si l'omission de l'acte dû est étrangère à la volonté de celui qui commet l'omission, l'un et l'autre rentrent dans la classe des événemens procédant nécessairement des causes générales qui agissent sur l'univers. Pour constituer un délit, il faut donc le concours d'un acte ou d'une omission avec une volonté mauvaise.

Il est donc évident que lorsqu'on n'a constaté qu'un fait matériel, on n'a constaté que la moitié du délit ; ou plutôt on n'a constaté qu'un acte indifférent, puisqu'il ne reçoit le caractère de délit que par la pensée qui l'accompagne. Or, cette pensée pouvant exister ou ne pas exister, elle est rangée dans la classe des faits, et non dans celle des choses abstraites qui constituent les questions de droit. Si donc on veut qu'il y ait des juges du fait distincts des juges du droit, c'est-à-dire, si l'on veut conserver l'essence de l'institution, il est indubitable que la question intentionnelle doit être présentée aux jurés.

J'ose dire que la supprimer serait rétablir un système judiciaire bien plus barbare que celui que nous avions avant 1789. Alors les juges ne prononçaient pas formellement sur cette question : mais sans doute ils y prononçaient mentalement, et ils ne se portaient point à condamner celui qui n'avait commis qu'un acte purement physique sans intention mauvaise ; leur conscience s'y serait opposée. Ici le jugement le plus inique pourrait se former sans que les jurés ni les juges eussent de reproches à se faire ; les jurés, parce qu'ils ne seraient appelés que pour prononcer sur le fait matériel ; les juges, parce que la déclaration du jury leur ferait la loi.

En vain citera-t-on mille cas où les jurés ont abusé de cette question pour sauver des coupables : je répondrai que l'abus d'une chose bonne en elle-même ne doit pas la faire proscrire. On ne peut dans aucun genre atteindre la perfection. Qu'on établisse tous les systèmes qui en approchent le plus en apparence; on y reconnaît des inconvéniens, des abus. Qu'on se persuade bien d'ailleurs que les jurés qui ont sauvé des coupables en prononçant sur la question intentionnelle, les auraient sauvés en prononçant sur toute autre, si elle n'eût pas été posée. On n'absout pas un coupable, parce que telle question est posée, mais parce qu'on a résolu de l'absoudre. On s'attache par préférence à la question intentionnelle, parce que sa solution laisse plus d'incertitude et produit moins de scandale; supprimez-la, on absoudra de même, et on aura le scandale de plus. Enfin, peut-on bien se flatter que les jurés n'auront pas encore plus de facilité pour sauver des coupables en s'enveloppant dans le vague d'une question unique, qu'en abusant de la question intentionnelle?

Quand un voleur a brisé votre porte et enlevé vos effets, on a, dit-on, la bonhomie de demander s'il l'a fait dans l'intention de voler. Je conviens qu'il y a des cas où l'intention paraît manifeste par le fait même; mais il y en a beaucoup où cela n'est pas ainsi : or, quelle autorité décidera si l'intention est assez manifeste pour qu'on puisse se dispenser de poser la question? Sera-ce le jury? alors il prononcera par cela même sur l'intention. Sera-ce le tribunal? alors vous l'établissez juge de ce qui constitue réellement la moitié du crime, si j'ose ainsi parler. Il y aurait moins de danger à attribuer aux juges la compétence du fait matériel. L'intention est plus essentiellement du ressort des jurés, parce que c'est plutôt par instinct et par sentiment qu'on décide sur ce point, que par l'usage du raisonnement.

On trouve absurde qu'on demande si celui qui a enlevé des effets à l'aide d'effraction, les a enlevés à dessein de voler : j'ai cependant vu un cas où il eût été de la plus atroce inhumanité de ne le pas faire. Une famille entière fut traduite au tribunal que je préside, pour avoir, pendant la guerre des chouans, enlevé, à l'aide d'effraction, tous les meubles d'une autre famille qui avait quitté la campagne pour se réfugier à la ville. La famille accusée, qui était du parti des chouans, avait été invitée par l'autre famille de s'emparer de ses meubles restés à la campagne, et de donner à cet enlèvement la forme d'une expédition de chouannerie, afin de les soustraire au pillage et de les lui restituer dans des temps plus heureux. Cela fut exécuté; les meubles furent rendus lors de la pacification. Cependant la famille présumée coupable fut poursuivie, incarcérée; les motifs de l'enlèvement et la restitution furent solennellement prouvés dans le débat.

Fallait-il condamner ces hommes sur le fait matériel? On n'osera pas le soutenir. Il faut donc que le juge, en pareil cas, pose la question intentionnelle, ou que la loi l'autorise à absoudre quelquefois lorsque le jury a déclaré les faits constans. Or, si le juge obtient de la loi le droit d'user quelquefois d'un semblable pouvoir, comme la loi ne peut indiquer le cas où il devra le faire, il en résultera qu'il pourra en user toujours, et alors l'institution du jury sera anéantie. Il est donc indispensable de poser quelquefois la question intentionnelle. Mais si on reconnaît qu'il faut la poser quelquefois, il faut reconnaître qu'on doit la poser toujours ; autrement le juge aura le droit de la poser ou de ne la pas poser, selon sa volonté. S'il a ce droit-là, il pourra ne la poser jamais, et rendre inutiles tous les moyens invoqués par l'accusé pour justifier son intention ; il restera véritablement le maître de cette partie de la cause : le voilà établi, comme je l'ai dit, juge de la moitié du crime, ou plutôt de la moralité du fait qui seule en fait un crime.

Il me reste à parler du mode de la formation des listes : mais comme je considère que le maintien de l'institution des jurés est encore un problème ; comme je ne doute pas que, parmi les observations qui seront adressées au Gouvernement, beaucoup ne soient faites dans un sens contraire à ce système de procédure criminelle, je ne crois pas inutile de faire ici une digression pour examiner les reproches qu'on lui fait. Si personne n'attaque cette institution, je m'applaudirai de l'inutilité de mes observations ; mais si on renouvelle les objections qu'on a faites jusqu'ici contre elle, je m'applaudirai d'en avoir au moins résolu quelques-unes.

CHAP. XI. *Examen de quelques Objections contre l'institution du Jury.*

DE toutes parts s'élèvent des plaintes contre la procédure criminelle par jurés ; cette institution, objet de l'orgueil des Anglais, qui la conservent comme le *palladium* de leur liberté, est déjà tombée dans le mépris en France, où elle vient de naître.

Est-il vrai que cette institution soit mauvaise en elle-même, ou qu'elle soit contraire au génie particulier des Français ! N'est-ce pas plutôt qu'elle est enveloppée dans la proscription générale prononcée contre tout établissement qui doit son existence à la révolution ! Si tel est le principe des reproches qu'on lui fait, il faut bien se garder de céder à cette aveugle fantaisie ; le peuple est quelquefois un enfant qu'il faut savoir sauver de ses caprices.

On entend répéter mille fois que l'institution est belle, mais que nous ne sommes pas assez mûrs pour elle ; et personne ne prend la peine de définir cette maturité qu'on exige dans un peuple pour être digne d'être jugé par des jurés. A-t-on conçu qu'il faille qu'un peuple soit composé de philosophes ou de docteurs, et veut-on qu'une assemblée de jurés égale au moins en sagesse l'Aréopage ! Jamais aucun peuple ne sera mûr assez au gré de ceux qui sont si exigeans. Il y a par-tout quelques philosophes, beaucoup de canaille. Entre ces deux extrémités se trouve la masse de la population, qui est composée d'hommes simples, honnêtes et de bon sens. Parcourez les histoires anciennes, par-tout vous trouverez cela. L'une ou l'autre de ces classes marque plus ou moins, selon les circonstances des divers temps ; mais chacune y existe toujours, et à-peu-près dans la même proportion.

Nous ne valons pas les anciens, dit-on ; nous ne valons pas même les

Anglais.

Anglais. Je n'en sais rien. Je conviens que l'histoire des anciens offre de loin en loin quelques scènes brillantes qui nous étonnent, et qui peut-être les étonnaient eux-mêmes quand ils les rapprochaient de leur conduite habituelle. Ce n'est pas par ces scènes isolées, qu'un concours de circonstances ou la seule influence d'un grand homme détermine, qu'il faut juger du caractère d'un peuple. Si l'on jugeait les Français par ce qu'ils ont été à des époques différentes dans l'espace des quinze dernières années, on pourrait les juger tour à tour comme le peuple le plus insensé et le plus sage du monde.

Mais je laisse aux anciens, je laisse même aux Anglais, cette supériorité qu'il plaît à des Français peu patriotes de leur donner; et je demande si cette supériorité se remarque en eux sous le rapport des qualités qui constituent un bon juré. Que les Grecs aient été nos maîtres dans certains arts, que les Anglais excellent sur nous dans la marine, dans les spéculations commerciales, &c.; ce n'est pas ce qui décide la question. La fonction d'un juré est de déclarer si un accusé est coupable du fait qu'on lui impute. Or quelles qualités sont requises pour bien résoudre cette question ! Il faut de l'attention aux preuves, l'intelligence suffisante pour les saisir, et assez de probité pour déclarer de bonne foi l'impression qu'on en a reçue. Dire que les Français ne sont pas dignes de jouir de l'institution du jury, c'est professer qu'ils ne sont pas capables d'attention, ou qu'ils n'ont pas certaine mesure d'intelligence ou de probité. Je ne crois pas qu'on puisse analyser autrement la proposition : or voyons si elle est vraie, ainsi analysée. Je voudrais bien qu'on prouvât que les peuples tant anciens que modernes ont, sous ces divers rapports, un avantage réel sur nous ; que les Anglais, par exemple, sont plus capables d'attention que les Français ; que la masse de ce peuple a une intelligence plus déliée que la masse du nôtre, et qu'ils sont plus honnêtes gens que nous.

Mais je suppose cette supériorité démontrée ; examinons encore si, dans notre infériorité réelle ou prétendue, les qualités requises ne nous restent pas dans un degré suffisant pour remplir l'office de jurés.

Les sept huitièmes des crimes poursuivis en justice sont ou des vols ou des homicides. Tous les délits de ce genre présentent un acte physique, un fait matériel, dont le récit fait image et offre un tableau qui entre facilement dans nos conceptions Les hommes tenant principalement à leur existence et à leurs biens, il n'est rien qui fixe plus fortement leur attention que le récit d'un homicide ou d'un vol dont ils s'appliquent machinalement les accidens par un retour nécessaire sur eux-mêmes ; de sorte qu'en supposant le Français le peuple le plus distrait et le plus inattentif, il serait, dans ces matières, attentif malgré lui.

Or, si déjà l'on accorde aux Français la faculté d'être attentifs à un débat, quel est donc le degré d'intelligence qu'on leur suppose si on ne les juge pas capables de le concevoir! Les faits se prouvent communément ou par les rapports des témoins, ou par les aveux de l'accusé : faut-il une intelligence supérieure pour concevoir qu'un témoin atteste un fait, ou que l'accusé le confesse! Il est vrai qu'assez communément les preuves n'ont pas cette clarté que produisent l'aveu de l'accusé ou la déclaration de deux témoins concordans ; souvent elles se composent d'une réunion d'indices qui ont besoin d'être rapprochés et comparés : mais cette opération n'est pas encore au-dessus de l'intelligence la plus commune. Je ne parle point ici des crimes de conspiration, de banqueroute, de concussion, &c. ; ce genre d'accusations donne lieu à des discussions capables de lasser l'attention peu exercée du commun des hommes : je parle des délits les plus ordinaires, qui offrent un objet matériel qui se place de lui-même dans la mémoire avec ses circonstances matérielles comme lui. Il suffit que le jugement de ces crimes populaires soit à la portée de la masse du peuple ; j'indiquerai comment on doit juger les autres sans choquer l'institution, ni compromettre la société ou l'innocence.

S'il était possible de présenter un aperçu des indices qui communément, à défaut de preuves directes, opèrent la conviction, on se convaincrait qu'aucun n'est au-dessus de la portée de l'intelligence commune. Un vol a été commis : personne ne l'a vu commettre ; mais l'effet volé s'est trouvé chez l'accusé. Il ne faut pas être légiste pour sentir que cet indice seul ne suffit pas, parce que l'accusé peut l'avoir acheté de bonne foi du voleur. Cette réflexion se présente si aisément, qu'il n'est point d'accusé dans ce cas, quelque imbécille qu'il soit, qui n'allègue ce moyen. Mais si l'accusé est tombé dans des variations sur le lieu, le temps, le prix de l'achat ; si l'effet s'est trouvé caché chez lui, quoiqu'il fût de nature à être en évidence ; s'il a méconnu avoir l'effet avant qu'il fût trouvé ; s'il a balbutié, changé de visage, &c., qui doute que quelques-uns de ces indices réunis ne démontrent que l'accusé est le voleur, et quel est l'homme incapable d'apprécier ces indices ! On peut professer que toutes les opérations de ce sens moral qui nous rend capables d'apprécier la conduite d'autrui par un retour secret sur nous-mêmes, sont indépendantes de la science et de l'éducation, et que le paysan le plus grossier a les mêmes facultés à cet égard qu'un docteur.

Je vais citer un autre exemple.

Un homme a été vu entrant le soir dans une maison habitée par trois frères ; son cadavre est trouvé le lendemain à peu de distance de cette maison. Il est constant, par des procès-verbaux, qu'il a été tué par un coup d'arme à feu : or, on a entendu, dans la maison des trois frères, un coup de fusil pendant la nuit. On fait perquisition dans la maison ; on n'y trouve point d'habits ensanglantés ; mais on en trouve de fraîchement lavés ; des traces de sang se remarquent depuis le domicile jusqu'au lieu où est placé le cadavre. On interroge les trois frères séparément sur le coup de feu entendu. L'un dit, Des voleurs sont venus assaillir la maison, j'ai tiré dessus; l'autre dit, Le fusil a tombé du croc où il était placé, et il est parti dans sa chute; le troisième dit, Un chien a mis sa patte dans la sougarde, et a fait partir le coup.

Quel est l'homme assez borné pour ne pas apprécier cette réunion d'indices, et ne pas être convaincu d'abord que le malheureux dont il s'agit a été tué par les trois frères ? Cependant le débat s'ouvre, les moyens de défense se produisent; voyons s'ils sont plus difficiles à apprécier.

Le président. Il est prouvé que l'homme dont il s'agit est entré chez vous la veille au soir.

Les accusés. Il y est entré, mais il en est ressorti.

Le président. D'où procèdent vos contradictions sur la cause du coup de fusil entendu dans votre maison ?

Les accusés. Celui qui vous a dit qu'il a tiré sur des voleurs a seul dit vrai ; nous n'avons pas osé l'avouer d'abord tous les trois : deux de nous ont craint qu'il ne fût pas permis de faire feu sur des hommes , même présumés voleurs.

Le président. Pourquoi a-t-on trouvé des habits fraîchement lavés chez vous ?

Un des accusés. La veille j'étais ivre, je tombai, il a fallu laver.

Le président. D'où procède la trace de sang qui conduit de votre maison jusqu'au cadavre ?

Les accusés. L'homme mort est sans doute un des voleurs, qui a été frappé du coup de fusil; il a laissé ces traces de sang en se retirant.

Je n'ai pas à examiner si dans ce cas les accusés sont convaincus : mon but est de prouver que parmi les indices produits contre eux, et les moyens de défense qu'ils administrent, il n'y en a aucun qui, pris isolément, ne puisse être facilement apprécié par l'homme le plus grossier ; que le secours du génie serait parfaitement inutile ainsi que celui de la science, et qu'enfin l'ame du grand *Newton*, s'il était parmi les jurés, ne serait affectée de ces divers moyens que comme celle d'un paysan.

Telles sont cependant, en général, les affaires du ressort des jurés ordinaires ; je présente même ici une des plus délicates. Les indices peuvent être plus multipliés et fondés sur des circonstances plus variées ; mais il n'y en a pas de plus abstraits. Ce sont, en général , des faits, des propos qui frappent les sens , et qui, pour être saisis dans toute leur étendue et sous leurs vrais rapports, n'exigent ni art, ni méthode, ni talens, ni méditations profondes.

Il ne suffit pas , dira-t-on, pour bien juger, de concevoir et d'apprécier chaque indice séparément et à mesure qu'il se développe ; il faut savoir les rapprocher , les comparer , et en former un corps de preuves capable d'opérer la conviction : or, pour faire cette opération , il faut de la méthode et un certain art de penser ; il faut avoir un tact exercé pour saisir les variations de la physionomie , de l'accent, du maintien de l'accusé et du témoin ; il faut enfin une ame forte et un esprit capable de résister aux mouvemens oratoires et aux sophismes des défenseurs de l'accusé. Ces qualités n'existent pas dans l'ouvrier , dans le simple paysan.

Je n'ai pas dit que le jury dût être composé des hommes les plus grossiers ; mais comme il n'entre pas dans mon plan qu'on s'écarte loin de cette classe d'hommes pour la formation des listes ordinaires, j'examinerai ces objections, comme si elles avaient une application absolue.

Je dis d'abord qu'il ne faut point de méthode pour bien apprécier un débat ; j'ajoute qu'elle est quelquefois dangereuse. La conviction est le sentiment profond de la certitude d'un fait ; sentiment qui maîtrise la conscience du juré , quand son esprit est saturé de l'évidence des preuves.

« Cette conviction , a dit le C.ᵉⁿ *Tronchet* dans un discours prononcé » à l'Assemblée constituante, s'opère par deux moyens : l'un est intrin- » sèque à la déclaration même du témoin et aux contredits qu'elle a pu » éprouver , et appartient à la rectitude de l'esprit ; l'autre est extrinsèque, » et appartient à la sensibilité de l'ame et à la pureté du cœur; elle est de » sentiment plus que de réflexion.

» Le premier moyen, qui appartient à la rectitude du jugement, consiste » dans l'attention scrupuleuse que le juge a faite à la déclaration du témoin , » dans l'examen de la clarté de sa déposition, et dans la combinaison de » ses diverses parties ; combinaison qui seule peut conduire à juger la foi » que mérite le témoin, abstraction faite des qualités qui peuvent le rendre » reprochable, à pressentir s'il peut être suspecté de faux témoignage ou » même de simple erreur; enfin dans la combinaison des faits qui sont op- » posés à la déclaration et qui en anéantissent la force. Ce que le juge » doit faire sur chaque déposition , il doit le faire sur toutes les déposi- » tions réunies, dont le parfait accord et la combinaison générale doivent » former cette force irrésistible à laquelle le juge accorde sa conviction. Ce » premier genre de conviction, absolument inhérent et intrinsèque aux » dépositions, appartient évidemment à l'opération de l'esprit et à la recti- » tude du jugement.

» Le second moyen de conviction, qui est absolument extrinsèque à la » déposition, appartient plus au sentiment qu'au jugement; il frappe plus » les sens que l'esprit : c'est l'attitude ferme et modeste d'un accusé inno- » cent ; c'est cet accent de la vertu, le mouvement simple et naturel qui » accompagne une objection puissante qu'il fait à des témoins vendus ou » prévenus; c'est cet embarras qui accompagne presque toujours la défense » d'un coupable tourmenté par le témoignage de sa conscience; c'est cette

» audace factice qui se décèle par ses propres excès ; c'est l'hésitation , la
» fluctuation de ce témoin pressé d'éclaircir un fait, d'en développer les
» circonstances. Cette seconde espèce de moyens est sans doute très-pré-
» cieuse; mais ce serait une grande erreur d'y réduire la conviction du juge.
» L'innocent peut se déconcerter; il est des scélérats' qui savent garder le
» calme et le sang-froid de l'innocence.

» Ce sont ces deux moyens réunis, employés par des cœurs et des esprits
» droits , qui seuls peuvent former la conviction complète et nécessaire au
» juge qui condamne ou qui absout......

» La capacité, qui exige une rectitude de jugement, un jugement sain,
» suppose nécessairement un usage à faire de cette rectitude de jugement.
» Et l'objet principal de cette application est évidemment l'examen et la
» combinaison de ce que M. *Thouret* appelle la preuve matérielle, laquelle
» ne peut être que la substance même des objections et des réponses. »

Quand on voit autant d'art et d'esprit employé à expliquer le méca-
nisme de la conviction, on est porté à croire qu'il n'en faut pas moins pour
se la procurer. Si le C.^{en} *Tronchet* avait appliqué son talent à expliquer par
quelle combinaison de notre volonté et de l'action de nos muscles nous
parvenons à nous mouvoir, il n'y a personne qui se crût capable de marcher.
En effet, je crois que personne ne serait capable de marcher par principe.
Qui pourait se flatter d'employer le degré de volonté propre à produire la
mesure de mouvement justement nécessaire pour remuer les muscles du
corps, et que l'esprit fût toujours assez attentif pour diriger ce mouvement
selon les règles de l'équilibre ! Mais heureusement nous marchons sans savoir
comment nous marchons , et sans avoir besoin de nous faire une méthode
de marcher.

Il en est presque de même de la conviction. Souvent , il est vrai, un
homme peut s'expliquer pourquoi il l'éprouve et comment elle s'est formée dans son ame ; mais il est aussi beaucoup de cas où il ne peut s'en
rendre absolument raison, et elle n'en est pas moins réelle. Un juré, au
milieu d'un débat, sent d'abord sa conscience vacillante au milieu de la
fluctuation des moyens de l'accusation et de la défense ; l'une ou l'autre
cependant finit par le fixer. La conviction arrive alors dans son ame par
flots pressés et successifs, et souvent la conscience est entièrement sub
juguée, sans que l'esprit se rappelle par quels moyens cela s'est opéré.

Quoi! dira-t-on, la conviction est donc un sentiment aveugle et machinal! est-ce là la garantie qu'on offre à l'innocence et à la société ! Je réponds
que ce n'est point pour cela un sentiment aveugle et machinal ; elle résulte
de l'impression qu'ont faite successivement sur l'esprit du juré les moyens
de l'accusation ; impression qui a pénétré la conscience du juré , qui s'y
est fixée et consolidée de plus en plus, parce que l'accusé n'a point admi-
nistré de moyens destructifs. Elle ne s'est ainsi formée que parce que l'esprit

a parfaitement conçu les charges à mesure qu'elles ont été développées, et que l'esprit du juré s'est laissé subjuguer par la force de ces charges que rien ne lui a paru affaiblir suffisamment. Ainsi, dans l'accusation d'homicide dont j'ai ci-devant offert l'exemple, le juré conçoit successivement et apprécie toute l'importance des indices résultant, 1.° de ce que l'homme tué a été vu entrer la veille dans la maison des accusés ; 2.° de ce qu'il a été tiré un coup de fusil dans cette maison durant la nuit ; 3.° de ce que les frères ont varié entre eux sur la cause de cette explosion, &c. Si l'accusé n'avait rien opposé à ces indices, il n'y a pas de doute que déjà la conviction ne fût entière ; mais il a donné sur chacun de faibles solutions qui successivement ont affaibli l'impression des charges sans la détruire. Cette impression, ainsi affaiblie, maintient le juré pendant quelque temps dans un état de doute ; mais il survient d'autres indices en si grand nombre, qu'enfin le juré se dit à lui-même que la fatalité ne réunit jamais contre l'innocence des indices si multipliés, et qu'il laisse enfin retomber sur son cœur tout le poids des premières charges qu'il avait tenu jusqu'alors comme suspendu, et abandonne enfin sa conscience au torrent de la conviction qui y entre de toutes parts.

Qu'on demande alors au juré pourquoi il est convaincu, il ne le dira qu'imparfaitement. Déjà sa mémoire s'est déchargée d'une partie des faits ; ou, s'il se les rappelle encore, il ne se souvient ni des noms ni des dates : il n'a pas les expressions pour rendre ses souvenirs. Mais on en jugerait bien mal, si on croyait qu'il se détermine au hasard. Sa mission est remplie ; il a été appelé pour sentir l'impression du débat ; il est tout plein des sensations qu'il a reçues, mais il n'a point été chargé de les exprimer.

Le C.ᵉⁿ *Tronchet* prétend qu'il ne suffit pas que le juré combine les diverses parties de la déposition d'un témoin pour s'assurer si elles se rapportent l'une à l'autre, mais qu'il doit pareillement comparer toutes les dépositions entre elles et les rapprocher des moyens de l'accusé, pour apercevoir la concordance de ces dépositions entre elles, et faire une juste balance des charges et des moyens de défense.

Pourquoi imposer aux jurés le devoir effrayant qu'à peine peuvent remplir les hommes de la plus vaste mémoire et les plus fortes têtes accoutumées à l'analyse ! Sans doute il faut que ce que le C.ᵉⁿ *Tronchet* prescrit s'opère ; mais le mode de l'opérer n'est pas celui qu'il suppose. Le juré n'est point obligé de déployer dans sa mémoire le tableau d'un immense débat pour juger de l'ordonnance ou de l'incohérence de ses parties ; mais quand une déposition vient en contrarier une autre, il observe ou le président lui fait observer cette contrariété ; des explications sont données : il apprécie sur ces explications la valeur de chaque déposition contraire ou différente ; et il suffit que l'impression de cette partie du débat lui reste dans le cœur.

Mais s'il est nécessaire que le juré repasse dans sa mémoire l'immense

tableau d'un long débat, peut-être au moins conviendra-t-on qu'il est indifférent que cela se fasse par ses propres moyens ou par l'œuvre d'autrui.
Or, le magistrat chargé de l'accusation lui remet sous les yeux toutes les
charges comparées aux moyens de défense. Le défenseur de l'accusé y met à
son tour les moyens de défense comparés aux charges, et le président finit
par résumer le débat et les moyens respectifs. Les jurés, retirés dans leur
chambre, confèrent entre eux sur les faits ; chacun y rappelle quelque circonstance du débat, qui se trouve ainsi reproduit pour la quatrième fois.
Certes, il faut convenir qu'avec ces auxiliaires on n'a besoin ni d'une immense
mémoire, ni d'une méthode savante.

J'ai dit que l'esprit trop méthodique serait dangereux dans un juré. J'appelle ici méthode l'art de raisonner sur les faits d'après des principes vrais
ou factices ; or le propre de cet art de raisonner suivant des règles fixes,
est de subjuguer l'esprit en étouffant même quelquefois le sentiment de la
vérité. Combien de sophistes arrivent, par une chaîne de raisonnemens arti-
ficiels, à des résultats que leur conscience désavoue, et pressés entre ce
sentiment et l'évidence prétendue de leurs raisonnemens, se déterminent
en quelque sorte de bonne foi par l'ascendant de ces derniers !

Plusieurs témoins déposent contre un accusé ; une preuve matérielle et
assez forte s'élève contre lui. Il n'y oppose que sa dénégation, cet air de
sérénité, cet accent douloureux mais ferme, cette contenance modeste et
résignée qui caractérisent l'innocence, dont le sentiment est le seul appui
de ce malheureux. Une bonne réputation l'environne : mais les dépositions
sont précises ; rien n'altère suffisamment la confiance due aux témoins. Le
juré sent que cet homme n'est pas coupable : mais que fera-t-il ! Il absoudra
l'accusé s'il écoute sa conscience, et il le condamnera s'il s'abandonne aux
raisonnemens d'un esprit méthodique. Je dois, dira-t-il, ma confiance aux
témoins, tant qu'aucun fait ne s'élève contre eux ; l'air de candeur et de
loyauté qui me séduit dans l'accusé, peut être feint, et il ne faut pas que
le crime échappe à la peine par le secours d'une pareille feinte. Je dois
juger d'après les preuves ; les preuves l'accablent. S'il est innocent, sa condamnation devra être imputée à la fatalité, et non à moi, &c. &c.

C'est ainsi qu'à l'aide du raisonnement on parvient à se faire une conscience artificielle en étouffant la vraie ; c'est ainsi que cette faculté de raisonner, qu'on exige d'un juré, conduit à de fâcheux résultats. Aussi j'atteste
que j'ai vu un certain nombre de décisions mauvaises rendues par le jury,
mais que toujours elles ont été l'effet de l'ascendant pris sur les jurés par
quelque raisonneur distingué que le sort avait appelé parmi eux. Je suis
fâché qu'une vérité aussi bien démontrée par l'expérience ait l'air d'un pa-
radoxe, fruit de l'esprit de système ; je suis fâché du moins de n'avoir
pas les talens qu'il faudrait pour bien faire concevoir cette étrange vérité :
mais quelque opinion qu'on en conçoive, c'est une vérité de fait.

Je me crois en droit de conclure que le commun des hommes possède la mesure d'intelligence nécessaire pour bien remplir les fonctions de juré ; mais il faut un certain tact pour bien apprécier les variations de la physionomie et juger de la contenance tant de l'accusé que du témoin. Je sais qu'il faut un certain tact pour bien sentir l'impression de ces accidens ; mais je le trouve dans un degré plus éminent chez le commun des hommes que chez les hommes des classes supérieures. Qu'on ne se révolte pas contre ma proposition ; je sais qu'elle a besoin d'être expliquée. Sans doute un homme de la bonne société saisira mieux ces nuances dans les hommes de sa classe, qu'un ouvrier ou un paysan : mais comme en général ce sont des paysans ou des ouvriers qui figurent aux siéges des accusés et des témoins, comme les hommes s'entendent d'autant mieux qu'il y a plus de rapports entre leur éducation et leurs habitudes, il s'ensuit que ce sont les citoyens de la classe commune qui possèdent mieux la faculté exigée. Supposons que l'accusé et les témoins soient des paysans, et que le jury soit composé d'hommes de la bonne compagnie ; qui ne conçoit que parlant une langue toute différente, ayant un ton, des gestes, un accent tout différens, ils ne s'entendront pas ! N'avez-vous jamais pris pour des insultes les apostrophes très-amicales d'un crocheteur ou d'un cocher de fiacre ! n'avez-vous point pris pour ivresse le grossier enjouement de quelques paysans ! Il n'y a personne qui ne soit tombé dans ces méprises, et qui ne conçoive par conséquent que dans chaque condition il est un idiome, un accent, qui ne sont pas entendus dans les autres. Transportez un paysan au milieu de vos cercles : croyez-vous qu'il entendra le sens de vos railleries, de vos fines équivoques, de vos applications méchantes ! Non, il ne l'entendra pas. De là il ne faut pas conclure que ce paysan ne doit pas être juré, puisque la majeure partie des accusés et des témoins sont de sa classe ; il faut seulement en conclure que les personnes d'une condition plus distinguée ont quelquefois intérêt d'être jugées par des hommes de leur classe. Je dis quelquefois ; car les témoins qui forment la preuve, ne sont pas toujours de la condition de l'accusé : or j'examinerai si, sans blesser l'égalité, il n'est pas possible de leur donner des juges de leur classe, quand cela est nécessaire.

On craint l'ascendant qu'un défenseur éloquent peut avoir sur des esprits peu éclairés. C'est encore là une de ces objections qui ne séduisent que faute d'avoir été analysée. J'observe d'abord que le magistrat chargé de l'accusation oppose son éloquence à celle du défenseur, et que, comme magistrat désintéressé, il inspire plus de confiance. Le président, qui résume ensuite l'affaire, réduit les argumens et les preuves à leur véritable valeur ; et par le sang-froid qui appartient à son ministère, il fait retomber l'exaltation dangereuse qui a pu s'emparer des esprits. Mais j'ajoute : Ou le défenseur de l'accusé cherche, par des faits vrais résultant du débat, à éclairer les jurés ; ou, en dénaturant les faits, il cherche par des argumens subtils à embarrasser

leur

leur esprit; ou, par des mouvemens oratoires, il cherche à jeter le trouble dans leur conscience et à les attendrir sur le sort de l'accusé.

Dans le premier cas, le défenseur procédant avec loyauté, l'ascendant qu'il acquiert sur l'esprit des jurés favorise la justice ; on ne doit pas en redouter l'effet. Dans le second cas, où, par des raisonnemens embarrassés, il tâche de jeter la confusion dans les conceptions des jurés, il n'est à craindre qu'autant qu'il parlerait devant des hommes qui auraient la prétention de le suivre dans ses sophismes : mais un modeste paysan cesse de l'écouter dès qu'il s'empêtre dans l'obscurité impénétrable d'un faux raisonnement; il ne l'entend plus ; il s'en tient à l'impression du débat. Dans le troisième cas, il en est de même encore : le paysan ne le suit plus, dès qu'il veut donner à la cause un intérêt emprunté et une forme étrangère à ce qui résulte du débat; il revient à sa conscience, et laisse modestement les connaisseurs admirer les talens de l'avocat. Telles sont, en général, les observations sur lesquelles une expérience de plusieurs années ne m'a laissé aucun doute. Je suis tellement pénétré de leur vérité, que je n'ai pas conçu comment un auteur couronné par l'Institut a pu proposer de refuser la parole aux défenseurs après le débat. J'ai souvent entendu des défenseurs et des médecins se vanter d'avoir sauvé tel accusé et tel malade; mais je n'ai jamais eu lieu de penser que les talens des défenseurs aient sauvé un coupable.

Pourquoi donc, dira-t-on, l'institution des jurés répond-elle si peu à son but ! Mille coupables échappent à la peine, la société est sans garantie, les crimes se multiplient de plus en plus.

Je nie que les crimes se multiplient ; ils deviennent au contraire plus rares. Ce qui le prouve, c'est que la commission se plaint de l'heureuse oisiveté de beaucoup de tribunaux criminels. Mais faut-il au surplus imputer à l'institution, des effets qui lui sont étrangers ! Cherchez la cause des crimes nombreux qui ont désolé la France, dans les fureurs de parti qui ont légitimé le brigandage ; dans la démoralisation de beaucoup d'hommes qui reconnaissaient autrefois le frein de la religion, et auxquels on a appris à le briser ; dans le renversement subit des fortunes, qui en a mis beaucoup d'autres dans le cas de recourir à des moyens criminels pour se procurer une existence que leurs bras inhabitués au travail ne pouvaient leur assurer; dans l'état de vagabondage où la désertion conduit certains soldats fatigués du métier des armes. Telles sont les vraies causes de la multiplicité des crimes.

J'avouerai qu'il échappe quelquefois des coupables aux tribunaux ; mais oserait-on entreprendre d'en créer auxquels il n'en échappât point ! Un pareil tribunal serait plus redoutable que les brigands eux-mêmes, parce qu'il ne pourrait arriver à son but qu'en frappant indistinctement le crime et l'innocence, qui ont souvent les mêmes couleurs. Je ne ferai pas l'injure aux anciens tribunaux de croire qu'il ne leur en échappait point. C'est cependant l'opinion d'aujourd'hui ; mais d'où procède cette opinion ! le voici.

Les tribunaux anciens opéraient dans le secret, loin des regards du public, qui n'était instruit que de leurs jugemens, jamais des charges sur lesquelles ils étaient fondés. Le peuple voyait-il acquitter un accusé! il le réputait innocent, ou supposait du moins qu'il n'y avait aucune charge contre lui. En voyait-il condamner un autre! il ne doutait point qu'il n'y eût des preuves décisives. L'instruction d'ailleurs était longue; l'impression que le crime avait causée avait eu le temps de s'affaiblir, et souvent après plusieurs années de détention un accusé était élargi, sans qu'on s'en occupât et sans causer de sensation. Dans le cas où l'espèce des charges jetait le tribunal dans l'indécision, au lieu de se déterminer, comme les jurés, en faveur de la liberté, le tribunal prononçait un plus ample informé qui prolongeait la détention au point que l'accusé périssait dans les prisons, ou n'en sortait que quand le public avait oublié le crime et le procès.

Aujourd'hui l'éclat causé dans le public par un crime fameux attire dans l'auditoire un concours nombreux devant lequel est ouvert le cahier des charges. Le peuple entend tous les détails du débat ; dans sa prévention il juge l'accusé coupable, sur les plus faibles indices. Rempli d'une juste horreur pour un crime dont les traces sont récentes, il l'étend sur l'accusé qu'il en répute coupable. Le sentiment du devoir, qui heureusement contient le juré, ne réprime point la légéreté d'un public qui est avide de scènes, de spectacles, et qui, dans ses jugemens, n'est assujetti à aucune responsabilité morale. Cependant l'accusé est absous faute de preuves suffisantes; et ce même public, dont les individus, s'ils eussent été placés dans le banc des jurés, l'auraient absous comme eux, pousse les hauts cris sur ce qu'il appelle une coupable indulgence. Tel est, je n'en puis douter, le principe de la diffamation qui s'est répandue sur l'institution des jurés.

Ce n'est donc point aux vices de l'institution qu'il faut attribuer ce cri populaire qui s'est élevé contre la procédure par jurés. Tout tribunal qui jugera sur une instruction publique, sera toujours taxé d'une coupable indulgence s'il ne se rend coupable d'une sévérité injuste ; et l'expérience a prouvé que les tribunaux spéciaux qui n'ont voulu être que justes, n'ont point été à l'abri de cette censure populaire, alimentée sourdement par l'esprit de parti, qui condamne tout ce qui porte le sceau d'une révolution dont il ne faudrait haïr que les excès.

Mais, quel que soit le principe de cette opinion accréditée de l'indulgence des jurés, n'est-elle pas funeste à la tranquillité publique, en donnant aux coupables l'espoir d'une facile impunité! Je réponds de deux manières : 1.° Si cette opinion provient de la publicité de l'instruction, c'est un mal sans remède ; car je ne pense pas que personne, même parmi les partisans outrés du vieux régime, professe qu'il faille rétablir ces formes ténébreuses de l'ancienne procédure criminelle, et cet épouvantable secret qui, laissant l'arbitraire sans aucun frein, mettait la vie et l'honneur des Français à la disposition du caprice, de la haine et de la vengeance des juges. 2.° Il n'est pas vrai que l'on soit persuadé que le crime échappe facilement à la peine. Il faut distinguer l'opinion publique d'avec celle de quelques déclamateurs qui s'en disent les héros. On pense, et l'on pense avec raison, que le coupable échappe quelquefois; mais que cette impunité est rare, et que le plus souvent il est atteint.

Or, telle est l'opinion que le public doit avoir de l'efficacité de la procédure criminelle. L'opinion qu'il échappe quelquefois des coupables, atteste les précautions que la justice prend pour ne pas compromettre l'innocence; elle rassure celle-ci, et ne fait point des tribunaux un épouvantail aussi affreux pour l'homme de bien que pour le scélérat; et cette opinion suffit pour contenir l'homme qui a des inclinations perverses. Croit-on en effet que celui qui médite un crime, se détermine à le commettre par l'opinion qu'il a de l'indulgence des tribunaux! Non: il suffit qu'il sache que tel délit est puni d'une peine grave; que cette peine frappe la plupart de ceux qui le commettent, et que le petit nombre de ceux qui s'y soustraient, le doit à un concours de circonstances que le hasard seul rassemble, et dont personne n'est maître de disposer.

Sur quoi donc se rassure le coupable! 1.° sur les précautions infinies qu'il prend pour cacher son crime, précautions qui attestent qu'il ne croit point à l'impunité du crime bien prouvé; 2.° sur les moyens qu'il emploie pour échapper à la police, quand son crime est découvert; ce qu'il fait en fuyant sa maison, sa famille, en renonçant à ses biens plutôt que de s'exposer à des chances que l'on répute si favorables au crime, et dont il n'a pas la même idée; 3.° enfin sur l'espoir de se soustraire aux peine temporaires qu'il pourrait encourir s'il est condamné; espoir que lui donnent les fréquentes évasions des prisons et des bagnes. Je pense que si l'on avait cherché avec sincérité la cause des crimes qui furent il y a quelque temps si multipliés, on n'aurait pas compté pour peu l'incompréhensible mesure du Directoire, qui fit évacuer tous les bagnes, et composa une armée de brigands qu'on a vus rentrer dans la société, et l'affliger autant par le scandale de leur impunité que par leurs forfaits nouveaux.

Je crois avoir suffisamment combattu l'opinion de ceux qui pensent devoir imputer aux changemens opérés parmi nous dans la procédure criminelle, la plus grande partie des crimes qui ont affligé la France pendant quelques années. Je n'ai pas prétendu, au surplus, que l'institution des jurés, telle qu'elle est organisée, ne présente des défauts qu'il est bon de réformer. Je suis loin de penser cependant que tout est perdu quand un coupable obtient l'impunité; je sais au contraire que cet homme qui a été long-temps dans les angoisses de la plus affreuse incertitude, est souvent corrigé par cette épreuve. Mais je conviendrai que son impunité altère toujours le salutaire effroi que doit inspirer la loi pénale. C'est un motif pour ne rien négliger de ce qui peut élever l'institution au degré de perfection dont elle est susceptible.

CHAP. XII. *De la composition des Listes de Jurés, et de la formation du Tableau.*

LA formation des listes est le point le plus important de l'institution. Si le mode de cette formation est vicieux, le but de l'institution est manqué. Ce but est de diviser le terrible pouvoir de prononcer sur l'honneur et la vie des citoyens, afin que personne n'ait la facilité d'en abuser ; c'est d'empêcher que la sûreté des Français ne soit compromise par les vices d'un tribunal permanent, infatué de son dangereux pouvoir, infecté de l'esprit de système, et endurci par ses propres rigueurs ; c'est enfin que les citoyens ne puissent être réputés coupables que quand ils sont déclarés tels par des consciences neuves, faciles à émouvoir, par les consciences de leurs égaux.

Si tel est en effet le but de l'institution, il est évident que ce serait s'en éloigner que de concentrer la fonction de juré dans certaine classe déterminée par la naissance ou la richesse. On ne doit donc écarter des fonctions de jurés que les hommes placés dans une telle position, que le besoin puisse faire chanceler leur vertu, absorber les facultés de leur ame, ou les priver du développement qu'y donne une éducation commune.

La commission ne juge convenable d'y appeler que les hommes qui payent cent francs de contribution. C'est, je pense, écarter plus d'un vingtième des citoyens. Combien de communes pauvres n'auront pas le droit de fournir un juré ! combien d'hommes probes et intelligens sont écartés par cette disposition ! Elle sera rigoureuse, sans être bien efficace. Depuis que les juges de paix sont chargés de former les listes, il n'y portent que des citoyens aisés ; on pourrait même leur reprocher de prendre plus qu'il ne faut cette qualité en considération : toutefois l'institution n'a pas plus prospéré qu'auparavant. La richesse n'est pas toujours unie à la sagesse et à la vertu. Tel homme, dans un village, n'a que le nécessaire absolu, qui, par son intelligence, l'élévation naturelle de son ame et la pratique des vertus domestiques, est bien au-dessus de certain richard qui n'a d'autre mérite que la franchise avec laquelle il montre la dureté de son cœur et son orgueil grossier. Je pense qu'en général un juré doit être au-dessus du besoin ; mais je ne puis approuver l'exclusion absolue du mérite indigent.

Ce qui me paraît plus opposé encore au but de l'institution, c'est le pouvoir donné au préfet de former la liste de quarante-huit jurés choisis arbitrairement sur le nombre des plus haut imposés. Il est impossible de voir en cela autre chose qu'une commission. C'est ainsi qu'on a jugé des listes spéciales qui, jusqu'en l'an 8, étaient composées par le président de l'administration départementale. Que dis-je! ces listes spéciales étaient moins dangereuses ; elles n'étaient, il est vrai, composées que de trente noms : mais l'accusé pouvait récuser une première liste entière, comme faite en haine de lui. Sur la seconde qui lui était présentée, il pouvait encore récuser vingt citoyens, ce qui obligeait d'en prendre cinq sur la liste ordinaire ; en sorte que les récusations de l'accusé pouvaient s'exercer sur soixante-cinq citoyens. Dans le projet proposé, la liste est de quarante-huit ; mais le commissaire du Gouvernement peut en récuser quatorze : les récusations de l'accusé ne peuvent donc s'exercer que sur trente-quatre.

On doit se rappeler quel cri général s'éleva contre ces commissions spéciales, après le 18 brumaire. Pourquoi se flatter que ce qui fut alors improuvé avec tant d'énergie, sera accueilli aujourd'hui comme une loi bienfaisante! Serait-ce parce que les préfets jouissent de plus de confiance que les présidens des administrations d'alors! Ce serait un motif peu digne de la sagesse du législateur. Celui qui fait des lois pour la postérité, doit se garder de leur donner pour garantie la moralité de ceux qui gouvernent ou administrent de son temps ; il doit savoir qu'après le Gouvernement le plus généreux, il peut exister un Gouvernement oppresseur. Il faut que la loi suppose toujours ce cas. Ce n'est pas quand le Gouvernement est juste, qu'un peuple a le plus besoin de bonnes lois ; on pourrait presque s'en passer alors. Mais supposez un Gouvernement ombrageux, tyrannique, sanguinaire, avec quelle facilité ne fera-t-il pas tomber les têtes, si la formation des listes, aussi bornée, appartient à ses agens corrompus et vicieux comme lui ! Il vaut beaucoup mieux ne nous pas donner l'institution des jurés, que de nous la donner tristement mutilée. Il n'y a personne qui ne préfère être jugé par cinq ou six magistrats permanens, dont l'inamovibilité sera au moins une faible garantie contre l'influence d'un Gouvernement qui peut être oppresseur. Ce n'est pas d'être jugés par des jurés qu'il nous importe ; le tribunal révolutionnaire avait les siens : c'est d'être jugés par des jurés indépendans, indiqués par le sort et exempts de soupçon de suggestion.

Par suite du système qui exclut de ces fonctions les hommes peu fortunés, la commission propose de récompenser, par le don d'une médaille, les jurés qui auront assisté deux fois au jury de jugement. Or cette médaille deviendra si commune, qu'avant trois ans elle n'aura plus d'autre prix que celui de sa valeur métallique, qui sûrement sera très-bornée. Les fonctions de juré seront donc gratuites. Il résultera de là que le préfet sera obligé de composer la liste, non-seulement de gens aisés, mais encore des plus riches du département, afin qu'ils puissent supporter, sans se ruiner, un séjour de quinze ou vingt jours dans les auberges. Il n'y a pas, dira-t-on, un grand inconvénient à cela ; il est même bon que le motif d'épargner de la dépense aux personnes peu fortunées puisse être mis en avant, pour leur déguiser l'espèce d'exclusion qu'on leur donne. Mais sans examiner si cela est bien loyal, j'observe que si, d'une part, les dispositions du Projet appellent exclusivement les personnes très-riches aux fonctions de juré de jugement, d'autre part elles les en excluent absolument. Je vais le prouver.

Si le jury d'accusation est conservé, il sera composé, suivant le Projet, de quinze jurés pris sur la liste des deux cents plus imposés de chaque arrondissement, et il se tiendra tous les mois. Sur ces deux cents haut imposés, il faut au moins en exclure cinquante pour incapacité ou pour infirmités. Cependant il en faut cent quatre-vingts par an, à raison de quinze par mois. Il résulte de là que tous les hommes riches capables de remplir ces fonctions, y seront nécessairement appelés dans le cours de l'année. Or, par l'article 907, les jurés qui ont été inscrits sur la liste du jury d'accusation, ne peuvent être portés dans l'année sur celle de jugement. Il en résulte que les deux cents plus imposés de chaque arrondissement sont écartés des fonctions de juré de jugement. Donc, dans un département composé de cinq arrondissemens, les mille plus imposés sont exclus de ces fonctions.

Cette exclusion inaperçue, et cependant réelle, qui résulte des dispositions du Projet entre les hommes riches, rappelle, si elle est maintenue, les citoyens peu fortunés aux fonctions de jury de jugement, et elle les appelle exclusivement : ce sera le cas de qualifier ce jury, le seul important, comme on le qualifie en Angleterre, *le petit jury.* Mais les personnes qui composeront ce petit jury, n'auront pas le moyen de faire des frais de voyage et de séjourner quinze ou vingt jours auprès du tribunal pendant les longues sessions du préteur ; ils regretteront le temps passé ainsi gratuitement loin de leurs affaires ; l'ennui, le mécontentement, l'impatience, viendront troubler la sérénite de leur ame, et leurs décisions s'en ressentiront. Il est vrai que beaucoup se feront excuser à l'aide de certificats de complaisance ; et ceux même qui viendront, le tribunal sera obligé de les licencier successivement : les uns et les autres seront remplacés par des habitans de la ville où siége le tribunal.

Or, il n'est point de plus mauvais jurés que ceux-là. Je desire qu'il y ait un moyen de ne les appeler jamais en remplacement. Quand le tribunal criminel siége dans une petite ville, il sert de spectacle aux citoyens ; ils y sont fort assidus. Tous sont familiarisés avec ses formes, ses maximes ; ils connaissent les lois pénales et le résultat que doit avoir telle question ; ils sont si souvent appelés en remplacement, qu'ils sont blasés sur ces fonctions ; elles ne leur inspirent plus ce respect, cet intérêt qui met en action toutes les facultés d'un juré nouveau. Le juré de la ville est à-peu-près ce que serait un juge criminel permanent : il a ses maximes, ses systèmes, ses préventions ; il a ses coteries, dont il craint les reproches s'il ne juge pas comme elles ; il est enfin ce que l'institution du jury a pour but essentiel d'éviter. Bientôt son insouciance, son esprit de familiarité avec ses fonctions, gagnent les autres jurés, et tout un jury se trouve corrompu par la présence de deux ou trois jurés de la ville. Je suis loin de proposer leur exclusion absolue ; mais on ne peut prendre trop de précautions pour n'avoir que très - rarement besoin de ces remplaçans banaux qui remplissent des fonctions aussi graves avec ennui, indifférence et dérision.

Le Projet ordonne la signification de la liste des jurés à l'accusé la veille de son jugement, et frappe de nullité toute signification faite plutôt ou plus tard. Cette disposition a pour but de donner à l'accusé le temps de réfléchir sur les récusations qu'il doit proposer, et de lui en refuser un suffisant pour travailler les jurés. Mais, 1.° le temps de vingt-quatre heures ne suffit pas pour connaître la moralité de quarante-huit jurés dont on n'a jamais entendu parler et qui sont disséminés sur la surface d'un vaste département ; 2.° la précaution que cette disposition présente contre les moyens de séduction, n'est efficace qu'à l'égard de l'accusé qui paraît le premier au débat. Celui qui y paraîtra le deuxième, le troisième jour et jusqu'à la fin de la session, n'aura pas besoin de la signification qu'on lui fera pour connaître les jurés ; dès qu'on aura fait le premier appel, la liste sera publique ; et depuis ce premier appel jusqu'au jugement de chaque accusé, ses partisans auront le temps d'obséder les jurés.

Au reste, j'ai déjà dit que je ne puis approuver l'idée d'une liste de quarante-huit jurés formée par le préfet pour chaque session ; il s'ensuit que je désapprouve toutes les dispositions dépendantes de cette idée. Je pense qu'il doit être fait une liste beaucoup plus étendue, et telle, qu'elle soit censée comprendre tout ce qu'il y a d'hommes capables dans le département. Cette liste ne sera pas faite seulement pour une session, pas même seulement pour une année ; elle sera imprimée et communiquée à l'accusé avant la formation du tableau. Il aura le droit, concurremment avec les autres accusés de la même session, de récuser un nombre aliquote des noms portés sur cette liste. On peut, sans nul inconvénient, élever ce nombre au tiers, à la moitié même ; de manière que chaque accusé, en quelque nombre qu'on les suppose, aura une latitude plus que suffisante pour récuser ses ennemis et tous autres qui lui seraient suspects. Ces récusations exercées, le tribunal formera sur le reste, après les récusations du commissaire, le tableau par la voie du sort : il le formera en secret, et les jurés seront appelés suivant l'usage pratiqué.

Aucune signification du tableau ne sera faite aux accusés ; il leur suffit d'avoir exercé leurs récusations sur la liste générale, et de savoir qu'ils seront jugés par d'honnêtes citoyens. N'en déplaise aux Anglais, c'est une dérision que de prétendre qu'un accusé a besoin de voir la physionomie du juré pour le récuser ; comme si tout le monde ne savait pas qu'il n'y a point d'indice plus faux que la physionomie ! Est-il convenable d'ailleurs d'exposer un citoyen honnête aux huées d'une maligne populace, excitée par les sarcasmes et les apostrophes d'un accusé impudent qui n'a rien à risquer !

, Aucune récusation ne pouvant avoir lieu à l'ouverture du débat, il ne sera pas nécessaire d'appeler quarante - huit jurés; mais je desire qu'il en soit appelé trente. Voici pourquoi. Malgré la précaution de former le tableau en secret, le nom des jurés peut transpirer, et les partisans de l'accusé s'agiter autour d'eux avant la session, et continuer encore à les obséder dans les intervalles d'une séance à une autre. Mais s'il y a trente jurés appelés, et que douze seulement soient désignés par le sort à l'ouverture de chaque séance, il faudra que les amis de l'accusé renoncent à l'espoir de corrompre ceux qui doivent le juger, parce qu'ils ne les connaîtront qu'à l'ouverture du débat. S'il faut cinq voix sur douze pour acquitter, il faudrait, pour mettre les chances du côté de l'accusé, acheter au moins douze jurés sur les trente; pour en corrompre douze, il faut des tentatives au moins envers vingt-quatre. De pareilles tentatives font éclat : les jurés sont obligés, sur leur honneur, de les dénoncer; et dans ce cas le tribunal délibère et décide s'il n'y a pas lieu de renvoyer l'affaire à une autre session.

Quoique l'appel des adjoints soit rarement pratiqué, on ne peut méconnaître qu'ils offrent une garantie de plus pour l'innocence; il n'y a aucune raison de les supprimer. Si le tableau des jurés est composé de trente, comme je le propose, on peut, sans augmentation de frais, en tirer trois au sort pour remplir ces fonctions ; on en désignera de la même manière deux autres qui seront présens à tout le débat dans les affaires de longue durée, pour remplacer ceux des jurés ou des adjoints qui, pour quelque incommodité survenue, seraient forcés de se retirer.

Si les trente jurés appelés sont présens, ils resteront pendant tout le cours de la session ; mais s'il n'en manque que six, le nombre des présens étant encore de vingt-quatre, il n'y aura point lieu à remplacement. S'il en manque davantage, le nombre de vingt-quatre sera complété par des habitans de la ville.

Ainsi, à l'ouverture de la session, l'appel des jurés est fait pàr le greffier; s'il s'en trouve moins de vingt-quatre, ce nombre est complété par des citoyens de la ville tirés au sort. Ce nombre de vingt-quatre étant complet, on tire au sort pour la première affaire les noms de douze jurés et de trois adjoints, et on réitère la même opération à l'instant même où chacune des autres affaires va commencer.

Maintenant j'examinerai comment les listes doivent être formées.

Le but qu'on doit se proposer est qu'elles soient composées d'hommes probes, capables d'attention, et doués de la mesure de discernement suffisante pour apprécier les faits qui leur sont soumis. Je crois avoir prouvé que le commun des hommes a les facultés nécessaires pour bien juger les affaires communes; mais j'ai reconnu qu'il est des procès compliqués qui exigent un degré de discernement et d'attention dont la multitude n'est pas capable.

capable. De là résulte la nécessité, ou de soumettre toutes les affaires à une liste unique composée d'hommes instruits et d'un esprit exercé, ou de former deux espèces de listes.

Le premier moyen serait conforme au sentiment d'une classe de Français qui ne pensent pas qu'on puisse tenir assez loin des affaires ce qu'ils appellent *la populace ;* mais il ne peut entrer dans les vues d'un Gouvernement paternel, qui, à la vérité, veut anéantir tous les partis, mais qui ne veut en écraser aucun, et qui pense, avec *Montesquieu,* qu'il est juste de laisser faire au peuple tout ce qu'il peut bien faire. Il doit donc y avoir deux espèces de listes, et je vais m'attacher à les bien composer.

On s'était proposé de déclarer jurés de droit et perpétuels les six cents plus haut imposés de chaque département. J'observe encore que cette idée serait bonne, si les hommes ne s'étaient mis en société que pour conserver leurs propriétés : mais l'association a aussi pour but la conservation de la vie, de la liberté, de l'honneur ; et l'on ne voit pas pourquoi le droit de propriété donnerait à ceux qui ont de grands biens, le droit de vie et de mort sur ceux qui en ont moins.

Je conçois que cette observation paraîtra plutôt appartenir à une abstraite théorie qu'à un système pratique ; mais ce qui n'est pas de pure théorie, c'est que si la richesse fait supposer plus d'élévation d'ame et une intelligence mieux développée, il y a malheureusement de nombreuses exceptions. On peut se persuader que sur les six cents plus imposés, il y en a deux cents au moins qui sont ou très-bornés, ou très-vicieux, ou valétudinaires.

Or on ne doit point commettre la liberté, la vie des hommes aux caprices du hasard. La liste doit être composée d'hommes choisis, non pas choisis pour telle ou telle affaire, non pas même pour telle ou telle session ; ce serait une commission ; le sort des accusés dépendrait de l'arbitraire de celui qui ferait le choix : mais ils doivent être choisis d'avance et en grand nombre, pour former une masse d'où l'on puisse extraire au besoin, par le sort, les jurés de telle affaire ou de telle session ; ce moyen fait disparaître le danger de l'arbitraire, et corrige en même temps le vice de l'aveugle sort.

Je la trouve faite cette liste d'hommes choisis, du moins la liste des jurés ordinaires, dans les maires et adjoints des communes. Ces hommes, en général, sont les plus probes, les plus intelligens et les plus riches de leurs communes ; on ne peut concevoir par quelle subtilité de droit on les en a écartés jusqu'à ce jour. A la vérité, ils font quelquefois les fonctions d'officiers de police ; mais cela ne doit les exclure que des affaires où ils ont agi en cette qualité. Leur présence est nécessaire dans leur commune : mais il suffit de ne pas déplacer le maire et l'adjoint à-la-fois. La fonction de juré est onéreuse pour l'homme qui déjà remplit une fonction gratuite ; mais elle est honorable ; et la liste sera si nombreuse, que chacun ne sera pas appelé plus d'une fois en deux ans. Les maires et les adjoints sont des hommes qui ont la confiance du Gouvernement, sans en être servilement dépendans, parce qu'ils occupent des fonctions gratuites qu'ils ne craignent pas de perdre. Ils sont à sa nomination ou à celle de ses agens ; mais ils sont si nombreux, que, quelque corrompu que pût être le Gouvernement, on ne peut supposer qu'il tente d'en faire autant d'instrumens de tyrannie.

Mais veut-on composer une liste plus parfaitement indépendante et mieux choisie encore ! Il faut commencer par déterminer les élémens dont elle peut être composée, et faire ensuite concourir toutes les autorités civiles à la former.

Si le commun des hommes a les facultés suffisantes pour bien juger les affaires communes, il s'ensuit qu'aucun citoyen de la classe commune ne doit être exclu de droit de la fonction de juré. Je réduis la classe commune aux hommes âgés de trente ans, qui, ayant reçu un commencement d'éducation, savent lire et écrire, qui n'ont été flétris par aucune condamnation, et qui ont un revenu présumé de la valeur d'une journée de travail par jour.

Ces élémens déterminés, il convient que les autorités locales soient les indicateurs du mérite ignoré. Ainsi, que chaque maire indique trois citoyens de sa commune, y compris le maire lui-même ; ces indications formeront une liste de canton qui sera soumise au juge de paix : celui-ci pourra supprimer indistinctement le tiers des noms portés sur la liste, à charge d'y en remettre un pareil nombre. La réunion des listes de canton formera la liste d'arrondissement. Sur celle-ci le tribunal d'arrondissement pourra supprimer aussi indistinctement un tiers des noms, et y suppléer un pareil nombre ; le sous-préfet fera ensuite la même opération, sans pouvoir changer les indications faites par le tribunal. La réunion des listes d'arrondissement formera la liste départementale, sur laquelle le tribunal criminel et le préfet exerceront le même pouvoir que les tribunaux d'arrondissement et les sous-préfets ont exercé sur les listes d'arrondissement. Le préfet ne pourra retirer aucun des noms inscrits sur la liste par le tribunal criminel. On peut donner aux préfets et aux tribunaux criminels le droit d'inscrire sur les listes un nombre de noms déterminé, sans être bornés par aucune condition.

Par ces épurations graduelles de nominations primitivement circonscrites dans des bornes raisonnables, il semble que les listes doivent être composées de ce qu'il y a de bon et d'honnête dans chaque département. Mais s'il fallait , comme aujourd'hui , changer tous les trois mois une liste si nombreuse , on ne trouverait pas assez de noms à y inscrire , et ce serait un travail fatigant pour les autorités. Je propose donc que cette liste soit permanente , et qu'elle ne subisse de réforme que de trois ans en trois ans.

On procédera de la même manière pour former la liste spéciale , que j'appellerais *liste des lettrés ;* terme qui fait naître l'idée de la seule distinction qui n'inspire point d'envie. Je prendrais pour premiers indicateurs , non les maîres des communes , mais les juges de paix , qui indiqueraient quatre citoyens de leur canton , y compris le juge de paix lui-même; on formerait de toutes les indications des juges de paix une liste partielle d'arrondissement , sur laquelle le tribunal et le sous-préfet exerceraient la même faculté qui leur est donnée relativement aux listes ordinaires ; le tribunal criminel et le préfet feraient ensuite respectivement la même opération sur la liste composée de ces listes partielles.

Il semble que, cinq autorités travaillant successivement à perfectionner ces listes et y mettant une louable émulation , on a lieu de s'attendre que tous les hommes d'un mérite distingué y seront employés ; qu'on n'aura plus à s'indigner de ces méprises grossières qui furent souvent le fruit de l'insouciance portée dans une opération trop souvent répétée. Chacune des listes ne se renouvelant que tous les trois ans , il sera permis de donner à chaque autorité un temps suffisant pour faire son travail avec maturité ; et cet appel de plusieurs pouvoirs à la formation des listes est le seul moyen d'empêcher qu'on n'en fasse un abus.

Les jurés ordinaires pourront connaître en général de tous délits ; les lettrés sont destinés à juger ceux qui leur seront réservés par arrêté du tribunal. Lorsque l'accusateur public et l'accusé demanderont respectivement le renvoi de l'affaire aux lettrés , le tribunal ne pourra le refuser. Si l'une des parties seulement demande ce renvoi , le tribunal examinera si la complication de l'affaire , l'espèce des moyens, les habitudes de l'accusé , doivent le faire ordonner ; mais, dans aucun cas, la demande du renvoi ne pourra être formée après la confection du tableau des jurés ordinaires primitivement destinés à juger l'accusé.

On ne peut apercevoir aucun inconvénient à donner au tribunal le droit de statuer dans ce cas. La loi ne peut déterminer, par des dispositions générales, les affaires qui requièrent le ministère des lettrés. Ceux qui ont quelque pratique des matières criminelles , ont reconnu que souvent telle affaire attribuée aux jurés ordinaires présentait beaucoup de complication , tandis qu'une autre que la loi déférait à un jury spécial était de la plus grande simplicité.

Je persiste à penser que la session du jury ordinaire doit avoir lieu tous les mois ; sauf à autoriser le tribunal , dans le cas où les affaires sont rares , à la tenir seulement de deux mois en deux mois. Mais celle du jury des lettrés n'aura lieu que quatre fois par an, au commencement de chaque trimestre ; et pour empêcher l'abus qui pourrait s'introduire , de réclamer ou d'ordonner , sans des motifs puissans , le renvoi des affaires à ce jury, je pense qu'il serait prudent d'ordonner que ses sessions ne pourraient excéder huit jours, hors le cas de débats commencés.

Signé Le Follet , *président.*

OBSERVATIONS

DU TRIBUNAL CRIMINEL

DE LA MARNE,

SUR

LE PROJET DE CODE CRIMINEL.

OBSERVATIONS

DU TRIBUNAL CRIMINEL

DE LA MARNE,

SUR

LE PROJET DE CODE CRIMINEL.

PÉNÉTRÉS de l'importance des devoirs que nous impose le Gouvernement, en consultant notre expérience sur le projet de Code criminel présenté par la commission, nous avons examiné cet ouvrage avec la plus scrupuleuse attention, et nous lui offrons le résultat de nos méditations.

La première question qui se présente, est celle de savoir si l'institution du jury continuera d'avoir lieu.

Des hommes sages et instruits ont pensé que cette institution ne pouvait s'acclimater en France.

Cependant nous pensons, qu'à cet égard, il faut rectifier et non pas détruire.

Les vices de l'établissement du jury existent dans les exemptions trop multipliées, dans la négligence qu'apportent plusieurs juges de paix de canton lors de la formation des listes, dans la nécessité où se trouvent les préfets de former tous les trois mois une liste trop nombreuse de jurés.

Supprimez les exemptions conformément au Projet.

Ne formez par an qu'une seule liste de cent citoyens éclairés par département; alors vous aurez des hommes sages et instruits pour la composition du jury.

Ses vices disparaîtront; il en résultera de bonnes décisions.

Alors le Gouvernement et les citoyens se féliciteront de la conservation de cette institution.

La multiplicité des questions soumises aux jurés a souvent occasionné des erreurs.

Le Projet les supprime, en les remplaçant par cette seule question : *L'accusé est-il coupable !*

Nous pensons que cette nouvelle méthode contribuera efficacement à l'amélioration du jury, sauf les observations supplémentaires ci - après à cet égard (1).

Nous ne croyons pas qu'il soit bon de le composer uniquement des hommes les plus fortunés.

Ce n'est pas dans cette classe que se trouvent exclusivement les citoyens les plus instruits, les plus justes, les plus probes.

Combien d'hommes qui ne se trouvent pas sur le tableau des plus imposés, et dont les talens sont connus !

Pourquoi écarter de l'exercice de fonctions aussi importantes des citoyens infiniment plus recommandables par leur sagesse et leurs vertus, que ne peuvent l'être les plus imposés par leurs richesses !

Si on ne prenait les jurés que dans la classe des plus imposés, il serait impossible, dans la majeure partie des départemens, de former la liste conformément à l'article 906 du Projet; car souvent on ne trouverait pas sept fonctionnaires publics parmi les plus imposés d'un arrondissement.

Les préfets, d'après le Projet, doivent envoyer la liste aux jurés cinq jours avant celui où elle doit servir.

Ce délai est beaucoup trop court; plusieurs jurés se trouveront très-éloignés du lieu où siégera le tribunal criminel, et ils ne pourront être rendus au jour déterminé par la citation.

Le bien du service exige que les listes soient adressées, par le préfet, au propréteur et au commissaire du Gouvernement près le tribunal criminel, qui se chargeront de les faire notifier aux jurés.

Nous pensons que le jury d'accusation doit être convoqué le 1.er et le 15 de chaque mois; il ne faut pas laisser languir dans les prisons des hommes qui, n'ayant souvent contre eux que de légers soupçons, doivent être mis en liberté.

L'article 922 du Projet veut qu'il y ait au moins quarante jurés présens au jour indiqué pour le jugement.

Nous observerons que c'est occasionner une dépense considérable aux jurés, en les obligeant de se déplacer tous pour n'en retenir que douze.

La marche qui se suit actuellement, nous paraît préférable; et on peut l'adapter au nouveau mode proposé, à la seule différence que le tirage se ferait en présence de l'accusé.

Du Propréteur.

Dans l'hypothèse que nous établissons, le jury subsisterait; il faut par conséquent des directeurs de jury.

Le Projet en établit un dans chaque arrondissement communal, sous le titre de propréteur.

Nous pensons que la société peut retirer un grand avantage de cette nouvelle magistrature.

La connaissance de la procédure criminelle demande de l'étude.

Le magistrat se forme en exerçant.

Le commencement d'une instruction criminelle est très-important.

Les circonstances d'un délit, bien suivies dans les premiers momens qu'il est connu, et recueillies par un homme instruit, conduisent à la manifestation de la vérité.

On doit plus espérer d'un propréteur nommé à vie, que d'un directeur de jury, qui ne remplit ces fonctions que temporairement.

Mais pour que les propréteurs puissent opérer le bien qu'on peut attendre de leur établissement, il faut que, toutes les fois que des délits graves leur seront dénoncés, ils se transportent sur les lieux du délit pour y dresser des procès-verbaux et y entendre les témoins.

Ce transport, dans bien des cas, est indispensable; des témoins tirés de leur village, comparaissant devant un juge, s'expliquent très-mal; ils seraient bien plus intelligibles s'ils étaient sur les lieux dont ils parlent; le magistrat pourrait prendre d'eux des informations claires et précises.

Le Projet alloue au propréteur qui se déplace à plus de quinze kilomètres de son domicile, quatre francs par jour d'indemnité.

Nous dirons avec le grand-juge, que cette indemnité n'est pas suffisante.

Les déplacemens, sans doute, ne doivent pas être un objet de lucre pour ce magistrat; mais on conviendra qu'il est de la dignité de son caractère qu'il voyage en voiture.

On serait peu disposé dans une campagne à obéir aux ordres d'un juge arrivant à pied.

Il faut que la voiture du magistrat soit payée ;

Elle ne peut coûter moins de 12 francs par jour avec le conducteur.

Il conviendrait donc d'allouer cette somme au propréteur et au magistrat de sûreté.

Cette augmentation d'indemnité, loin d'être une surcharge pour le trésor public, diminuera considérablement les frais de justice.

Le propréteur, lorsqu'il y aura un grand nombre de témoins à faire entendre, au lieu de les faire citer à comparaître dans la ville où il réside, ira recueillir leurs dépositions sur les lieux : il économisera les frais de voyage des témoins; frais toujours beaucoup plus considérables que l'indemnité qui lui sera allouée.

Le propréteur ne doit pas être sous la surveillance du préteur.

En effet, le Projet les établit conjointement juges du tribunal criminel; or entre des hommes qui délibèrent ensemble et qui ont également le droit d'émettre leurs opinions, il ne doit pas y avoir de supérieurs ni de subordonnés; autrement les suffrages ne seraient pas libres.

A 2

Du Préteur.

L'idée d'un magistrat suprême sous le nom de préteur, chargé de faire respecter les lois et d'imprimer à la procédure criminelle une marche uniforme, est grande et belle ; mais nous ne pensons pas qu'on doive borner les fonctions des préteurs à remplacer uniquement les présidens des tribunaux criminels.

Nous aimerions mieux les considérer comme des inspecteurs généraux de l'ordre judiciaire, tant civils que criminels.

S'il nous était permis de mettre nos idées à la place de celles des rédacteurs du Projet, nous donnerions à chaque préteur une division de dix départemens au moins.

Ils se transporteraient, dans le cours de l'année, dans chaque chef-lieu, se feraient rendre compte de toutes les affaires ; ils présideraient les tribunaux criminels où ils jugeraient leur présence nécessaire, à raison du nombre ou de l'importance des affaires qui y seraient portées.

Dans toutes les circonstances où ils ne pourraient pas agir par eux-mêmes, ils seraient remplacés par les propréteurs.

Nous ne voyons aucun inconvénient dans ce remplacement.

L'article 780 du Projet porte que le Premier Consul remplacera le préteur absent.

Mais si l'empêchement arrive la veille des grands-jours, dans un département éloigné, il faudra donc instruire le Premier Consul, attendre une réponse, et un autre préteur, qui peut-être sera en fonctions et ne pourra pas arriver : les jurés cependant seront venus de toutes les parties du département ; les témoins se seront transportés de loin ; il faudra payer leur voyage, les renvoyer, et laisser les accusés encore pendant trois mois en prison.

Du Tribunal.

La suppression du grand nombre de questions qu'on est dans l'usage de faire aux jurés sur les circonstances plus ou moins aggravantes du délit, conduit à la nécessité de s'en rapporter au tribunal sur les peines à infliger à raison de ces circonstances.

Le tribunal, d'après le Projet, n'est composé que du préteur et d'un propréteur.

Le premier a voix prépondérante ; il n'y a, par conséquent, qu'un juge.

Si on fait attention que la décision du tribunal influera beaucoup sur le sort de l'accusé, on conviendra qu'il est indispensable de le composer au moins de quatre juges, qui se prendraient parmi les propréteurs et les suppléans.

Des Tribunaux de police.

L'organisation des tribunaux de police établis par le Projet, nous paraît présenter des inconvéniens tels, que nous pensons qu'il est plus avantageux de laisser subsister ceux qui existent actuellement.

Ce tribunal se compose, d'après le Projet, d'un juge ou suppléant du tribunal d'arrondissement, du juge de paix, et d'un citoyen pris parmi les plus imposés.

1.° Le juge ou suppléant rencontrera, dans une partie de l'année, des obstacles qui l'empêcheront de remplir les devoirs que la loi lui désignera; les inondations, les chemins devenus impraticables, lui interdiront l'accès des lieux où il devra juger.

La rétribution modique qu'on lui donne, le forcera à voyager plus que modestement.

Il aura, à son retour, réuni sur sa tête une masse de haine : qui peut lui répondre que voyageant seul, souvent dans les bois, dans des routes isolées, il ne sera pas insulté, peut-être même maltraité et blessé ?

Si cela arrive une seule fois, et que les coupables inconnus échappent à la punition, alors la considération des présidens de police de canton est anéantie : ils ne peuvent plus être employés utilement.

2.° Le juge de paix du canton n'est pas propre à être juge de police, à raison de ce qu'il est habitant du canton.

C'est assez de lui laisser la partie de police qui lui est attribuée par les anciennes lois.

3.° Le citoyen pris dans les cent plus imposés, sera essentiellement un mauvais juge de police; plus on a de propriétés dans un canton, plus on craint les méchans et les fripons qui l'habitent.

La répression des délits forestiers sur-tout, lui susciterait des ennemis dont il redouterait la vengeance.

On peut assurer qu'il serait très-difficile de trouver un citoyen pour siéger au tribunal de police, et qu'après l'avoir trouvé, il ne siégerait que pour plaider vis-à-vis de ses deux collègues la cause des délinquans, et que dans tous les cas, il s'en ferait un mérite auprès d'eux.

En général, il faut voir les hommes, non tels qu'ils devraient être, mais tels qu'ils sont.

L'ordre actuel des choses ne présente pas le même inconvénient.

Les délinquans sont jugés par des magistrats qui ne les connaissent pas, et que, par cette raison, ils respectent davantage : le local même du tribunal leur en impose. Ils redoutent des juges qui siégent dans une ville, et ils ne craindraient pas les mêmes hommes qui devraient prononcer sur leur sort dans une chambre de village.

Le projet présenté a, il est vrai, un avantage; c'est d'économiser les frais des citations en matière de police correctionnelle.

Elles sont données, dans l'ordre actuel, par les huissiers des tribunaux civils, qui ont quelquefois six à sept lieues de transport à faire payer aux délinquans s'ils sont solvables, et au Gouvernement, s'ils ne le sont pas; mais on pourrait éviter ces frais par un ordre très-simple à établir.

On pourrait arrêter,

1.° Que les gardes, aussitôt qu'ils auront fait un rapport, le soumettront à l'inspecteur ou sous-inspecteur forestier le plus voisin de leur résidence; l'inspecteur ou sous-inspecteur dressera la citation à donner au délinquant; le garde la notifiera, et les originaux seront envoyés, par l'agent forestier, au commissaire du Gouvernement près le tribunal d'arrondissement;

2.° Au jour indiqué par la citation, il sera statué par le tribunal;

3.° Le jugement sera adressé, par le commissaire du Gouvernement, à l'agent forestier qui lui aura remis le procès-verbal de la citation;

4.° L'agent forestier chargera un garde d'en faire la notification, ainsi que les poursuites nécessaires pour l'exécution du jugement;

5.° Chaque notification faite par le garde, sera fixée à une somme qui ne pourra excéder 3 francs.

Cette marche doit être prompte; elle peut être très-économique.

Nous pensons donc qu'on doit laisser subsister l'ordre actuellement établi pour le jugement des affaires de police, municipale et correctionnelle.

DES DÉLITS ET DES PEINES.

DISPOSITIONS PRÉLIMINAIRES.

On met au nombre des délits militaires ceux commis par quelque personne et en quelque lieu que ce soit, envers des militaires remplissant actuellement des fonctions militaires, ou en état de service militaire.

Cet article présente le grand inconvénient de distraire souvent les citoyens des juges que la constitution leur donne, pour les soumettre à des tribunaux sortant des règles du droit commun.

Dans une ville où il y a garnison, des citoyens seront exposés à être jugés par des tribunaux militaires.

Le délit commis dans un lieu affecté à un service militaire est aussi, d'après le Projet, un délit soumis aux tribunaux militaires: ne pourrait-on pas conclure de cet article que dans une ville de guerre tous les délits doivent être jugés militairement!

Le refus des conscrits de rejoindre leurs drapeaux est aussi, d'après le Projet, de la compétence des tribunaux militaires.

Jusqu'à présent on avait pensé qu'un homme n'était soumis à la juridiction militaire, qu'après avoir passé sous les drapeaux.

LIVRE I.ᵉʳ

Des Peines criminelles et correctionnelles , et de leur effet.

Parmi ces peines on trouve pour un simple délit la détention à temps dans un lieu de travail et de correction.

Il y a des délits légers qui exposent à la détention.

Un homme honnête est insulté verbalement ; dans le premier mouvement de vivacité il frappe de sa canne le provocateur : dans ce cas, et d'après le Projet, il a encouru la peine de la détention.

Le confondra-t-on avec des voleurs! l'associera-t-on à leurs travaux! cependant le directeur de la maison en sera le maître.

Chapitre I.ᵉʳ

Art. 12. L'exposition du coupable condamné à mort et l'amputation du poing avant de mourir paraissent un excès de cruauté.

Art. 15. L'inhumation des cadavres des suppliciés le long des grands chemins attristera les ames honnêtes et ne rendra pas meilleurs les méchans.

Les poteaux plantés sur la sépulture perpétueront le préjugé d'infamie contre les familles; ils seront un objet de querelles et de voies de fait entre les communes rurales.

Art. 25. Le code de brumaire veut qu'on abandonne aux condamnés un tiers du prix de leurs travaux ; le second tiers appartient à la maison de détention , et le troisième est mis en réserve pour être délivré au détenu au moment de sa sortie.

Cette disposition sage doit être maintenue.

Art. 28. Les fonctions de l'exécuteur se bornent à agir ; il ne doit pas parler : il le peut d'autant moins que souvent il serait hors d'état de le faire ; car la plupart d'entre eux sont obligés de boire pour pouvoir faire les exécutions que la loi commande.

Art. 31. On ne croit pas qu'il convienne de laisser aux préfets le droit de faire exécuter les jugemens dans la commune qu'ils jugeront convenable. Les tribunaux, instruits plus particulièrement qu'eux des circonstances des affaires, peuvent , avec bien plus d'avantage pour la société , déterminer le lieu de l'exécution.

Art. 36. On pense qu'on pourrait , pendant la durée de la peine , laisser au condamné une faible portion de son revenu.

Art. 43. On desirerait qu'en cas de confiscation générale, la loi réservât aux enfans ou descendans la totalité de la portion des biens indisponibles.

Les fautes sont personnelles, et les enfans ne doivent pas être punis des fautes de leurs pères.

CHAPITRE II.

L'art. 47 paraît donner une trop grande latitude de pouvoir aux tribunaux correctionnels, en leur attribuant le droit d'ajouter peine sur peine.

On n'y spécifie point le cas, pas plus que dans l'article 48 ; et jusqu'à ce que ces cas soient déterminés, les prévenus se trouvent livrés à l'arbitraire.

CHAPITRE III.

Art. 63. Tout accusé est réputé innocent, jusqu'au moment de sa condamnation.

Il doit donc avoir la faculté de disposer librement de ses biens, jusqu'à ce qu'il ait été jugé coupable.

CHAPITRE IV.

Art. 66. On peut être condamné correctionnellement pour récidive de délits très-légers ; par exemple, pour avoir, dans un moment de vivacité, frappé des citoyens : cette récidive prouvera que le condamné est un homme trop vif ; mais il pourrait être d'ailleurs un excellent citoyen.

Il ne serait pas juste de le mettre hors la Constitution, et de le ranger dans la classe des voleurs et des conspirateurs.

LIVRE II. CHAP. Ier

Art. 68, n.º 3. Un armurier qui a vendu des armes ne peut être garant de l'usage qu'on en aura fait, s'il ignorait qu'on les destinât à commettre un crime.

Il faut que la loi dise, par correctif : *Ceux qui sciemment auront procuré des armes, &c.*

CHAPITRE II.

Art. 78. La responsabilité civile s'étend trop loin à l'égard des pères et mères, tuteurs et tutrices.

Ils ne doivent être garans que jusqu'à concurrence du bien de leurs enfans ; ils ne doivent plus être garans, lorsque, par l'effet de la conscription ou d'un enrôlement, ils sont passés au service de l'État : car alors les pères et mères, tuteurs et tutrices n'ont aucune autorité sur eux.

LIVRE III. TITRE Ier CHAP. Ier

Art. 87. La peine n'est pas assez forte contre le fonctionnaire public qui livre des plans ; il doit être puni de mort comme traître.

Art. 99. Celui auquel le hasard , des confidences, des propos indiscrets, ou toutes autres causes, donnent la connaissance d'un complot, se trouve dans une position cruelle : car , s'il ne dénonce pas, il est coupable de réticence ; et s'il dénonce, il sera mis hors la Constitution.

Art. 105. L'infidélité dans le dépouillement des scrutins , devrait être punie seulement par la privation du droit de vote et d'éligibilité.

Art. 110. Un magistrat, tout fonctionnaire public qui est assujetti à donner un grand nombre de signatures, ne peut-il pas être trompé comme un ministre?

Art. 121. La peine prononcée contre les juges qui s'immisceraient dans les matières attribuées aux autorités administratives , est bien grave.

Il faudrait une loi qui fixât, d'une manière bien positive , les attributions des pouvoirs judiciaires et administratifs.

Il n'en existe pas ; la ligne de démarcation entre les deux autorités n'est point tracée.

Nous tombons toujours dans les extrêmes.

Dans le temps des parlemens , l'ordre judiciaire était trop puissant : aujourd'hui on l'avilit.

C'est le moyen de n'avoir, par la suite , que des hommes sans caractère et sans connaissances , ou plutôt de manquer de juges : car , quel est celui qui voudra sacrifier plusieurs années de sa vie à l'étude des lois , pour parvenir à un état qui ne procurera aucune considération !

Dans l'état de choses actuel , le Gouvernement ne doit pas craindre que des tribunaux se coalisent pour donner des démissions combinées : il ne peut y avoir entre eux aucun rapport , aucune correspondance. Cette loi eût été bonne en 1771 pour prévenir la résistance des parlemens contre le roi. Mais aujourd'hui les juges ne sont pas plus parlementaires, que les tribunaux ne sont parlemens.

Chapitre III.

Art. 174. On ne pense pas que la mutinerie d'un pensionnat doive être rangée dans la classe des réunions de rebelles.

C'est à l'administration de l'école à chasser les auteurs de la rebellion. L'article 174 les exposerait à être traduits devant un tribunal criminel ; ce qui , dans le cas de l'absolution , leur imprimerait une tache ineffaçable qui pourrait influer sur toute leur vie , souvent pour une espièglerie d'écolier.

TITRE II. Chap. Ier

Art. 310. Le crime de séduction de la part des tuteurs, tutrices, et ministres des cultes, envers les enfans âgés de moins de seize ans, n'est pas assez puni par la reclusion ; il convient de prononcer la relégation pour dix ans.

Art. 314. On pense qu'il ne convient pas de prononcer une amende contre le mari qui entretient une concubine dans sa maison.

Cette amende serait supportée par la femme légitime dont le mari a l'administration des biens.

Si l'on veut conserver cet article, il faut que l'amende soit remplacée par quelques mois de prison.

Mais à quel caractère reconnaîtra-t-on une concubine existante dans sa maison !

Cet article de loi, louable sans doute à une époque où l'on tend au rétablissement des mœurs, ne peut-il pas devenir une arme terrible dans la main d'une femme jalouse !

Ne métamorphosera-t-elle pas en concubines les femmes attachées à son service !

On a donné à l'épouse le droit de demander le divorce dans le cas où le mari entretiendrait une concubine chez lui.

Il semblerait que le législateur a assez fait pour l'épouse, et que cet article doit être supprimé.

Art. 315. Le mari, complice de l'adultère de sa femme, n'est pas assez puni par l'amende ; il faut lui imprimer un cachet d'infamie.

Mais la femme ne doit pas être punie ; car la loi doit supposer qu'elle a cédé à l'ascendant de son mari, qui, dans ce cas, est le seul coupable.

Art. 316. La reclusion ne nous paraît pas une peine assez forte en cas d'enlèvement, de recélé, ou de suppression d'un enfant.

La relégation au moins doit être prononcée contre les auteurs de ce crime.

Cette peine doit être appliquée, même à ceux qui substituent un enfant à un autre.

Les auteurs de ces crimes sont aussi coupables que s'ils eussent donné la mort à l'enfant.

Ils l'ont, de fait, enlevé à sa famille, qui en aurait fait un citoyen utile à l'Etat.

Mieux aurait valu pour lui périr que de rester parmi ses ravisseurs, qui lui communiquent leurs vices dès sa jeunesse, et lui préparent des peines et des châtimens, au lieu de la considération et de l'estime que lui aurait procurées l'éducation soignée qu'il aurait reçue de la famille à qui il appartenait.

CHAPITRE II.

Art. 366. L'amende à laquelle serait condamné le banqueroutier frauduleux, serait payée par les créanciers.

Il n'est pas juste de les punir de la mauvaise foi de leur débiteur.

Art. 368. Cet article paraît devoir être divisé.

Celui qui, volontairement, détruit des billets, obligations, quittances, ou autres actes contenant décharge, commet un vol, et doit être puni comme un voleur.

Mais celui qui dissipe des effets, deniers ou marchandises qui lui ont été confiés, est un dépositaire infidèle.

Celui qui les lui a confiés, doit s'imputer la faute d'avoir mal placé sa confiance.

Le dépositaire infidèle doit être puni seulement par la détention.

Art. 379. Cet article peut gêner la liberté du commerce.

D'après ses dispositions, des négocians honnêtes peuvent être traduits devant un tribunal criminel.

Sur la foi de leurs correspondans, ils auront dit que la guerre est sur le point d'éclater; que les hostilités ont déjà commencé; que les denrées coloniales augmenteront...... &c.

Les faits seront faux; et voilà des hommes intéressans par leur industrie exposés à être arrêtés, jetés dans une prison; on porte atteinte à leur crédit, leur maison est ruinée, et l'État par conséquent appauvri d'autant; car la fortune de l'État consiste dans celle des particuliers.

Le crédit même des négocians forme une masse de richesses qui contribue aux charges publiques, ainsi que les revenus fonciers.

Convenir de ne vendre la chose qu'à un certain prix, n'est pas un délit.

Dans toutes les places de commerce il existe une bourse.

Ce lieu d'assemblée est autorisé, même encouragé par le Gouvernement.

Quel est le but et l'objet de ces assemblées? C'est de convenir du prix des denrées et des marchandises.

Il ne peut y avoir de fraude dans ce cas.

Les marchands, il est vrai, ont leurs finesses; mais ces finesses mêmes font partie de la science du négoce.

La loi, loin de vouloir les réprimer, les autorise; *licet se circumvenire.*

Les effets négociables, les effets publics, sont des marchandises dont le commerce doit être libre.

Si on le gêne, si ceux qui s'y livrent sont exposés à des peines, les fripons seuls s'en mêleront.

La bourse sera convertie en un repaire de brigands que les hommes honnêtes fuiront.

Qu'on calcule après, ce que deviendra la fortune publique, lorsque les effets du Gouvernement ne circuleront plus que dans les mains d'êtres immoraux et sans responsabilité.

D'après ces réflexions rapides, l'article 379 nous paraît devoir être supprimé.

Art. 380. Nous pensons que les peines portées en l'article 379 doivent subsister contre ceux qui emploient des manœuvres pour faire augmenter le prix des denrées de première nécessité.

Art. 383. Cet article doit être divisé.

Celui qui n'a pas achevé des travaux entrepris dans le temps fixé par son adjudication, ne doit pas être condamné aux mêmes peines que celui qui a trompé le Gouvernement, ou les administrations, sur la nature, la qualité ou la quantité de ces travaux.

Le premier est un négligent;

Le second est un fripon.

Le négligent doit être condamné à des dommages-intérêts;

Le fripon, à la détention et à l'amende.

Art. 418. On devrait ajouter à la peine de l'amende prononcée contre celui qui met le feu par imprudence, *sans préjudice des réparations civiles.*

Art. 435. Il y avait, avant la révolution, des bans de vendanges, des bans de moissons, parce qu'il y avait des seigneurs propriétaires de banalités, des prêtres décimateurs.

Actuellement que les dîmes et les banalités sont supprimées, il ne doit plus y avoir de bans de vendanges ni de moissons.

Des magistrats du département de la Marne doivent observer que la banalité faisait perdre, année commune, dans la Champagne, dix mille pièces de vin.

La loi ne doit point fixer de règles aux particuliers pour leurs propres intérêts.

Le législateur peut avec confiance abandonner au propriétaire le soin de sa chose; on peut être assuré qu'il en tirera toujours le parti le plus avantageux, et qu'il n'y a pas d'administrateurs qui puissent lui donner des préceptes utiles à son intérêt.

A cet article on pourrait substituer une peine contre ceux qui entrent dans les vignes, pendant les temps prohibés par l'administration.

SUPPLÉMENT D'OBSERVATIONS.

§. I.er

DE L'ÉTABLISSEMENT DES PRÉTEURS.

La question de savoir s'il doit être établi des préteurs, tient plus à la politique qu'au droit.

C'est donc à la sagesse du Gouvernement à la décider.

En la supposant décidée, on se demande si le préteur doit siéger avec un propréteur, seulement dans le sens du Projet, et on se détermine pour la négative; en voici les motifs :

Il faut ou que le préteur siége seul, rende sa décision comme un trait de lumière qui porte l'empreinte de la majesté de la loi toujours gravée dans sa conscience, en sorte que le peuple le regarde comme un oracle infaillible : *Ait pretor ;*

Ou qu'il siége environné d'un certain nombre de magistrats délibérant avec lui, formant un faisceau de lumières qui garantisse à l'accusé et à la société l'infaillibilité de la décision.

Si le préteur siége uniquement avec un propréteur, il est à craindre que ce dernier ne soit regardé par le peuple que comme un inspirateur, disons mieux, un souffleur nécessaire, et que la défaveur ne s'attache à la personne du préteur.

§. II.

DE LA FORMATION DU JURY DE JUGEMENT.

Se borner à ordonner que le jury de jugement sera pris sur la liste départementale, ce n'est pas réformer son organisation.

Et d'abord la liste départementale en France n'est pas précisément composée de ce qu'on appelle en Angleterre, *francs tenanciers.*

Il entre, dans la composition de la liste départementale, une foule de particuliers qui n'ont point de propriétés, mais qui, avec une forte imposition quelconque, parce qu'il en existe de plus d'une nature, et avec un luxe important, mais sous lequel souvent se trouve cachée une méditation de banqueroute, se trouvent destinés à prononcer sur le sort d'un accusé.

Si ce sont là les hommes qui doivent composer le jury, la loi n'aura pas atteint le but qu'elle se propose.

L'inscription sur la liste départementale ne peut donc offrir à la société une garantie suffisante de la moralité d'un jury.

Le mode le plus simple, le plus propre à obtenir une bonne confection de listes, c'est de confier au préfet le soin de les former, de lui laisser le choix sur tous les individus du département, sans égard à l'inscription.

Il faut, pour être juré, des lumières et des mœurs.

Le préfet qui est l'homme du Gouvernement, sera intéressé à ne porter sur les listes que des hommes probes et éclairés ; il s'environnera de tous les renseignemens qui pourront éclairer son choix ; il se croira avec raison responsable de ce choix envers le Gouvernement et envers la société.

La même marche sera tenue par les sous-préfets pour la confection des listes des jurés d'accusation.

En cas de mauvais choix ou de négligence dans un travail aussi essentiellement utile, les préteurs, les propréteurs, les substituts, les commissaires du Gouvernement, en rendront compte soit aux préfets, soit au Gouvernement.

§. III.

CONVOCATION DU JURY DE JUGEMENT.

D'après le Projet, chaque liste de jury de jugement dans chaque affaire doit être composée de 48 citoyens qui doivent être convoqués à jour fixe pour l'examen du procès.

Ils seront tous présentés à l'accusé, qui, sur leur physionomie plus ou moins bénigne, choisira pour ainsi dire les douze qui doivent prononcer sur l'accusation.

C'est la manière anglaise.

Mais, en Angleterre, les comtés sont bien moins étendus qu'un département ne l'est en France.

Déplacer 48 citoyens, dont 36 n'ont besoin que de se montrer sans avoir aucunes fonctions à exercer, cela est d'une exécution impraticable.

Le mode actuel est simple ; il a donné lieu à un abus qu'il faut réformer sans doute.

Cet abus résulte de la facilité d'environner le juré pour l'influencer ; mais il est facile d'y remédier, et en voici le moyen.

Dès que la liste des 48 est parvenue, le commissaire du Gouvernement la fait notifier à l'accusé, avec sommation d'en récuser dix-huit dans les deux jours ; si à l'expiration de ce délai l'accusé n'a point exercé de récusations, la liste est présentée au maire de la commune, protecteur né de la liberté des citoyens, qui exerce le droit de récusation au lieu et place de l'accusé, c'est-à-dire qui raye 18 noms sur la liste : il en reste 30.

Le commissaire du Gouvernement en raye à son tour dix-huit, sans que l'accusé puisse connaître les noms de ceux rayés par le ministère public ; et après cette double radiation, les 12 jurés restans sont convoqués.

Si l'on veut aussi améliorer et conserver l'institution du jury, il faut la faire aimer.

Il faut que le citoyen appelé par le choix du préfet, puisse être honoré de ce choix.

La menace de la mainmise sur la personne de celui qui ne se rendrait pas, ne peut pas s'allier avec la considération que doit attacher à la personne d'un citoyen l'exercice de l'auguste fonction de juré.

§. IV.

MODE DES QUESTIONS À PRÉSENTER AUX JURÉS.

Dans le Projet, le juré de jugement n'aura à prononcer que sur cette simple question :

L'accusé est-il coupable du crime exprimé dans l'acte d'accusation !

Ce mode paraît insuffisant et désastreux pour la société ; en effet, la déclaration que l'accusé n'est point coupable, ne met ni le tribunal, ni le ministère public, ni la société à portée de savoir si le fait qui est l'objet de l'accusation, est constant ou non.

Dès-lors le tribunal ne peut pas faire supporter au plaignant les frais du procès, aux termes de l'arrêté du 6 messidor an 6, frais qu'il supporterait si le fait était déclaré non constant.

Il ne peut point ordonner la restitution au profit du plaignant de l'objet prétendu volé, parce qu'il ne sait pas si l'objet a été effectivement volé.

Le ministère public ne peut pas savoir, par la même raison, s'il faut que la justice fasse de nouvelles recherches pour parvenir à découvrir le véritable auteur du délit, puisqu'enfin il n'a pas été décidé s'il y a délit ou non.

D'un autre côté, l'accusé, qui est déclaré *non coupable* du crime exprimé en l'acte d'accusation, peut être coupable d'un crime résultant de cet acte, mais qui n'a pas le même caractère de gravité que l'acte lui donnait ;

Par exemple, en matière *d'assassinat*, un jury déclare que l'accusé n'est pas coupable du crime exprimé dans l'acte d'accusation ;

En résultera-t-il qu'il n'est pas coupable *de meurtre*, *d'homicide par imprudence!*

Il est prudent de ne point s'écarter de cette maxime que les siècles ont consacrée : *De re priusquàm de accusato inquirendum est.*

On ne peut se dissimuler que la méthode analytique, employée jusqu'à présent pour obtenir la déclaration du jury sur le fait et ses circonstances, et sur la culpabilité des différens accusés présentés comme auteurs ou complices, a entraîné bien des inconvéniens et donné ouverture à de grands abus ;

Mais on propose de les prévenir désormais par le mode que voici :

Le résultat de l'acte d'accusation sera la base de la déclaration du jury de jugement ;

Ce résultat sera tracé avec soin par le substitut, et présentera le fait avec tous les caractères de sa gravité.

En voici la formule :

« Il résulte de tous ces détails que tel jour il a été commis un vol avec
» effraction extérieure et intérieure dans la maison d'habitation d'un tel en
» telle commune ;
» Qu'un tel est prévenu d'être l'auteur du vol ;
» Qu'un tel est prévenu d'en être complice. »

Sans aucune position de questions, le jury trouvera dans ce résultat de l'acte d'accusation, la forme dans laquelle il doit délibérer, et le mode de déclaration qu'il doit faire.

Il est possible, à la vérité, que le rédacteur d'un acte d'accusation omette une circonstance aggravante sur laquelle il est nécessaire que le juré s'explique, ou que cette circonstance résulte des débats ;

Mais, dans ce cas, le tribunal, ou le préteur, s'il siége seul, ordonnera que cette circonstance sera ajoutée au résultat de l'acte d'accusation pour y être statué par le jury.

Il en sera de même pour les délits de différentes espèces.

Ces observations ont été faites et arrêtées en la chambre du conseil du tribunal criminel du département de la Marne, séant à Reims, par les juges qui le composent, et où étaient les citoyens *Hubert-Jean Mutel*, président ; *Florent Oudart, Jérôme Maignon*, juges, en présence du citoyen *Richard-François Chaix*, commissaire du Gouvernement.

Le 29 floréal, an 12 de la République.

Signé Mutel, *président ;* Maignon, Oudart, Chaix.

OBSERVATIONS

DE LA COUR DE JUSTICE CRIMINELLE

DE LA MEURTHE,

SUR

LE PROJET DE CODE CRIMINEL.

OBSERVATIONS

DE LA COUR DE JUSTICE CRIMINELLE

DE LA MEURTHE,

SUR

SUR LE PROJET DE CODE CRIMINEL.

O n ne peut se dissimuler que l'institution des jurés, créée par l'Assemblée constituante, et érigée en loi par le décret du 16 septembre 1791, considérée, dès sa naissance, comme une des plus belles conceptions du pouvoir législatif, et comme le plus grand bienfait qu'il ait pu faire au peuple français, n'a pas répondu à ces hautes espérances.

L'introduction en fut extrêmement séduisante :

1.º En ce qu'elle présentait un corps de juges, qui se renouvelait à chaque session, qui se formait des mains de l'égalité, et qui n'offrait que des pairs à ceux qu'ils devaient juger ;

2.º La publicité de l'examen et du débat, qui succédait à une procédure secrète, fut d'autant plus applaudie, qu'elle semblait couvrir l'innocence traduite en jugement, d'un bouclier impénétrable ;

3.º La multiplicité des questions sur lesquelles les jurés devaient prononcer, l'addition des boules blanches données sur les questions principales, et l'usage indéfini de la question intentionnelle, plaisaient particulièrement aux ennemis de l'ordre social, qui y trouvaient beaucoup de facilité à échapper aux poursuites.

Mais on ne fut pas long-temps à s'apercevoir que cette institution était insuffisante pour la répression des délits : on éprouva un grand nombre de décisions extraordinaires, partiales et absurdes ; une sorte d'impunité légale multiplia prodigieusement les crimes.

Le droit de faire grâce, inhérent à la question intentionnelle, ce droit précieux, singulièrement descendu alors, et qui, durant tout le temps qu'il a été exercé par la multitude, ne s'est fait remarquer que par la bizarrerie de ses décisions, vient enfin de reprendre la place éminente qui lui convient,

Meurthe.   A en retournant dans les mains du chef suprême de l'Empire. Ce retour à à l'ordre, à la raison, aux véritables principes, lève toute difficulté sur l'utilité dont peut être encore l'institution des jurés.

Cette question se résout encore par l'inspection rapide des vains efforts qu'on a faits pour conserver cette institution, en la purgeant des défauts que l'expérience y avait fait reconnaître.

On a pensé d'abord qu'en changeant le mode de délibération on obtiendrait de meilleurs résultats ; aux trois quarts des voix pour condamner, on fit succéder l'unanimité des suffrages. Mais l'expérience démontra bientôt que cette prétendue unanimité, qui devait cesser après un espace de temps fixé, pour faire place à la majorité absolue, n'était qu'une vaine apparence de ce qu'on avait cherché à établir ; qu'elle n'était jamais qu'une majorité plus ou moins forte, à laquelle la faible minorité se déterminait à céder, ou par calcul, ou par lassitude : ainsi, le correctif fut inefficace, et laissa les choses à-peu-près dans le même état.

On crut que le vice de l'institution résidait dans la manière de former la liste des jurés. On confia la formation des listes aux juges de paix ; les sous-préfets devaient y faire les retranchemens convenables ; et, enfin, les préfets devaient y faire les changemens qui la rendaient définitive. On crut pouvoir attendre de ces différentes filtrations un tout bien épuré.

Pour la confection de ces listes, on prit confusément dans le grand nombre des citoyens. On reconnut bientôt que la multitude est peu propre à remplir des fonctions judiciaires : l'inexpérience de cette classe d'hommes, son peu d'habileté pour les affaires, plus encore que l'insouciance, la timidité ou l'indulgence, firent bientôt décheoir cette institution de son crédit et de sa faveur.

Le Projet cherche une base propre à la relever ; le nouveau soutien de cette colonne qui menace ruine, doit être dans la composition d'un nouveau jury, pris dans le tableau des six cents plus imposés des départemens ; dans une autre manière de poser les questions et dans une nouvelle composition de la justice criminelle, reproduite sous la forme d'un préteur et d'un propréteur.

On a vu le peu de succès de l'institution des jurés dans les mains de la multitude ; que sera cette institution dans la classe des plus imposés !

D'abord cette institution perdrait sa nature en passant d'une classe à une autre, et en l'attachant à une classe spéciale ;

Secondement cette classe particulière offre-t-elle un gage certain de lumières, d'expérience et d'habileté pour les affaires, qui doivent rassurer sur la conversion subite de ses membres en l'état de juges ;

La variété des jeux de la fortune pendant la révolution verse quelques doutes sur cette question. Ce n'est pas aux lumières qu'elle a prodigué ses faveurs; son caprice l'a portée à distribuer ses caresses à la classe opposée. C'est cette classe récemment enrichie, qui est maintenant la plus imposée. Ainsi la nouvelle composition du jury, différant peu de l'ancienne sous ce rapport, on ne doit pas espérer de trouver ce dernier beaucoup plus lumineux.

Or l'expérience a démontré que dans le nombre de douze personnes qui composaient la réunion du jury de jugement, il y en avait à peine trois en état d'entendre les questions qu'on leur présentait; que les neuf autres suivaient machinalement l'impression du premier des trois qui s'emparait de leur opinion.

C'est le chef des jurés qui doit lire la déclaration. On est souvent obligé de descendre jusqu'au sixième pour en trouver un en état de faire cette lecture, d'une manière encore si imparfaite, qu'on remarque qu'il ne s'apperçoit pas même qu'il altère le sens de la déclaration.

La plupart des jurés ne voient dans leurs fonctions qu'une charge pénible et fatigante à remplir: Le moment du départ est le point vers lequel ils portent toute leur attention : entièrement occupés de leurs intérêts particuliers, de leurs affaires personnelles, l'objet pour lequel ils sont appelés paraît leur être étranger; l'ennui préside à leurs fonctions, et l'impatience du retour semble être l'unique feu qui conserve leur ame.

La transformation des tribunaux criminels en un préteur et un propréteur, servira-t-elle à conforter une institution qui succombe sous des vices de complexion qui l'ont minée insensiblement, et qui pendant dix ans ont résisté à tous les remèdes?

On observe d'abord que le respect et la confiance des peuples pour les tribunaux tiennent à leur composition et à leur consistance. Un tribunal composé d'un seul juge (puisque le propréteur qui l'assiste n'est là qu'un accident, n'ayant que voix consultative), donne trop la pensée d'un pouvoir arbitraire, dépendant de la volonté d'une personne unique ; ce qui n'est pas sans embarras pour le juge, et sans inquiétude pour la justice.

Cette place manquera d'ailleurs de dignité. Quelle dignité peut avoir un préteur sans demeure fixe en la division départementale pour laquelle il est délégué; qui sans connaître plus le caractère ni les mœurs de ses administrés qu'il n'en est connu lui-même, ne fait que passer sans cesse d'une hôtellerie à une autre; qui sort de ces maisons mesquines pour se rendre au palais de justice, où il exerce des fonctions éminentes, où il trouvera une foule de procès qu'il n'aura pas eu le temps d'examiner, et qu'il jugera avec l'empressement d'un voyageur qui n'a pas le temps de s'arrêter.

A 2

Si l'on porte ses regards sur les frais, on remarque que la convocation de quarante jurés parmi lesquels le jury de jugement doit être pris, entraîne après elle de fortes dépenses.

Quant au préteur, s'il est absent ou empêché, il doit être remplacé par un autre préteur ; mais ce préteur qui doit suppléer a aussi son service à faire dans toute l'étendue de sa division : il faut nécessairement que l'un des deux services souffre.

Ces tribunaux se forment de suppléans ; mais qu'est-ce que des tribunaux composés de suppléans qui viennent à chaque fois, pour le besoin, figurer un tribunal ! n'est-ce pas là une création fantastique, sans réalité comme sans effet, ou plutôt l'apparence d'un corps judiciaire ! Cette vaine image n'aura jamais l'effet moral que produit nécessairement sur l'esprit du peuple la présence constante des véritables tribunaux.

En considérant l'attribution des tribunaux criminels, on demeure convaincu que ces tribunaux ne sont pas susceptibles de réduction. Sous le rapport seul de la police correctionnelle dont les appels sont portés pardevant lui, la composition actuelle de trois juges est trop faible ; car il en résulte que si les trois juges composant le tribunal de première instance ont eu une opinion uniforme sur une affaire, et que sur l'appel un des juges du tribunal criminel embrasse l'opinion des premiers juges, et que les deux autres juges suivent une opinion contraire, deux voix seulement se trouvent effacer l'opinion de quatre. Cette réflexion acquiert du poids, lorsqu'on examine le pouvoir attribué aux tribunaux de priver les citoyens, dans certains cas, de leurs droits civils, civiques et de famille, et de les mettre sous la surveillance du Gouvernement.

On pense que de bons tribunaux bien répartis, dont les actes préliminaires d'instruction seront régis par des règles précises, et près desquels l'examen et le débat des charges auront lieu publiquement, offrent aux justiciables la garantie la plus sûre, et les motifs les plus réels de sécurité.

Une autre manière de poser les questions sauvera-t-elle l'institution du danger de sa décadence ? La multiplicité des questions qui avaient pour objet de les tenir dans un état de simplicité qui ne partageât pas l'attention des jurés, a laissé voir beaucoup d'inconvéniens. La réduction de ces questions à celle-ci seulement : *l'accusé est-il coupable,* n'en couvre-t-elle pas d'aussi graves !

Le grand nombre de questions était embarrassant. Une question unique qui embrasse l'existence du fait, l'auteur et l'intention, confère aux jurés un trop grand pouvoir. Le fait n'est plus défini par la vérification des circonstances qui le constituent, et l'application de la loi devient obscure ou arbitraire. L'opinion des jurés, resserrée dans le détroit de cette déclaration : *l'accusé est ou n'est pas coupable,* n'est ni déduite ni connue ; les jurés absolvent ainsi ou condamnent à leur gré , sans qu'on puisse pénétrer les motifs de leur décision : ils seraient les seuls juges dispensés de motiver leurs jugemens, et ils deviendraient par-là les plus absolus et les plus redoutables des juges.

Quant au Code pénal, on ne peut qu'applaudir à la graduation des peines mesurées sur la gravité des délits, dans l'ordre déterminé par le Projet.

On croit cependant qu'il faudrait restreindre la juridiction militaire aux cas qui lui appartiennent nuement, c'est-à-dire aux délits commis par des individus tenant à l'état militaire.

Mais lorsqu'un délit aurait été commis par un militaire joint à un citoyen, ou par un citoyen réuni à un militaire, ce citoyen, pour qui la loi a institué des tribunaux ordinaires, ne paraît pas devoir être traduit devant une juridiction militaire, qui n'est pas la sienne. Dans ce cas, ce doit être le citoyen qui attire la juridiction, et c'est aux tribunaux ordinaires à poursuivre la réparation.

On pense qu'on ferait mal de diviser la connaissance et la répression des délits forestiers entre différens tribunaux, et sur-tout d'en attribuer partie à des tribunaux de police municipale.

Pour que la répression de cette sorte de délits ait toute son activité, et opère l'effet qu'elle doit produire, elle doit être attribuée à un tribunal régulier, composé d'hommes qui ne sentent point au-dedans d'eux-mêmes les mouvemens de l'intérêt personnel, comme on conçoit que cela arriverait souvent dans les tribunaux de police municipale des campagnes, où des citoyens seraient appelés pour faire les fonctions de juges.

Cela serait d'ailleurs difficile dans l'exécution. L'officier de l'administration forestière, occupé à des actes qui demandent ailleurs toute son attention, quittera-t-il tout pour aller prendre des réquisitions dans chaque tribunal de police de son arrondissement : cela ne pourrait qu'être nuisible à la chose publique.

Le projet d'un poteau à mettre sur la sépulture des condamnés à la peine de mort, souille et défigure le territoire ; il a en outre le défaut de perpétuer la mémoire du délit, de ne point laisser de terme à la sensibilité des familles, et de tendre à faire revivre et à éterniser un préjugé que la sagesse de notre législation nouvelle a cherché à effacer, en déclarant les fautes personnelles.

On ne peut point approuver l'article qui porte que les blessures ou les coups sont excusables, quand ils sont provoqués par des outrages, ou par des injures graves.

Cette disposition est dangereuse dans un Code; elle semble mettre l'homme à la place de la loi, et l'autoriser à se faire justice à lui-même.

Les gardes forestiers ne doivent pas être autorisés à instrumenter comme huissiers. Que deviendra leur garde, pendant qu'ils vacqueront à des exploits!

Leurs rapports ne doivent pas généralement faire foi jusqu'à inscription de faux. Cela ne doit avoir lieu que jusqu'à une certaine somme, celle de cent francs par exemple, qu'il convient de déterminer.

Signé MENGIN, *président.*

OBSERVATIONS

DU TRIBUNAL CRIMINEL

DE LA MEUSE,

SUR

LE PROJET DE CODE CRIMINEL.

OBSERVATIONS

DU TRIBUNAL CRIMINEL

DE LA MEUSE,

SUR

LE PROJET DE CODE CRIMINEL.

LE tribunal criminel du département de la Meuse, à qui le projet de Code criminel, correctionnel et de police, présenté par la commission nommée par le Gouvernement, a été adressé pour donner ses observations, a vu dans ce Projet, un nouveau témoignage de la constante sollicitude du Gouvernement, pour le perfectionnement de la législation.

Telle est la destinée de la France, qu'après avoir brillé aux yeux du monde entier par l'éclat de ses exploits militaires et de ses victoires, elle doit encore avoir l'avantage, non moins estimable aux yeux du sage, d'être gouvernée par les meilleures lois, et d'avoir porté l'art de la civilisation à un degré jusqu'alors inconnu.

Ce que des siècles entiers n'ont pu faire, a été l'objet d'un instant ; un génie digne des plus hautes destinées, a paru, et son regard a tout vivifié ; tout-à-la-fois guerrier et législateur, tandis que d'une main victorieuse il repousse les ennemis de son pays, de l'autre il offre à la France des lois aussi sages qu'humaines.

La législation criminelle a appelé son attention : elle était incomplète ; les codes de 1791 avaient laissé beaucoup de cas sans être prévus ; ils ont fait l'objet de différentes lois particulières, dont quelques-unes portent encore l'empreinte des temps orageux qui les ont vus naître : en sorte que cette même législation, d'un côté, se trouvait déjà disséminée, tandis que de l'autre, elle laissait encore beaucoup de choses à desirer.

Des magistrats, aussi sages qu'éclairés, ont été chargés du grand travail de ces nouveaux Codes, et de grandes vues ont été proposées.

Le succès de la partie pénale ne peut pas être incertain ; elle offre de grandes améliorations ; infiniment de cas qui n'étaient pas prévus dans les anciens codes, se trouvent exprimés dans le Projet d'une manière claire et précise; et les peines se trouvent graduées avec beaucoup de sagesse.

Il ne répugnera plus à l'humanité du juge, au moyen de la latitude qui lui est accordée, de prononcer la même peine contre le malheureux, qui, pressé par l'indigence et le besoin, et peut-être par un sentiment plus fort, celui de faire subsister ses enfans, commet un vol léger, que contre le voleur d'habitude et de profession, qui, avec les mêmes circonstances, enlève les objets les plus considérables.

Ces explications, données sur différens points, qui pouvaient laisser du doute et prêter à l'arbitraire, ne sont pas moins rassurantes pour la conscience du magistrat, qui, par le vague que présentaient, à cet égard, les anciens codes, se trouvait dans la pénible alternative, ou de faire trop contre l'accusé, ou trop peu dans l'intérêt de la société.

C'est une conception avantageuse sur-tout, que celle qui met à portée le Gouvernement de surveiller celui qui s'est rendu suspect, et qui est jugé capable de commettre quelques nouveaux crimes, puisqu'elle tend à les prévenir. Cette mesure est rassurante pour la société ; elle tranquillise le citoyen honnête et paisible, dont la vie ou les propriétés ont été menacées. Jusques-là la justice était réduite à dire froidement à ce citoyen, justement alarmé : « Il faut pour agir, attendre que l'évènement soit arrivé. » Maintenant elle lui dira « Le Gouvernement prend votre vie et vos propriétés » sous sa protection spéciale; il surveille celui qui a pu concevoir un dessein » aussi criminel, vous êtes en sûreté. »

L'expérience seule est dans le cas de faire connaître si la partie du projet de Code qui a rapport à l'organisation peut également être avantageuse.

Les jurés d'accusation et de jugement dans leur nouvelle composition présenteront-ils des résultats plus rassurans pour la société que ceux qui ont eu lieu jusqu'à présent ?

La prudence n'exigerait-elle pas avant d'organiser le projet de Code dans son entier, on fît l'essai de ce régime des jurés avec la mise en activité de la partie pénale; car, si l'événement ne répondait pas à l'attente, et qu'il fallût en venir à la suppression définitive des jurés, il faudrait encore alors une nouvelle organisation.

C'est ce que peut déterminer le Gouvernement dans sa sagesse : le tribunal, pour répondre à la confiance dont il l'a honoré en le consultant, va lui présenter les réflexions qu'il a faites sur les différentes parties du projet de Code; elles seront faibles sans doute en comparaison des grandes vues qu'il contient, mais elles seront toutes dictées par l'amour du bien public et de la prospérité de l'État.

L'intérêt de la société, la prompte punition des délits pour en arrêter les progrès, exigent que la compétence des tribunaux soit déterminée d'une manière précise, en sorte qu'il ne puisse exister de doute sur l'autorité qui doit prendre connaissance de ces délits et les juger.

L'article 7 du projet de Code porte que les délits militaires ne seront pas compris dans ces dispositions.

L'article 8, en déterminant quels sont les délits militaires, dit que ce sont,

1.° Ceux qui ont été commis, en quelque lieu que ce soit, par des militaires de terre ou de mer, ou des personnes attachées aux armées de terre et de mer, dans l'exercice de leurs fonctions militaires, ou en état de service militaire;

2.° Ceux qui ont été commis par quelque personne, et en quelque lieu que ce soit, envers des militaires remplissant actuellement des fonctions militaires, ou en état de service militaire.

Ces expressions *ou en état de service militaire*, employées dans ces deux parties de l'article, peuvent donner des doutes : et en effet, veut-on dire par-là qu'il suffit d'être en état de service militaire pour que tous les crimes et délits commis dans cet état ne fassent pas partie du Code, et ne soient pas de la compétence des tribunaux qu'il établit?

Dans ce cas, pourquoi les dispositions antécédentes semblent-elles indiquer qu'on ne veut exclure du Code que les délits commis par des militaires ou des personnes attachées aux armées *dans l'exercice de leurs fonctions militaires!*

Si on doit l'entendre ainsi, il paraîtrait convenable, pour lever toute équivoque, que les deux parties de l'article portassent simplement à la fin la condition *d'être dans l'exercice de ses fonctions;* de manière qu'elle s'appliquerait et aux militaires et aux personnes attachées aux armées, et à ceux qui sont en état de service militaire.

Dans l'autre cas, c'est-à-dire, si tous les délits commis indistinctement par les militaires, les personnes attachées aux armées ou en état de service militaire, ne doivent pas faire partie du Code; la condition *d'être dans l'exercice de ses fonctions,* dans ces deux premières parties de l'article, doit être supprimée, ou bien il faut déterminer le cas ou les cas auxquels elle doit s'appliquer.

Dans tous les cas de délits commis par des militaires, et qui sont de nature à être jugés par les tribunaux militaires, il paraît nécessaire d'établir, lorsqu'un délit est commun, c'est-à-dire, commis par un militaire et un non militaire, par quel tribunal, soit civil, soit militaire, il doit être jugé.

Toutes les parties de la législation doivent être en harmonie entre elles; et si l'article 16 du Projet subsistait tel qu'il est, il paraîtrait contrarier l'article 26 de la section II du titre I.ᵉʳ du Code civil nouvellement décrété ; car l'article 16 du Projet règle que l'effet de toute condamnation à mort, même non exécutée sur la personne, est, à compter du jour où elle est devenue irrévocable, de faire considérer le condamné comme s'il était mort naturellement le jour même, sauf les droits-à l'existence physique.

Cette disposition embrasse tous les cas, soit de mort naturelle, soit de celle que se serait procurée le condamné par l'effet du poison ou tout autrement, ou bien celui de la fuite ; et dans ce dernier cas sur-tout, on ne peut pas disconvenir que la mort civile ne serait acquise du moment où le jugement serait devenu irrévocable, et avant toute exécution, soit réelle, soit par effigie, puisque ce serait de ce moment qu'on serait censé mort naturellement.

L'article 26 du Code civil porte au contraire que les condamnations contradictoires n'emportent la mort civile qu'à compter du jour de leur exécution, soit réelle, soit par effigie.

Il est des cas où les condamnations ne peuvent recevoir leur exécution ni réellement ni par effigie ; par exemple, celui où un condamné, dans l'intervalle du pourvoi en cassation, ou s'empoisonne, ou se procure la mort d'une autre manière, comme il arrive encore assez fréquemment, ou bien meurt naturellement. Il serait nécessaire de déterminer d'une manière précise, pour ces sortes de cas, lorsque le condamné a fait usage du dernier moyen qui lui restait pour faire réformer le jugement de condamnation, et que ce moyen n'a pas été accueilli , s'il meurt dans l'intégrité de ses droits, et s'il n'est pas même passible des frais occasionnés par sa procédure.

Il est juste que celui qui a commis un crime ou un délit, le répare au moins pécuniairement, selon les circonstances, et qu'il indemnise le trésor public des frais de poursuite.

Ces principes étaient déjà antérieurement reconnus, mais les prévenus trouvaient les moyens de les rendre illusoires par les dispositions frauduleuses qu'ils faisaient de leurs biens. L'article 63 du livre I.ᵉʳ chapitre III y pourvoit ; mais il est dangereux qu'il n'opère pas l'effet de comprimer entièrement la fraude , parce qu'il ne parle que des dispositions gratuites, et qu'il est possible d'en simuler d'onéreuses.

On pourrait prévenir cet inconvénient, en réglant que tout acte de dispositions faites par un coupable , depuis l'époque de son crime ou de son délit, est réputé fait en fraude, et qu'il ne pourra être opposé ni à la République ni aux parties lésées , à moins que les tribunaux ne le déclarent valable.

C'est avec bien de la raison qu'il a été réglé par l'article 70 du Projet, qu'il n'y a ni crime ni délit, lorsque le prévenu était en état de démence au temps de l'action ou de l'omission , puisqu'en effet il ne peut y avoir de crime sans volonté et sans intention, et que celui qui a l'esprit aliéné n'en est pas susceptible.

Mais il arrive encore assez fréquemment que des coupables, dans l'espérance de se soustraire à la punition qu'ils ont encourue, feignent d'être insensés, et parviendraient peut-être à le persuader jusqu'à un certain point, si des mesures n'étaient prises pour déjouer de pareilles manœuvres.

Il paraîtrait donc nécessaire d'établir des règles certaines, de tracer une conduite uniforme à tenir par les juges dans la manière de constater si la démence n'est que feinte ou simulée, ou si au contraire elle est réelle.

Il est nécessaire également, lorsqu'un insensé a commis une action qualifiée crime ou délit, et que l'état de ses affaires ne présente pas des ressources suffisantes pour qu'il puisse être pris par sa famille des mesures qui mettent la société à l'abri de nouveaux et peut-être de plus grands malheurs, que les tribunaux soient autorisés à mettre de tels insensés à la disposition de l'administration pour être pris des mesures de sûreté à leur égard.

On rencontre, principalement dans la Ire section du chapitre Ier du livre III, plusieurs crimes qui peuvent être commis par des militaires de terre et de mer, ou des personnes attachées aux armées de terre et de mer, ou en état de service militaire, dans l'exercice de leurs fonctions ; et cependant l'article 7 de la première partie des dispositions préliminaires porte : que les délits militaires ne font pas partie du projet de Code. L'article 8 porte : que les délits militaires sont seulement, 1.° ceux qui ont été commis en quelque lieu que ce soit par des militaires de terre ou de mer &c., dans l'exercice de leurs fonctions.

Il paraîtrait donc nécessaire que les articles 7 et 8 dont il s'agit portassent une exception, et qu'il fût déterminé, pour éviter tout doute, si les délits prévus par le Code, et qui peuvent être commis par des militaires dans l'exercice de leurs fonctions, sont dans le cas d'être jugés par les tribunaux ordinaires.

Les complots contre la sûreté intérieure ou extérieure de l'État, sont tellement odieux et peuvent avoir des conséquences si funestes, que c'est avec bien de la raison, que par l'article 99, on a qualifié délit le silence de celui qui, ayant connaissance de ces complots, n'en fait pas la déclaration à l'autorité.

Mais la peine de détention depuis un mois au moins jusqu'à deux ans au plus, et de l'amende de cinquante-un francs au moins jusqu'à mille francs au plus, réglée par l'article 100, ne paraît pas dans un juste rapport avec ce genre de délit : car, quelle proportion y a-t-il entre cette peine et le bouleversement, peut-être d'un État, qui est occasionné par le silence coupable d'un individu ! celui qui dans un tel cas se tait, est bien près d'approuver le complot.

Les mêmes motifs de sûreté de l'Etat, et la maxime qu'il faut, autant qu'il est possible, diviser les méchans, font penser qu'il est bon d'exempter des peines prononcées contre les auteurs des complots, ceux des coupables qui, avant les poursuites commencées, en auront les premiers donné connaissance aux autorités, ainsi qu'il est réglé par l'article 102 ; mais ce même article veut que ces coupables demeurent néanmoins soumis, pour la vie, à la surveillance spéciale du Gouvernement.

Cette surveillance pour la vie est sans doute bien méritée de la part de celui qui a osé entrer dans un complot de cette nature; mais ne serait-elle pas dans le cas d'effrayer et de retenir celui qui se trouverait disposé à la révélation ! celui qui la fait y est ordinairement porté par le repentir ou la crainte, ou bien quelquefois par la mésintelligence entre les complices, qui peut donner lieu à la haine la plus forte : passé ce dernier cas qui, pour assouvir la passion, peut faire braver quelques dangers, les coupables prendraient plutôt le parti de fuir que de s'exposer à une surveillance perpétuelle, en sorte que le défaut de révélation que la crainte de la peine aurait empêchée, pourrait quelquefois entraîner la ruine de l'État. Il serait peut-être plus à propos, si on veut maintenir cette surveillance, de dire que le coupable qui fera la déclaration y sera soumis s'il y a lieu.

La constitution ne permet pas que les agens du Gouvernement soient poursuivis sans son autorisation : l'article 123 du projet de Code renouvelle cette disposition, et détermine la peine que les magistrats, juges, commissaires ou officiers, encourront, en cas qu'ils commettent ces excès de pouvoir.

Il paraîtrait nécessaire, pour ne pas exposer ces fonctionnaires à tomber dans cet inconvénient,

1.° De déterminer d'une manière générale ce qu'on doit entendre par agens du Gouvernement, de telle sorte qu'on ne puisse s'y méprendre ; car il pourrait être douteux, par exemple, si les gardes forestiers des bois communaux, qui sont aujourd'hui à l'instar des gardes des bois nationaux, et nommés par le Gouvernement de même que ceux-ci, sont des agens du Gouvernement ;

2.° De fixer là où doivent s'arrêter les premières poursuites pour s'assurer de la vérité du crime ou du délit imputé à l'agent du Gouvernement, avant de demander l'autorisation, et s'il peut être décerné un mandat d'amener pour l'entendre et le mettre à portée par là, le cas échéant, de se disculper ;

3.° De régler si, en cas de flagrant délit, ou sur la clameur publique, il peut être arrêté et détenu en vertu d'un mandat de dépôt ;

4.° Enfin, de déterminer si, dans le cas d'un crime qualifié, comme celui de faux, lorsqu'il y aurait danger que l'agent du Gouvernement ne vînt à se soustraire aux poursuites à diriger contre lui, on ne pourrait pas s'assurer de sa personne, et en vertu de quel acte.

Il n'y a point de délit sans intention, et sans en avoir le sentiment et la connaissance : il paraîtrait donc convenable que, dans les différens articles de la section Ire du chap. III du livre III, où il est question de ceux qui font usage de pièces fausses, il fût ajouté qu'ils sont passibles des peines qui y sont déterminées, lorsqu'ils auront fait usage de ces pièces *sciemment.*

Les titres, papiers, lois et correspondances que reçoit un fonctionnaire public dans l'exercice de ses fonctions, ne sont qu'un dépôt entre ses mains ; le refus ou la négligence de les remettre à son successeur ou à qui de droit, peut entraver le service public ; un tel refus a été considéré par le Directoire exécutif comme un crime, et prétendu prévu par l'art. 12 de la Ve section du titre Ier de la seconde partie du Code pénal du 6 octobre 1791, ainsi qu'il est porté dans l'arrêté qu'il a pris à ce sujet ; mais il paraît que le refus ou la négligence dont il est question doivent simplement être rangés dans la classe des délits, et trouver place dans la section seconde du chap. II, livre III du Projet de code.

La rebellion, sur-tout envers la force et l'autorité publique, tend à rompre tous les liens de la société, et par cette considération elle doit être sévèrement réprimée ; les instigateurs sur-tout doivent être mis au premier rang des coupables : aussi l'art. 168 régle-t-il que l'instigation ou provocation à la rebellion, dans le cas même où la rebellion n'aurait pas eu lieu, sera punie ; mais la peine proposée de onze jours au moins de détention, à un mois au plus, n'est pas une peine pour un tel délit ; car, encore que la rebellion n'ait pas eu lieu, l'instigation et la provocation peuvent laisser un germe de nature à se développer plus tard ; et celui qui a osé être instigateur, est un esprit inquiet et turbulent qui, n'étant puni que de onze jours de détention, ne verra pas grand risque à courir, et deviendra encore, à la première occasion, le provocateur d'une nouvelle rebellion qui alors pourra avoir lieu et produire les effets les plus désastreux. C'est aussi le cas d'appliquer la mise en surveillance depuis cinq ans jusqu'à dix.

Les témoins appelés en justice, ainsi que les jurés, doivent se présenter, s'ils n'ont aucune cause légitime pour s'en dispenser.

L'excuse la plus ordinaire employée, sur-tout par les jurés, est celle de maladie, qui souvent n'existe que dans le certificat donné par un officier de santé plus que complaisant.

Les articles 197, 198 et 199 du Projet établissent des peines qui seraient suffisamment répressives pour ce genre de délit, si elles recevaient strictement leur exécution ; mais souvent les moyens manquent pour vérifier si le certificat donné est faux, parce qu'on y exprime une maladie interne et non apparente.

Il serait bien nécessaire cependant de mettre un frein à cet excès de démoralisation qui s'est alimentée dans le cours de la révolution par les innombrables certificats de dispense de service militaire, fruits de l'impudence et
de la corruption.

Cet état de choses influe plus qu'on ne pense sur la morale publique et
l'ordre social ; car tel qui est parvenu à corrompre un officier de santé, pense
que tout peut se vendre à prix d'argent ; il ne croit plus à l'honneur et à la
probité, et il est dangereux qu'il ne finisse par en abandonner lui-même les
principes.

Il est difficile de trouver un moyen sûr pour remédier à cet abus. Si l'honneur n'est plus le partage de certains officiers de santé, il faut au moins les
comprimer par la crainte des peines qu'ils peuvent encourir, si leur turpi-
tude est mise au jour ; et on propose, toutes les fois qu'un certificat de maladie serait produit par un témoin ou un juré par-devant une autorité, qu'il
soit enjoint à cette autorité de faire vérifier immédiatement après, par les
maires ou adjoints des lieux, le commissaire de police ou autre fonctionnaire, si l'individu qui a fait produire le certificat, paraît être, ou non, en
état de santé.

Les actes affichés du Gouvernement, ou des autorités administratives et
judiciaires, doivent être respectés ; et l'art. 234 du Projet détermine que
celui qui les aura arrachés, déchirés ou souillés, sera puni de 51 francs
à 200 francs d'amende, et d'une détention de onze jours à trois mois ; mais
l'article 237 dispose que les coupables des délits mentionnés dans cet article
et les deux suivans, seront de plus, après qu'ils auront subi leur peine, renvoyés sous la surveillance du Gouvernement, depuis cinq ans jusqu'à dix.

Une affiche de l'espèce de celle dont il s'agit, arrachée ou souillée,
n'est souvent que le fruit d'une légèreté, d'une gaillardise, sans aucune
autre mauvaise intention. Il paraîtrait dur, dans ce cas, d'ajouter à la
peine l'état de surveillance, qui cependant, d'après la manière dont est
conçu l'article, en serait une suite nécessaire.

Il semble qu'elle devrait être, pour ce cas, laissée à la disposition du
juge, qui en ferait l'application, lorsqu'il apercevrait que le fait a été commis avec de mauvaises intentions, par mépris du Gouvernement et des autorités, ou pour empêcher que des mesures par eux prises, ou des dispositions à faire connaître, ne reçoivent leur exécution ou ne soient pas
connues.

La défense de soi-même ou d'autrui, est de droit naturel ; et celui qui
commet un homicide dans le cas de cette nécessité actuelle de légitime
défense, ne commet pas de crime, ainsi que le règle le Code.

Mais déterminant par l'article 262 ce que c'est que cette nécessité de
l'actuelle défense, il dit qu'est réputée telle, celle de repousser l'escalade ou
l'effraction des clôtures, murs ou entrée d'une maison ou d'un appartement

habité,

habité, ou de leurs dépendances, lorsqu'elles sont commises par deux ou plusieurs personnes pendant la nuit.

C'est, à ce qu'il paraît, un peu trop restreindre le cas de cette légitime défense, que d'exiger, pour qu'elle ait lieu, que l'escalade ou l'effraction soient commises par deux ou plusieurs personnes ; car, quand on n'en apercevrait qu'une, il ne serait pas certain pour cela qu'elle serait seule ; et il serait peut-être un peu tard, dans certaines circonstances, d'attendre, pour agir, qu'on se fût assuré qu'il y en a deux ou plusieurs. Un brigand qui ose escalader les clôtures d'une maison, ou y commettre une effraction, ne paraît mériter aucune considération ; il s'est exposé, et il peut, à ce qu'il semble, être repoussé par tous les moyens possibles.

Quel que soit l'état de dégradation et d'avilissement dans lequel est tombé un condamné à une peine afflictive, sa qualité d'homme, le malheur même, lui donnent encore des droits à la protection des lois ; l'humanité paraît l'exiger.

Cependant l'article 288 du Projet paraît livrer entièrement à la merci des concierges ou gardiens, et de leurs préposés, les détenus ainsi condamnés, et autoriser en quelque sorte, envers eux, les derniers excès, lorsqu'il est dit que toutes violences, tout traitement qui auront excédé les bornes d'une correction légitime, exercés par des concierges ou gardiens, ou par leurs préposés, sur les détenus, autres que ceux qui sont condamnés à des peines afflictives, seront dénoncés, et punis des peines portées par ledit article.

Il paraîtrait convenable de supprimer cette exception, pour ne rendre les condamnés passibles que des violences et des traitemens qui n'excèdent pas les bornes d'une correction légitime et telle que les circonstances peuvent l'exiger.

Il serait nécessaire aussi que l'article déterminât pour les détenus ainsi qu'il l'a fait pour les pupilles, que les violences et traitemens qui excéderaient les bornes d'une correction légitime seraient dénoncés par l'administrateur auquel la police des prisons est confiée.

On ne peut considérer que comme un acte de barbarie l'action d'exposer et de délaisser en un lieu solitaire un enfant au-dessous de l'âge de sept ans accomplis ; c'est évidemment le mettre en danger de périr, faute de secours et d'alimens, et ce peut être, dans certaines circonstances, l'affreuse pensée de ceux qui exposeraient ainsi un être aussi faible ; la peine de six mois à deux ans de détention, portée par l'article 294, n'est pas proportionnée à un tel délit ; celle de la reclusion serait la moindre, n'y eut-il que le simple danger auquel un enfant aurait été ainsi exposé.

L'état de corruption et de démoralisation est tel, qu'il est très-ordinaire de voir des témoins, tantôt mus par quelque passion haineuse, tantôt animés de la partialité la plus révoltante, venir faire, en face de la justice, de fausses déclarations.

Il est nécessaire, si la religion du serment n'est pas suffisante pour contenir des hommes aussi pervers, qu'ils soient au moins effrayés des peines qu'ils peuvent encourir.

Il en est établi de justes et sévères contre les faux témoins par les art. 323, 324, 325, 326 et 327 du Projet; mais il ne suffit pas que ces dispositions existent dans le Code, il faut que le témoin lâche ou corrompu en ait une parfaite connaissance avant sa déposition. On propose donc d'ajouter par un article, qu'il sera donné lecture de ceux ci-dessus aux témoins assemblés pour être entendus dans une affaire, avant leurs dépositions.

Il en coûte à l'humanité d'insister pour que la peine de mort soit maintenue; cette peine, dans l'état actuel des choses, est la seule vraiment répressive; car, parmi ceux qui s'abandonnent au crime, il en est un grand nombre pour qui le déshonneur et l'infamie ne sont comptés pour rien, et qui s'accoutument à l'ignominie et à l'avilissement, ou qui se flattent d'échapper à toute autre peine contre eux prononcée; et l'expérience prouve déjà depuis long-temps que cette espérance n'est pas vaine.

Cette peine de mort doit être, à la vérité, réservée pour les grands crimes, et le législateur doit se porter avec bien plus de plaisir à la restreindre qu'à l'augmenter.

Cependant il faut qu'elle soit dans une juste proportion avec la gravité des crimes et l'intérêt qu'a la société d'en arrêter le cours.

Le projet de Code, par l'article 342, établit cette peine pour le vol commis avec violence envers les personnes, si les violences ont laissé des traces de blessures ou de contusions.

Il l'établit aussi, par l'article 343, lorsque le vol a été commis avec la réunion de cinq circonstances, qui sont,

1.º Si le vol a été commis par deux ou plusieurs personnes;

2.º Si le coupable ou l'un d'eux était porteur d'armes ostensibl ou cachées;

3.º Si le vol a été commis la nuit;

4.º S'il a été commis dans une rue, chemin, voie ou place publique, ou dans une maison habitée ou servant à habitation, lorsqu'on s'y est introduit par force ou menace, ou à l'aide d'effraction, d'escalade ou de fausses clefs, &c.;

5.º Si les coupables, ou l'un d'eux, ont commis une violence quelconque, ou s'ils ont menacé de faire usage de leurs armes envers les personnes volées.

Le concours de toutes ces circonstances se rencontrera rarement, et il sera très-fréquent cependant de voir commettre des vols, soit sur les chemins, soit dans les maisons, par des personnes armées, avec l'intention bien décidée de faire usage de leurs armes à la moindre résistance qui pourrait leur être opposée, ou sur le simple danger d'être arrêtées, ou de voir elles-mêmes leur vie exposée.

Il paraîtrait donc que le concours des quatre premières circonstances serait suffisant pour encourir la peine de mort, à raison, d'un côté, de l'intention bien manifestée par le port des armes, de se porter, de la part de celui qui fait une telle entreprise, à la dernière extrémité ; et de l'autre, du grand danger auquel est exposé celui contre lequel cette entreprise est tentée ; encore est-il des cas qui ne paraîtraient pas devoir exiger la réunion de plusieurs coupables, tels, par exemple, que ceux où la personne volée sur un chemin se serait trouvée seule, ou que la maison dans laquelle on se serait introduit pour y voler ne serait habitée que par une ou deux personnes.

C'est peut-être servir l'humanité que d'attacher des peines rigoureuses aux délits qui mettent dans un aussi grand péril la vie des citoyens contre lesquels ils peuvent être entrepris ; car la gravité de la peine peut faire pâlir et arrêter celui qui est déjà criminel dans l'intention, et épargner tout-à-la-fois la vie de la victime et celle du coupable.

L'art. 345 pourrait présenter quelques inconvéniens ; il porte : que les individus coupables des vols commis avec deux des circonstances dont il vient d'être parlé, et même avec une seule, si cette circonstance unique est la deuxième, la quatrième ou la cinquième, seront punis des travaux forcés à temps.

La quatrième circonstance est que le vol ait été commis dans une rue, chemin, voie ou place publique, dans une maison, appartement, chambre ou logement habité ou servant à habitation, dans lesquels les coupables se seraient introduits par force ou menaces, ou à l'aide d'effraction, d'escalade ou de fausses clefs, ou en prenant le titre, ou après s'être revêtus de l'uniforme ou du costume d'un fonctionnaire ou officier civil ou militaire, ou en alléguant un faux ordre de l'autorité civile ou militaire. ·

Il pourrait résulter de l'application de la première partie de cette circonstance unique, que celui, par exemple, qui dans une place publique aurait volé un mouchoir dans la poche d'une personne ; que celui qui sur un chemin aurait dérobé sur la personne ou sur la voiture d'un particulier un effet quelconque, serait punissable de la même peine des travaux forcés à temps, que l'individu qui, pour commettre un vol dans une maison habitée, s'y serait introduit avec effraction ou escalade ; ce qui ne serait pas conforme aux principes de la justice.

Cette première partie de la quatrième circonstance en doit donc être divisée, pour laisser subsister l'article 345.

Lorsqu'au crime ou au délit se joint l'abus de confiance, il est d'autant plus grave.

L'art. 347 , dans le paragraphe 1.ᵉʳ , en rapporte plusieurs de cette espèce , et met au premier rang le vol domestique, ensuite celui d'un ouvrier, d'un compagnon ou apprenti , dans la maison , atelier, ou le magasin de son maître ; puis celui d'un ouvrier travaillant habituellement dans l'habitation où il aura volé ; et enfin ceux d'un aubergiste, d'un hôtellier , d'un voiturier , ou leurs préposés , lorsqu'ils auront volé les choses qui leur étaient confiées à ce titre : tous lesquels délits doivent être punis de la peine de la reclusion.

Aucun autre article ne parlant des autres vols qui peuvent être commis par abus de confiance, il en résulterait que celui commis par une personne reçue à titre d'hospitalité chez une autre , rentrerait dans la classe des simples délits prévus par l'art. 360, et ne serait passible que de peines correctionnelles.

Il n'est point cependant de cas qui caractérise davantage l'abus de confiance, l'ingratitude, l'immoralité et la perversité du cœur, que celui dont il est question , qui mérite à bon droit d'être rangé dans la classe des crimes.

Une punition trop légère , prononcée sur un délit de cette nature , pourrait le rendre plus fréquent, et diminuer , dans la même proportion, l'inclination généreuse de secourir l'humanité.

Il est d'autres cas qui présentent également le vice honteux de l'abus de confiance ; par exemple, les vols commis dans une maison par ceux qui en sont commensaux : ce qui comprend , d'une manière générale, les vols commis par des personnes qui, étrangères à une famille, et qui, sans être domestiques, ouvriers, compagnons ou apprentis, demeurent cependant dans la même maison, et y partagent la manière de vivre de la famille ; ceux également commis par un prisonnier envers le concierge et ses codétenus , &c.

Le Çode pénal de 1791 avait rangé ces délits dans la classe des crimes , et, en effet, il ne paraît pas y avoir moins de motifs de l'établir contre les commensaux que contre un ouvrier travaillant habituellement dans l'habitation où il aura volé : car on est obligé de laisser encore plus de choses à la disposition d'un commensal que d'un ouvrier, et conséquemment l'abus de confiance paraîtrait encore plus grand dans ce cas-ci que dans l'autre.

Les vols des choses exposées sur la foi publique, sont tellement multipliés aujourd'hui, que c'est avec bien de la raison qu'ils ont été reportés dans la classe des crimes, dont ils avaient été tirés par la loi du 25 frimaire an 8.

On ne peut trop prendre de précautions pour régler, d'une manière précise , quels sont les objets confiés à la foi publique, afin que les auteurs de ces sortes de vols ne puissent échapper à la punition qu'ils peuvent avoir encourue.

Le paragraphe 4 de l'art. 347 et la première partie de l'article 362 , établissent, d'une manière générale, quelles sont ces choses; mais les règles générales ainsi données ne peuvent, à ce qui semble, recevoir leur application relativement aux ruches d'abeilles, qui, par la nature des choses , sont cependant confiées nécessairement à la foi publique ; car le §. 4 de l'art. 347 dit : « Si les choses volées étaient exposées sur la foi publique, » comme effets , denrées ou marchandises en foires ou marchés, dans les » rues, chemins ou voies publiques; étendages de blanchisserie, instrumens » d'agriculture, récoltes, bois ou pierres dans les champs, dans les ventes, » dans les carrières, dans les lieux ou près des lieux où l'on bâtit » ; et l'article 362 : « que le vol de poissons en étang, vivier ou réservoir, &c., » sera puni de la reclusion. »

Si aucune disposition de ces deux articles ne peut s'appliquer aux ruches d'abeilles, il s'ensuivrait, ce qui sûrement n'est pas dans l'intention du Projet, que les vols de ces ruches d'abeilles rentreraient dans la classe des simples délits.

Ce qui peut avoir donné lieu à cette omission , est sans doute qu'il a été supposé que les ruches d'abeilles étaient toutes placées dans des jardins clos , et que ces sortes de vols se trouveraient compris dans le paragraphe second du même article 347 , d'après les explications données par les art. 351 , 353 et 358 sur les parcs ou enclos, les effractions et l'escalade.

Mais toutes les ruches d'abeilles , au moins dans ce département, ne sont pas dans les jardins ou enclos; il en est beaucoup qui sont placées dans la campagne, à l'entrée des bois , où elles sont d'un plus grand produit.

Il paraît donc nécessaire d'assigner au nombre des choses confiées à la foi publique, les ruches d'abeilles, et d'en faire mention soit dans l'art. 347 , soit dans l'article 362.

La manière la plus fréquente dont sont troublées les enchères dans les adjudications de la propriété, de l'usufruit, ou de la location des choses mobilières ou immobilières, dans les entreprises d'une fourniture , d'une exploitation ou d'un service quelconque, est la réunion qui se fait, sur-tout lorsqu'il s'agit d'objets qui intéressent le Gouvernement, de tout ou de la majeure partie des concurrens qui se partagent ensuite entr'eux au détriment de la chose publique, le bénéfice qu'ils se sont procuré par une telle manœuvre.

Il serait convenable que l'article 373 ajoutât, aux cas qu'il exprime, par lesquels les enchères peuvent être troublées, celui de toute coalition tendant à faire adjuger au-dessus ou au dessous de leur prix habituel ou courant déterminé par la seule concurrence naturelle et libre.

Les dégâts des denrées ou marchandises, effets et propriétés mobilières, sont des délits lorsque la méchanceté en a été le mobile.

L'article 400 du chapitre II, livre III, section III, parle bien des pillages et dégâts de ces denrées ou marchandises, &c.; mais commis en réunion et à force ouverte.

Des dégâts des mêmes denrées ou marchandises, peuvent cependant être commis par des personnes quelconques, sans que ce soit en réunion ou bande, et à force ouverte.

Il paraît en conséquence convenable d'établir un article à cet égard.

Cette même section ne présente encore aucun article applicable à la destruction ou au renversement des ruches d'abeilles.

Déjà les différens codes de 1791 avaient passé sous silence cet objet d'autant plus important, que l'éducation des abeilles est non seulement une branche d'industrie essentielle, mais qu'elle est une jouissance, et qu'elle intéresse presque toujours la satisfaction de ceux qui en font leur amusement.

La destruction qui s'en fait est doublement pénible pour le propriétaire qui l'éprouve, en ce qu'il voit disparaître dans un instant le fruit de ses peines et de ses soins, et l'objet de son agrément, en même-temps qu'il est assuré d'avoir pour ennemi une ame noire et méchante, qui ne s'est portée à un tel désordre que par esprit de jalousie ou de vengeance, et uniquement pour faire le mal.

L'article où ce délit pourrait être naturellement placé, est le 409.ᵉ où il est question de toute rupture, de toute destruction d'instrumens d'agriculture, &c.; mais la peine d'un mois de détention au moins et d'un an au plus, paraît trop faible pour une destruction de la nature de celle dont il s'agit ici, qui est, en quelque sorte, pire que le vol, par l'intention qui l'a fait commettre.

On ne peut prendre trop de précautions pour prévenir les incendies; on doit apporter encore plus de soin pour prévenir les accidens qui peuvent blesser des citoyens, ou même leur causer la mort.

Il semble, d'après cela, que l'article 143 qui prononce la même peine depuis un franc jusqu'à dix francs d'amende pour quinze cas différens, sauf la détention de trois jours au plus pour quelques-uns d'entre eux, serait susceptible de division pour quelques-uns de ces cas; car ceux qui ont négligé d'entretenir, réparer ou nettoyer les fours, cheminées ou usines où l'on fait usage de feu, et qui par-là exposent, eux et leurs voisins, au danger imminent d'un incendie; ceux qui ont négligé ou refusé d'exécuter les réglemens ou arrêtés concernant la voirie, ou d'obéir à la sommation de l'autorité administrative, de réparer ou de démolir les édifices

menaçant ruine, et qui exposent évidemment par-là les passans à être
écrasés ou estropiés par la chute de ces édifices, sont plus répréhensibles,
et méritent une peine plus forte que celui, par exemple, qui a négligé
d'écheniller dans les campagnes ou jardins, que celui qui a aussi négligé
d'éclairer ou de nettoyer les rues.

Il est vrai qu'il y a de la latitude entre le *minimum* et le *maximum* de
l'amende; mais indépendamment que ces différens délits ne doivent pas
être classés de même, le juge qui applique la disposition d'une loi pénale,
n'est toujours que trop disposé à adopter le *minimum*.

La première partie de l'article 439, porte « Que ceux qui auront ma-
» raudé des bois ou des fruits appartenant à autrui, à dos d'homme ou à dos
» d'une bête de charge, seront punis d'une amende de 26 à 50 francs. »

Ce maraudage de bois, à dos d'homme ou à dos d'une bête de charge,
paraîtrait exiger quelques explications : il paraît que par là on n'a pas entendu parler de bois dans les ventes; car ce cas est prévu d'une manière
précise par la 4.ᵉ partie de l'article 347, qui assigne au nombre des
choses exposées sur la foi publique, les bois volés dans les ventes ; et ce
délit est puni de la peine de la reclusion.

Doit-on supposer que ce sont des bois dans les rues, chemins, voies
publiques, ou amoncelés dans les campagnes et hors des ventes? mais ce
cas ne serait-il pas encore prévu par cette même 4.ᵉ partie de l'art. 347,
et compris dans les termes généraux d'effets, denrées ou marchandises, lorsqu'il
» est dit :« Si les choses volées étaient exposées sur la foi publique, comme
» effets, denrées ou marchandises en foires ou marchés, dans les rues, che-
» mins ou voies publiques, &c. ; bois ou pierres dans les champs, dans
» les ventes, dans les carrières, &c.! »

Si on doit entendre par ce maraudage celui qui est commis à dos d'homme,
ou à dos d'une bête de charge, dans des bois non en exploitation, alors
l'amende, depuis 26 francs jusqu'à 50 fr. paraît être exorbitante ; et ce
serait s'exposer à voir éluder cette disposition de la loi, soit par les gardes
forestiers qui craindraient, pour une simple charge à dos de bois, d'exposer un particulier à une amende au moins de 26 francs, soit par les juges,
qui, trouvant cette peine trop forte, saisiraient le prétexte du moindre
défaut de forme, pour annuller les procès-verbaux dans ces sortes de cas.

Le Projet donne pour supplément aux III.ᵉ et IVᵉ livres de la I.ᵉ partie, les lois et réglemens dont l'énumération est faite dans l'article 443.

Les tribunaux de police correctionnelle et de simple police, sont dans
le cas de juger tous les délits forestiers et de pêche ; et cependant on ne
voit dans la nomenclature de toutes ces lois et règlemens présentés en
supplément, aucun de ceux qui sont relatifs à ces sortes de délits, soit
forestiers, soit de pêche : c'est sans doute par l'attente prochaine d'un code
forestier, qui peut-être pourra concourir avec la mise à exécution du

nouveau code pénal ; mais si celui-ci précédait l'autre, il serait cependant nécessaire, puisqu'il est un code complet des délits, qu'on indiquât par supplément les lois et ordonnances qui doivent servir de bases pour prononcer sur ceux dont il est question, comme l'avait fait le Code du 3 brumaire de l'an 4.

Cette mesure serait d'autant plus nécessaire pour la très-majeure partie de ce département, qu'il est composé de pays qui faisaient partie des ci-devant duchés de Lorraine et Barrois, et qui avaient une ordonnance particulière sur l'administration des eaux-et-forêts ; en sorte que, quoique le Code de brumaire ait rappelé l'ordonnance française de 1669, les tribunaux n'ont pas moins continué à appliquer, pour les parties de Lorraine et Barrois, les dispositions de l'ordonnance de 1707, portant réglement pour l'administration des eaux-et-forêts ; par le motif que l'ordonnance de 1669 n'ayant pas été promulguée en Lorraine, elle ne peut pas y être obligatoire : c'est ce qui est, au surplus, résulté de l'approbation ministérielle donnée sur cette question. De là il résulte que, dans certaines parties du département, ou même d'un arrondissement, on juge selon l'ordonnance de 1669, tandis que dans d'autres, c'est conformément à celle de 1707.

On ne peut se dissimuler, d'un autre côté, qu'il existe aujourd'hui, dans cette partie, beaucoup d'arbitraire, et que la loi du 20 messidor an 3, y a étonnamment prêté.

Cet état de choses fait vivement desirer la formation d'un nouveau Code forestier uniforme, qui caractérise d'une manière précise les différens délits et qui y attache des peines proportionnées ; et même il paraîtrait convenable, dans la supposition où le Code pénal proposé serait mis en activité avant le Code forestier, de déterminer positivement à quelle loi on doit s'en rapporter jusqu'au moment de sa promulgation.

Les meilleures lois sont moins celles qui établissent des peines pour punir les crimes, que celles qui tendent à les prévenir. Le tribunal met au nombre de ces dernières les mesures à prendre pour empêcher la fréquentation des cabarets, principalement de nuit, et par les enfans de famille, ainsi que les mineurs. Les désordres et même les crimes qui résultent de ce dérangement de la jeunesse, sont incalculables ; et si l'on n'y prend garde, il se prépare une génération d'hommes pervers et corrompus.

Il n'est pas rare de voir des jeunes gens de dix à quinze ans fréquenter les cabarets ; ils y contractent le goût de la débauche, et y perdent celui du travail ; de manière qu'à l'âge de vingt ans ils sont déjà corrompus : quelle préparation pour devenir pères et chefs de famille !

C'est dans ces cabarets, et à la suite des orgies qui y ont lieu, que se concertent et s'exécutent ensuite ces bruits et ces tapages nocturnes qui sont ordinairement accompagnés de quelques méfaits.

C'est pour satisfaire cette passion de l'ivrognerie que les enfans de
famille

famille volent leurs parens, et les domestiques leurs maîtres ; et ces vols se commettent d'autant plus facilement que les jeunes gens trouvent presque toujours pour receleurs les cabaretiers qui les reçoivent.

C'est lorsque le sang est enflammé par l'effet des liqueurs enivrantes , que la jeunesse se porte aux plus grands désordres, aux excès les plus violens, d'où résultent souvent des meurtres.

C'est enfin dans ces cabarets que se perdent les principes religieux et ceux de la morale ; c'est-là que les jeunes gens s'encouragent et s'affermissent entre eux pour commettre de mauvaises actions ; ensorte que tel qui eût été peut-être toute sa vie un honnête homme, s'il n'eût pas fréquenté ces lieux de débauche , peut devenir un malfaiteur dès l'âge qui a ordinairement en partage la candeur et l'innocence.

C'est l'expérience qui fournit toutes ces réflexions : le tribunal a vu avec un sentiment bien pénible, dans une seule de ses sessions, trois enfans, tous âgés de moins de dix-huit ans, être les objets de trois procédures différentes ; l'un était accusé d'un meurtre, et les deux autres de vols avec effraction ; l'un d'entre eux en avait commis deux dans une même nuit.

Il existait d'anciennes ordonnances qui défendaient la fréquentation des cabarets ; il n'était permis aux cabaretiers de recevoir chez eux et d'y donner à boire qu'aux étrangers et aux voyageurs. Depuis que ces lois, dans le cours de la révolution, ont cessé de recevoir leur exécution, les cabarets se sont étonnamment multipliés, et la débauche s'est aussi accrue dans la même proportion. Il serait bien à propos que le nouveau Code fît revivre ces anciennes dispositions, ou plutôt qu'il les portât lui-même ; car il est affreux de voir, même ceux qui jouissent de leurs droits, et sur-tout les pères de famille, passer une partie de leur temps dans les cabarets, et compromettre par-là leurs moyens d'existence et ceux de leurs enfans. Cet inconvénient n'est pas le seul, car tous les vices se tiennent ordinairement par la main ; et il est bien à craindre que celui qui, en consommant sa fortune en débauches, a perdu le goût et l'amour du travail, ne fasse usage de quelques moyens criminels pour se procurer des ressources propres à alimenter son libertinage.

Celui qui a souffert un dommage par l'effet d'un délit, a le droit d'en demander la réparation civile ; ce principe de justice éternelle est admis par le projet de Code.

Il règle, par l'article 449, que l'action pour obtenir la réparation de ce dommage, peut être poursuivie en même temps et par-devant les mêmes juges que l'action publique.

Déjà le Code de brumaire portait les mêmes dispositions ; mais elles ont été diversement interprétées.

Des tribunaux pensaient que la partie civile intervenant en tout état de cause , pourvu que ce fût avant le jugement, il était au pouvoir du tribunal saisi de l'action publique, de prononcer en même temps, par le jugement de condamnation, sur la réparation civile ; mais le tribunal de cassation a jugé, au contraire, qu'il fallait s'être rendu partie civile au procès et avoir exercé les poursuites concurremment avec le ministère public ; qu'autrement, au moins en matière criminelle, le tribunal qui connaissait du délit, ne devait pas statuer sur les dommages.

Il serait bon que la loi s'expliquât sur ce point, pour ne pas donner lieu, le cas échéant, à deux procès, tandis qu'un seul pourrait tout terminer.

La surveillance générale dans un département sur les crimes et délits qui s'y commettent, ne peut être trop active et trop suivie ; ne serait-ce pas l'affaiblir que de charger en même temps le commissaire du Gouvernement près le tribunal criminel, ainsi que le fait l'article 477 du Projet, de remplir en même temps les fonctions de magistrat de sûreté dans l'arrondissement où le tribunal criminel est établi ! Il peut être dangereux qu'en surchargeant le commissaire d'un travail aussi considérable, cette surveillance, qu'il doit avoir sur tout le département, ne soit diminuée, et qu'en même temps la partie de la police judiciaire qui lui serait confiée, ne soit pas aussi bien suivie.

La faculté qui a été jusqu'alors accordée à un plaignant de révoquer sa plainte dans les vingt-quatre heures, et qui est encore établie par l'article 497 du Projet, à jusqu'à présent donné lieu à beaucoup d'abus, et engagé le trésor public dans des frais considérables de procédure.

Celui qui forme une plainte ne manque pas ordinairement de grossir les faits ; il donne aussi pour certaines des preuves qui sont très-souvent équivoques et qui ne se réalisent pas.

Le magistrat chargé de la poursuite des délits, frappé de la gravité de la plainte, telle qu'elle lui est présentée, agit malgré le désistement, expose des frais qui en dernière analyse retombent à la charge du trésor public, tandis que le plaignant, sans rien exposer et sans compromettre ses intérêts, attend tranquillement l'événement, pour ensuite réclamer ses dommages-intérêts en cas de condamnation.

Cette faculté du désistement pourrait être applicable à la dénonciation civique, sans présenter les mêmes inconvéniens, parce que celui qui dénonce un fait dont il a été simplement le témoin, n'est pas mu par la passion, comme peut l'être celui qui en a été l'objet ou qui se prétend lésé.

Tout l'effet qui semblerait devoir être accordé au désistement de la plainte, serait de dispenser la partie plaignante de l'avance des frais et des dommages-intérêts du prévenu ou de l'accusé, sauf à demeurer garant, de la part de celui qui a rendu plainte, de l'exactitude des faits et de la preuve qui en a été indiquée, sur-tout lorsqu'il s'agit de délits punissables de peines correctionnelles.

C'est souvent du premier moment que dépend la certitude qu'on peut acquérir de la culpabilité ou de l'innocence d'un prévenu ; une visite domiciliaire exécutée à propos , peut mettre le crime dans sa plus grande évidence, comme les traces en peuvent disparaître , si cette visite n'est pas faite , ou qu'elle soit différée.

Le Projet , dans la section III.ᵉ des officiers de police auxiliaires au magistrat de sûreté, articles 545 et suivans, ne donne pas l'autorisation à ces auxiliaires pour faire des visites domiciliaires ; seulement l'article 548 porte que ces mêmes auxiliaires se conformeront dans l'exercice des fonctions de police judiciaire qui leur sont attribuées, aux règles précédemment prescrites aux magistrats de sûreté ; mais cette disposition n'est-elle pas trop générale, et ces officiers se croiraient-ils autorisés par-là à exécuter des visites domiciliaires auxquelles on ne doit se porter qu'avec la plus grande réserve , à moins que la loi ne laisse aucun doute sur l'autorisation!

Les frais des procédures sont dans le cas de gréver d'une manière forte le trésor public ; on doit donc prendre tous les moyens compatibles avec la régularité de l'instruction , tant pour la conviction du crime que pour la décharge de l'accusé , pour les diminuer autant que possible.

L'article 561 porte que les témoins qui seront indiqués au propréteur par le dénonciateur officiel ou civique , par la partie civile, par le magistrat de sûreté ou par quelques pièces du procès , seront appelés sur sa citation , et entendus par lui séparément, &c.

Déjà par l'article 517, le magistrat de sûreté est autorisé à entendre les témoins, avant que son mandat de dépôt soit décerné.

Ces témoins préliminairement entendus par le magistrat de sûreté, doivent-ils l'être de nouveau, d'après l'art. 561 , par le propréteur! Si on ne le veut pas ainsi, il paraîtrait convenable d'ajouter à ce dernier article : *à moins qu'ils n'aient déjà été entendus* (les témoins) , *ou que le propréteur ne juge à propos de les faire entendre de nouveau.*

Le corps du délit est sans doute l'objet le plus important d'une procédure, puisqu'il en est la base ; et l'expérience a justifié jusqu'à présent qu'un grand nombre de procédures ont échoué par le défaut de régularité dans ce premier acte qui exige souvent des lumières , mais sur-tout de l'usage ; car la moindre circonstance peut être de la plus haute importance pour la conviction ou la décharge d'un prévenu ; et souvent les faits les plus concluans ont été omis dans les procès-verbaux qui ont été dressés par les maires ou adjoints des lieux , et même par les juges de paix.

Loin donc de faire trouver des excuses ou des prétextes aux magistrats de sûreté et aux propréteurs , pour se dispenser de se rendre sur les lieux pour y constater les délits, ainsi que l'art. 505 en fait sur-tout un devoir aux premiers, il est au contraire nécessaire de les y encourager ; et on conçoit facilement qu'ils s'en dispenseront presque toujours , au moyen de l'indemnité de 4 francs par jour qui leur est accordée par l'art. 506 du Projet , lorsqu'ils seront dans le cas de se transporter à une distance de plus de quinze kilomètres : car ils envisageront ces démarches non seulement comme une corvée, mais encore comme une charge pour eux, qui doit les entraîner dans une dépense plus considérable que l'indemnité accordée.

Le Code du 3 brumaire de l'an 4 portait déjà une pareille disposition ; et l'expérience a bien prouvé, si l'intention du législateur avait été que jamais les directeurs de jury et magistrats de sûreté ne se transportassent sur les lieux, que son but avait été parfaitement rempli, ou que, du moins, les exemples contraires en avaient été très-rares ; de manière que les reconnaissances les plus importantes, lorsqu'il s'agissait des délits les plus graves, ont souvent été faites par des maires et adjoints des lieux, qui, avec la meilleure volonté peut-être, n'avaient ni les moyens, ni l'aptitude convenables pour remplir avec succès la commission qui leur était déléguée.

Ce qui a déterminé souvent les directeurs de jury à commettre les maires et adjoints pour procéder à des reconnaissances, c'est que les juges de paix étant éloignés des lieux où elles devaient se faire, ils ne voulaient pas les engager dans des démarches considérables et gratuites, dont ceux-ci répétaient quelquefois les frais, sans qu'on sût si le remboursement devait en être ordonné, d'après le silence de la loi.

Tous les mêmes inconvéniens subsisteront d'après les articles 656 et 657 du Projet, à moins qu'on n'accorde une indemnité plus considérable aux propréteurs et magistrats de sûreté, et qu'il n'en soit également accordé une aux juges de paix et officiers de gendarmerie qui seront dans le cas de se déplacer.

Il est aussi nécessaire que la loi détermine d'une manière précise que, toutes les fois que les officiers de police auxiliaires aux magistrats de sûreté seront dans le cas d'agir, d'après les dispositions des articles 546 et 547 du Projet, ils seront tenus d'en donner avis sur-le-champ au magistrat de sûreté, afin que celui-ci, connaissant d'abord l'objet dont il est question, puisse juger si sa présence n'est pas nécessaire sur les lieux, ou qu'il puisse indiquer les mesures qui sont à prendre, et qui pourraient être ignorées ou négligées de la part de ces auxiliaires.

Il est bien douteux que les tribunaux de police, ainsi qu'ils sont organisés par le chapitre I.ᵉʳ du livre II du Projet, remplissent les vues qu'on s'est proposées. Ils ne peuvent manquer d'être en prise à l'influence qui se fait toujours sensiblement remarquer lorsque la justice s'administre dans un cercle trop rétréci, tel que celui de l'arrondissement d'une justice de paix dans les campagnes. Les jugemens qui émaneront de ces tribunaux, porteront aussi l'empreinte de la fausse popularité et de ces ménagemens de convenance qui tuent la justice, et qui sont dictés, tantôt par l'attachement et tantôt par la crainte, et souvent par la prévention.

Et en effet, les tribunaux de police, selon le Projet, doivent être composés d'un suppléant, pris dans le tribunal civil d'arrondissement, du juge de paix du canton, et d'un assesseur pris dans la classe des plus imposés du même canton.

Ce suppléant, qui sera presque continuellement en tournées, avec une indemnité legère, fera nécessairement beaucoup de connaissances dans l'arrondissement qu'il parcourra; il sera sûrement accueilli par beaucoup de particuliers aisés; et, du moment où il aura ainsi des liaisons dans chaque justice de paix, il sera assailli de recommandations, à quelques-unes desquelles il serait bien difficile qu'il n'eût égard.

Il est d'expérience que les juges de paix cherchent à tout concilier dans leur canton, même les affaires criminelles. On en sent facilement le motif; étant dans le cas d'être nommés par leurs justiciables, ils ne veulent déplaire à personne; ils se ménagent de loin les suffrages. On peut juger par-là combien ils sont peu disposés à faire, sur-tout avec quelque sévérité, l'application des lois pénales, lorsqu'a ce premier motif se joint celui qu'ils sont entourés de toutes leurs connaissances et de ceux avec lesquels ils habitent constamment, contre lesquels il leur répugnera de sévir.

La personne sur-tout qui peut faire le plus d'obstacle à ce que, dans la composition de ces tribunaux, la justice soit régulièrement rendue, est l'assesseur pris dans la classe des citoyens les plus imposés du canton; car, indépendamment de ce que cette personne n'est pas juge, mais simplement appelée pour en remplir momentanément les fonctions, elle ne se regardera pas comme responsable de la même manière que le juge; tirée de ses foyers pour venir juger, souvent malgré elle et sous peine d'amende, apportera-t-elle, en montant sur le siége, des dispositions bien favorables! Aura-t-elle d'ailleurs l'intelligence nécessaire pour saisir et apprécier la contravention qui doit lui être soumise! Aura-t-elle enfin le courage nécessaire au juge, pour être toujours armé de l'inflexible sévérité de la loi!

Il faut s'attendre que cet adjoint aux deux autres juges, sera toujours le solliciteur pour toutes les personnes de sa propre commune et pour ses connaissances du canton; il fera sur-tout tous ses efforts pour empêcher qu'aucun individu de sa commune ne soit condamné, dans la crainte de se faire des ennemis, et d'être exposé à leur ressentiment, soit sur sa propre personne, soit sur ses propriétés. On est assuré qu'il sera toujours de l'opinion du juge de paix, lorsqu'il s'agira d'acquitter ou d'affaiblir les condamnations; en sorte que quelque bonne disposition qu'apporte le président du tribunal à rendre la justice avec fermeté, il se trouvera contrarié par le juge de paix et l'assesseur, qui, en se réunissant, dicteront presque toujours le jugement.

Quelle faiblesse dans les poursuites, si elles sont exercées par l'adjoint du chef-lieu de canton, ainsi que le porte le Projet! L'expérience du passé devrait garantir de cet inconvénient pour l'avenir.

La loi du 3 brumaire an 4 avait déjà établi, pour remplir les fonctions du ministère public près des tribunaux de police, les adjoints des communes ; et on peut garantir que depuis ce temps, la police des campagnes qui tient de si près à la prospérité de l'agriculture, a été absolument nulle ; que personne n'a tenu la main à ce que des procès-verbaux constatant des délits de police fussent régulièrement rédigés, et que lorsqu'il en a été dressé, ils sont demeurés, pour la plupart, dans les mains des gardes, mais principalement dans les poches des adjoints, ou bien dans les papiers inutiles du juge de paix.

Il est vrai qu'à la différence du Code de brumaire de l'an 4, le Projet ne confie qu'au seul adjoint du chef-lieu de canton les poursuites en matière de police : ce serait, sans doute, une amélioration, mais qui a toujours beaucoup d'inconvéniens ; car trouvera-t-on, même dans chaque chef-lieu de canton, une personne qui, nommée aux fonctions d'adjoint, ait la capacité nécessaire pour remplir celle du ministère public près du tribunal de police ! Ce sera tantôt un cultivateur, tantôt un artisan ; et à supposer qu'il ait la capacité, aura-t-il le temps d'examiner les lois dont il doit requérir l'application, de soigner les poursuites, de faire donner les assignations, et de paraître à l'audience, toujours gratuitement !

Cet adjoint faisant les fonctions du ministère public, aura les mêmes ménagemens dans ses poursuites que l'assesseur, et par les mêmes motifs dont il a été précédemment parlé ; encore sera-t-il bien plus circonspect, parce qu'il serait plus exposé que l'assesseur à se faire des ennemis de ceux contre lesquels il aurait fait valoir les poursuites avec quelque fermeté.

La répression des délits de police tient d'une manière tellement immédiate au maintien de l'ordre public et à la tranquillité des citoyens, qu'il serait à desirer, d'un côté, qu'aucune contravention ne fût reculée que le moins possible, et que de l'autre, pour éviter tout esprit de localité et de faveur, les tribunaux d'arrondissement pussent connaître de ces mêmes délits ; par-là on aurait la tranquillisante certitude d'en voir bientôt diminuer le nombre.

Les contraventions les plus nombreuses sont celles qui ont lieu pour dégats commis dans les propriétés rurales ou dans les bois.

Jusqu'à présent, beaucoup de contraventions de cette nature n'ont pu être poursuivies, à raison de ce que les gardes champêtres et forestiers sont autorisés à dresser leurs procès-verbaux sur feuille volante, ce qui donne la facilité de les supprimer, lorsque la corruption s'étant fait entendre, a payé le prix de l'infidélité.

Les registres des tribunaux criminels déposent de cette vérité ; leurs pages ne sont remplies que de crimes de cette nature imputés aux gardes champêtres et forestiers.

Pour parer à cet inconvénient qui ne fait que prêter davantage encore à la démoralisation , il faudrait que les gardes champêtres fussent obligés de consigner dans un registre tenu par le secrétaire de la commune, tous les procès-verbaux qu'ils seraient dans le cas de rédiger, et que les gardes forestiers inscrivissent les leurs également dans un registre tenu par le garde général auquel ils correspondent respectivement , et ce dans un délai court qui serait déterminé. Par là , d'un côté, on verrait cesser en grande partie l'abus de la suppression des rapports ; et de l'autre, il en résulterait l'avantage que les gardes champêtres et forestiers , peu versés dans l'art de l'écriture et de la rédaction , trouveraient des facilités pour dresser leurs procès-verbaux d'une manière régulière, qui serait à l'abri , soit des nullités, soit des irrégularités dont la chicane et la mauvaise foi s'emparent pour soustraire le coupable à la juste condamnation qu'il a encourue.

Tous ces procès-verbaux ainsi rédigés sur des registres , pourraient être expédiés, à la fin de chaque mois , en un cahier, par les secrétaires des communes et les gardes généraux respectivement, et adressés , savoir, les cahiers concernant la police rurale, aux substituts ou aux commissaires près les tribunaux civils ; et ceux relatifs aux délits forestiers, à l'inspecteur ou sous-inspecteur forestier , pour prendre des réquisitions en marge de chacun des procès-verbaux.

Des jours fixes seraient indiqués dans chaque mois pour la tenue des audiences de police pour chacun des cantons de l'arrondissement ; les parties pourraient s'y présenter sur le simple avertissement donné par l'appariteur de chaque commune, d'après l'indication qui serait faite à celui-ci, et par le secrétaire-greffier et par le garde général également à la fin de chaque mois , lorsqu'ils enverraient les expéditions des procès-verbaux du mois. Le tribunal prononcerait ensuite sans formalité au jour indiqué , en présence des commissaires et inspecteurs ou sous-inspecteurs forestiers et des parties, sauf l'opposition pour celles qui ne se présenteraient pas ; le jugement pourrait encore être inscrit sur les cahiers d'expédition en marge de chacun des procès-verbaux.

Toutes les affaires de police qui ne résulteraient pas des procès-verbaux inscrits sur les registres dont il vient d'être parlé , seraient également portés à l'audience du tribunal au jour qui serait indiqué pour chaque canton.

On peut garantir avec confiance que ce ne sera qu'en faisant ainsi juger par les tribunaux d'arrondissement, que l'action de la police aura quelque ressort ; mais alors, loin de diminuer ces tribunaux dont les arrondissemens sont déjà très-étendus, il faudrait plutôt les augmenter et donner à beaucoup d'entre eux un juge de plus.

Quelque parti que l'on prenne , on croit toujours devoir insister sur trois points principaux : le premier, sur ce que les procès-verbaux qui constatent les contraventions soient inscrits sur des registres ; et si on trouvait que les gardes généraux fussent trop chargés de la tenue des registres, et que par là ils pourraient être détournés de leurs fonctions, on pourrait diviser les gardes forestiers par brigades, et choisir dans chaque brigade le plus probe et le plus intelligent d'entre eux pour tenir les registres : cette mesure présenterait encore le grand avantage de prévenir beaucoup de délits et de contraventions dans les forêts ; parce que le garde, d'après l'article 470 du Projet, étant obligé de remettre son procès-verbal au conservateur, à l'inspecteur ou sous-inspecteur forestier, il faut qu'il se transporte souvent à une distance de plus de 20 kilomètres (quatre lieues), ensorte que les délinquans peuvent très-bien profiter de ces fréquentes absences pour commettre des délits ;

Le second, sur ce que tous les délits qui se commettent dans les forêts appartenant soit à l'Etat, soit aux communes, et même aux particuliers, soient poursuivis par-devant les tribunaux d'arrondissement, eux seuls étant capables de maintenir l'ordre dans cette partie, et d'opposer la fermeté au brigandage et à la dévastation de ces propriétés qui font une branche considérable du revenu public, et qui intéressent toutes les classes de citoyens ;

Et le troisième, sur ce que le ministère public par-devant les tribunaux de police, soit exercé par un fonctionnaire public salarié ; car autrement ces poursuites seraient presque toujours nulles et sans force.

On pourrait peut-être regarder comme difficile à exécuter la mesure de faire juger par les tribunaux d'arrondissement les contraventions de police, à raison de la multiplicité des affaires de ce genre ; mais elles seraient traitées sommairement de la manière dont il a été parlé, et elles s'expédieraient promptement.

La difficulté la plus sérieuse, serait la distance que présentent les extrémités de l'arrondissement avec le chef-lieu, ce qui pourrait engager les parties dans des voyages considérables pour des objets légers ; si cette considération peut frapper le Gouvernement, il pourrait faire diviser chaque arrondissement en deux parties, et fixer deux points chef-lieux de justice de paix, où un juge et deux suppléans du tribunal d'arrondissement se rendraient, alternativement d'un mois à l'autre, pour tenir les audiences de police.

Il serait nécessaire de placer dans chacun de ces chef-lieux un commissaire de police qui remplirait les fonctions du ministère public près du tribunal de police, et le greffier de la justice de paix pourrait remplir les fonctions de greffier du tribunal.

La régularité des poursuites qui résulterait de cet ordre de choses, les amendes qui en seraient le produit, couvriraient, et au-delà, la dépense qu'entraînerait le déplacement du juge et des suppléans, et l'établissement du commissaire de police.

La nécessité de faire juger tous les délits forestiers par les tribunaux d'arrondissement, d'arrondissement, se fait fortement sentir par l'article 638 du Projet, dans lequel il est dit que « Pour la répression des contraventions commises » dans les forêts nationales , les fonctions du ministère public seront » exercées par le conservateur, inspecteur ou sous-inspecteur forestier. »

L'article 635 veut que l'audience du tribunal de police ait lieu une fois par mois dans chaque chef-lieu de justice de paix.

A supposer , d'après cela, qu'un arrondissement soit composé de huit justices de paix, il y aurait au moins dix jours, y compris l'allée et le retour , à employer par ces officiers forestiers à parcourir les huit cantons pour assister aux audiences; encore faudrait-il que chacune ne durât qu'un jour ; ce serait conséquemment le tiers de leur temps employé à cet objet; leur resterait-il celui nécessaire pour leurs opérations dans les forêts, vu sur-tout que tous les temps n'y sont pas propres! pourraient-ils exercer cette surveillance, si nécessaire sur toutes les parties qui sont confiées à leur administration! pourraient ils enfin faire les tournées qui sont prescrites par la loi et les instructions qui leur sont données!

Cependant le tribunal pense que c'est un grand avantage que ces administrateurs forestiers exercent les fonctions du ministère public pour la répression des délits et contraventions en matière forestière ; il pense au moins que leur présence est indispensable aux audiences dans lesquelles se jugent ces délits et contraventions , pour donner les renseignemens de localité qui ne sont connus que par eux.

Il faut détourner le moins possible de ses fonctions principales celui qui est chargé d'un service public ; et ce serait s'écarter de cette règle que d'autoriser les gardes forestiers à faire les citations, significations de jugemens , saisies et ventes mobilières relatives aux affaires forestières, comme de faire la collecte des amendes et des sommes adjugées pour restitutions et réparations civiles , ainsi que le portent les articles 642 et 676 ; car, pendant que les gardes vaqueraient à ces opérations, qui véillerait à la conservation des parties de bois dont la garde leur est confiée! ne serait-ce pas par-là favoriser les délinquans!

Ce serait , d'un autre côté, donner une occasion très-prochaine à ces gardes de se déranger, en s'amusant à boire lors de ces opérations ; et on sait qu'il n'ont pas besoin d'encouragement sur ce point.

La collecte des amendes est encore la chose qui doit le moins leur être confiée ; ils en toucheraient bien le montant avec activité, mais il serait dangereux qu'ils n'en comptassent pas aussi régulièrement, et qu'après avoir employé les deniers à leurs affaires personnelles, ils ne fussent de long-temps en état de les rétablir à la caisse du receveur dans laquelle ces amendes doivent être versées ; ce qui pourrait mettre souvent dans la situation de révoquer des gardes qui, s'ils n'avaient pas été chargés d'une telle collecte, auraient peut-être rempli avec exactitude leurs autres devoirs.

Le recouvrement des amendes se fait d'ailleurs, dans l'état actuel des choses, d'une manière régulière et presque sans frais.

Des états des condamnations sont remis par le greffier du tribunal qui les a prononcées, au receveur, qui fait passer au condamné une lettre d'avertissement, sur laquelle ordinairement celui-ci paie, à moins qu'il ne soit insolvable, et il n'est décerné de contrainte que dans le cas de refus ou d'un trop long retard ; en sorte que toute innovation dans cette partie ne pourrait être que dangereuse et tendre à faire des frais qui doivent être ménagés.

Ce que présente de révoltant un faux témoignage, doit faire desirer qu'on écarte autant que possible les occasions de produire en justice de ces êtres immoraux et corrompus, qui, sous le nom de *témoins*, osent faire le trafic honteux du mensonge et de l'imposture.

Les articles 665 et 708 autorisent en cas d'appel des tribunaux de police et correctionnelle, à faire entendre de nouveau les témoins, et même d'autres que ceux qui ont été entendus en première instance, si le tribunal d'appel en est requis par les parties ou par le commissaire du Gouvernement.

Cette mesure peut être dangereuse, car il est à craindre que la partie qui n'aura pas fait sa preuve en première instance, ou si elle est demeurée douteuse, ne cherche à la faire ou à la fortifier par des témoins gagnés et corrompus.

Cette faculté n'est pas dangereuse entre les mains du commissaire du Gouvernement, auquel on peut la laisser avec sécurité ; elle peut même remplir le but qu'on s'est proposé en l'accordant aux parties ; car, si le commissaire aperçoit que de nouveaux témoins soient nécessaires pour la découverte de la vérité , il les fera entendre de quelque manière qu'ils lui soient indiqués, pourvu que ces nouveaux témoins ne lui paraissent pas suspects.

Les tribunaux criminels doivent être composés, selon le Projet, d'un préteur et des propréteurs du département, dont un seulement, celui de l'arrondissement dans lequel est établi le tribunal criminel, doit siéger avec lui.

Il convient sans doute de donner un appareil imposant à ces tribunaux, et l'apparition dans un département d'un fonctionnaire tel que le préteur, revêtu d'une grande autorité et qui a des relations immédiates avec le Gouvernement, peut influer jusqu'à un certain point sur les délibérations des jurés, et les empêcher de s'écarter des régles de leur devoir ; mais ces préteurs qui doivent présider plusieurs tribunaux criminels, étant dès-lors dans le cas d'être presque continuellement en voyage, auront-ils le temps nécessaire pour s'instruire des affaires qui seront à juger ! Un accusé pourra arriver dans la maison de justice d'un département immédiatement après la session qui y aura eu lieu, et alors il faudra qu'il attende trois mois avant d'être jugé ; ce qui est un terme bien long et bien cruel pour celui qui peut être innocent.

On ne peut apporter trop de circonspection lorsqu'il s'agit de prononcer des peines fortes qui peuvent être plus ou moins aggravées, telles, par exemple, que les travaux forcées à temps, la reclusion et la mise en surveillance ; la première ne peut être moindre de dix ans, mais elle peut être étendue jusqu'à vingt ; la seconde est au moins de cinq ans, et peut être portée jusqu'à dix ; la surveillance pouvant, dans certains cas, être, soit à temps , soit à perpétuité. C'est aux juges des tribunaux criminels qu'est confiée cette latitude ; mais chaque tribunal n'étant composé , pour juger en matière criminelle, que du préteur et du propréteur , avec voix prépondérante au premier, il est clair que le préteur est seul juge, et qu'il peut, à son gré, disposer de cette latitude accordée au tribunal.

Sans doute, les choix éclairés qui seraient dans le cas d'être faits par le Gouvernement, garantiraient la moralité et la droiture des intentions des personnes qui seraient portées à ces places improtantes ; mais quel est l'homme qui peut se promettre de ne pas tomber dans quelques erreurs ? Et celles qui se commettraient dans ce genre, seraient d'une nature grave.

Rendre la justice est une dette du Gouvernement ; la prompte expédition des affaires est un bienfait : il est nécessaire conséquemment de ne pas laisser d'obstacles qui puissent entraver la marche de la justice et retarder l'instruction des procédures.

Il résulte de l'art 780, que , toutes les fois qu'il y a lieu de présider le jury de jugement, la présence du préteur est nécessaire ; et le même article prévoit le cas d'absence et celui d'empêchement du préteur de la division ; il règle que le Premier Consul le remplacera par l'un ou plusieurs des préteurs délégués dans les départemens voisins : mais alors qui expédiera les affaires dans les départemens du préteur remplaçant ? S'il en existe un nombre suffisant pour l'occuper dans sa division , il faudra donc que les affaires , dans celle-ci ou dans celle du remplacé, chôment, et que le délai, déjà trop long, pendant lequel un accusé est dans le cas d'attendre son jugement, soit encore prolongé.

L'ordre naturel qui semblerait devoir être suivi dans l'examen d'une procédure par-devant le tribunal criminel, serait, après que le préteur aurait demandé les nom , prénoms, âge et demeure de l'accusé, conformément à l'article 837 , que l'on fît la présentation de la liste des témoins, pour en faire de suite l'appel ; d'abord, pour s'assurer qu'ils sont présens à la lecture de l'acte d'accusation sur lequel ils doivent déposer, et ensuite pour ne pas faire faire inutilement la prestation de serment des jurés, la lecture de l'acte d'accusation , et l'exposé de l'affaire : car, si l'un des témoins importans ne comparaissait pas, l'affaire pourrait être renvoyée , sur les réquisitions du commissaire, aux prochains grands-jours, ainsi que le porte l'art. 876 , et dans ce cas, tout ce qui aurait été fait antérieurement à l'appel des témoins ne serait qu'un temps perdu inutilement.

Il peut rester des doutes sur la question de savoir si le propréteur et le commissaire du Gouvernement doivent se transporter dans la chambre des jurés pour y rédiger avec eux par écrit leur déclaration, lorsqu'elle est seulement générale : il semblerait, d'après l'art. 870, que ce transport n'est autorisé que dans le cas où le jury aurait déclaré l'intention de donner une déclaration spéciale.

Cependant, même dans l'autre cas, il paraîtrait également nécessaire que les mêmes fonctionnaires fussent présens pour la rédaction de la déclaration, même générale, pour s'assurer que l'unanimité exigée par l'article 864, existe réellement.

Il est de l'intérêt de la société que les grands crimes sur-tout ne demeurent pas impunis : on conçoit qu'il paraît naturel qu'une personne acquittée légalement ne puisse plus être reprise ni accusée à raison du même fait, ainsi que le porte l'art. 880. Si cependant un prévenu d'assassinat venait à être ainsi acquitté légalement par-devant un tribunal, parce que les preuves administrées laisseraient encore quelque doute, et qu'ensuite, après le jugement, on parvînt, par de nouvelles charges, à acquérir la preuve la plus évidente du crime, serait-il juste qu'un tel coupable pût présenter son jugement d'acquittement comme un brevet d'impunité, qui le mît à l'abri de toute poursuite ! Cet article, d'après cela, ne serait-il pas susceptible de quelques modifications !

Il résulte du même article qu'une personne non légalement acquittée peut être reprise et accusée, à raison du même délit.

Il est un cas qui se présente assez fréquemment. Plusieurs co-accusés sont mis en même temps en jugement; un ou plusieurs d'entre eux sont condamnés, et les autres acquittés; les condamnés se pourvoient en cassation, et font casser le jugement : dans ce cas, les acquittés peuvent ne pas l'avoir été légalement; doivent-ils de nouveau être mis en jugement avec les autres co-accusés qui avaient été condamnés ! C'est sur quoi le Code de brumaire de l'an 4 ne s'était pas expliqué, et le Projet garde aussi le silence à cet égard.

La mesure ordonnée par l'art. 895, de mettre à exécution les jugemens criminels dans les vingt-quatre heures, à compter de l'expiration des trois jours accordés au condamné pour se pourvoir en cassation, ou de la réception du jugement du tribunal de cassation, lorsqu'il aura rejeté la demande, paraît incompatible avec les dispositions de l'article 31, qui veut, avec beaucoup de sagesse, que l'exécution se fasse sur l'une des places publiques de la ville du chef-lieu de l'arrondissement communal dans lequel le crime aura été commis.

Elle l'est davantage encore avec le second paragraphe de ce dernier article, qui porte que le préfet pourra, suivant les circonstances, ordonner que l'exécution de ce jugement se fera dans un autre lieu par lui déterminé.

Il faudrait pour cela qu'il s'établît un concert entre le préfet et le commissaire du Gouvernement; ce qui serait facile et n'entraînerait aucun retard lorsque le tribunal criminel est établi dans la ville chef-lieu de la préfecture; mais pour les départemens où ces autorités sont, l'une dans un lieu et l'autre dans un endroit différent, ce concert ne pourrait s'effectuer dans les vingt-quatre heures.

Depuis long-temps on réclamait de tous côtés, pour l'effet de l'exemple, que les exécutions se fissent dans le lieu le plus à portée de celui où le délit s'était commis; et les villes chefs-lieux d'arrondissement sont très-convenablement désignées pour que ces exemples fassent impression.

Il peut être des circonstances cependant où il serait à propos que les exécutions se fissent plus fréquemment dans un arrondissement que dans un autre, si on s'apercevait que les crimes se multipliassent dans cet arrondissement; il est des cas où elles pourraient avoir lieu dans une ville, encore qu'elle ne fût pas chef-lieu d'arrondissement, si elle se trouvait plus à portée du lieu où le délit a été commis, et si, d'ailleurs, on y trouvait les mêmes moyens, par la présence de la force armée, d'assurer les exécutions.

Il n'y aurait aucun inconvénient à laisser cette faculté aux tribunaux criminels, qui seraient plus à portée que les préfets de juger où l'exemple serait plus nécessaire; puisque connaissant tous les délits qui se commettent dans le département, ainsi que toutes les circonstances qui les accompagnent, ils seraient à portée de voir où une exception, si elle avait lieu, pourrait occasionner du soulèvement, comme l'effet salutaire qu'elle pourrait produire dans un point quelconque du même département.

Les jurés d'accusation et de jugement, d'après le Projet, doivent être pris parmi les plus imposés.

Il est certain qu'en général ceux qui ont le plus de fortune sont les plus intéressés au maintien de la société, du bon ordre, de la tranquillité publique et des propriétés; mais la fortune n'est pas toujours un titre pour posséder aussi les lumières, la rectitude du jugement, et sur-tout la bonne foi qui est l'une des bases fondamentales de l'institution des jurés. L'expérience seule peut donc faire connaître si cette classe de citoyens, exclusivement employée dans la composition du jury, doit produire des résultats avantageux.

Mais la manière de former les listes de jurés et le mode de leur réunion, semble présenter des obstacles et des inconvéniens qui paraissent majeurs, sur-tout relativement au jury de jugement.

Les préfets, aux termes de l'article 910, doivent faire notifier la liste par eux formée, aux citoyens qui y sont inscrits, cinq jours avant celui auquel elle doive servir, et ce jour doit être mentionné dans la notification.

Lorsqu'il s'agit de crimes contre la chose publique, la liste des jurés de jugement doit contenir les noms de vingt-quatre fonctionnaires publics, sans pouvoir en offrir ni plus ni moins, sinon la liste entière peut être récusée, soit par l'accusé, soit par le commissaire du Gouvernement, le tout conformément à l'article 906.

Si donc, par inadvertance, le préfet venait à insérer dans sa liste le nom d'un fonctionnaire public de plus ou un de moins, soit parce qu'il ne le connaîtrait pas d'une manière précise, soit que le hasard voulût qu'un fonctionnaire public eût cessé ses foncions, sans que le préfet en fût informé, et que par-là la liste vînt à être récusée en entier, quarante-huit citoyens se seraient transportés de toutes les parties du département au chef-lieu où le tribunal criminel tient ses séances, sans aucune utilité, et l'affaire serait renvoyée aux prochains grands-jours.

Cet évènement arriverait forcément, parce que la liste ne devant être adressée au préteur et au commissaire du Gouvernement, d'après l'art. 910, que cinq jours avant celui où elle devrait servir, et après la notification faite aux jurés, il serait alors trop tard, quand l'erreur même serait reconnue, pour la faire rectifier.

Il paraît clair, d'après l'article 932, que tous les jurés formant la liste, doivent demeurer sur les lieux pendant tout le temps de la session de chaque grand-jour, ou en tout cas, jusqu'à ce que les récusations soient faites par le dernier des accusés qui doit être jugé dans le cours de la session ; car cet article porte que « l'examen de l'accusé commencera im-» médiatement après la formation du tableau » ; cela sort d'ailleurs de la manière dont les récusations doivent s'opérer.

Or, d'après l'article 906, la liste du jury de jugement doit être de quarante-huit, et il faut au moins qu'il s'en trouve quarante de présens, selon le vœu de l'article 922 : chaque grand-jour n'ayant lieu que tous les trois mois dans un département, on doit supposer que chaque session durera de dix à quinze jours au moins ; de manière que ces quarante personnes se trouveraient éloignées de chez elles pendant le même espace de temps, pour douze seulement qui seraient dans le cas de servir ; ce qui pourrait paraître d'autant plus onéreux à beaucoup d'entr'elles, qu'outre qu'elles ne recevraient point d'indemnité, leurs affaires pourraient beaucoup en souffrir.

Sous le rapport même de l'intérêt général, cette perte de temps peut être très-nuisible, car l'avantage de la société se compose du travail et de l'industrie de chaque particulier ; et si ce travail et cette industrie cessent ou diminuent, la société, l'Etat s'appauvrissent dans la même proportion.

Ce nombre de personnes distraites tout à-coup de leurs occupations, pendant un certain temps, peut être plus considérable que de quarante-huit dans chaque département ; car, à supposer qu'il se trouve tout-à-la-fois, dans la même session, des affaires ordinaires, et de celles qui intéressent la chose publique, il faut, pour ces dernières, que la liste porte vingt quatre fonctionnaires publics ; et si le préfet fait deux listes de personnes différentes, il se trouve quatre-vingt-seize personnes déplacées ; s'il compose sa liste pour l'affaire publique de moitié des personnes portées sur la liste des affaires ordinaires, et l'autre moitié de fonctionnaires publics, c'est encore soixante-douze personnes tirées de leurs foyers.

Sans doute il serait beau, il serait digne de l'institution des jurés, que ceux qui en exercent les fonctions, les remplissent gratuitement ; l'honorable témoignage de satisfaction qui serait donné par le Gouvernement à celui qui aurait rempli trois fois les fonctions de juré d'accusation, et à celui qui se serait rendu à deux sessions du tribunal criminel, semblerait donner à ce régime quelque chose de plus imposant, de conforme même à l'esprit de la nation qui a toujours été généreuse et grande ; mais l'expérience en toute chose est le guide le plus sûr ; elle a fait connaître jusqu'à présent que les jurés, même les plus aisés, quoiqu'indemnisés à-peu-près de leurs dépenses, souffraient impatiemment de demeurer trois à quatre jours à remplir les fonctions auxquelles ils étaient appelés ; des plaintes continuelles se sont fait entendre sur la modicité de leur taxe : que serait-ce donc lorsqu'ils ne recevraient plus aucune indemnité, et qu'ils se trouveraient éloignés de leurs affaires pour un temps plus considérable ? Il arriverait qu'ils chercheraient, par tous les moyens possibles, à se dispenser du service ; qu'ils prétexteraient des absences, et sur-tout des maladies qui, quoiqu'imaginaires, n'en seraient pas moins constatées par des certificats d'officiers de santé en bonne forme, ainsi que l'usage en est déjà grandement établi.

Dans le système proposé, il serait possible, d'après les art. 914 et 922, que souvent des jurés convoqués ne pussent pas entrer en fonctions ; car le premier des deux articles porte, relativement au jury d'accusation, que, dans tous les cas, s'il y a moins de dix jurés au jour indiqué, le propréteur complétera ce nombre par des citoyens de la commune du lieu où le jury sera assemblé. L'article ajoute que ces citoyens seront pris sur la liste des jurés d'accusation qui avait été faite pour l'assemblée précédente. Le second des deux articles porte les mêmes dispositions, relativement au jury de jugement, lorsqu'au jour indiqué il se trouverait moins de quarante jurés présens, à la différence que c'est au maire à compléter, mais toujours sur la liste précédente.

Il faut s'attendre sur-tout, les jurés n'étant pas indemnisés, qu'il en manquerait toujours beaucoup, principalement lorsqu'ils seraient un peu éloignés du chef-lieu. Il faut s'attendre aussi, que les citoyens de la commune chef-lieu, qui se trouveraient portés sur les listes précédentes, auraient soin de s'absenter ou de se cacher pour le jour de la convocation; et si les listes précédentes ne présentaient pas un nombre de personnes suffisant de la commune où les jurys soit d'accusation, soit de jugement, seraient convoqués, il s'ensuivrait, si la loi n'accorde pas plus de latitude, que ces différens jurys ne pourraient pas avoir lieu.

Il serait donc nécessaire d'ajouter, qu'en cas d'insuffisance de ces listes, il serait pris des citoyens de la commune dans la classe que la loi pourrait indiquer.

Les délais pour se pourvoir en cassation contre les jugemens, soit criminel, soit correctionnel ou de police, sont rigoureusement établis; et ces délais passés, il s'élève une barrière invincible contre un condamné pour faire rectifier même une erreur, une méprise, dont les conséquences peuvent être les plus funestes.

Il n'est établi d'exception à cette règle que celles qui sont portées dans les articles 973 et 974; cependant la raison semble indiquer que toutes les fois qu'une injustice a été commise, elle doit être réparée aussitôt qu'on l'aperçoit.

Qu'on maintienne rigoureusement les délais dans lesquels les parties peuvent se pourvoir en cassation; que ces délais passés, il s'élève une fin de non recevoir invincible contre elles, on l'admet; mais que le commissaire près le tribunal de cassation apprenne qu'il a été rendu, sur-tout par un tribunal criminel, un jugement contraire aux lois et aux formes de procéder, et que de ce jugement il soit résulté une injustice contre un prévenu qui aurait négligé de se pourvoir, parce que lui ou son défenseur n'aurait pas aperçu la contravention à la loi; le jugement doit être cassé, non-seulement dans l'intérêt de la loi, comme le porte l'article 975, mais encore dans l'intérêt du condamné, qui, aux yeux de la raison et de la justice, doit être relevé de la condamnation prononcée contre lui.

Un détenu, encore qu'il soit prévenu d'un crime, doit être traité avec humanité sans doute; mais il faut en même temps qu'il existe des moyens de s'assurer de sa personne et de prévenir son évasion, sur-tout lorsqu'il s'agit d'un crime capital, dont les preuves sont déjà apparentes.

L'insuffisance des lois à cet égard, des ménagemens portés trop loin, ont produit, depuis plusieurs années, un grand nombre d'évasions les plus scandaleuses; et de grands scélérats, en échappant à la juste punition qu'ils avaient encourue, ont été reversés dans la société, pour y commettre de nouveaux crimes et de nouveaux désordres.

Le Projet ne paraît encore offrir aucune disposition qui puisse parer à cet inconvénient.

Le second paragraphe de l'art. 1115 autorise le propréteur et le préteur

à

à donner tous les ordres qui devront être exécutés dans les maisons d'arrêt et de justice, et qu'ils croiront nécessaires, soit pour l'instruction, soit pour le jugement.

L'article 1116 autorise aussi les maires, préfets de police, &c. à ordonner que le prisonnier qui use de menaces, injures ou violences, soit à l'égard du gardien et de ses préposés, soit à l'égard des autres prisonniers, soit resserré plus étroitement, enfermé seul, même mis aux fers en cas de fureur ou de violences graves.

Le préteur et le propréteur, par la disposition qui les concerne, ne se croiront pas autorisés à faire mettre aux fers un prisonnier accusé même du crime le plus grave.

Les maires et préfets de police diront qu'ils ne peuvent, d'après la loi, faire mettre aux fers qu'en cas de fureur ou de violences graves ; et il arrivera, comme par le passé, que les plus grands coupables s'évaderont.

Il serait donc bien nécessaire que les préteurs et propréteurs fussent autorisés, sur les réquisitions du commissaire du Gouvernement, à faire mettre aux fers tous les prévenus et accusés d'un crime emportant une peine capitale, toutes les fois qu'ils jugeraient cette mesure nécessaire, et que cette autorisation s'étendît même aux détenus pour crimes quelconques, lorsqu'ils auraient fait quelques tentatives pour s'évader.

Ici se bornent les observations que le tribunal présente au Gouvernement ; il se repose avec tous les citoyens sur sa sagesse pour donner au Code criminel la perfection dont il est susceptible. C'est une belle garantie que celle qui est déjà offerte par le Code civil : cet ouvrage seul immortaliserait la France ; il porte l'empreinte du génie qui l'a fait éclore ; il atteste les grands talens des hommes d'état et des magistrats qu'il a si bien choisis pour les associer à sa gloire. Ce Code fait déjà le bonheur des Français, comme il sera l'objet de l'admiration des nations étrangères.

La philosophie sourit, lorsqu'elle voit un Gouvernement mettre sa principale gloire à perfectionner les lois ; cet exemple n'est pas perdu pour les nations ; il est trop beau, sans doute, pour ne pas être imité : ainsi donc la France a le double avantage de briller aux yeux de l'univers par ses éclatans triomphes, et de poser en même temps les bases de la félicité générale.

Fait à Saint-Mihiel, en la chambre du conseil, le 2 prairial, an 12 de la République.

GRISON, *président ;* THIERRY, BAZOCHE, *juges.*

OBSERVATIONS

DU TRIBUNAL CRIMINEL

DU MONT-BLANC,

SUR

LE PROJET DE CODE CRIMINEL.

OBSERVATIONS

DU TRIBUNAL CRIMINEL

DU MONT-BLANC,

SUR

LE PROJET DE CODE CRIMINEL.

$\mathbf{A}$RT. 2. Il paraît nécessaire de désigner quelles sont les peines afflictives ou infamantes, et si la délégation et la peine de forfaiture le sont. Les art. 602, 603 et 604 du Code des délits donnent une explication qui est à desirer dans le nouveau Code.

Art. 3. Il paraît qu'on doit aussi dire si les délits de police correctionnelle sont compris sous le mot *Contravention*, ou si on les désignera par le mot générique *Délit*, d'après les explications et les différences établies par les art. 2 et 3.

Art. 4. Il serait à propos de dire aussi que la tentative de crime sera punie, parce que aux yeux de quelques personnes, il ne suffit pas de la considérer.

Art. 8. Comme les tribunaux militaires sont des tribunaux d'exception, il serait à propos de n'y pas traduire indistinctement les citoyens non militaires, sur-tout lorsqu'il est connu qu'ils sont imbus d'une prévention favorable aux militaires, et défavorable aux citoyens qui ne sont pas militaires, quand les uns et les autres sont complices du même crime ; il est donc nécessaire que le législateur s'explique clairement, en maintenant ou anéantissant les dispositions de l'art. 2 de la loi du 22 messidor an 4.

Art. 8, §. 2. Regarderait-on en état de service militaire, celui ou ceux qui sont en marche avec ordre de route ou congé de semestre ?

Art 13. L'exposition pendant une heure du condamné à mort, paraît trop rigoureuse, c'est réduire le condamné à un désespoir et à une agonie prolongés sans que la multitude puisse en tirer un exemple salutaire, on pense qu'on doit supprimer cette exposition, et qu'il en doit être de même de l'amputation du poing.

Art. 15. L'inhumation sur les grands chemins, l'érection du poteau, et l'inscription, peuvent causer des frayeurs et inconvéniens nuisibles dans la plus grande partie des localités, sur-tout des campagnes ; l'exécution du coupable sur les lieux paraît bien suffire et remplir tout ce que l'on peut desirer.

Art. 21. Il serait peut-être suffisant d'infliger la peine des travaux forcés à perpétuité à celui qui enfreint sa déportation, ce qui serait plus conforme à la graduation des peines établies par le présent projet de Code, et que d'ailleurs la peine de mort ne paraît déjà que trop multipliée.

Art. 31. Pourquoi, par la seconde partie, faire au préfet une attribution qu'il convient mieux de laisser au tribunal criminel, qui connaît toutes les nuances du délit, et est ainsi à même de statuer, sans un nouvel examen, que le préfet serait obligé de faire, et d'exercer ainsi une suprématie tout au moins indirecte sur l'autorité judiciaire, que tout concourt à faire desirer indépendante de l'administration ! D'ailleurs, de quelle manière le préfet serait-il instruit du jugement et des circonstances qui peuvent exiger, pour plus d'exemplarité, que l'exécution soit faite dans le lieu du délit ou dans tel autre !

Art. 38. En se référant aux observations faites sur l'art 21, il paraît qu'on devrait se borner à infliger la peine de la reclusion au relégué qui, pendant le temps de sa relégation, rentre sur le territoire de la République.

Art. 49. Quel est le mode d'exécution des dispositions que renferme cet article !

Art. 68, §. 7. Regardera-t-on comme coupable celui qui n'a pas recelé sciemment ! Et pourquoi la science n'est-elle pas exigée dans ce paragraphe, comme elle l'est dans le suivant !

§. 9. Le contenu de ce paragraphe paraîtrait exiger des éclaircissemens tels, quils n'exposassent pas les juges à en faire une fausse application.

Art. 96. L'extension des dispositions de la seconde partie de l'art. 96, paraîtrait nécessaire à tous les cas prévus par le présent Code, et notamment à ceux prévus par les art. 165, 166 et 174.

Art. 132. Cet article paraît trop rigoureux ; et celui qui tomberait par oubli ou par inadvertance dans un des cas qui y sont prévus, et notamment à la ligne douze, pourquoi serait-il condamné à une peine corporelle !

Art. 140. Quelle peine infligera-t-on aux percepteurs, aux commis à la perception des droits, taxes, contributions, deniers, &c. ! Seraient-ils exempts de peine, puisqu'ils ne sont pas nominativement désignés à la fin du dernier article, comme ils l'ont été au commencement !

Art. 175, 176. Les condamnés en vertu de ces deux articles, ne subiront-ils leur peine qu'après avoir subi celle appliquée à leur premier délit ! ou suspendra-t-on l'exécution de cette dernière, pour leur faire subir celle pour cause de rebellion !

Art. 193. Par qui seront jugés les réquisitionnaires ou conscrits, dans le cas de cet article !

Art. 200. Comment exiger le paiement de l'amende de celui qui n'a pour tout bien que son traitement !

Art 226. Quel sera le mode d'exécution de cet article ! Et que fera-t-on des vagabonds déclarés tels par les tribunaux, jusqu'à ce que le Gouvernement ait pris des déterminations à leur égard !

Art. 256 et 267. On a donné dans ces articles la définition du meurtre et de l'assassinat. Dans l'article 273 on établit une peine contre le meurtre, on n'en trouve aucune contre l'assassinat : il est vrai que par une conséquence on peut dire que l'assassinat sera puni comme le meurtre ; mais il paraît qu'en fait de peine tout doit être positif, et qu'ainsi il serait à propos de dire express- sément la peine à infliger à l'assassin ; au surplus la peine de mort paraît trop grave contre le meurtre en général, le délit comme tous les autres a ses diverses nuances, qui exigent plus ou moins de rigueur.

Art. 262. Lorsqu'un propriétaire se trouvera dans le cas dudit art. 262, il peut être volé ou égorgé pendant le temps qu'il emploiera à vérifier le nombre des voleurs, et il peut croire qu'il n'y en a qu'un, parce que les autres seront cachés ; il serait donc à-propos d'étendre la disposition de cet article au cas où il n'y aurait qu'un voleur.

Art. 271. Qu'elle devra être la durée de la maladie dans le cas de cet article, et ne doit-on pas établir une différence entre une maladie de quelques jours et l'incapacité de travail corporel pendant plus de vingt jours !

Ne doit on pas aussi admettre une différence du cas où le blessé reconnu par l'homme de l'art capable de travailler avant vingt jours, aura, soit par défaut de soin, soit par imprudence, aggravé sa situation, et se sera rendu incapable de travailler pendant vingt jours, de celui où le blessé reconnu par l'homme de l'art incapable de travailler pendant vingt jours, aura ce- pendant travaillé avant l'expiration des vingt jours, sans que son état en ait été aggravé !

On devrait encore faire la différence du cas où le blessé sera dans une impossibilité physique de travailler, de celui où l'homme de l'art aura jugé qu'il doit s'abstenir de travailler pendant vingt jours : l'expérience a fait desirer tous ces éclaircissemens dans le nouveau Code.

Art. 272. L'on devrait spécifier d'une manière claire, précise, et non équi- voque, les divers cas auxquels s'applique cet article ; il paraît au surplus que l'empoisonnement avait été suffisamment prévu et précisé par le Code de 1791.

Art. 277. Il paraît que l'on devrait expliquer si les expressions *pendant plus de vingt jours*, s'appliquent au cas de maladie comme à celui d'inca- pacité de travail ; et dans le cas contraire il est à propos d'établir une différence de l'un de ces cas à l'autre.

Art. 285. La mère engagée dans les liens du mariage qui sera devenue enceinte pendant l'absence de son mari, et qui sera tombée dans le cas des articles 285 et 286, pour cacher sa grossesse et son accouchement au mari, ne serait-elle pas coupable d'infanticide ?

Art. 286. Il serait à desirer, dans le cas de cet article, qu'il n'y eût lieu aux peines y énoncées que dans le cas où l'on aurait agi à dessein de faire perir l'enfant, et non dans le cas d'impéritie.

Art. 329 et 330. Ces deux articles ont prévu les cas de la calomnie verbale et de celle contenue dans des écrits affichés, vendus ou distribués. Il serait à propos de prévoir celle contenue dans des écrits qui ne sont ni vendus, ni affichés, tels qu'une lettre ou un mémoire, qui ne sont connus que de peu de personnes.

Art. 362. Quels seront les lieux où le vol des chevaux, bêtes de charge, de voiture ou de monture, et de gros et menus bestiaux, aura été fait pour qu'il soit le cas de l'application de la peine de la reclusion ? et ne devra-t-on pas avoir égard pour la peine aux diverses circonstances aggravantes énoncées dans l'article 243 et suivans, comme effractions, escalades de nuit, ports d'armes, &c ?

Art. 366. La peine d'amende paraît illusoire à l'égard d'un banqueroutier.

Art. 383. Dans le cas de cet article, le Gouvernement prendra-t-il les informations constatant le délit, et renverra-t-il aux tribunaux seulement pour prononcer la peine ?

Art. 385. Il serait à propos qu'après le dernier mot *confisqués* de cet article, on ajoutât, *sauf l'indemnité préalable envers la partie lésée*, ce qui devrait d'ailleurs être mis en principe pour tous les cas en général.

Art. 412. Que doit-on entendre par le mot *nécessité*, et quelles en seront les bornes sur-tout à l'égard des poissons qui sont dans les étangs, viviers ou réservoirs ?

Art. 439, §. 3. On fait ici les mêmes observations qu'à l'art. 362.

Art. 449, 2.ᵉ partie. Par-devant quel tribunal l'action civile sera-t-elle poursuivie, lorsque l'exercice en aura été suspendu ?

Art. 476. La loi du 17 pluviôse an 9 n'a pas apporté à la procédure criminelle autant de réformes utiles que quelques personnes le croient ; elles ont été sans doute induites en erreur à cet égard par ceux qui sont intéressés au maintien des places qu'elle a créées. Suivant l'organisation du Code de brumaire an 4, la procédure était plus promptement faite, les juges de paix s'empressaient de prendre les informations nécessaires ; comme ils étaient familiarisés avec les mœurs et les habitudes de leur canton, ils découvraient plus vîte et plus facilement la vérité ; aujourd'hui ils ne font rien avant qu'il leur arrive, ordinairement trop tard, une commission du directeur du jury, qu'ils éludent le plus souvent. Lorsque ce dernier procède lui-même, l'éloignement des lieux ne lui permet pas de connaître toute la vérité, son transport ne s'opère pas, parce qu'il n'est pas indemnisé, et qu'il est d'ailleurs surchargé d'occupations.

L'établissement du magistrat de sûreté, suivant qu'il est présentement organisé, et qu'il est maintenu par le Projet, attribue à celui-ci un pouvoir qui, ainsi que l'expérience l'a démontré, n'a que trop souvent paralysé l'action du directeur du jury, ce qui est si vrai que celui-ci ne peut rien faire sans les réquisitions du magistrat de sûreté, qui, indépendant, agit, procède, fait amener devant lui le prévenu, le renvoie arbitrairement, retient les procédures, peut soustraire les mandats qu'il a décernés dans le principe, enfin ne rend compte à personne, ou du moins peut rendre le compte qu'il lui plaît, en ce qu'il agit isolément, et sans le concours ou tout au moins sans la participation de personne ; les mandats qu'il décerne n'étant soumis à aucun enregistrement au greffe, non plus que les plaintes ou dénonciations qu'il reçoit.

Art. 548. Les dernières dispositions de cet article sont inexécutables dans beaucoup de communes, en ce qu'il y en a un très-grand nombre où l'on ne trouvera pas deux citoyens qui sachent signer. D'ailleurs comment contraindrait-on ceux qui ne voudront pas assister !

Art. 566. La somme de quatre francs est si modique que l'action de la justice en serait paralysée, parce qu'on ne peut exiger raisonnablement qu'un fonctionnaire public, jouissant d'ailleurs d'un trop petit traitement, aille à ses frais procéder dehors et loin de son domicile ; l'expérience a déjà démontré les funestes effets de cette taxe faite dans la loi du 7 pluviôse an 9 ; le Grand-juge les a lui-même reconnus. Le fonctionnaire qui est dans le cas de se transporter, mérite la confiance du Gouvernement ; et pour éviter tout abus de sa part, on peut soumettre la note de ses frais à l'examen de la personne à laquelle il serait subordonné.

Art. 568. Si le propréteur ne pouvait procéder aux actes d'instruction et de poursuite d'une procédure sans les réquisitions préalables du substitut magistrat de sûreté, il en résulterait que, si celui-ci, par négligence ou sous quelques prétextes, ne voulait ou du moins n'était pas d'avis qu'il fût procédé à des actes ultérieurs, quoique les circonstances et divers renseigne-mens acquis l'exigeassent impérieusement, bien souvent l'action de la justice se trouverait paralysée ; que le crime resterait impuni, nonobstant les preuves qu'on aurait pu en acquérir, et que le propréteur serait en quelque sorte subordonné au magistrat de sûreté ; ce qui donnerait ainsi lieu à des abus qui ne sont déjà que trop mutipliés, et que l'on doit conséquemment s'empresser de détruire.

Art. 577. Il paraît à propos qu'indépendamment de la copie qui serait remise au maire, ou à l'adjoint, ou au commissaire de police, il en fût affiché une à la porte du domicile du prévenu, ou laissée à quelqu'un de sa maison, le tout en présence de deux témoins, de quoi il serait dressé procès-verbal par l'huissier.

Art. 612. Dans le cas de cet article, lorsque le préteur serait absent ou empêché, le propréteur jugerait-il lui-même les irrégularités de la procédure qu'il aura faite?

Art. 613. Cet article s'entend-il du cas où l'ordonnance du propréteur est en faveur de l'accusé, ou seulement de celui où elle est contre, ou des deux cas? On doit observer que ce serait un grand mal s'il ne s'entendait que du premier cas; une semblable jurisprudence a occasionné une infinité de maux depuis le Code de brumaire an 4.

Art. 617 et suivans. La composition du tribunal de police est si compliquée, que ces tribunaux ne pourraient s'organiser sans des difficultés presqu'insurmontables, sur-tout dans les arrondissemens étendus et montueux, où les intempéries des saisons sont fréquentes; d'ailleurs la modicité des taxes faites par l'article 620, donnerait lieu de craindre que ces tribunaux ne fussent très-souvent désorganisés.

Art. 626. Pourquoi donner à l'autorité administrative, le droit de désigner l'assesseur? Ne serait-ce pas placer en quelque sorte l'autorité judiciaire sous la dépendance de la partie administrative, et n'y aurait-il pas lieu de craindre que l'assesseur qui ne percevrait aucun salaire, ne cherchât sous divers prétextes à se soustraire à cette fonction?

Art. 636. Les dispositions de cet article et de quelques-uns des précédens, relatifs à l'organisation du tribunal, sont inexécutables dans la plupart des localités, notamment par l'éloignement des maires et adjoints, par l'incapacité qui se rencontrerait sans doute dans beaucoup de ceux que la loi désignerait pour remplacer l'assesseur, et qui se trouveraient ainsi dans le cas d'exercer malgré eux une fonction pour laquelle ils reconnaîtraient leur incapacité.

Art. 640. Cet article est encore inexécutable dans beaucoup de communes où les adjoints du maire ne savent ni lire ni écrire.

Art. 650. On emploie à cet article les observations faites à l'article 839.

Art. 688. Quels sont les motifs qui devront servir de base au tribunal pour admettre ou rejeter l'opposition? Ne serait-il pas à craindre d'exposer le tribunal à tomber dans l'arbitraire, sur-tout si les motifs de la décision n'étaient pas déterminés par la loi?

Art. 718 à 723 inclus. Les dispositions de ces articles multiplient à l'infini les actes de procédure, que l'on doit au contraire simplifier. S'il s'agit par exemple d'une somme dont la connaissance appartiendra au juge de paix, ce dernier pourra-t-il appliquer les peines énoncées en l'article 718? D'ailleurs il n'y a aucun commissaire du Gouvernement près le juge de paix. En outre, à quoi bon multiplier les tribunaux d'appel? Il vaut mieux attribuer tous les appels au même tribunal, et tous ces articles ont besoin d'un plus grand développement pour être à la portée de tout le monde.

Art. 756. On devrait excepter le cas où la procédure contiendrait des nullités ; il ne paraît pas que des actes nuls puissent produire le même effet que ceux qui sont valides.

Art. 771. Si on déférait à un préteur le pouvoir de prononcer seul sur le sort des individus soumis à un jury de jugement, ne serait ce point laisser trop de latitude à l'arbitraire, sur-tout dans les cas où le droit lui serait attribué, d'apprécier et de déterminer la nature des diverses circonstances, ou aggravantes ou atténuantes, dont serait précédé ou suivi le délit dont le jury aurait déclaré l'accusé coupable ? On objectera qu'il prononcerait concurremment avec le propréteur ; mais cette concurrence ne serait-elle pas inutile et illusoire, dès que, suivant l'article 779 du Projet, le préteur aurait voix prépondérante ? De quelle garantie jouirait donc l'accusé, s'il n'avait qu'une personne pour juge, tant sur les accessoires du fait que sur le droit ? On objectera encore qu'on n'aurait pas lieu de craindre de tels inconvéniens de la part d'un juge intègre et vertueux ; mais est-il donné à tout homme, quelque intègre et vertueux qu'il soit, une intelligence telle, qu'il ne puisse jamais tomber dans l'erreur ? Cette erreur serait-elle réparable, dès que, suivant l'article 78 ; du Projet, tous les jugemens du tribunal criminel seront rendus en dernier ressort ? N'aurait-on pas lieu de s'effrayer de tant de pouvoirs dans les mains d'un seul homme ? N'aurait-on pas un juste motif de craindre qu'il ne se laissât aller aux recommandations et aux passions de ceux qui prendraient intérêt au jugement, dont le nombre est toujours très-grand, quand ce ne serait que pour écarter de lui, l'odieux dont l'exacte observance de ses devoirs l'environnerait ?

L'on suppose, dans les observations qui précèdent le projet de Code criminel, que les fonctions de président du tribunal criminel ne consistent qu'à instruire la procédure lors du jugement ; on y suppose également que l'instruction d'une procédure ne doit l'occuper qu'un jour, tandis que les principales fonctions du président sont d'interroger l'accusé à son arrivée dans la maison de justice, d'examiner si la procédure a été régulièrement instruite, et si l'information est complète ; de tirer au sort et convoquer les jurés, de procéder avant le jugement ou faire procéder à plus amples informations, si le cas l'exige, ce qui prend souvent plusieurs jours de travail ; et d'ailleurs, on sait par expérience que très-souvent l'instruction publique des procédures exige plusieurs jours de séances continues ; de façon qu'il arrive qu'un président de tribunal criminel de département, se trouve très-occupé pour l'exercice de ses fonctions, pendant un mois entier, quoique le tribunal n'ait que très-peu de jugemens à rendre ; d'où il suit qu'un préteur à qui l'on attribue la fonction de président dans plusieurs départemens, serait dans l'impossibilité de pouvoir remplir les fonctions qu'on veut lui attribuer ; et c'est en-vain que l'on prétend qu'il pourra être suppléé par le propréteur, puisque ce dernier, suivant les circonstances, pourrait se trouver surchargé de travail, et que ses occupations ne lui permettraient pas de suppléer le préteur, et que d'ailleurs le propréteur qui aurait instruit la procédure , ne serait pas dans le cas de prononcer sur les irrégularités et les omissions qu'il pourrait avoir faites.

Les tribunaux d'arrondissement et d'appel , qui ne connaissent que des sûretés civiles, sont composés de plusieurs juges ; ne serait-il pas incongru qu'un tribunal qui a le droit de décider de la réputation et de la vie des citoyens fût composé d'un seul homme !

Les jugemens en police correctionnelle sont rendus par le tribunal d'arrondissement, composé de plusieurs juges ; ne serait-il pas incongru que l'appel desdits jugemens fût dévolu à un seul homme !

La fonction de préteur suivant le Projet ne pourrait être confiée qu'à un jeune homme, car un homme d'un certain âge pourrait difficilement s'astreindre à un genre de vie ambulatoire, et un jeune homme, quel que soit son mérite , n'inspirerait pas au vulgaire le respect et la confiance que doit mériter un fonctionnaire. Au surplus, ce préteur aurait besoin de se restaurer et de se reposer ; en cela il n'y aurait pas entre lui et le président actuel la différence que l'on paraît avoir voulu établir par les observations annexées au Projet ; et, sous quelque dénomination qu'on les désigne, ils seront, comme tous les autres fonctionnaires de l'ordre judiciaire , à la hauteur de leurs fonctions, si le Gouvernement les retire de l'abaissement où les ont jetés des traitemens trop modiques, et la suprématie que les corps administratifs ont cru trouver dans le concours ou dans l'influence qu'on leur a attribués dans beaucoup de fonctions qui ne devaient appartenir qu'aux tribunaux.

Si les fonctions de préteur ne duraient qu'une année , et s'il ne pouvait les remplir dans le département où il aurait reçu le jour, ni dans celui où il aurait fixé son domicile, n'y aurait-il pas lieu de craindre que ce préteur, étranger, pour ainsi dire, à ces divers départemens, ne connaissant pas les différens idiomes qui y sont en usage et qui varient dans chaque commune, ne fût ainsi dans le cas, pour s'assurer des réponses des accusés ou des déclarations des témoins , de nommer un interprète qui lui transmettrait les discours que ceux-ci auraient tenus ; et que ce mode n'entraînât de graves inconvéniens !

Il est assez connu que la traduction des mots d'une langue ou idiome n'est jamais assez fidèle pour ne pas entraîner variété dans les impressions, soit à charge, soit à décharge ; cet inconvénient se trouverait presque dans toutes les procédures dans certains départemens ; car il n'est pas rare de trouver des gens à qui toute expression en langue française est inconnue ; et pour qu'un préteur ne soit pas trompé par la cabale et l'intrigue, comme l'ont été bien des fonctionnaires étrangers , il doit connaître les habitudes , les opinions , les relations et les mœurs de chaque village du pays qui lui est confié. On trouve bien plus de garantie dans un homme du pays, intéressé personnellement à la tranquillité, que dans un étranger qui n'y sera que transitoirement : il s'agit seulement, au lieu de tant de changemens , d'adopter des mesures d'après lesquelles la responsabilité ne soit pas un vain mot. Il est temps, comme l'a dit le Grand-juge, de donner aux fonctionnaires cet amour de leurs devoirs que la stabilité seule peut leur inspirer.

Art. 822. Quelles seraient les règles d'après lesquelles le tribunal déciderait si l'acte nul viciait les actes postérieurs de la procédure ou non?

Art. 824. Par qui serait dressé ce nouvel acte d'accusation !

Art. 839. La publicité des séances est un des plus grands obstacles qu'éprouve la manifestation de la vérité. Nous avons vu des assassinats et autres actes de vengeance commis en haine de la fermeté et constance des témoins dans les débats. Il est bien à desirer de supprimer totalement, ou du moins de restreindre considérablement cette publicité, qui emporte les plus grands inconvéniens dans les procédures où il y a des accusés contumax qui ne sont pas jugés en même-temps que les accusés présens.

Art. 842. Il paraît que cet article contrarie la seconde partie de l'article 792. Dans le cas , par exemple, où les débats feraient connaître de nouveaux témoins jusques-là inconnus, pourrait-on les faire appeler et les entendre de suite, ou renverrait-on la cause pour communiquer à l'accusé les noms, &c. !

Sur la dernière ligne de l'article 842 , on répète les mêmes observations qu'à l'article 688.

Art. 848. On se rapporte, pour les observations à faire sur cet article , à celles qui ont été faites à l'article 688.

Art. 855 et 861. Lorsqu'il y a plusieurs accusés dans une même procédure , et que l'on est dans le cas de les juger séparément, ne serait-il pas à propos que l'on pût lire aux jurés les réponses des coaccusés non-présens , parce qu'elles pourraient souvent fournir des éclaircissemens et contribuer à la manifestation de la vérité !

Ne devrait-il pas en être de même pour la déclaration des témoins morts dans l'intervalle de l'instruction au jugement !

Art. 858. Il y a des villages où l'on ne comprend nullement le français, et dans lesquels on parle un idiome que personne ne comprend dans le chef-lieu où siége le tribunal, ce qui est arrivé diverses fois à Chambéry , au tribunal criminel ; comment ferait-on, dès qu'on ne pourrait prendre pour interprète un des témoins , ou un juré choisi du consentement de l'accusé ; sur-tout si cet inconvénient se manifeste dans le cours des débats seulement!

Art. 863 à 873. On ne trouve pas dans ces articles par qui sera rédigée et reçue la déclaration générale des jurés, avant qu'ils rentrent dans l'auditoire, comme il est dit dans l'article 870, pour la déclaration spéciale

Art. 887. Suivant le Code actuellement en vigueur, on ne cumule pas les peines de divers délits dans la condamnation. Cet article 887 paraît contenir une disposition contraire ; il serait à propos de s'exprimer là-dessus plus spécifiquement.

Art. 898 et suivans. On ne croit pas devoir être d'avis du maintien des jurés, même suivant le mode proposé dans le nouveau projet de Code ; l'expérience et les méditations portent à en faire desirer la suppression totale. Le Projet, en maintenant cette institution, n'y appelle que les citoyens les plus imposés. Si l'on trouve faiblesse et ignorance chez les citoyens moins aisés, on y trouve ordinairement plus de bonne foi ; tandis que les plus aisés et les plus instruits, du moins la plupart, ne sont pas toujours à l'abri des passions. Il est bien reconnu que les déclarations partiales, vicieuses, absurdes, celles, en un mot, qui ont le plus offensé la justice et la raison, ont souvent été rendues par la classe des citoyens que le projet de Code appelle, sur-tout lorsqu'il s'agit d'un prévenu protégé.

Les jurés d'accusation se mettent à la place de ceux de jugement, et les derniers à celle de juges, en ce qu'ils s'occupent le plus souvent du résultat des dispositions des lois pénales.

L'intérêt des administrés, et celui du trésor public, paraîtraient devoir suggérer, en supprimant les jurés, comme plus convenable, l'établissement d'un tribunal d'appel en matière civile dans chaque département, qui remplirait en même temps les fonctions de tribunal criminel. Plus les administrés sont éloignés des tribunaux, plus la justice est dispendieuse, et plus ils ont de peine à l'obtenir.

Art. 910. Cet article chargeant le préfet de la convocation du jury, lui attribue des fonctions qui paraissent entreprendre sur l'autorité judiciaire.

Art. 911. Si on ne salariait pas les jurés, on parviendrait rarement à organiser le jury ; chacun trouverait des prétextes ou motifs apparens pour s'en exempter, et il serait impraticable de faire un procès pour constater l'illégitimité des motifs apportés.

Art. 913. Si le jury ne s'assemble qu'un jour par mois, il est impossible d'expédier toutes les procédures ; on devrait donc exprimer spécifiquement si sa session sera prolongée pendant qu'il y aura des procédures à examiner. Il serait d'ailleurs à desirer, pour une plus prompte expédition, que le jury s'assemble plusieurs fois par mois.

Art. 914. Les citoyens portés sur la liste de la précédente assemblée, devant servir à compléter le jury, étant instruits du jour qu'il s'assemblera, s'absenteront de la commune, et le jury restera imparfait.

Art. 922. On emploie ici les mêmes observations qu'à l'article 914.

Art. 987. Il serait bien intéressant de prescrire quelques moyens à prendre pour se procurer les déclarations des témoins militaires, et leur déposition par-devant les tribunaux, comme cela avait déjà été prévu par une loi du 18 prairial an 2, que le tribunal de cassation a quelquefois jugé être encore en vigueur, et qu'il a aussi jugé avoir été abrogée par l'article 594 du Code des délits, ensorte qu'on ne sait à quoi s'en tenir.

Art. 1011 et 1021. L'on a observé jusqu'à présent un grand inconvénient résultant de ce qu'un accusé contumax n'est pas jugé en même temps que son complice qui est détenu, ce qui a amené des jugemens ridicules et contradictoires. En voici un exemple : Pierre et Paul sont accusés d'avoir, de complicité, falsifié une pièce quelconque ; Pierre, détenu, a été acquitté, parce que le jury de jugement n'a pas trouvé le faux constant ; Paul était contumax, il a été arrêté, jugé et condamné parce que le faux a été trouvé constant, ou *vice versâ :* quel parti pourra prendre la partie civile lésée d'après deux jugemens aussi contradictoires !

OBSERVATIONS GÉNÉRALES.

Il est à desirer que le nouveau Code criminel contienne des dispositions relatives aux délits des ministres des cultes dans l'exercice de leurs fonctions, et aux tribunaux auxquels la connaissance en sera attribuée. On trouve dans le Projet proposé une lacune à cet égard.

Il paraît que les définitions des délits contenues dans ce Projet, ne sont pas assez exactes, que les divisions des délits et celles des peines sont trop compliquées, ainsi que l'organisation des divers tribunaux, ce qui nécessitera des longueurs infinies, et amenera des difficultés dans l'exécution presque insurmontables : il serait peut-être plus utile de réformer seulement dans l'organisation de l'ordre judiciaire ce qu'il y a de défectueux, en laissant subsister le surplus, parce que vouloir tout détruire pour reconstruire, c'est toujours soumettre à l'expérience des nouveaux systèmes, et marcher d'essais en essais qui fatiguent les administrés, maintiennent la société dans une fluctuation nuisible, et dégoûtent totalement les fonctionnaires.

Signé FILLIARD, *président ;* DELABEYE, GAVET, *juges ;* BOUVIER, *commissaire.*

OBSERVATIONS

DU TRIBUNAL CRIMINEL

DU MORBIHAN,

SUR

LE PROJET DE CODE CRIMINEL.

OBSERVATIONS
DU TRIBUNAL CRIMINEL
DU MORBIHAN.
SUR
LE PROJET DE CODE CRIMINEL.

DEPUIS long-temps la législation criminelle était sans fixité , composée de pièces de rapport dont la multiplicité, la mauvaise classification, et en quelque sorte la mobilité ne présentaient qu'une variante sans fin. Elle n'offrait aux tribunaux qu'un labyrinthe inextricable, et des incertitudes continuelles aux magistrats les plus versés dans cette partie. Ce désordre momentané, et qui doit disparaître bientôt, est la suite nécessaire des conjonctures dans lesquelles la France a fait l'essai du système du justiciement par jurés.

Cette belle pensée de la justice sociale qui a donné à la liberté et à l'égalité un contre-poids régulateur de la puissance et de ses abus , avait besoin , pour s'implanter, de calme, d'attention et de réflexion. Ses premiers pas devaient être faits avec ordre et précaution. Il appartenait à un Gouvernement régénérateur de replacer sur sa base la plus sage et la plus précieuse des institutions, et de lui assurer la fixité qui lui convient, par une législation claire et tellement ordonnée , que la sagesse de ses dispositions garantisse entière protection aux bons citoyens, et punition certaine aux méchans.

Les rédacteurs du projet de Code criminel ont, sans doute, en vue ces deux résultats, et le Gouvernement qui veut les atteindre, donne aux tribunaux une preuve flatteuse de confiance, en leur communiquant ce Projet, et en leur demandant leurs observations.

Les membres du tribunal criminel du Morbihan lui présentent celles que leur fournit une longue pratique du justiciement qu'il s'agit de régulariser et de perfectionner.

Pour présenter ces observations avec ordre, on suivra celui des divisions du Projet.

Morbihan.   A

Pour les présenter avec précision, on n'entrera point dans la discussion du système à organiser, parce que son principe est adopté, et parce qu'il est le vœu de la masse des Français qui savent apprécier les droits du citoyen à la liberté et à l'égalité.

Comme il ne s'agit que d'organisation et d'exécution, les observations seront placées en correspondance avec les titres et les articles du Projet auxquels elles auront rapport. C'est la méthode la plus claire et la plus propre aux rapprochemens. Elle amènera naturellement et sans confusion, sur chaque partie du Projet, les réflexions qui doivent lui être appliquées, et chaque observation touchera directement son objet.

Sur l'Ordre et le Classement des Matières.

L'ordre établi dans le Projet présente, dans une seule série d'articles, tout ce qui a rapport aux peines de toute nature, à leur distinction, à la classification des contraventions, délits et peines, et aux punitions qui y sont applicables, à la police simple et correctionnelle, et à la justice criminelle.

Le magistrat instruit et exercé saisira avec précision toutes les dispositions qui distinguent les actions, la compétence et les modes de procéder ; mais il est à craindre que beaucoup d'entre les fonctionnaires à qui la loi projetée impose des devoirs à remplir, et confère des pouvoirs, ne soient embarrassés dans la lecture d'un Code aussi étendu, et n'aient de la peine à en extraire, sans erreur, les dispositions qui les concernent, et qu'il importe pour eux de voir rapprochées dans un cadre plus étroit.

Il conviendrait qu'il n'y eût pas de renvois d'un article à l'autre ; ils donnent de l'embarras à beaucoup de fonctionnaires subalternes qui sont hors d'état de faire des rapprochemens pour l'insertion des textes de lois dans leurs actes.

Il pourrait être plus avantageux de séparer le Code pénal du Code judiciaire criminel.

On croit aussi que l'on éviterait beaucoup d'inconvéniens en destinant un Code séparé aux crimes frappés de peines afflictives et infamantes, et en classant dans un Code de police les actions punissables des peines correctionnelles, et celles qui doivent être reprises par la simple police. .

Il est de fait que, parmi tous ceux qui sont désignés par les articles 545 et suivans comme auxiliaires, il s'en trouve rarement d'assez instruits pour bien constater et caractériser un délit, et que beaucoup auront peine à trouver la règle de leur conduite dans la loi projetée ; parce que les articles qui la contiennent y sont épars et distribués dans des titres très-étendus.

La police et la justice ne peuvent être séparées et doivent composer ensemble le Code judiciaire criminel.

Ire PARTIE.

DISPOSITIONS PRÉLIMINAIRES.

Art. 4. Il pourra y avoir des tentatives de crime si équivoques, qu'il sera difficile ou même impossible de les caractériser, quoiqu'elles puissent paraître en elles-mêmes répréhensibles. Un homme s'est introduit dans une maison par le moyen de fausses clefs ou escalade, et pendant la nuit ; il est saisi avant la consommation du crime qu'il projetait ; on le trouve armé d'un poignard et de deux pistolets. Se proposait-il de voler, de violer ou d'assassiner, ou d'avoir une entrevue secrète avec quelqu'une des personnes de la maison ! n'encourra-il aucune peine pour s'être introduit la nuit, par escalade ou fausses clefs, dans l'intérieur d'une maison, y avoir porté le trouble et jeté l'alarme !

LIVRE Ier

CHAPITRE Ier

Des Peines de la première classe.

Art. 13. Il est à craindre que la torture du poing coupé, et l'exposition aux regards du peuple pendant une heure avant le supplice, n'inspirent plus de pitié au peuple en faveur du coupable qu'elles n'occasionneront de terreur aux méchans.

CHAPITRE III.

Des Peines et autres Condamnations, &c.

Art. 54. Il semble bien dur de punir un homme pour avoir été mis deux fois en état d'accusation, lorsqu'à chaque fois il a été acquitté. Quant aux criminels convaincus, cette surveillance peut être envisagée comme une suite et une continuation de la peine plus forte qu'ils avaient méritée, et qui a été adoucie sur la fin de sa durée ; mais pour celui qui a été deux fois mis en jugement et n'a pas été trouvé coupable, on pensera, sans doute, que c'est un assez grand malheur d'avoir eu à redouter deux fois les chances de l'opinion des hommes, d'avoir essuyé l'humiliation d'une détention pénible, &c. &c. Il existe, dira-t-on, un grand sujet de soupçonner celui qui a été mis deux fois en état d'accusation ; mais qu'on se souvienne que plusieurs fois un Romain vertueux et illustre fut accusé, malgré le crédit et la considération dont il était environné ; que ceux qui poursuivaient un homme de cette importance et de ce mérite, avaient sans doute quelques indices ou même de fortes présomptions au soutien

de leur accusation. Que serait-ce s'il eût été permis de le mettre en surveillance, après un jugement d'absolution! Il est vrai qu'il eût trouvé des
cautions;... un homme pauvre ou d'une fortune médiocre en trouvera-t-il!...
Quelle confiance, quel intérêt inspirera celui que la justice déclarera suspect, quoique acquitté par un jury! N'y a-t-il point, peut-être, quelque
inconvenance que celui que le jury composé de douze hommes probes et
éclairés n'aura pas déclaré coupable, soit repris au même instant par le
tribunal, par un seul juge, et remis dans cet état de suspicion d'où il aurait
dû sortir par l'effet d'une épreuve aussi rigoureuse que celle qu'il a subie!
Quant à l'effet de cette surveillance par rapport à un homme qui vit à
l'étroit ou qui a des affaires embarrassées, multipliées, il sera, s'il est
transféré hors du lieu de son domicile, forcé de renoncer à son commerce
ou à son industrie, bientôt hors d'état de vivre et de faire vivre sa famille;
à chaque instant tenté d'enfreindre sa surveillance, exposé par conséquent,
à se trouver bientôt à la disposition du Gouvernement, son plus sage parti
sera, peut-être, de s'y mettre de lui-même, en demandant dès le commencement à être employé dans les ateliers de la République.

Art. 60. L'emprisonnement pendant trois ans, à compter de l'expiration de
la peine afflictive ou correctionnelle, ne pourra le plus souvent que rendre
le condamné plus insolvable, et retarder le moment où il pourrait s'acquitter. Ne vaudrait-il pas mieux ne prolonger sa détention que jusqu'à ce
que la preuve de son insolvabilité eût été acquise par les voies de droit!
Autrement ce serait punir bien rigoureusement la pauvreté; et cependant
la contrainte par corps ne semble établie par cet article que contre celui
qui pourrait et ne voudrait pas s'acquitter.

CHAPITRE IV.

Des Peines de la récidive, &c.

Art. 64. La conviction d'un crime ne devrait-elle pas entraîner de plein
droit, pour la vie entière du coupable, sa déchéance de toutes fonctions
publiques, ou son inadmission s'il n'y avait pas encore été admis! L'honneur
attaché à ces fonctions semble l'exiger. L'article supposerait le contraire,
puisqu'il établit un cas où celui qui a déjà été condamné pour crime, pourrait néanmoins encore encourir par la suite la peine de forfaiture.

Sur les premiers mots du même article 64, *quiconque aura été condamné*,
on croit devoir observer que quoiqu'il n'y ait point eu de jugement de
condamnation antérieur contre un coupable, celui qui lors d'un premier
jugement se trouverait convaincu de crimes ou de délits de même espèce,
devrait être puni plus sévèrement que celui qui n'en aurait commis qu'un
seul.

LIVRE II.

CHAPITRE I.ᵉʳ

Des Auteurs de crimes ou de délits.

Art. 68 , n.° 7. La disposition de cette partie de l'article 68 paraît infiniment dure ; car il s'agit ici de la répression d'un délit que la pitié seule pourra faire commettre. Des gens simples et sans instruction ne voient pas toujours les coupables du même œil que la justice ; ils ne sentent pas autant que des magistrats combien l'exemple est nécessaire pour maintenir l'ordre dans la société ; ils se persuadent qu'un coupable qui réclame à mains jointes un asyle , pourrait passer le reste de sa vie sans nuire à personne, s'il échappait une fois à la rigueur des lois. Les principes de la morale que la religion a consacrée, fortifient cette persuasion. On pense donc qu'il serait convenable , non-seulement de ne prononcer aucune peine contre les père, mère ou autres ascendans , enfans ou autres descendans, mari et femme qui auraient recélé un condamné , mais encore de ne porter pour le même fait contre les frères, sœurs, et autres parens ou alliés jusqu'au degré de cousin issu de germain inclusivement, et contre les amis intimes, que des peines de police correctionnelle. On estime que la peine d'infamie et du carcan serait assez rigoureuse pour punir ceux qui n'ayant aucune relation intime d'amitié ou de parenté dans les degrés ci-dessus , auraient *volontairement et sciemment* recélé la personne d'un condamné à la peine de mort.

Art. 72. Il serait bon que le législateur fixât l'age auquel un enfant est comptable à la société de ses actions, et peut être mis en jugement.

LIVRE III.

TITRE I.ᵉʳ CHAP. I.ᵉʳ SECT. I.ʳᵉ

Des Crimes et Délits contre la sûreté extérieure.

Art. 89. Quiconque a retiré un espion ennemi, semblerait, par une conséquence des principes établis dans l'article 68 , avoir encouru la peine de mort, étant complice du crime mentionné en l'article 80 : cependant l'article 89 ne prononce que la reclusion. Cette peine sera-t-elle suffisante pour réprimer le délit dont il s'agit ! Ceux qui retirent les espions, agissent par esprit de parti, ou sont séduits par l'or, qui n'est pas épargné en pareil cas. La crainte de la reclusion les retiendra-t-elle ! D'un autre côté ils exposent la sûreté de tout un pays, la vie d'un très-grand nombre de leurs concitoyens, &c. C'est donc ici un crime des plus funestes à la société : il suppose d'ailleurs la trahison et la perversité de celui qui le commet volontairement. N'est-ce point le cas de prononcer une peine capitale? Elle paraît trop sévère dans le cas du nombre sept de l'article 68 ; mais il n'y a aucune comparaison à faire entre ces deux espèces ; car celui qui retire un espion, et favorise ainsi sa mission, concourt aussi par cela seul à préparer tous les crimes qui seront la suite de l'espionnage : il n'a aucune pitié de ses concitoyens dont cet espionnage expose la sûreté.

SECTION II.

Des Crimes et Délits contre la sûreté intérieure.

Art. 97. Ne faudrait-il point déterminer plus précisément le terme pendant lequel on demeurera responsable des discours ou des propos qu'on aura tenus?

CHAPITRE II.

Crimes ou Délits contre la Constitution.

Art. 110. Il est peu de fonctionnaires publics dont la signature ne puisse être surprise.

CHAPITRE III. SECTION II.

Crimes ou Délits des fonctionnaires publics, etc.

Art. 140. Plusieurs de ceux qui sont désignés dans cet article pourraient par erreur recevoir plus qu'il ne leur serait dû, sur-tout si l'on ne fait aucune difficulté de payer, qui puisse fixer leur attention. Autrefois la quittance était une présomption de bonne foi de la part de ceux qui avaient reçu, et il n'y avait lieu contre eux qu'à l'action en rapport.

Art. 148. Peut-il y avoir une tentative de crime plus atroce? Et n'est-ce pas le cas où la tentative de crime doit être punie comme le crime même, quoiqu'il n'ait pas été consommé? Cette tentative doit être d'autant plus sévèrement punie, qu'il est plus difficile d'en acquérir la preuve, et que le coupable ne sera jamais convaincu que sur des évidences.

Art. 155. La peine portée par cet article paraît trop faible : un délit de cette espèce entraîne des suites fâcheuses pour des familles entières. Il faudrait aussi une disposition pour l'omission complète de l'acte par la faute de l'officier public.

Art. 158. A ces mots : *s'il l'a faite sans ordre*, ne serait-il pas à propos de substituer ceux-ci : *s'il l'a faite sans un ordre exprès, et par écrit, émané du Gouvernement*?

Section III.

§. II. Violences, etc., envers les fonctionnaires publics.

Art. 178. Il conviendrait peut-être d'autoriser tout fonctionnaire ou officier public, même l'officier ministériel, frappé ou outragé dans l'exercice de ses fonctions ou de son ministère, à rapporter procès-verbal des excès ou des outrages qu'il aurait reçus; de statuer que, quant aux magistrats, administrateurs, maires, commissaires de police, leurs procès-verbaux, en tout ce qui n'excède pas la police correctionnelle, feraient une preuve complète en justice jusqu'à l'inscription en faux ; que, quant aux procès-verbaux des officiers ministériels, ils feraient aussi, en matière de police correctionnelle, foi en justice, pour lesdits excès ou outrages, mais seulement jusqu'à la preuve du contraire, laquelle pourrait-être administrée, sans qu'il fût besoin d'attaquer préalablement leurs procès-verbaux par la voie de l'inscription de faux.

Art. 186. On pense qu'il faudrait changer ces mots de l'article : *quoiqu'ils n'aient pas été commis,* en ceux-ci : *s'ils n'ont pas été commis ;* et ajouter à la fin de l'article, cette disposition : *s'il y a eu exécution, ou tentative d'exécution, l'instigateur ou provocateur sera puni de la peine de complicité.*

§. III. *Désobéissances.*

Art. 190. La crainte de cette peine ne retiendra pas sous la main de la justice l'auteur ou le complice d'un crime ; elle n'empêchera même pas de s'enfuir un homme timide, qui, se voyant dépourvu de considération et d'appui, craint que la malveillance ou une prévention injuste, ne l'expose à l'humiliation et aux inquiétudes d'une procédure criminelle. Elle n'est même pas suffisante pour empêcher de faire disparaître, à prix d'argent, un témoin essentiel. La peine qu'on établira par cet article doit donc être susceptible de modification, suivant les circonstances. Le magistrat de sûreté, ou autre officier de police, devrait être autorisé à prononcer jusqu'à trois jours de détention, et à renvoyer, en cas de plus grande peine, devant le tribunal de police correctionnelle.

§. V. *Évasion des détenus.*

Art. 201 et suivans. Il paraît juste et nécessaire qu'en cas d'évasion d'un détenu, ceux qui se rendent complices de la connivence des gardiens, geoliers et autres, chargés de veiller à la garde des détenus, soient condamnés à la même peine que ceux dont ils sont devenus les complices. Mais lorsque, sans aucune connivence de cette espèce, un détenu s'est évadé, ses père, mère ou enfans, frères ou sœurs, ou alliés au même

degré, qui auraient procuré son évasion, doivent-ils être punis aussi rigoureusement que s'il n'avait existé entre eux et lui aucun lien de famille ?
Enfin, les parens jusqu'au degré de cousins issus de germains inclusivement,
les amis intimes, ne sont-ils point plus excusables de procurer l'évasion d'un
parent et d'un ami, que celui qui, sans avoir connu le détenu, sans être ému
par aucune affection qu'il soit difficile de vaincre, se porte à procurer cette
évasion, uniquement peut-être pour se faire compter une somme d'argent
qui lui a été promise ? La peine qui peut être portée contre ceux qui pro-
curent une évasion, sans aucune connivence avec les concierges et autres
préposés à la garde des détenus, paraîtrait donc susceptible de beaucoup
de modifications; et il conviendrait que les tribunaux fussent autorisés à la
modifier suivant les circonstances.

§. VI. *Bris de scellés, &c.*

Art. 218. Le bris volontaire d'un scellé apposé sur des effets mobiliers,
ne doit-il pas être considéré en lui-même comme une tentative de vol avec
effraction, et puni de la même peine ? et cette peine ne devrait-elle pas
être plus sévère contre le gardien qui a lui-même brisé le scellé qu'il était
chargé de garder ? On doit considérer, en effet, que le bris de scellé est
presque toujours la seule trace qui reste des soustractions qu'il a précédées ;
que ceux au préjudice desquels ces soustractions ont été commises, sont
souvent absens, ignorent ce qui était sous les scellés, et ainsi ne peuvent
rien articuler, quoiqu'ils sachent bien qu'on leur a fait un tort considérable;
qu'enfin, il devient impossible d'atteindre l'auteur des soustractions, lorsque
c'est le gardien lui-même qui brise les scellés ; qu'on ne parviendra donc à
empêcher la soustraction des effets mis sous les scellés, qu'en établissant
une peine sévère contre le bris volontaire des scellés, et en la prononçant
encore plus sévère contre le gardien qui a commis ce crime.

SECTION VI.

Des Délits commis par la voie de la presse &c.

Art. 245. Cet article ainsi conçu, serait une source de décisions très-
arbitraires. Les principes de la morale naturelle sont fort clairs ; mais que
l'on fasse attention que tous les moralistes ne sont pas d'accord sur toutes
leurs applications et leurs conséquences; encore moins seront-ils d'accord
sur les règles qui seront les dernières conséquences des principes de la morale publique. En fait de délits, il ne faut pas de définitions vagues et abstraites. Tout délit ne doit être qu'une action que la loi défend de commettre,
ou l'omission d'une action qu'elle ordonnait de faire. Il doit être permis
de dire et d'écrire tout ce qui n'a pas pour objet d'exciter à ne pas faire

ce

ce que la loi ordonne , ou à faire ce que la loi défend ; et il ne doit même pas être défendu de critiquer une ou plusieurs lois politiques ou civiles , pourvu qu'on n'aille pas jusqu'à vouloir persuader qu'on peut cesser de les respecter avant qu'elles aient été rapportées par l'autorité compétente. Si on s'écarte de ce principe , tout écrivain moraliste doit briser sa plume ; tout homme prudent évitera de parler de morale en public ; sinon les tribunaux retentiront bientôt de discussions sur les principes de la morale. Toutes ces questions ne seront pas décidées uniformément dans tous les tribunaux. Le tribunal de cassation aura la plus grande latitude pour réformer ; et avec le temps , ce serait une chose curieuse , mais humiliante peut-être pour l'esprit humain , qu'un recueil de morale fondée sur la jurisprudence des tribunaux.

Section VII.

Délits relatifs aux Sociétés, &c.

Art. 253. Après ces mots, *ceux qui auront outragé les objets d'un culte,* ne faudrait-il point ajouter, *dans le lieu de son exercice!*

TITRE II. Chapitre I.ᵉʳ

Crimes et Délits contre les personnes.

Art. 257. Ne serait-il pas indispensable d'ajouter à cet article , *à moins qu'il ne soit justifié qu'il n'avait aucune intention d'atteindre la personne homi-cidée!* Il peut arriver à un homme en maniant un fusil qui part de repos et qu'on ne croyait pas chargé , de tuer son propre fils ou son meilleur ami, celui pour lequel il eût peut-être un instant auparavant exposé sa propre existence : on pourrait citer d'autres cas où il serait évident que l'homicide a été commis sans intention. La généralité de cet article enveloppe cependant, comme meurtriers, tous ceux qui ont eu le malheur de tuer. La présomption légale qu'il établit doit-elle lier la conscience des jurés dans tous les cas! Ne faudra-t-il pas toujours qu'ils examinent l'intention , pour répondre à la question, *est-il coupable!*

Art. 259. Cet article renferme une disposition trop rigoureuse, puisque le meurtre, suivant l'article 273 , doit être puni de mort. Il y a bien des circonstances où la vivacité du sang devancera toute réflexion chez un homme sensiblement injurié , et le fera porter un coup qui ne sera devenu mortel que par une complication d'accidens. Le degré de criminalité ne devrait-il pas être subordonné aux circonstances du délit spécifié dans cet article! et la peine ne devrait-elle pas être déterminée par les juges suivant la gravité des circonstances, depuis les peines de police correctionnelle jusqu'à la peine de la déportation inclusivement!

Art. 262. La nuit, il est difficile , souvent impossible de compter le nombre de ceux qui escaladent ou font effraction. D'ailleurs, ne doit-on pas réputer aussi nécessité actuelle de la défense, celle de repousser un homme qui, quoique seul, entreprend pendant la nuit d'escalader une maison ou d'en enfoncer la porte! Il est possible que cet homme soit porteur d'une arme à feu; si l'on attend qu'il soit déjà dans la maison, et qu'il ait fait usage de cette arme, ce ne sera plus le temps de songer à la défense. Tout ne doit-il pas être en faveur du citoyen paisible dont l'asile est violé! Sera-t-il astreint à une circonspection si grande envers celui qui enfonce sa porte, qu'elle lui fasse courir le risque évident de se voir un moment après à la discrétion de son ennemi!

Art. 263. On proposerait de changer ainsi la rédaction de l'article :

« Le meurtre est excusable lorsque, ayant été provoqué par des coups » ou des violences graves envers ceux qui ont tué ou envers les personnes » qu'ils défendaient, il a immédiatement suivi l'agression. »

Art. 271. La peine est trop grave quand l'intention de ne pas tuer est prouvée et manifeste.

Art. 275. Il paraît qu'il y a une faute d'impression dans cet article, où l'on croit que l'article 270 a été cité au lieu de l'article 271 : on observe aussi que la peine portée par cet article pourrait être moins grave.

Art. 276. Même observation sur cet article que sur le précédent; et de plus, la chirurgie et la médecine ont-elles des moyens infaillibles pour vérifier si la mort d'un homme n'a point d'autre cause que les blessures ou les coups qu'il avait reçus quarante jours auparavant!

Art. 277. La peine est trop grave, et doit être laissée à l'arbitrage du juge, depuis la peine de police correctionnelle jusqu'à la déportation, pour la première partie de l'article seulement, qui ne concerne que des blessures faites ou des coups portés à d'autres personnes que les pères et mères ou autres ascendans.

Art. 278. On croit apercevoir entre l'article 275 et celui-ci un double emploi.

Art. 279. Cette peine sera trop grave dans une infinité de circonstances qui varient, tant par rapport à l'espèce des coups qui ont été portés, que par rapport à la préméditation plus ou moins longue, plus ou moins caractérisée, &c. : on pourrait laisser la peine à l'arbitrage du juge, depuis la peine de police correctionnelle jusqu'à la reclusion inclusivement.

Art. 281. Cet article paraît rigoureux, sur-tout lorsque l'on considère que la condamnation d'onze jours à un mois de prison pour un jet de pierre, peut encore être augmentée, suivant l'article 284, de cinq à dix années de surveillance.

Art. 284. La plupart de ceux qui seront mis en surveillance ne trouveront pas de cautionnement, et seront peut-être obligés de quitter le lieu de leur établissement. Ce déplacement leur fera perdre leurs moyens de subsistance. Ils se verront alors exposés à enfreindre, comme on l'a déjà dit, leur surveillance, ou obligés de se mettre eux-mêmes à la disposition du Gouvernement, pour être envoyés dans les ateliers nationaux. Cette peine n'est-elle point plus rigoureuse qu'elle ne le paraît d'abord ! Les surveillances ne se multiplieront-elles point par la suite plus que le maintien de l'ordre ne semblerait devoir l'exiger ! Il est permis de craindre les passions des hommes. On préviendrait les abus en statuant qu'aucune surveillance ne serait prononcée pour faits du ressort de la police correctionnelle, mais seulement contre les coupables convaincus de crimes contre la sûreté intérieure ou extérieure de l'Etat, ou autres délits majeurs emportant peine afflictive et infamante.

Art. 285. L'infanticide peut être commis sur un enfant déjà avancé en âge, même avec préméditation. Il peut n'avoir été occasionné que par une imprudence grave ou une insouciance toujours très répréhensibles ; il peut être commis par une mère légitime. On en a des exemples.

Art. 287. Il n'y a point de crime qui soit plus susceptible de plus ou moins de gravité, suivant les circonstances qui quelquefois le rendent le plus atroce de tous ceux qu'on peut concevoir. Il semble donc que les peines devraient être graduées à raison des circonstances, et qu'on pourrait laisser aux tribunaux à les déterminer suivant la gravité des cas, depuis la peine de la reclusion, jusqu'à la peine de mort inclusivement.

Art. 292. L'action a le même degré de méchanceté, que la mort suive ou non. La punition devrait être la même.

Il est difficile que le crime repris dans cet article, soit exécuté par nécessité ou déterminé par provocation. Il ne peut être commis sans intention marquée ; et l'homicide serait plus excusable que cet acte dans le cas de la défense de la pudeur en danger.

Art. 331. Il paraît y avoir contradiction entre ces mots qui commencent l'article : *Est qualifiée calomnie toute imputation fausse de faits, qui, s'ils existaient, &c. ;* et ceux-ci qui terminent la première partie de l'article : *L'auteur de l'imputation ne sera pas admis pour sa défense, à en articuler la vérité, ni à demander que la preuve en soit faite.* Comment pourrait-on juger calomnieuse l'imputation d'un fait, s'il est défendu d'articuler la vérité de ce fait ! La seconde partie de l'article permet, il est vrai, de dénoncer les faits punissables suivant la loi, et elle porte que dans l'instruction des faits ainsi dénoncés, il sera sursis à la poursuite et au jugement du délit de calomnie ; mais il y a beaucoup de faits dont l'imputation peut attirer du mépris sur une personne. Ces faits n'étant pas punissables suivant la loi, ne seront pas susceptibles de dénonciation. Comment saura-t-on, cependant, que l'imputation de ces faits est réellement calomnieuse !

Art. 334. Il y a bien des individus que l'interdiction de tous ou plusieurs des droits mentionnés dans l'article 47, touchera fort peu, et qui ne seraient peut-être pas fâchés de l'avoir encourue.

Art. 358. Ne devrait-on pas étendre cette peine aux confesseurs qui décèlent le secret de la confession, aux gens de loi qui trahissent la confiance, &c.

Chapitre II. Section II.

Rapines, &c.

Art. 372. Par rapport à ceux qui tiendraient clandestinement maison de prêt sur gage, ne serait-il pas à propos que l'article déterminât de combien de prêts sur gages il est nécessaire qu'une personne soit convaincue pour établir une contravention à cet article !

DEUXIEME PARTIE.

POLICE ET JUSTICE.

Art. 447. Rédiger ainsi : *L'action publique s'éteint par la mort naturelle du coupable.*

Art. 451. Tout Français qui jouit des droits civils en France, pourrait être, par réciprocité, justement justiciable des tribunaux français pour tout délit qui lèse la société dont il est membre (1).

Rédiger ainsi : « Tout individu né français, même mort civilement, ou » ayant perdu la qualité de Français par naturalisation ou autrement, qui se » sera rendu coupable, &c. »

LIVRE I.er

De la Police.

Art. 454. Il serait essentiel de bien poser la ligne qui sépare la police administrative de la police judiciaire.

L'empiètement de l'une sur l'autre entraîne de grands abus, sur-tout dans l'exercice du droit d'arrestation, et dans l'usage de retenir indéfiniment en détention les individus arrêtés sans les traduire.

Art. 456. Il conviendrait de réduire les gardes champêtres et forestiers à l'obligation de prévenir les juges de paix ou les maires ; parce qu'ils sont ordinairement incapables de verbaliser.

----

(1) *Voir* l'article 17 du Code civil.

Chapitre III.

Des Gardes champêtres et forestiers.

Ce chapitre pourrait être retranché de la loi criminelle, pour être placé dans celle relative à l'administration forestière.

Art. 466. On n'exige du garde que de savoir signer.

L'ignorance de ceux qui n'ont que l'habitude de tracer tant bien que mal les lettres de leur nom, est trop dangereuse pour ne pas déterminer à demander d'autres qualités à des hommes qu'on veut investir d'un caractère.

Cette observation est au soutien de celle sur l'article 456.

Art. 467. Pourquoi faire intervenir les maires ou adjoints pour donner main-forte, puisque le juge de paix, devant qui les délinquans doivent comparaître, peut donner les mandats nécessaires?

Art. 468. On trouve bien dangereux de donner une foi entière à des rapports dressés par des adjoints de maire ou maires sans capacité, sur des relations nécessairement mal faites, par des gardes ignorans au point de ne savoir écrire.

Art. 469. Il arrivera quelquefois que les maires ou adjoints auront à recevoir l'affirmation des procès-verbaux qu'ils auront rédigés.

Quelle sera la preuve nécessaire pour infirmer ces procès-verbaux !

Sera-t-il nécessaire de l'inscription de faux !

Chapitre IV.

Des Magistrats de sûreté.

Art. 477. Il paraît que le commissaire du Gouvernement ne peut remplir dans son arrondissement les fonctions de magistrat de sûreté ; il est impossible qu'il suffise au travail multiplié de la correspondance, de la surveillance des audiences ; ses devoirs de commissaire consomment tout son temps.

D'ailleurs, peut-il être surveillant de son propre travail ! et sera-t-il compétent pour se censurer lui-même ! Cet article paraît impliquer contradiction avec les articles 820 et 821, qui l'obligent à conclure sur la forme, avant de poursuivre une accusation devant le tribunal criminel ; il conclurait sur ses propres actes, quand la procédure aurait été suivie dans son arrondissement, et lors même qu'il serait le rédacteur de l'acte d'accusation.

Art. 482. Il conviendrait que lorsqu'un délit a été constaté, et lorsque l'auteur en est connu, le magistrat de sûreté pût le faire saisir, même hors de son arrondissement. Les réquisitions de forme ne servent qu'à entraver les poursuites et à favoriser les évasions.

Art. 484. Les suppléans des tribunaux ont ordinairement d'autres fonctions utiles à remplir. On reviendra sur cette observation.

Il paraîtrait convenable, d'après l'observation sur l'article 477, d'avoir un magistrat de sûreté dans l'arrondissement du tribunal criminel, et il serait suppléé comme ceux des autres arrondissemens.

Le commissaire près le tribunal criminel serait remplacé par le suppléant du tribunal criminel, dans le cas où il serait empêché ; mais dans ses fonctions près le tribunal criminel, et non dans celles de magistrat de sûreté.

Art. 493. La dénonciation civique se réduit ordinairement à un simple avis ; la responsabilité qu'elle entraîne quelquefois empêche les citoyens de la faire.

CHAPITRE V.

S. III. *De la Plainte.*

Art. 495 et suivans. Toutes les fois qu'il y a lieu à l'action publique et aux poursuites d'office, il est rare que les plaignans s'exposent à être parties civiles et à courir les risques de l'événement et des frais d'une procédure, pendant qu'ils sont toujours à même de poursuivre l'action civile après le jugement du procès criminel. Ces dispositions sont donc presque illusoires et inutiles ; d'ailleurs les plaintes les mieux fondées n'ayant pas toujours le succès que la justice promet, les gens prudens et bien consultés se bornent ordinairement à dénoncer le délit sans dénoncer la personne.

Art. 501. Quel recours quand le magistrat de sûreté n'agira pas !

Il conviendrait que l'article fixât le délai pour reporter la sommation au commissaire du Gouvernement, et déterminât les cas de la poursuite en déni de justice.

Il faut observer que les magistrats respectés ou craints des huissiers sont difficiles à constituer officiellement en demeure ; il faudrait une forme facile de les stimuler ; mais les cas de l'employer sont rares.

Art. 504. Rédiger ainsi la première partie de l'article :

En cas de flagrant délit il fera saisir les prévenus *par-tout où ils seraient trouvés*, &c.

Et sans égard aux limites des arrondissemens.

Art. 505. Il est des délits qui, sans laisser de traces, peuvent être constatés par procès-verbaux ; par exemple, les injures, insultes à un fonctionnaire public n'étant pas en fonctions, mais à cause de ses fonctions ; il serait bon qu'une disposition fixât le droit qu'ils ont de le constater et le degré de preuve résultant de leurs procès-verbaux.

Art. 507. On ne voit pas la nécessité d'appeler tant de fonctionnaires ; d'ailleurs il y a souvent beaucoup de difficultés dans ces réunions, et il en résulte des retards.

Quelquefois un délit n'est point constaté dans la commune où il a été commis. Par exemple, un homme est blessé dans une campagne, dans un chemin où il ne peut s'arrêter ; il se retire dans une commune éloignée de celle du délit, il y a donc nécessité qu'un délit soit constaté par le premier officier de police qui en sera requis.

Art. 508 et 509. Il conviendrait que ces déclarations fussent reçues par cahier séparé du procès-verbal qui constate le délit, comme à l'art. 517.

Art. 513. Cet article est en contradiction avec l'article 558.

La procédure devant s'instruire dans l'arrondissement du délit, il convient mieux d'y renvoyer de suite le prévenu, que de faire une instruction en deux endroits, pour en venir à un renvoi au magistrat compétent.

Art. 523. Les peines portées en l'article 196 contre les témoins défaillans sont justes, mais elles ne suffisent pas pour déterminer à témoigner celui qui le pouvant le refuse ; une peine aussi modérée dans ce cas de refus de témoigner, ouvre la porte à beaucoup d'abus ; un coupable riche achetera le silence à bon marché.

Art. 536. Substituer aux mots *dans le jour*, ceux *dans les vingt-quatre heures* ; ou bienchanger la rédaction en celle-ci : « ..... commencera les » interrogatoires des prévenus dans les vingt-quatre heures, et y procédera » sans discontinuer, &c. »

Art. 544. Souvent la stricte exécution de cet article rendrait la poursuite illusoire ; il serait bon de donner le droit de mandat au magistrat de sûreté devant lequel la plainte ou la dénonciation serait faite, lequel mandat serait exécuté sous le *visa* du magistrat de sûreté du lieu où se ferait l'arrestation.

Art. 545. On pourrait aussi donner aux maires, adjoints et commissaires de police le droit de recevoir les plaintes et dénonciations, puisque par l'article 547, ils sont chargés de constater les délits et de faire saisir en cas de *flagrant* délit.

Art. 550. Il est, sans doute, entendu que les officiers de police auxiliaires peuvent retenir et faire garder le prévenu autant de temps que l'exigent leurs opérations.

CHAPITRE VI.

Des Propréteurs.

Il paraît qu'il n'y a dans la nouvelle institution des propréteurs qu'un changement de dénomination, puisqu'on les charge de remplir toutes les fonctions attribuées aux directeurs de jury actuels. Cette nouvelle institution ne montre donc aucun avantage réel ; au contraire, sous le rapport d'économie, on aperçoit plusieurs fonctionnaires de plus à salarier. Le directeur du jury ne coûte rien.

Ou cette place aura un salaire considérable, et, dans ce cas, c'est une grande augmentation de dépense ; ou elle ne sera rétribuée que comme celle d'un juge ordinaire , et il est douteux que l'on trouve des sujets capables , qui se dévouent à un travail continuel et désagréable pour une aussi faible rétribution.

Les fonctions de directeurs de jury étant remplies *ad turnum* , par les juges , ils peuvent alors supporter temporairement cet excès de travail , qu'ils ne s'engageraient pas à continuer toujours. D'ailleurs, ils sont au lieu de leur domicile et à poste fixe. Un propréteur serait dans le cas de changer d'arrondissement : il est facile de remarquer cet inconvénient, quand on sait apprécier le repos d'un citoyen et la dignité d'un magistrat, qui ne peut , comme un jeune commis , déplacer à tout instant son ménage et sa famille ; son traitement serait absorbé par cette ambulance, et sa considération en serait beaucoup diminuée.

Art. 556. Les suppléans des tribunaux criminels ont ordinairement des professions qui exigent l'emploi de leur temps, ou des fonctions publiques qui demandent leur présence : il est donc à présumer que si la suppléance était grevée de tant d'occupations, elle pourrait être abandonnée en beaucoup d'endroits.

On ne voit donc aucune utilité dans la création des propréteurs ; mais , au contraire , un surcroît de dépense, la difficulté de trouver des sujets , et l'inconvénient d'avoir des magistrats trop dépendans et chargés de trop de travail , pour présumer que leur zèle se soutienne.

Les fonctions de directeur de jury devant remplir tout son temps , on pense qu'il ne peut être attaché au tribunal civil ; on ne croit pas non plus qu'il doive être membre d'un tribunal criminel , par la raison qu'il deviendrait par fois juge dans des affaires qu'il aurait instruites devant le directeur du jury d'accusation , et juge d'appel des jugemens auxquels il aurait concouru en matière correctionnelle.

Pour donner de la considération et de la dignité à cette fonction, le directeur du jury pourrait être président du tribunal de police correctionnelle, tenu par lui et deux juges civils.

CHAPITRE VII.

Art. 558 et suivans. Le directeur du jury remplit tout ce que ce chapitre délègue au propréteur.

Art. 566. L'indemnité , en cas de déplacement, est insuffisante au remboursement des dépenses de route , ce qui a fait que jusqu'ici, on a usé de la faculté donnée par l'article 567.

Art. 568. Ajouter à l'article : « . . . . qui sera tenu de conclure sur toutes » les communications qui lui seront faites pour cet effet. »

Art. 576. Puisque l'irrégularité d'un mandat d'arrêt n'influe point sur

l'état

l'état de l'instruction, et ne change rien à la nature de la prévention ou des preuves, on ne voit pas pourquoi donner au détenu le droit de prise-à-partie, puisque l'irrégularité de ce mandat ne lui nuit point : il aurait le droit de prise-à-partie sur un mandat régulier dans la forme, s'il y avait abus d'autorité et prévarication de la part de l'auteur de ce mandat.

CHAPITRE VIII.

Mandats.

Art. 577. Les sages dispositions de cet article sont bien mal exécutées.

Art. 581. L'article est mal rédigé ; son style n'est pas clair.

Il correspond à l'article 74 du *Code des délits et des peines.* Ces dispositions n'ont presque jamais été exécutées, et l'on a toujours amené les prévenus, quelque part qu'ils se soient trouvés.

On pense que ces dispositions ne sont propres qu'à mettre des entraves et des lenteurs dans les poursuites.

Art. 587. Même observation qu'à l'article précédent.

CHAPITRE IX.

Cautionnement.

Art. 595. Il est bien rigoureux de retenir provisoirement en maison d'arrêt un citoyen domicilié, quand il ne peut encourir, par jugement définitif, une détention de dix jours ; il souffre plus des délais nécessaires à l'instruction, que de la peine infligée par la loi : cependant la plupart des individus traduits à la police correctionnelle sont de la classe la plus pressée du besoin ; l'emploi de leur temps est leur unique ressource. Il paraît juste et humain de ne pas astreindre aux formalités du cautionnement en pareille matière les domiciliés connus.

D'ailleurs, leur peu d'aisance rendra cette ressource illusoire à leur égard : doivent-ils être plus rigoureusement traités parce qu'ils sont pauvres, et par-là même exposés à plus de fautes !

CHAPITRE X.

Mode de pourvoi contre les ordonnances du Propréteur.

Art. 611 et suivans. Le propréteur est membre du tribunal criminel ; et ses actes sont portés par appel devant ce même tribunal qui sera presque toujours composé d'autres propréteurs qui n'ont pas de caractère supérieur au sien.

Les actes du propréteur de l'arrondissement où siége le tribunal criminel, seront portés en pourvoi devant ce tribunal qu'il présiderait lui-même en l'absence du préteur, et toutes les fois qu'il n'y a pas lieu à présider le jury de jugement, suivant l'article 780.

Souvent le tribunal criminel pourra être composé de suppléans.

Le commissaire du Gouvernement, remplissant les fonctions de magistrat de sûreté, aura donné des conclusions aux actes du propréteur, et viendra se pourvoir contre des actes qu'il aura provoqués, en usant de la faculté que lui donne l'article 613 ; cela paraît impliquer contradiction.

Il est raisonnable de penser qu'il ne se pourvoira pas contre des actes auxquels il aura concouru. Alors, si par son erreur ces actes sont vicieux, il arrivera qu'ils subsisteront contre le vœu de la loi, parce qu'on ne présume pas que le commissaire critiquera son ouvrage ; d'où il résulte que des ordonnances vicieuses pourront être réformées quand elles émaneront des propréteurs des arrondissemens qui ne sont pas chef-lieu, et qu'elles subsisteront quand elles émaneront des propréteurs en exercice au lieu du siége du tribunal criminel ; ce qui fortifie l'opinion ci-dessus énoncée, que le propréteur ne peut être membre du tribunal criminel, et que le commissaire ne peut être magistrat de sûreté.

LIVRE II.

DE LA JUSTICE.

CHAPITRE I.er

ART. 617 et suivans. Les dispositions contenues dans ce chapitre paraissent moralement inexécutables à tout praticien de quelque expérience, à cause de l'organisation dont la difficulté et le vice seront bientôt sentis, et à cause des inconvéniens du mode de procéder.

On a déjà observé sur l'article 556, que le titre de suppléant n'était pas une profession, et que toujours celui à qui il est donné, continue l'exercice de l'état ou des fonctions dont le produit lui est nécessaire. Les suppléans étant nécessairement pris dans la classe des hommes de loi, les uns sont avoués, d'autres défenseurs, jurisconsultes, notaires ; quelques-uns ont des fonctions publiques, judiciaires ou administratives, comme celles de juges de paix, conseillers de préfecture, commissaires de police, maires ; tous ont donc besoin de leur temps. L'avoué, le notaire, ne peuvent quitter leur étude, le jurisconsulte son cabinet, le juge de paix son tribunal, le conseiller de préfecture, le maire, les postes qui leur sont assignés.

Tous ces citoyens utiles au public ne peuvent faire de longues absences sans que l'ordre général en souffre, et sans un grand préjudice pour eux par la perte des produits de leur état : leur présence chez eux, leur assiduité au travail, sont indispensables à leur existence et au soutien de leur famille. D'après cela doit-on penser qu'un suppléant consentira à voyager pendant les deux tiers du temps de son âge comme juge de police, et à sacrifier, pour une indemnité qui ne couvrira pas ses déboursés, tous les produits de l'état qui le soutient!

Dans les tribunaux où le traitement des juges est de 1000^f,

un 360e donne.. 2^f 77^c

L'indemnité sera de................................. 4. 00.

TOTAL.................. 6. 77.

Cette somme est, à-peu-près, le remboursement de la location et de la nourriture du cheval.

Les huissiers, voyageant souvent à pied, ne marchent pas pour pareil salaire; ils ne pourraient pas vivre.

Il pourra se trouver quelques sujets que le besoin forcera d'accepter ce traitement, et que la nécessité obligera à calculer sur son produit pour leur existence: mais quelle autorité, quelle dignité pourront montrer des hommes aussi à plaindre, à des justiciables qui mesurent ordinairement la considération qu'ils accordent sur l'apparence et sur l'éclat qui touchent leurs sens!

Convient-il que la justice poursuive ainsi les citoyens! n'est-il pas plus digne de son institution que les citoyens puissent la trouver à tout instant quand ils en ont besoin, et sur-tout dans les matières de police qui doivent être promptement décidées et ne doivent pas entraîner dans de longues procédures; ce qui serait inévitable dans le mode projeté!

En effet, qu'une contravention soit commise le jour ou le lendemain de l'audience tenue le premier du mois, l'assignation ne pourra être donnée qu'à un mois de l'époque du délit. Que le jour de l'échéance, un incident oblige à prononcer un avant-faire-droit, il y a renvoi au mois suivant. Qu'au terme de deux mois, le jugement soit rendu sur défaut, il y a lieu à l'opposition, qui doit être terminée dans un mois, qui est le troisième.

A cette audience, on entend les témoins cités par les parties; on suppose qu'il n'y ait plus lieu à aucun incident d'instruction: le jugement peut n'être prononcé qu'à l'audience qui suit l'audition et la fin de l'instruction; et cela porte l'époque du jugement au mois suivant, qui est déjà le quatrième à compter de la citation, et sans supposer d'incidens dilatoires.

Art. 662. Si les jugemens ne sont pas en dernier ressort, il faut rentrer dans une nouvelle procédure sous l'appel.

Ajoutez le pourvoi en cassation.

Une procédure suivie par un riche opiniâtre, causera la ruine d'une des parties, pour voir la fin d'une cause sommaire de sa nature.

Une simple contravention aux réglemens de police sera donc la cause d'une longue instance; une longue instance est toujours la cause de longues haines et de divisions entre des citoyens, qui ne se seraient pas désunis si leur différend avait été plutôt jugé, et sans tant de frais, par le juge de paix, à qui ce justiciement donne quelque considération dans son ressort.

Assesseurs. Il paraît que le Projet a prévu la répugnance que les citoyens libres de toutes fonctions, ont à juger temporairement, et sur-tout quand il s'agit de prononcer entre des voisins : on est presque toujours certain de se faire un ennemi ; et cette considération s'étend loin, si l'on fait attention que le citoyen appelé, pour la cote de sa contribution, aux fonctions forcées de juge, n'apportera pas au tribunal les qualités nécessaires au magistrat. La théorie est belle; mais, pour juger de l'application, il faut connaître les mœurs et les habitudes des campagnes où serait le grand nombre des tribunaux. L'épais nuage d'ignorance qui les couvre, et la nature des passions qui les dominent, y rendront difficile la découverte de l'homme capable et digne à-la-fois de distribuer la justice à ses concitoyens.

Art. 636. L'exécution de l'article 636 serait un scandale, bien propre à ôter toute confiance à un tribunal organisé par la violence : il ne sortirait de la bouche d'un juge contraint que des opinions *ab irato.*

Et dans tous les lieux où cette contrainte serait nécessaire, se trouvera-t-il un maire ou un adjoint capable de déterminer un choix avec discernement ! L'évidence montre le contraire.

Ministère public. Les mêmes difficultés et les mêmes inconvéniens se présentent dans la désignation d'un adjoint pour remplir le ministère public.

On pourrait confier ce justiciement aux juges de paix, qui se feraient assister de leurs suppléans, à qui on accorderait l'indemnité.

Art. 651. La foi entière donnée aux procès-verbaux de tous les agens ou préposés ayant droit de verbaliser, paraît une disposition trop sévère, quand on la rapproche des mœurs, des moyens et de la capacité de plusieurs de ces agens. Ceux qui sont à portée de les observer d'assez près pour les connaître, les juger et bien apprécier leur moralité, conviendront qu'il ne serait pas prudent de livrer le repos et les intérêts des citoyens à des hommes dont une grande partie est ignorante, vicieuse, dominée par les passions grossières, par le besoin et la fiscalité. Les ressources et les abus sont propres à les séduire.

Il conviendrait de s'en rapporter à la prudence des juges, sur l'admission de la preuve des faits contraires.

Art. 665. Permettre de citer de nouveaux témoins sous l'appel, c'est recommencer une instruction ; et le juge d'appel n'aura pas les mêmes élémens que celui de première instance.

Un jugement bien rendu sur la première instruction, se trouvera réformé sous l'appel. La partie qui a produit les nouveaux témoins, avait à s'imputer de n'avoir pas éclairé le premier juge. Il sera injuste de faire retomber les dépens sur la partie qui a obtenu le premier succès , et qui se fût conciliée , si elle avait connu les moyens de son adversaire.

Il est d'ailleurs si facile à la méchanceté d'abuser de ce moyen tardif, et si essentiel d'obliger les parties de développer tous leurs moyens *à limine litis ,* qu'il serait prudent de conserver la vigueur de la maxime , que l'appel doit être jugé *in terminis ,* et sur les mêmes documens qui ont été donnés aux premiers juges.

Nota. Cette observation sera commune à l'article 708.

Le tribunal de cassation a confirmé cette sage jurisprudence par son jugement du 11 ventôse an 8 , qui a décidé que sur les appellations en matière correctionnelle, il ne serait pas entendu de *nouveaux* témoins, laissant toutefois la liberté de faire entendre de nouveau les mêmes.

CHAPITRE II.

Des Tribunaux d'arrondissement, et des matières correctionnelles.

Art. 671. D'après les observations précédentes sur le chapitre VI du titre 1.ᵉʳ , le directeur du jury présiderait l'audience ; il paraît même qu'ayant connu l'instruction précédente , il aurait plus de facilité à diriger le débat.

Art. 683. Pourquoi retarder l'expédition des affaires ! Il serait souvent impossible de terminer les instructions dans les cinq derniers jours , quand il se trouve plusieurs affaires et qu'elles sont longues. Il vaut mieux laisser aux tribunaux la fixation des audiences toutes les semaines , quand les affaires se présentent ; par ce moyen , elles ne s'accumulent pas.

D'ailleurs , le jugement pouvant n'être prononcé qu'à l'audience suivante , il en résulte encore un délai.

Art. 684. Le magistrat de sûreté assistant à l'audience , aura-t-il droit de requérir ou d'observer dans le cours de l'instruction ! cela paraîtrait convenable : sans cela, à quoi sert sa présence !

Art. 687 et 697. Il est souvent difficile de tenir les registres assez près du courant pour mettre les juges à même de signer les jugemens dans vingt-quatre heures , parce qu'il y a tant d'écritures , que la main du greffier ne saurait y suffire en aussi peu de temps.

Art. 689. Souvent le silence d'un témoin change le sort d'une affaire. Il serait juste qu'outre la punition qu'il doit supporter pour sa résistance à l'appel de la justice , il fût condamné à libérer en principal et dépens la partie qui aura succombé , et à des dommages-intérêts proportionnés au temps de la détention de cette partie , si le jugement la prononçait.

Art. 703. Il faut que les délais de la remise soient fixés , pour ne pas donner lieu à des contestations.

Art. 708. Mêmes observations que sur l'article 665.

Art. 709. Mêmes observations qu'aux articles correspondans du chapitre de la police.

Art. 718, 719, 720, 721 et 722. On ne voit pas le motif qui détermine à porter devant le tribunal d'appel, les appellations sur les cas prévus par les articles 539 et 540, si ce n'est qu'elles sont connexes à des questions de droit. Mais tout délit gisant dans un fait, on doit avoir assez de confiance dans les lumières des juges des tribunaux d'arrondissement, pour s'en rapporter à eux sur l'attribution de la compétence, soit au civil ordinaire, soit à la police correctionnelle.

Nota. L'observation est commune aux articles 539 et 540.

Il serait bien sévère de soumettre à la police correctionnelle tout acte de mauvaise foi dans l'exécution des conventions ; il y a peu de contestations où ce reproche ne soit produit.

Mais tout acte de filouterie caractérisée et de manœuvre pratiquée, est sans contredit de la compétence de la police correctionnelle, et doit être porté sous l'appel au tribunal criminel.

Cette distinction donnera lieu à beaucoup de contestations de compétence ; et pour les éviter, il faut que la ligne entre les tribunaux et leur compétence soit clairement tracée, et qu'il ne reste pas de confusion entre les pouvoirs.

D'ailleurs, c'est assujettir à des frais et déplacemens ruineux les parties éloignées des tribunaux d'appel. Les voyages des témoins à vingt-cinq ou trente myriamètres entraînent, outre des inconvéniens, des frais qui surpassent quelquefois l'intérêt du procès.

Il paraît que l'on n'a pas examiné avec assez d'attention les difficultés qui se rencontrent dans les longs déplacemens de témoins ; c'est le moyen de faire dépérir la preuve, de mécontenter une foule de citoyens et de les léser tous, de ruiner les parties qui succombent, et de jeter la République dans de grandes dépenses quand l'affaire est suivie d'office. Les déplacemens de témoins à de longues distances sont de véritables condamnations contre eux ; la plupart, nécessaires à leurs domiciles et à leurs affaires ne peuvent s'absenter sans grand préjudice : beaucoup n'ont pas le moyen de faire les avances, et ne sont pas indemnisés par la taxe qui peut à peine défrayer un homme à pied ; et tous ne peuvent voyager ainsi.

Chapitre III.

Premier Jury, et Acte d'accusation.

On s'en réfère aux observations précédentes sur la direction du jury.

Art. 728. La peine portée par l'article 196 contre les témoins qui refusent de comparaître, ou qui comparaissant refusent de prêter serment et de déposer dans les matières criminelles, ne paraît pas assez sévère, si l'on considère les inconvéniens de leur silence. Il sera facile aux partisans d'un prévenu riche de les pratiquer; et dès-lors qu'ils n'ont point à craindre pour leur liberté ni pour leur fortune, ils pourront, sans s'exposer aux poursuites judiciaires comme faux témoins, trafiquer de leur silence absolu, quand ils seront libéralement indemnisés des suites de l'article 196 ; et le sacrifice ne sera pas grand pour un prévenu dont le sort dépend de deux ou trois témoins.

Il conviendrait de prononcer une peine infamante et même afflictive contre celui qui refuserait de prêter serment de dire la vérité et toute la vérité, parce qu'une fois cette promesse faite, il est exposé aux poursuites comme faux témoin, s'il ne parle pas. Il est vrai que ce crime est difficile à poursuivre, et l'accusé difficile à convaincre, quand sa déposition n'est pas fixée.

Art. 754. Il serait à desirer que le magistrat de sûreté dressât dès la première fois son acte d'accusation, de manière à présenter tous les caractères du délit, afin qu'un prévenu ne souffre pas de ses erreurs ; d'ailleurs cette faculté entraîne l'inconvénient de satisfaire l'humeur et la prévention, si un magistrat de sûreté y était accessible.

L'article paraît devoir être supprimé.

Art. 757. Il conviendrait que le magistrat de sûreté fût obligé de produire et de soumettre au jury toutes les pièces dont il entend se servir contre le prévenu et qui sont à sa disposition à l'époque où il présente l'acte d'accusation, et qu'il fût non recevable à les produire pour un nouvel acte, à moins que ces renseignemens ne lui fussent parvenus depuis la dissolution du jury. Cette observation est fondée sur les mêmes motifs que celle sur l'article 754.

D'ailleurs, il faut de la bonne foi et de la droiture dans la marche de la justice, et écarter toutes dispositions qui favoriseraient la passion ou la subtilité dont les magistrats ne doivent jamais faire usage : il faut au contraire placer quelque faveur du côté du prévenu, qui paraît avec tant de désavantage devant la justice.

Art. 766. Il y a presque toujours impossibilité d'observer le délai prescrit par cet article pour la translation des accusés. Il vaudrait mieux porter le délai à trois jours, et faire exécuter l'article rigoureusement.

Chapitre IV.

Tribunaux criminels.

Art. 770 à 785. Ce chapitre présente le projet d'instituer un nouveau fonctionnaire, sous le nom de *préteur,* pour remplacer, par divisions composées de plusieurs départemens, les présidens de tribunaux criminels, avec des

attributions plus étendues, et sur-tout celle d'appliquer seul la loi , après
la déclaration du jury ; car on peut dire qu'il prononcerait seul , quand il a
la prépondérance sur un seul assesseur.

On ne peut penser que la nécessité de l'institution du préteur puisse être
fondée sur les reproches prodigués aux présidens criminels dans le discours
d'observation sur la seconde partie du projet de Code criminel. S'il en
était quelqu'un en France qui les méritât , l'exception serait trop resserrée
pour autoriser à jeter de la déconsidération sur une masse de magistrats.

On n'aperçoit pas l'avantage de l'institution , quand on considère que
les fonctions déléguées aux préteurs ne sont autres que celles des présidens
actuels , quand on remarque la difficulté qu'ils auraient à les bien remplir
avec tant de précipitation et dans plusieurs endroits , et quand on apprécie
tous les inconvéniens de la dépense et la lenteur du justiciement par grands
jours.

"Les présidens actuels remplissent et peuvent remplir toutes les fonctions
que l'on destine aux préteurs , et doivent le faire avec d'autant plus d'exactitude , que leur ressort n'est pas d'une trop grande étendue ; qu'étant
sédentaires , ils sont à même de mieux connaître et de mieux suivre tous
ceux qu'ils seraient chargés de surveiller , de suivre les affaires avec
plus d'attention , de les traiter avec plus de soin et d'application , et à portée
même de les terminer aussitôt qu'elles sont en état : grand avantage pour
l'ordre public , et aussi grand pour ceux qui attendent justice.

Le projet d'institution d'un magistrat qui marche rapidement , qui vide
les prisons dans tous les lieux où il se transporte , dont l'ombre fait justice
sur les chemins , présente une idée séduisante à ceux qui ne sont jamais
descendus dans les détails de l'administration de la justice , détails minutieux et importans , tous recommandés par la loi , qui ne peuvent être bien
remplis par le praticien le plus exercé qu'en y apportant une application continuelle et suivie , parce que la moindre erreur a des suites graves ,
la moindre omission des conséquences funestes.

Pour apprécier le travail des présidens criminels , l'on a dans les observations préliminaires du Projet , établi un calcul dont les bases sont prises
de l'an 9 à l'an 10 , calcul dans lequel on retranche du nombre des affaires
qui ont occupé les tribunaux criminels pendant un an , toutes celles qui
n'ont pas été terminées par jugement emportant peine afflictive ou infamante.

L'erreur de ce calcul est évidente , si l'on considère que ce n'est pas par
l'espèce du jugement qu'il faut apprécier le travail qu'a donné une procédure , et que ce n'est souvent qu'à la suite d'une longue procédure et d'un
examen très-laborieux que l'on parvient à un résultat qui paraît peu important. En effet , qu'est-ce qui ignore qu'une accusation dont le titre est
effrayant se réduit souvent à des délits très-légers ! Quelquefois même
le délit disparaît quand le jury déclare qu'il n'est pas constant : mais ne

faut-il

faut-il pas instruire la même procédure et faire le même travail pour parvenir au jugement qui acquitte, au jugement qui applique une peine correctionnelle, quand le caractère du délit est réduit à cette classe, ou au jugement qui prononce la peine capitale !

Il est à présumer que l'on n'a pas compris dans ce calcul le travail des tribunaux spéciaux. Il en est qui, dans la répartition, auraient bien au-delà du contingent qui leur est assigné.

Mais peut-on faire à des juges criminels le reproche de n'avoir pas d'occupation ! Le repos des tribunaux criminels est un bonheur public quand il est l'effet du repos du crime.

Mais en se rapprochant le plus possible des données de l'auteur des observations préliminaires, il faut examiner quel serait le travail du préteur.

On suppose que chaque département fournirait cinq affaires par mois (supposition qui n'est pas forcée); ce qui donnerait un total de quinze affaires à présenter au jury de jugement, à la tenue des grands-jours à chaque trimestre.

On suppose la division du préteur de quatre départemens ; ce qui lui donnerait seize déplacemens dans l'année, pour tenir les grands-jours tous les trois mois dans chaque chef-lieu.

L'année, divisée en seize parties, donne vingt-deux jours et demi pour le voyage d'un chef-lieu à l'autre, et l'expédition de toutes les affaires.

Que deux jours et demi soient employés au voyage, il lui restera vingt jours pour examiner et juger toutes les accusations.

Si l'on suppose que chaque affaire soit simple, ne concerne qu'un seul individu, accusé d'un seul délit; que le nombre des témoins ne soit pas considérable, qu'aucun ne donne de retardement; qu'il n'y ait pas lieu à employer le ministère d'un interprète; que le débat se passe sans longues discussions, que la procédure ne soit pas volumineuse, il pourra, dans ce temps, prendre connaissance des affaires, organiser le jury, expédier et juger dans la session : encore ce travail continuel, remplissant exactement tous ses momens, sans lui en laisser un seul pour le repos, paraît excessif et forcé.

Mais si l'on considère que beaucoup d'affaires présentent plusieurs accusés, plusieurs délits, des complications de circonstances ; qu'alors les actes d'accusation sont le résultat de procédures volumineuses, qui demandent un examen approfondi à celui qui doit diriger le débat; que le résumé à faire à la suite du débat, dans certaines accusations, exige souvent un long travail pour mettre le jury en état de bien saisir tous les points d'où doit sortir sa décision ; que dans ces cas, l'examen, le débat et les plaidoyers des défenseurs emportent souvent plusieurs jours de séance , alors comment videra-t-il les prisons dans le court espace de temps qui peut ne pas suffire à l'examen préliminaire des procédures et au travail des résumés ! Et il arrivera souvent que le nombre des affaires surpassera la donnée d'où l'on part dans ces observations.

L'on ne fait mention d'aucun incident. Cependant il faut prévoir que parfois il manque un témoin essentiel, que des causes majeures arrêtent des jurés, que des accusés sont malades au point de ne pouvoir supporter le débat, et qu'il y a des ajournemens forcés. Dans tous ces cas, il en résultera un surcroît de travail pour les grands-jours suivans, trois mois de prison à ajouter à la détention des accusés, et souvent le dépérissement de la preuve.

Un tribunal toujours en activité, expédie les affaires aussitôt qu'elles sont en état; un incident n'y apporte que le retard indispensable, mais le plus court possible : la fréquence des jugemens empêche l'encombrement des prisons, et prévient tous les inconvéniens dont menace le Projet.

En effet, la justice n'est efficace que quand elle est prompte. Il faut que la peine suive le crime de près, que l'innocence ne soit pas oubliée dans les cachots, et que la justification ne soit pas trop tardive. C'est cependant l'effet inévitable d'un justiciement qui ne connaît que des termes de trois mois.

Il ne faut pas que la justice soit tellement prompte et rapide, qu'elle paraisse être l'effet de la violence et de la colère. L'impression que fait un grand crime, et la prévention qui poursuit les accusés, doivent être refroidis, pour que le jugement soit sain et exempt d'influence : mais trop de lenteur tue la justice; la pitié mal raisonnée lui succède; et la peine appliquée au coupable d'un crime ancien et quelquefois oublié, paraît une cruauté qui n'a point d'effet pour l'exemple.

Il faut ajouter à ces considérations celle que présentera la comparaison des dépenses.

Le traitement d'un préteur serait probablement plus élevé que la modique indemnité donnée aux quatre juges d'appel qui président les tribunaux criminels que l'on suppose former une division.

Les frais des courses continuelles du préteur seraient considérables, s'il voyage avec décence et commodité.

Le séjour de tous les accusés prolongé dans toutes les maisons de justice de la division, entraîne, outre l'augmentation de dépense des prisons, la ruine de ceux de ces accusés que le jugement définitif doit acquitter.

On ne fait pas entrer en compensation les traitemens des deux juges criminels de chaque tribunal, parce qu'ils seraient absorbés et au-delà par l'institution d'un plus grand nombre de propréteurs, et par les rétributions à payer aux suppléans quand ils seraient appelés; ce qui arriverait assez fréquemment.

Il paraît donc qu'un préteur, en coûtant beaucoup au Gouvernement, parviendrait difficilement à remplir sa tâche avec le soin et l'attention que demande la nature de ses fonctions, quelque zèle et quelques moyens qu'on lui suppose.

On attend beaucoup d'effet de l'importance et de la considération dont on veut qu'il soit environné.

Il faut qu'un magistrat, chargé de prononcer sur les plus grands intérêts de la société, l'honneur, la liberté, la vie des citoyens, soit environné de la confiance publique et de l'estime générale qui ne s'attachent pas toujours à l'éclat.

Quant à l'importance et à la considération, le Gouvernement en donnera à l'ordre judiciaire quand il le voudra.

Il est à présumer qu'en isolant le préteur de son pays, de son domicile, de sa famille, de toute affection, de toute société, en rendant son existence toujours ambulante, les auteurs du Projet ont voulu prévenir l'effet des influences locales auxquelles on attribue tant de puissance. Ces influences ont, sans contredit, vicié quelques jugemens; mais le reproche doit-il en être adressé au président ou aux jurés!

Quand les influences locales agissent dans une affaire, elles sortent ou de l'intérêt qu'inspire un accusé dont la famille et les amis intriguent, ou des opinions et des préventions qui dominent un département; et dans ces deux cas, l'expérience a démontré l'impuissance des présidens d'en empêcher l'effet, et on ne leur a pas fait, jusqu'à ce moment, de reproches fondés de faiblesse ou de partialité.

Mais il est certain, pour tout homme versé dans le justiciement criminel par jurés, que la partialité d'un président ne peut rien sur un jury éclairé, et que la partialité d'un jury influencé ne peut être empêchée par le président le plus intègre.

Dans le justiciement anglais, les fonctions correspondantes à celles du préteur, ne donnent pas au juge qui est envoyé pour tenir les assises, un travail teune ambulance sans relâche, attendu qu'il n'est envoyé que dans quelques comtés, et qu'il rejoint son poste après l'assise terminée.

Fonctions du Préteur.

Art. 786. Le préteur, presque toujours absent et occupé de la tenue des audiences, ne pourra procéder aux interrogatoires ni convoquer les jurés qui devront arriver à chaque chef-lieu en même temps que lui, à l'ouverture des grands-jours.

Il ne lui restera donc qu'à tirer le sort pour la formation des tableaux de chaque jury sur chaque accusation.

Art. 788, 789, 790 et 791. Le préteur, toujours ambulant, aurait peine à surveiller les propréteurs. Il faut, d'ailleurs, supposer assez de capacité et d'honneur à des magistrats, pour croire qu'ils n'ont pas besoin d'être soumis à une discipline aussi sévère.

Art. 792. Les dernières dispositions du second numéro de cet article veulent que quand un préteur aura de nouvelles preuves à manifester, il donne à l'accusé un délai.

Il arrivera que si cet incident survient aux dernières audiences des grands-jours, l'accusé sera encore jeté dans un ajournement de trois mois.

Fonctions du Commissaire du Gouvernement.

Art. 793 et suivans. Il paraît que le commissaire du Gouvernement, que l'on charge encore des fonctions de magistrat de sûreté dans son arrondissement, pourra difficilement suffire à tant de devoirs et à tant de détails.

On destine à quelques commissaires des substituts particuliers pour les remplacer dans leurs fonctions près les tribunaux criminels. Sans doute ces substituts ne seront pas magistrats de sûreté. On pense qu'il conviendrait mieux de laisser ces fonctions divisées, et de les confier, comme dans l'ordre actuel, à des fonctionnaires qui alors suffisent à leurs emplois respectifs, maintiennent l'ordre dans la marche, et préviennent toute confusion.

CHAPITRE V.

Procédure devant le Tribunal criminel.

Art. 816. Même observation qu'à l'art. 766.

Art. 817. Il est aussi quelquefois impossible de procéder aussi vite à l'interrogatoire, soit pour ne pas interrompre un autre service, soit quand il y a une procédure volumineuse à examiner, à moins que l'on ne s'en tienne aux seules et simples demandes tendant à reconnaître l'identité des personnes traduites par l'ordonnance de prise-de-corps.

Cet interrogatoire se fait dans quelques tribunaux, à l'audience publique; en d'autres, à la chambre du conseil ou d'instruction, et en secret.

Il conviendrait de fixer le mode : et le dernier paraît suffisant, d'autant que ce n'est le plus souvent qu'une formalité, le prévenu ayant déjà subi des interrogatoires devant le directeur du jury.

Il serait à desirer que la loi qui impose aux juges l'obligation d'indiquer un défenseur, leur donnât des moyens d'en procurer à ceux qui en réclament inutilement à l'audience. Cette désignation est à-peu-près illusoire, quand les accusés sont pauvres et sans moyens, ou quand leur cause est évidemment mauvaise. Les défenseurs qui font acte de présence, attestent par leur indifférence et leur froideur la pauvreté de leur client.

Il en est autrement quand l'accusé peut payer. Il est souvent mis à rançon : qu'il solde d'avance, alors le défenseur est éloquent et zélé.

Il ne faut pas compter que des avoués qui vivent de leur profession, abandonnent leur étude pour une légère indemnité.

La loi laissant la faculté d'avoir un conseil, on ne voit pas qu'il y ait nécessité de placer à l'omission de désignation une nullité qui se trouve couverte quand l'accusé a été défendu.

L'avertissement d'attaquer les actes de procédure par nullité, sera dans presque tous les cas absolument illusoire. La plupart des accusés sortent d'une classe si ignorante, que l'on peut affirmer que par le fait leur procédure leur est absolument étrangère et inconnue, quelque explication qu'on leur en donne. Les stimuler en les avertissant de distinguer les nullités, de les arguer, serait pour eux un langage inintelligible et inutile, dérisoire même pour beaucoup qui ne montrent que de la stupidité.

Il faudrait donc qu'ils eussent dès le moment de leur interrogatoire, l'assistance d'un conseil.

Ce qu'on vient de remarquer sur ces conseils, porte à croire qu'il ne faut pas toujours compter sur la diligence exigée par le Projet.

D'ailleurs, il est bien rigoureux d'établir des fins de non-recevoir contre un accusé à qui la loi doit au contraire quelque faveur. Il est presque toujours hors d'état de se défendre par lui-même. Est-il juste de le rendre encore passible de la faute, de l'ignorance ou de l'insouciance d'un défenseur qui le plus souvent n'est pas de son choix ! car il est à remarquer que le défenseur choisi et demandé par l'accusé, se refuse à la défense quand la cause n'est pas soutenue de la solvabilité du client. D'ailleurs le délai est insuffisant.

Art. 818. La fin de non-recevoir contre le commissaire du Gouvernement est plus juste : elle est en faveur de l'accusé.

Art. 819 et 827. Sans doute que cette communication se fera au greffe : il serait bon d'en fixer les délais ; car il faut que la procédure passe aux cabinets du commissaire et du président pour la préparation de leur travail.

Art. 821. Il conviendrait que le commissaire donnât les motifs de sa déclaration prohibitive.

Art. 822. La procédure sera-t-elle renvoyée devant d'autres fonctionnaires, mais au même arrondissement où elle a été instruite ! ou bien sera-t-elle renvoyée dans un autre arrondissement !

Il faut remarquer que ces renvois entraînent des lenteurs, des dépenses et des difficultés, à cause des transports de prévenus et des déplacemens de témoins.

En renvoyant au lieu de la première instruction où sont les témoins, il suffirait de faire procéder par le suppléant de celui qui aurait commis la nullité.

Art. 826. Il est bien à desirer que la loi présente un moyen efficace d'obliger tout témoin assigné, non-seulement à comparaître, mais même à déposer, et qu'elle porte contre les récalcitrans volontaires ou de mauvaise foi une peine très-sévère et telle qu'elle détermine à obéir à justice.

·Mais celle prononcée par l'article projeté donne aux accusés puissans et riches le tarif des témoins qu'ils voudront écarter de la procédure, et à tous les amis et bienveillans le moyen de s'exempter du désagrément d'être témoins, sans encourir la peine de faux témoignage.

En effet, que toute la preuve soit dans la bouche d'un ou de deux témoins pauvres ou accessibles à l'intérêt, n'est-il pas évident que quand ils seront indemnisés de l'amende de 300 francs, et généreusement dédommagés de quelques jours de prison, libéralement payés de leur silence, ils comparaîtront, et refuseront de parler, ou bien laisseront défaut !

On ne peut être poursuivi comme faux témoin (et ce crime est difficile à saisir), qu'après avoir prêté serment de dire vérité. Celui qui refusera de se lier, ne sera donc soumis qu'à la peine de sa désobéissance. Ces inconvéniens menacent l'ordre public ; et l'on pense qu'il faudrait une grande rigueur pour prévenir un pareil abus.

Il est évident que celui qui refuse de se lier par le serment de dire la vérité, et de donner les déclarations que la loi et la justice lui demandent, veut celer et cèle en effet une vérité. Son silence peut causer la perte d'un innocent, s'il tait des faits à sa justification. Il dérobe un coupable à la peine, en refusant d'éclairer la justice : voilà tous les effets du faux témoignage ; il y a donc lieu d'appliquer la même peine.

Il ne serait pas trop rigoureux que la loi déclarât celui qui comparaissant refuse de parler, ou qui n'a pas d'excuse justifiée de son absence, faux témoin par le fait de sa rebellion à justice, et passible de la peine la plus forte prononcée contre l'auteur du délit mentionné dans l'accusation soumise à l'examen.

On pourrait réduire la peine à moitié, quand le silence du témoin tend à dérober un coupable à la justice ; et, dans tous les cas, réduire la peine de mort au *maximum* des fers.

Art. 828. L'art. 732 prononçant la nullité d'un acte d'accusation, sans matière suffisante, il paraît inutile de solenniser à grands frais une procédure qui est de la compétence de la police correctionnelle.

Art. 835. D'après ce qui a été observé sur l'article 817, on trouve rigoureux d'établir une fin de non-recevoir aussi défavorable à l'accusé.

Chapitre VI.

De l'Examen.

Art. 842. Il suffirait que dans la liste les témoins fussent clairement désignés ; mais il ne convient pas d'autoriser l'opposition à l'audition d'un témoin dont le nom se trouve mal écrit, ou dont le prénom est mal désigné. Ce devrait être assez qu'il n'y eût pas à se méprendre sur l'identité , quand d'autres indications la prouvent.

Il y a souvent eu des contestations sur ce point.

Souvent, et le plus souvent, l'accusé est hors d'état de payer des notifications. La faveur qui lui est due , devrait l'exempter de cette formalité.

Il conviendrait que la liste fût notifiée vingt-quatre heures avant l'*ouverture du débat ,* plutôt que vingt-quatre heures avant l'examen du témoin ; ce qui est une différence.

Art. 843. Disposition impossible à exécuter.

Art. 845. Il conviendrait de régler le droit de l'accusé et de ses conseils , de dire tout ce qui pourra être utile à la défense , et de restreindre ce droit dans les bornes de la décence. Il en a été très-souvent abusé. Il est cependant difficile de fermer la bouche à un accusé qui n'a rien à craindre de la censure.

Art. 846. Cet article ne devrait être que facultatif. Il suffit que les témoins ne s'éloignent pas, et puissent être appelés à la disposition du tribunal.

Art. 847. Ne conviendrait-il pas de fixer le nombre des témoins qui n'ont à parler que sur la moralité , en laissant indéfini le nombre de ceux qui auraient à parler sur des faits justificatifs ?

Quand l'accusé propose pour témoins justificatifs des citoyens fort éloignés , d'outre-mer, &c. quel délai doit-il obtenir ?

Réciproquement , quand la preuve de l'accusation doit être faite par des témoins dans le même cas , combién de temps l'accusé peut-il être retenu à attendre le jugement qu'il réclame ?

Quand le débat donne lieu à alléguer un fait justificatif et à en offrir la preuve , et lorsque ce fait serait décisif s'il était prouvé, l'accusé ne doit-il pas être autorisé à appeler ses témoins , et n'y a-t-il pas lieu à suspendre jusqu'à leur arrivée ?

Art. 848. La loi devrait rejeter absolument les témoins indiqués dans l'article , par respect pour la loi naturelle et pour la morale publique.

Art. 852. L'examen et le débat doivent être communs à tous les coaccusés. La disposition projetée paraît autoriser et pourrait favoriser des surprises : la franchise est plus digne de la majesté de la justice , qui a d'ailleurs tant d'avantage sur les accusés.

Art. 855. Doit-on regarder comme dépositions écrites , les déclarations des blessés , recueillies par les officiers de police judiciaire ? Ces blessés sont entendus comme témoins ; et leur rapport oral , devant le jury , est ordinairement décisif : mais , dans le cas de mort , la preuve périt. Cependant, quand des témoins ont entendu ces déclarations , le jury en a connaissance par leur rapport ; et quand le seul juge de paix a pu les constater, elles sont écartées comme dépositions écrites, que les jurés ne doivent pas voir.

On a, parfois, agité la question de savoir si, dans ces cas, on pourrait citer l'officier de police judiciaire comme témoin ; et l'on a pensé que c'eût été une voie indirecte pour éluder le vœu de la loi, qui a voulu placer quelque avantage du côté de l'accusé.

Et de plus, si les fonctionnaires devaient être témoins dans les affaires où leur ministère a été employé, les tribunaux entiers seraient continuellement cités, sur-tout dans les cas de cassation.

Art. 856. Puisqu'il est décidé que les notes des dépositions qui composent la procédure, ne lient point les témoins, et ne peuvent leur être légalement opposées pour arguer leur témoignage de fausseté, il sera toujours très-difficile de procéder contre les faux témoins.

Pour fixer ce délit, il faudrait avoir deux dépositions légales écrites à mettre en opposition. La déposition orale étant fugitive, il est difficile que tous les caractères de sa fausseté soient assez bien saisis et retenus par les témoins qui l'entendent, pour parvenir à conviction.

Art. 857. C'est sans doute le renvoi de l'affaire dans laquelle le faux témoignage a eu lieu ; car l'accusation de faux témoignage doit être instruite dans les formes, ce qui va au-delà de la durée des grands-jours.

L'article n'est pas clair ; l'équivoque cesserait, si l'on disait : *Le renvoi de l'affaire principale.*

Art. 876. Les débats sont quelquefois forcément suspendus, quand il faut attendre un renseignement incidemment ordonné par le tribunal, comme l'apport d'une pièce qu'il faut aller chercher au loin.

Art. 877. On a déjà donné des observations sur les art. 689 et 826 ; elles sont applicables à celui-ci. (*Voyez* les observations sur les articles 689 et 826.)

Cependant, il faudrait condamner d'abord aux peines de défaut, qui sont les dépens ; et aux autres, après la comparution.

Chapitre V II.

Du Jugement et de l'exécution.

Art. 887. On ne voit pas le motif de prolonger ainsi l'instruction et d'éloigner le jugement : justice prompte est due à un accusé ; et il peut y avoir beaucoup d'abus en scindant une instruction de cette manière.

Art. 890. Il y aura souvent impossibilité physique à la main la plus expéditive d'écrire un jugement dans vingt-quatre heures, attendu la longueur des pièces à insérer en entier dans le vu, et des textes des lois citées.

Plusieurs

Plusieurs jugemens sont rendus dans un jour : le greffier doit assister à l'audience, pour tenir procès-verbal séparé de tous les actes qui s'y passent ; l'audience se prolonge quelquefois fort avant dans la nuit ; il faut la reprendre le lendemain pour quelques affaires. Comment trouvera-t-il le temps de servir, de sa main, le registre sur lequel un seul individu peut écrire !

Si on exige une telle diligence, il faut donc autoriser à écrire les jugemens sur des minutes séparées, et par différens commis. Cet usage a été suivi pendant quelque temps en quelques tribunaux, qui n'ont pas tardé à en apercevoir les inconvéniens. Des minutes se sont déplacées, ont été perdues. Les registres sont de plus facile conservation dans un dépôt public, et donnent une garantie contre le changement, la suppression ou la supposition de pièces.

Art. 894. Si, lorsqu'il y aura pourvoi du commissaire, un acquitté ou un absous de crime grave est mis en liberté, sur une élection de domicile, il est à présumer qu'il serait difficile de le reprendre, en cas que le jugement de cassation y donnât lieu.

Art. 895. Ajouter à l'article, *et s'il ne s'est pas pourvu en obtention de grâce.*

Cette addition doit être faite pour rendre l'article concordant avec le 1148.^e

CHAPITRE VIII.

Des jurés d'accusation et de jugement.

Art. 898. Ajouter à l'article, *ou conseil.*

Art. 900. Sur quels motifs les fonctionnaires seront-ils dispensés ! Pourquoi laisser une faculté arbitraire, pendant que la loi doit être égale pour tous !

Art. 901. Il paraîtrait convenable d'étendre l'incompatibilité aux fonctions de juges, qui sont à chaque instant dans le cas de traduire des citoyens devant les tribunaux criminels, et qui d'ailleurs sont assujettis à un service journalier, dans lequel ils ne peuvent souvent être suppléés.

Art. 902 et 903. Ajouter aux articles, *ayant d'ailleurs la capacité et le discernement connus.*

Art. 904, 905 et 906. La disposition de l'article 906 prescrit l'emploi d'un certain nombre de fonctionnaires en certains cas. Il paraît qu'il faudrait demander une liste spéciale, ainsi composée, quand il y aura lieu d'en faire usage, sans quoi les listes composées pour les cas ordinaires, donneraient souvent lieu à rectification.

D'un autre côté, si, pour prévenir ces cas, on emploie toujours des fonctionnaires jusqu'à concurrence de la moitié, il en résultera pour eux une surcharge de service, et l'ordre public souffrira de leurs distractions contînuelles.

Il faudrait aussi bien spécifier la dénomination de fonctionnaires publics. Beaucoup prétendent à ce titre quand il en résulte avantage. Beaucoup le repoussent quand il devient obligatoire. C'est un sujet continuel de contestations.

CHAPITRE IX.

De la manière de convoquer le Jury d'accusation.

Art. 914. L'obligation des habitans de la commune où s'assemble le jury, de remplacer les absens, forcera d'en comprendre toujours un grand nombre dans la liste, afin de ménager une réserve pour les mois suivans. De là, une surcharge à cette commune ; et l'expérience a appris que les citoyens placés sur les listes et assujettis à remplacer les absens, connaissant les époques d'assemblée, s'absentaient dans ce temps pour se dispenser de ce service.

CHAPITRE X.

De la manière de former et convoquer le Jury de jugement.

Art. 921. Le délai accordé à l'accusé pour prendre information sur la moralité des jurés, est bien bref. Il conviendrait de fixer l'heure de la notification, parce que si elle est faite à sept heures du soir, et que le tableau soit formé à sept heures du matin le lendemain, l'accusé n'aura que le temps de la nuit pendant lequel il ne peut s'expédier.

La notification de la liste faite à un accusé le 14 du mois pour la formation du tableau le 15, rendra cette liste publique, et en donnera connaissance aux autres accusés à juger dans l'assise, et à tous les conseils qui en auront entendu l'appel à la première audience. La précaution ne concerne donc que l'accusé qui sera le premier jugé.

Art. 922. Il conviendrait que le remplacement pût être opéré de suite par le tribunal sans recours au maire. C'est une formalité qui apportera des lenteurs. L'expérience apprend que souvent on a employé une journée à poursuivre les citoyens appelés en remplacement. L'intervention du maire exigeant des correspondances, ne peut donc que retarder l'opération.

On rappelle la note sur l'article 914, concernant la poursuite des remplaçans.

Art. 927. Sur cet article on rappelle l'observation faite sur l'article 906. Faudra-t-il employer dans toutes les listes moitié de fonctionnaires, afin qu'elles puissent servir à toute espèce d'accusations ?

Dans le cas contraire, il faudra des listes spéciales ainsi formées.

CHAPITRE XI.

De la Nullité, de l'Instruction et du Jugement.

Art. 935, §. 2. Sans doute qu'il n'y a pas d'excès de pouvoir à constater le délit, pour parvenir à la dénonciation et à obtenir les autorisations du Gouvernement pour agir !

Art. 936. Cet article aurait besoin de développement.

Art. 937. Cependant un citoyen ne doit être puni que par la loi applicable à son délit ; et, d'après tous les principes, un homme méritant la mort comme faux monnayeur, serait assassiné par le jugement qui lui appliquerait la peine de mort comme meurtrier.

Art. 938. Quel moyen a l'accusé de vérifier l'âge des jurés, ou les cotes de leurs contributions dans le bref délai qui lui est laissé ! il serait donc juste que les fautes de ceux qui forment ou emploient des listes illégales, profitassent, en cas de pourvoi, à un condamné, quand il les découvre depuis sa condamnation.

Art. 942. Lorsqu'une formalité est prescrite par la loi, *sous peine de nullité*, rien de plus juste que de soumettre le juge ou les juges qui ont commis cette nullité à refaire la procédure à leurs dépens ; mais on observe que sur une infinité de cas, la jurisprudence du tribunal de cassation présente des variations ; que ces cas se renouvelant, alors il serait plus que rigoureux d'assujettir des juges aux frais de nouvelle procédure.

Dans le cas où un jugement serait annullé pour fausse application de lois ou pour différence d'opinion sur des questions qui ne seraient pas formellement prévues par la loi, et qui par cette raison pourraient donner matière à différens sens, la disposition de l'article serait injuste.

CHAPITRE XII.

Des Demandes en cassation.

Art. 943. Les dispositions de cet article sont équitables. Elles paraissent detruire celles relatives aux nullités qui n'auraient pu être arguées par l'accusé avant le jugement.

Art. 945. Ajouter : « toute personne ayant intérêt à la cause. »

Art. 953. On observe que l'accusé qui paiera sera seul défendu, si les défenseurs n'ont un honoraire assuré et convenable sur la caisse publique, qui serait taxé *pro modo laboris.* Il faudrait une disposition à cet égard.

Art. 963. Quand une instruction faite devant le tribunal criminel est annullée pour un acte vicieux fait devant ce tribunal pendant le débat, la procédure devant être recommencée à partir du point qui a donné lieu à cassation, le tribunal devant lequel est fait le renvoi doit-il juger la procédure en l'état, ou bien peut-il ajouter aux preuves !

Exemple : un jugement est annullé, parce que, en vertu du pouvoir discrétionnaire, un président fait entendre un témoin à charge qui est découvert pendant le débat, et qui n'était pas sur la liste notifiée.

La cassation est prononcée, parce que ce témoin ne devait pas être entendu. C'était une faute au préjudice de l'accusé.

Devant le tribunal où l'affaire est renvoyée, on place le témoin sur la liste, et il est entendu. L'accusé est condamné à mort. Le tribunal de cassation confirme ce second jugement.

Il résulte de là que la faute du juge rend la cause de l'accusé plus mauvaise, en opérant une nouvelle charge contre celui qui plus justement devrait voir tourner en sa faveur les erreurs ou les omissions de la justice.

On casse, parce qu'il a été fait un acte illégal qui ne devait pas avoir lieu, la loi écartant ce témoin en faveur de l'accusé ; et l'on ajoute dans le second tribunal à la charge de l'accusé le témoin que l'on juge n'avoir pas dû être admis dans le premier.

CHAPITRE XIV.

De la manière de recevoir les dépositions des membres du Gouvernement, &c.

Art. 987, 988, 989. Quand il s'agit de recevoir un déclaration sur des faits, ces dispositions sont suffisantes ; mais quand la déposition désigne un individu, et qu'il faut que le témoin s'explique sur l'identité de l'individu dont il parle, avec la personne de l'accusé contestant cette identité, l'éclaircissement ne peut avoir lieu que par la représentation de cet accusé au témoin. Dans ces cas, il faudra le faire transporter.

Art. 990. L'on peut induire de la rédaction de cet article, qu'il faudrait toujours que le ministre de la justice décidât que les fonctionnaires désignés déposassent oralement avant de pouvoir les assigner.

On ne voit pas les motifs qui empêchent un déplacement momentané de ces fonctionnaires, sur-tout des sous-préfets et des maires, dont la présence à leur domicile n'est pas d'une continuelle importance, les maires étant remplacés par leurs adjoints ; il faudrait encore une distinction relative à l'importance des mairies. Les maires de campagne ignorent leur privilége, et ne font aucune difficulté de venir témoigner.

Il conviendrait de restreindre ces priviléges dont l'effet sera de paralyser souvent l'action de la justice, et de nuire à la manifestation de la vérité, tant à la charge qu'à la justification de l'accusé.

CHAPITRE XV.

Procès pour Écrits répandus, publiés et affichés.

L'exécution des dispositions de ce chapitre entraîne des lenteurs. On trouverait, dans tous les départemens, des hommes assez instruits et assez probes pour apprécier des écrits répréhensibles.

S'il s'agit d'un crime de fait, l'intervention de l'Institut est inutile ; s'il s'agit de la manifestation d'opinion sur la morale ou la politique qui donne lieu à l'imputation d'un délit, la censure de l'Institut paraît effrayante.

Chapitre XVI.

Faux.

Art. 999. Il sera difficile de contraindre un dépositaire privé. En certains cas il serait contraire à la morale et à l'honneur, de forcer un citoyen à violer un dépôt, à trahir la confiance d'un ami, ou à divulguer son propre secret.

Quelle sera la durée du par-corps, en cas qu'il ait lieu !

Art. 1008. Il résulte de cet article conféré avec l'article 505, qu'il doit être rapporté, par des experts et le magistrat de sûreté, un procès-verbal pour constater la fausseté de l'écriture arguée, par la comparaison avec les pièces produites comme véritables.

Il conviendrait d'ajouter ces dispositions à l'article, pour la plus grande clarté de la loi.

Chapitre XVII.

Des Contumax.

Art. 1012. Souvent un fugitif s'expatrie avec des passe-ports réguliers. Son absence ayant pour cause son délit, et pour but de n'être pas jugé présent ; dans ce cas, l'excuse doit être rejetée, à moins qu'il ne produise caution de se présenter au délai requis, mais séquestre tenant.

Art. 1017. Si le délit changeant de caractère par l'instruction, la condamnation se réduisait à une peine correctionnelle, il ne doit pas y avoir d'affiche ; et dans ce cas, le séquestre devrait cesser, sauf au condamné à se pourvoir par voie d'opposition.

Chapitre XIX.

Prise à partie.

Art. 1039, §. 4. Y aura-t-il lieu à prise à partie quand, par suite de la visite irrégulière, il aurait été saisi un malfaiteur ou un corps de délit !

Chapitre XXIV.

Renvois d'un Tribunal à un autre, &c.

Art. 1079. Il est juste et nécessaire que le renvoi ait lieu pour causes de sûreté publique ou de parenté qui empêchent l'exercice de la justice.

Mais l'estime dont jouit un citoyen doit-elle le retirer de ses juges naturels ! ce serait une espèce d'ostracisme.

Le renvoi ne doit donc avoir lieu que dans le cas où la prévention, résultant de l'exercice de fonctions importantes, serait défavorable au prévenu, et dans le cas où il le demanderait lui-même.

Art. 1083. La demande de renvoi doit-elle suspendre les poursuites autres que les actes nécessaires pour constater les délits !

CHAPITRE XXV.

Moyens d'assurer l'exécution des Jugemens.

Il suffit que la loi ordonne la tenue des registres de condamnations pour que les greffiers le fassent. La menace continuelle d'amendes contre eux n'est pas nécessaire, et est humiliante.

CHAPITRE XXVII.

Des Prisons et Maisons d'arrêt et de justice.

Puissent toutes les dispositions tant anciennes que nouvelles, contenues en ce chapitre, être exactement et promptement exécutées !

L'article 1107 mérite toute l'attention du Gouvernement.

La plupart des prisons de ce département sont des sarcophages affreux, qui dévorent un tiers des malheureux qui y sont déposés, et répandent la contagion dans les villes où ils sont situés.

CHAPITRE XXVIII.

Des Moyens d'assurer la liberté individuelle, &c.

Art. 1118. Dans les campagnes les juges de paix n'ont pas de lieu où ils puissent faire déposer les prévenus pendant la première instruction.

C'est sur cet article qu'il est plus essentiel de spécifier quels fonctionnaires publics doivent agir. Il en est beaucoup qui n'ont aucune autorité.

Art. 1121. Cet article est de difficile exécution dans plusieurs cas, comme dans celui d'abus d'autorité par un fonctionnaire supérieur ou ayant quelque partie de force publique en sa disposition.

Art. 1122. Aux termes : *examinera les causes de la détention,* substituer ceux-ci : *examinera les formes de l'acte qui a ordonné la détention.*

Art. 1123. Il est souvent important à la découverte de la vérité que des prévenus soient tenus au secret dès le principe de l'instruction. Tout officier de police devrait donc avoir droit de l'ordonner.

CHAPITRE XXIX.

De la Grâce.

Le pourvoi en lettres de grâce fait après la prononciation du jugement doit sans doute opérer un sursis à toute exécution de ce jugement.

Le pourvoi avant le jugement doit-il opérer sursis au jugement !

CHAPITRE XXX.

Réhabilitation des condamnés.

Il n'a point encore été demandé exécution des dispositions semblables contenues au Code pénal.

La longueur de la peine ajoutée au délai nécessaire pour demander la réhabilitation légale, a effacé la mémoire du crime ; et les formalités à remplir réveilleraient des souvenirs qu'un condamné ne veut pas rappeler pour essuyer une nouvelle humiliation en perpétuant, pour ainsi dire, la notoriété de ce crime.

Le condamné humilié de son état, s'expatrie. Les incapacités civiles sont indifférentes à la plupart de ceux qu'elles peuvent frapper en pareil cas.

CHAPITRE XXXI.

De la Prescription.

Art. 1160. Il ne peut y avoir lieu d'appliquer la disposition du second paragraphe de cet article qu'à des condamnés qui se seraient soustraits à la peine par la fuite depuis le jugement définitif.

Il paraît bien rigoureux de réduire au désespoir absolu des hommes qui ont passé un long espace de temps dans les angoisses de la terreur, sur-tout si leur conduite n'offre rien de repréhensible depuis l'époque de leur fuite.

Cette disposition peut être susceptible de modification.

On doit rappeler ici comme applicable à tout le chapitre, le premier article des observations que le tribunal de cassation présenta au Gouvernement dans le mois de ventôse an IX. Il contient une sage théorie sur la prescription.

Art. 1161. Il paraît infiniment rigoureux d'assimiler le terme de la prescription d'une peine correctionnelle au délai exigé pour prescrire contre la peine d'un crime qui a mérité l'infamie à son auteur. Les délits repris par la police correctionnelle n'ont pas apporté un grand trouble à la société ; et souvent un moment d'égarement, ou un écart pardonnable, a exposé à des condamnations de cette espèce des citoyens estimables, et qui n'en ont pas moins conservé tous les droits à l'honneur.

Si un homme dans ce cas a fui la peine, s'est expatrié et a vécu sans reproche dans le lieu de sa retraite, n'a-t-il pas assez expié un léger délit, s'il s'est écoulé un temps double ou triple de la durée de la peine à laquelle il avait été condamné ! et ne serait-il pas trop dur d'exiger, après un plus long terme, qu'un homme qui, dans l'intervalle, a pu former un établissement, fût humilié et ruiné pour satisfaire à une ancienne condamnation !

Cependant on pourrait porter à trois ans la prescription contre la plus courte peine.

Art. 1162. On propose de réduire à dix ans la prescription dont il est mention dans cet article.

Et sur le second paragraphe de l'article, on observe qu'il convendrait de déterminer quel acte sera exigé pour proroger la prescription, parce que la jurisprudence du tribunal de cassation a varié sur ce point.

Une information qui ne désigne personne, et qui serait faite plusieurs années après le délit, doit-elle suffire pour proroger une prescription qui serait interminable en faisant de temps à autre une continuation d'actes.

On pense que la prescription ne peut être prorogée que contre celui contre qui il aurait été lancé un mandat d'arrêt.

Art. 1163. On pense que la prescription mentionnée en cet article doit être dans les mêmes termes que celle de l'article précédent; parce que, le plus souvent, le caractère du crime n'est fixé que par le jugement.

Il pourrait arriver que l'on traduisît en jugement, au terme de quatorze ans, un prévenu que le titre de l'accusation menacerait de la peine de mort, et qui, par le résultat du débat et du jugement, se trouverait à même d'invoquer la prescription quand le caractère de son crime serait fixé à un degré moins grave. Il faudrait donc une instruction pour savoir s'il y a lieu ou non à l'avantage de la prescription, et cet avantage serait perdu par cette instruction même, puisque l'effet de la prescription doit être de mettre un prévenu, et même un coupable à l'abri de toutes poursuites ou recherches.

Art. 1164. On propose de réduire à trois ans la prescription contre les actions publiques et civiles résultant des vols et escroqueries punissables par les peines correctionnelles, et à un an dans les autres cas où le plein exercice de la police judiciaire a lieu.

Art. 1165. On propose de reduire à un an la prescription portée en cet article.

Art. 1166. On propose de réduire la prescription contre les actions publiques et civiles pour contravention de police, à un mois, quand le fait qui y donne lieu n'a pas été constaté par procès-verbal, et à trois mois, quand il y a eu procès-verbal.

Il conviendrait même de réduire cette action à un terme plus court, lors même qu'il y aurait procès-verbal, pour les contraventions légères, comme jet indiscret d'immondices ou de pierres, &c. Il est contraire à la paix publique d'entretenir long-temps le droit de former et de poursuivre des actions aussi minutieuses qui, le plus souvent, tiennent plus à l'humeur qu'au dommage souffert.

Rédigé par les juges et commissaire du Gouvernement composant le tribunal criminel du département du Morbihan.

PERRET, *président;* SERRES, CHESNEL, *juges;* Lucas BOURGEREL fils, *commissaire;* TASLÉ, *greffier.*

OBSERVATIONS

DU TRIBUNAL CRIMINEL

DE LA MOSELLE,

SUR

LE PROJET DE CODE CRIMINEL.

OBSERVATIONS
DU TRIBUNAL CRIMINEL
DE LA MOSELLE,
SUR
LE PROJET DE CODE CRIMINEL.

POUR répondre à la confiance du Gouvernement, et pour concourir, autant qu'il est en nous, à la confection d'un ouvrage aussi important que l'est un Code qui doit garantir la sûreté des personnes et des propriétés, nous allons nous expliquer franchement sur le Projet proposé.

Nous voudrions avoir le temps de donner à nos idées plus de développement. Nous voudrions sur-tout avoir celui de motiver l'hommage que nous nous plaisons à rendre aux auteurs du Projet, pour une infinité de dispositions fort sages qui manquent à notre législation criminelle : mais, pressés comme nous le sommes, il faut que nous nous bornions à quelques observations critiques, et que nous passions sous silence tous les articles qui nous paraîtront dignes de figurer dans la loi.

Ire PARTIE.

DÉLITS ET PEINES.

ART. 8. 1.º *Ou en état de service militaire.* Nous pensons que ce serait donner une attribution trop étendue aux tribunaux militaires. Nous proposons la suppression de ces mots, ainsi que du §. 3.ᵉ tout entier. Nous proposons même d'y substituer une disposition fort sage qui est actuellement en vigueur, et qui porte que « lorsqu'un non militaire sera prévenu, avec » un ou plusieurs militaires, d'être auteur ou complice d'un délit, tous les » prévenus, même militaires, seront traduits devant les tribunaux ordi- » naires. »

LIVRE I.ᵉʳ, CHAPITRE I.ᵉʳ

Art. 23. La peine de *vingt années* est excessive. Nous proposons de réduire le *maximum* à quinze années, et le *minimum* à cinq.

Art. 25. Par la même raison, nous proposons de réduire le *maximum* à huit années, et le *minimum* à deux.

Art. 28. Au lieu de *précédent*, il faut qu'il soit dit *vingt-six*.

Art. 29. Cette disposition est trop vague. Il faudrait spécifier les *irré-vérences*, le *châtiment*, la *responsabilité*, et dire, dans la deuxième partie, par qui sera jugé l'exécuteur responsable.

Art. 31. *Néanmoins, &c.* Nous proposons la suppression de cette disposition, comme pouvant entraîner de grands abus, et mettre souvent l'autorité administrative en opposition avec l'autorité judiciaire.

Art. 39. *Pendant vingt ans.* Nous proposons de fixer le *maximum* à vingt ans, et le *minimum* à dix.

CHAPITRE II.

Art. 46. *Un fonds de réserve, &c.* Il est bien à desirer en effet que le Gouvernement assure aux condamnés qui ont subi leur peine, au moins les frais de route jusqu'au lieu de leur résidence, et les moyens d'existence pendant un mois, dans les cas où ils ne seraient pas placés sous la surveillance du Gouvernement et par lui employés dans les ateliers nationaux.

LIVRE II, CHAP. I.ᵉʳ

Art. 68. Il nous semble que le mot *sciemment* devrait être employé aux paragraphes 2, 3, 4, 5, 6 et 7, comme il l'est au paragraphe 8.

La *relégation* n'a-t-elle pas été oubliée dans le paragraphe 7! Les *époux* ne devraient-ils pas être compris dans l'exception portée au même paragraphe 7!

LIVRE III, TITRE I.ᵉʳ, CHAP. I.ᵉʳ

Art. 93. *Toute bande séditieuse, &c.* Ne faudrait-il pas fixer ici le nombre des personnes, déterminé dans l'article 161 ou dans l'article 162!

CHAPITRE II.

Art. 103. *Si par attroupement, &c.* Ne faudrait-il pas encore ici déterminer le nombre des personnes, comme dans l'art. 161 ou dans l'art. 162!

CHAPITRE III.

Art 127. *Ou participé.* Ce mot né devrait-il pas être suivi du mot *sciem-ment!*

Art. 129. Même observation, après le mot *usage*, aux paragraphes 1, 2 et 3.

Art. 134. Même observation à la fin de l'article.

Art. 137. Même observation.

Art. 139. Cette disposition tend à favoriser l'agiotage, et à établir une distinction injuste entre les familles opulentes et celles indigentes. Nous en proposons le rejet.

Art. 140. *En exigeant ou en recevant.* Nous voudrions encore que le mot *sciemment* fût ajouté.

Art. 141. Il n'est pas dit dans la deuxième partie par qui seront jugés, dans les cas prévus par cet article et par les suivans, les fonctionnaires y mentionnés.

Art. 151. *Par faveur ou par inimitié.* Cela nous paraît trop vague, et peut donner lieu à beaucoup de vexations. Le droit de récusation peut prévenir un pareil délit et rendre la disposition inutile.

Ou qui aura soustrait. Nous proposons encore ici d'ajouter le mot *sciem-ment*, attendu que la soustraction peut être commise très-innocemment et très-involontairement.

Art. 158. *Autres que celles venant de l'étranger.* Cette exception est trop générale, et semble autoriser chacun à supprimer une lettre venant de l'é-tranger, ou à en violer le sceau; tandis qu'il faudrait, dans ce cas comme dans l'autre, un ordre formel. Il faudrait aussi qu'il fût exprimé de qui cet ordre doit être émané. Enfin, il faudrait qu'il fût ajouté, *sans préjudice des dom-mages-intérêts*, et que la destitution du coupable fût toujours l'effet d'un pareil délit.

Art. 170. *Voyez*, pour cet article et les suivans, notre observation à l'article 141.

Art. 175 et 176. Nous proposons le rejet de ces deux articles, parce qu'il nous semble qu'il ne doit pas être établi de distinction entre ceux qui se sont rendus également coupables de rebellion.

Art. 177. Même observation que ci-dessus pour la dernière partie de cet article.

Art. 192. *Cinquante-un francs.* Ce *minimum* nous paraît exorbitant. Nous proposons de le fixer à cinq francs.

Art. 194. *Tuteur, tutrice, et tous autres ayant autorité.* Cela nous paraît bien rigoureux pour les *tuteurs* et les *tutrices*, et de plus bien vague pour *tous autres ayant autorité.*

Art. 195. *Auront recélé ou caché.* Ces mots ne devraient-ils pas être suivis du mot *sciemment !*

Art. 200. *De deux cents francs à cinq cents francs.* Cette peine nous paraît bien faible, eu égard aux conséquences majeures qui peuvent résulter d'un pareil refus ; d'ailleurs, cette disposition ne devrait-elle pas figurer dans le code pénal militaire plutôt qu'ici !

Art. 205. *S'il y a eu violence ou bris de prison.* Les gardiens et conducteurs, bien loin, dans ce cas, de mériter une peine plus forte, ne seraient coupables qu'autant qu'il y aurait eu de leur part connivence. Il faudrait donc dire : *Les gardiens, conducteurs, ou tous autres, convaincus de connivence.*

Art. 234. Une détention de trois jours à un mois, et une amende de cinq à vingt-cinq francs seraient une peine plus efficace. Encore faudrait-il dire, *pourra être puni*, au lieu de *sera puni.*

Art. 235. Nous proposons *de 50 francs à 500 francs.*

Art. 236. Nous proposons *de 25 francs à 300 francs.*

Art. 245. *Attaqué ou violé les principes, &c.*, paraît trop vague, et pourrait prêter à l'arbitraire.

TITRE II, CHAPITRE I.ᵉʳ

Art. 262. *Par deux ou par plusieurs personnes.* Nous demandons la suppression de ces mots, parce que celui qui, pendant la nuit, repousse une escalade ou une effraction, ne doit pas être obligé de compter le nombre des agresseurs.

Art. 268. *D'un individu déterminé.* Ces mots supposent que si le meurtrier, après avoir formé le dessein d'attenter à la personne de *Pierre*, se trompe, et a attenté à celle de *Paul*, il n'est pas coupable de *préméditation.* Il nous semble pourtant que le meurtre serait toujours commis, dans ce cas, avec *préméditation.*

Art. 272. Nous proposons pour cet article la rédaction suivante : *Tout emploi fait, volontairement et dans le dessein du crime, envers les personnes, d'une substance qui peut donner la mort plus ou moins promptement, est qualifié, &c.*

Art. 275 et 278. Ces deux articles prévoient le même cas, et cependant y appliquent chacun une peine fort différente.

Art. 282. *Sera jointe.* Nous demandons qu'il soit dit, *pourra être jointe une amende de 5 francs à 100 francs.*

Art. 286. *Privé.* Il nous semble qu'il faudrait ajouter *volontairement :* il nous semble aussi qu'il faudrait prévoir le cas où ce crime aurait été commis par *négligence* ou par *imprudence.*

Art. 288. *Sur la seule dénonciation.* L'on pourrait conclure de ces mots que la dénonciation peut être admise sans preuve ; ce qui sans doute n'a pas été dans l'intention du rédacteur.

Art. 291. La peine de mort devrait être infligée, pour un crime aussi atroce, aux personnes mentionnées dans cet article.

Art. 301. *Quiconque aura prêté.* Il nous semble qu'il faudrait ajouter le mot *sciemment.*

Art. 312. Il vaudrait mieux, selon nous, ne pas parler de ce crime, que d'infliger une peine aussi légère à une femme qui en serait *convaincue.*

Art. 313. *Il sera de plus condamné aux dommages-intérêts.* Cette disposition, puisée dans la législation anglaise, nous paraît, tout-à-la-fois, immorale et impolitique.

Art. 315. Même observation qu'à l'article 312.

Art. 316. *De la Réclusion.* Cette peine ne nous paraît pas proportionnée au délit.

Art. 328. *Et de cent francs à trois mille francs d'amende.* Ne serait-il pas nécessaire d'ajouter, *sans préjudice des dommages-intérêts !*

Art. 335. Cet article pèche par sa rédaction, ou bien il est en contradiction avec la disposition de l'article 331, qui porte que *l'auteur de l'imputation ne sera pas admis &c.*

Chapitre IV.

Art. 367. *Aura abusé de la crédulité de quelques personnes.* Ces deux derniers mots doivent être au singulier. — *Et dix ans au plus.* Il serait nécessaire d'ajouter, *sans préjudice des restitutions et dommages-intérêts.*

Art. 373. *Soit avant, soit pendant les enchères.* Il nous semble que la disposition serait plus claire, si l'on supprimait le mot *soit,* et que l'on mît simplement, *avant ou pendant les enchères.*

Art. 400. *D'une amende de 200 fr. à 500 fr.* Il faudrait ajouter, *sans préjudice des restitutions et dommages-intérêts.*

Art. 407. *Quiconque aura &c.* Le mot *sciemment* devrait être ajouté ; car ce fait peut être commis par l'effet de l'erreur.

Art. 414. *A une détention de onze jours à deux mois.* Ne faudrait-il pas ajouter, *sans préjudice des dommages-intérêts dus à ceux dont les animaux ou bestiaux auraient été infectés par l'effet du délit !*

Art. 418. *Et qui n'excédera pas 200 fr.* Ne faudrait-il pas encore ajouter, *sans préjudice des dommages-intérêts !*

LIVRE IV, Chap. IV.

Art. 430. A la fin de cet article il faudrait ajouter : *sans préjudice du dé-dommagement dû aux parties lésées.*

Art. 435. Il faudrait encore ajouter à la fin de cet article : *sans préjudice du dédommagement dû aux parties lésées.*

Art. 439. Même observation.

Le mot *sciemment* devrait être ajouté au mot *inscrit* qui se trouve dans le paragraphe 6.

DEUXIÈME PARTIE.

POLICE ET JUSTICE.

LIVRE Ier

De la Police.

CHAPITRE III.

Art. 468 et 469. Il y a bien des maires et des adjoints, sur-tout dans la partie allemande qui nous avoisine, qui ne sont pas en état, plus que beaucoup de gardes champêtres et forestiers, de dresser des procès-verbaux. Il faudrait que les gardes eussent la faculté de les faire rédiger par qui bon leur semblerait, et que les juges de paix ou leurs suppléans, avant de recevoir l'affirmation, fussent tenus de donner lecture et explication au garde de son procès-verbal, et qu'il fût fait mention dans l'acte d'affirmation, de cette lecture et explication préalable.

CHAPITRE IV.

Art. 477. Le commissaire du Gouvernement près le tribunal criminel, chargé en même temps des fonctions d'accusateur public, peut à peine suffire à la multiplicité de ses occupations et à l'étendue de sa correspondance. Que serait-ce s'il était encore obligé de remplir les fonctions de magistrat de sûreté dans l'arrondissement pour l'ordinaire le plus peuplé du département ! Les unes et les autres de ces fonctions sont trop importantes pour qu'on puisse, sans inconvénient, les réunir sur une seule personne.

Art. 484. *Voyez* notre observation ci-dessus, d'après laquelle cet article devrait également disparaître, attendu que l'article 483 pourvoit suffisamment au mode de remplacement du magistrat de sûreté dans les lieux où il est seul.

CHAPITRE V.

Art. 509. *Seront rédigées sommairement.* Il faudrait ajouter, comme à l'article 517, *sur un cahier séparé*, puisqu'aux termes de l'article 861, les déclarations écrites des témoins et les interrogatoires écrits de l'accusé doivent être exceptés des pièces à remettre aux jurés de jugement.

Art. 539, 540 et 541. La règle de droit civil qui ne permet pas d'admettre la partie à la preuve testimoniale, outre ou contre le contenu aux actes, ou lorsqu'il s'agit d'une somme qui excède cent francs, doit toujours recevoir une exception en cas de *dol :* or, l'*escroquerie*, l'*abus de confiance, &c.* ne peuvent se commettre sans dol. Il faut donc qu'alors il y ait exception à la règle. Renvoyer dans ce cas les parties à se pourvoir par les voies ordinaires, ce serait tomber dans un inconvénient bien plus grand que celui que l'on redoute. En effet, charger les tribunaux civils de prononcer des peines de détention et autres, ainsi que le veut l'article 718, en conséquence de ceux-ci, ce serait établir dans l'exercice des pouvoirs, une confusion très-préjudiciable à l'ordre public; ce serait effacer la ligne de démarcation qui ne peut pas, sans les plus dangereuses conséquences, cesser d'exister entre la justice civile et la justice criminelle. D'après cette observation, nous pensons que les tribunaux correctionnels doivent, comme par le passé, connaître des cas d'*escroquerie ;* et si ces tribunaux et les tribunaux criminels abusaient de cette attribution et s'écartaient de son véritable objet, le tribunal de cassation serait toujours là pour réparer de pareilles erreurs.

CHAPITRE VI.

Des Propréteurs.

Art. 551 *et suivans.* C'est ici le lieu de nous expliquer sur le *jury d'accusation.* Nous pensons que ce jury ne doit pas être maintenu. Notre opinion et notre vœu à cet égard sont fondés sur une prodigieuse quantité de déclarations absurdes et scandaleuses émises par les jurys d'accusation, depuis leur institution, et sur le défaut de toute espèce de garantie de leur part. En effet, à la différence du jury de jugement, celui d'accusation opère en secret, et n'est retenu, quand la corruption agit sur lui, ce qui n'arrive que trop souvent, par aucune crainte salutaire, par aucun sentiment de pudeur. D'ailleurs, l'examen devant le jury d'accusation n'étant pas assujetti à des règles rigoureuses et publiques, la paresse, l'insouciance ou des motifs d'intérêt particulier chez les uns, la mauvaise foi, l'esprit de parti chez les autres, sont autant de causes d'un examen trop rapide et trop superficiel pour qu'il puisse en résulter une déclaration fondée sur l'exacte justice.

Il nous semble que les juges composant le tribunal de première instance, section de police correctionnelle, rempliraient avec beaucoup moins d'inconvéniens, les fonctions de jury d'accusation, sauf l'appel au tribunal criminel, en donnant au magistrat de sûreté et au prévenu, la faculté d'appeler dans un délai déterminé.

Par ce moyen, la déclaration du jury serait remplacée par un jugement du tribunal de première instance, qui traduirait ou non le prévenu devant le jury de jugement; et le tribunal criminel serait là pour, sur l'appel du prévenu ou du magistrat de sûreté, réparer l'erreur qu'auraient pu commettre les premiers juges; bien entendu que le propréteur ne voterait pas.

Le temps nous manque pour donner à cette idée tout le développement dont elle est susceptible; mais elle pourra fructifier dans les discussions qui auront lieu au Conseil d'état. En attendant, nous observerons que le nom et les fonctions de *propréteur* peuvent fort bien s'adapter à notre idée; mais que, n'étant pas de l'avis de l'organisation du tribunal criminel, telle qu'elle est proposée, et sur laquelle nous nous expliquerons plus bas, nous votons d'avance le rejet des articles qui supposent cette organisation, et pensons que les fonctions de *propréteur* doivent être exercées par un des juges du tribunal de première instance, comme l'ont été jusqu'à-présent celles de directeur du jury; avec cette différence que le propréteur pourrait être nommé à vie par le Premier Consul, qu'il pourrait même être vice-président du tribunal de première instance, comme il est dit dans le Projet.

Chapitre VII.

Art. 558. *Celui-ci, après les avoir examinées, &c.* Le premier soin du propréteur, après avoir examiné les pièces, ne devrait-il pas être de faire prêter un premier interrogatoire au prévenu, sans préjudice de l'interrogatoire prescrit par l'art. 564!

Art. 566. *Quatre francs par jour.* Cette indemnité n'est pas suffisante.

Quinze kilomètres. Il nous paraît aussi que cette distance est trop grande, et qu'il faudrait la réduire à cinq kilomètres, sans quoi le propréteur et le magistrat de sûreté répugneraient toujours à se déplacer, lorsqu'il serait néanmoins souvent bien nécessaire qu'eux-mêmes se chargeassent des actes d'instruction.

Art. 571. *Les mandats d'amener et de dépôt délivrés en ce cas, &c.* Il nous semble que cette disposition serait plus claire et remplirait mieux son objet, si elle était conçue ainsi : *Les mandats d'amener et de dépôt pourront, dans ce cas, être délivrés sans être précédés des réquisitions du magistrat de sûreté;* sans quoi l'on pourrait croire qu'il faut des réquisitions verbales.

Art. 574. *Ou devant le jury d'accusation.* D'après l'idée que nous avons présentée au chap. VI, il faudrait dire, *ou devant le tribunal de première instance faisant les fonctions de jury d'accusation.*

CHAPITRE VIII.

Art. 590. *Au greffe du tribunal criminel.* Voyez notre observation à l'article 477.

Art. 592. Même observation.

CHAPITRE IX.

Art. 608. *Où siége le tribunal criminel.* Même observation.

CHAPITRE X.

Art. 612, 613, 614 et 615. D'après notre opinion sur l'organisation du tribunal criminel, il faudrait à ces quatre articles substituer les art. 16, 17, 18 et 19 de la loi du 7 pluviôse an 9.

LIVRE IV.

De la Justice.

CHAPITRE I.er

Des Tribunaux de police.

Art. 617 *et suivans.* Cette organisation du tribunal de police présente, selon nous, des inconvéniens majeurs. C'est d'abord la non-résidence du chef de la police dans le ressort de ce tribunal; c'est, qu'étranger au sol et à la plupart des citoyens de ce ressort, il n'aurait aucune des connaissances locales si nécessaires pour bien juger des contraventions qui leur seraient imputées ; et, qu'obligé de s'en rapporter à cet égard à des personnes du lieu, qui ne manqueraient pas de le circonvenir, il ne serait souvent que l'instrument de leurs passions. Un autre inconvénient, c'est la déconsidération que produirait infailliblement, à l'égard du juge de paix, une institution judiciaire dans son canton, de laquelle il ne serait pas le chef. Enfin, comment espérer que les suppléans du tribunal de première instance, qui, pour la plupart, sont hommes de loi ou avoués près ce tribunal, puissent se résoudre à quitter leur résidence, à négliger les affaires dont ils seraient chargés, et à s'exposer à la perte de leur état, pour une chétive rétribution de moins de trois francs par jour! D'ailleurs, pendant qu'ils seraient à parcourir les cantons, le tribunal d'arrondissement se verrait privé de ses suppléans; et si, à leur retour, il réclamait leur secours, ce serait les mettre dans une position encore plus fâcheuse. Nous pensons aussi que le citoyen pris parmi les cent plus imposés, remplirait mal l'objet de la loi. Ce citoyen aurait nécessairement des possessions très-étendues dans le canton;

et l'on conçoit aisément quelle influence funeste cela pourrait avoir, dans bien des circonstances, sur la décision du tribunal. Nous n'hésitons pas de croire que, lorsque les juges de paix seront bien choisis, lorsqu'ils jouiront de l'estime et de la confiance de leurs concitoyens, il ne soit à-la-fois d'une grande économie et d'un avantage infini de n'investir qu'eux seuls du pouvoir d'administrer la justice pour la répression des contraventions.

Cela posé, nous nous croyons dispensés de faire des observations ultérieures sur ce chapitre; et nous pensons que la forme d'instruction prescrite en matière de police par le Code du 3 brumaire an 4, pourrait être maintenue à peu de chose près.

CHAPITRE II.

Des Tribunaux correctionnels.

Art. 670. *Le juge de police.* Voyez nos observations sur les tribunaux de police.

Art. 671. *En l'absence, etc.* Il faudrait ajouter à la fin de cet article, *même de celles qu'il aura instruites en sa qualité de propréteur;* sans quoi l'on retomberait dans le même embarras et la même incertitude où l'on a été jusqu'à présent par rapport au directeur du jury. Le tribunal de cassation a décidé plusieurs fois que le directeur du jury ne pouvait être juge au tribunal de police correctionnelle, d'une affaire qu'il avait instruite comme officier de police judiciaire : cette prohibition est devenue fort gênante pour la plupart des tribunaux composés seulement de trois juges. Indépendamment de cet inconvénient, nous ne voyons pas pourquoi un magistrat deviendrait suspect pour juger dans une affaire, par cela seul qu'il aurait formalisé les actes d'instruction requis dans la même affaire.

Art. 675. *Il en sera référé, &c.* D'après notre opinion sur l'organisation du tribunal criminel, c'est au tribunal d'arrondissement qu'il doit en être référé dans ce cas, comme dans celui prévu par le chapitre X du livre I.er, sauf le recours au tribunal criminel, suivant le mode déterminé par les articles 16, 17, 18 et 19 de la loi du 7 pluviôse an 9.

Art. 684. Cette faculté donnée au substitut serait illusoire, si l'on n'y ajoutait pas celle de faire au tribunal telles observations que bon lui semblera.

Art. 703. La rédaction de cet article serait plus claire, s'il était ainsi conçu : *La requête contenant les moyens d'appel sera remise, dans le même délai, soit au greffe du tribunal d'arrondissement, soit directement au greffe du tribunal criminel; elle sera signée, &c.*

Art. 718, 719, 720, 721, 722 et 723. *Voyez* notre observation aux articles 539, 540 et 541.

CHAPITRE III.

Du premier Jury, et de l'accusation.

D'après l'idée que nous avons présentée au chapitre VI du livre I.er, il faudrait substituer, dans tout le cours du présent chapitre, aux mots *jury d'accusation*, ces mots, *le tribunal de première instance faisant les fonctions de jury d'accusation.*

Art. 727. *D'office.* Cette disposition contredit celle de l'article 568. D'ailleurs, ne faut-il pas qu'avant sa mise en état d'accusation, le prévenu ait communication et lecture des dépositions, conformément à l'article 564!

Art. 753. *Dans le cas où le substitut, &c.* Pour que cette disposition soit bien comprise, il faudrait, à ce qu'il nous semble, qu'il fût dit, *même dans le cas, &c.*

Art. 754. *Ainsi qu'il est prescrit par les articles 724 et suivans.* Il nous semble qu'il faudrait plutôt dire, *par les articles 572 et suivans;* car l'art. 724 suppose que le prévenu a déjà été traduit par le propréteur devant le jury d'accusation. Or, puisqu'il s'agit ici d'un *autre délit* à raison duquel le prévenu ne peut pas encore avoir été traduit devant le jury d'accusation, il faut nécessairement qu'il soit procédé à son égard comme il est voulu par les articles 572 et suivans, les réquisitions par écrit du substitut devant être assimilées dans ce cas à celles prescrites par l'article 570.

CHAPITRE IV.

Des Tribunaux criminels.

Nous avons déjà annoncé au chapitre VI du livre I.er quelle était notre opinion sur cette organisation du tribunal criminel ; nous n'avons pas assez de temps pour lui donner tout le développement dont elle est susceptible. Qu'il nous suffise de dire qu'un tribunal composé de membres épars et errans, de quatre ou cinq propréteurs qui ne seraient rien, et d'un préteur qui serait tout, d'un préteur qui ne pouvant être né ni domicilié dans le département où il remplirait ses fonctions , n'y jouirait conséquemment d'aucune considération personnelle ; d'un préteur dont le pouvoir redoutable ne serait tempéré que par un excès de précaution qui seul suffirait pour en faire concevoir tout le danger ; ce tribunal, disons-nous, remplirait mal l'objet que l'on se propose. Laissons les Anglais être idolâtres de leurs institutions les plus vicieuses ; et ne prenons d'eux que ce qui est vraiment bon, ce qui convient à nos mœurs et à notre caractère : par exemple, conservons le jury de jugement qui n'a aucun des inconvéniens du jury d'accusation et dont les avantages ne peuvent être contestés. La publicité des débats devant le jury

de jugement offre une garantie bien puissante contre l'intrigue, la malveillance et la corruption : nous demandons le maintien de cette institution
parce que nous la regardons comme la sauve-garde la plus sûre de l'innocence, parce que depuis qu'elle existe parmi nous (abstraction faite du temps
de la terreur), elle a sauvé peu de coupables et n'a pas été funeste à un
seul innocent; c'est du moins ce que nous avons éprouvé dans ce département : mais plus il nous paraît nécessaire de maintenir le jury de jugement,
plus il serait dangereux, selon nous, de conserver le jury d'accusation, plus
aussi il y aurait d'inconvéniens d'adopter l'organisation que l'on propose
pour les tribunaux criminels.

La nécessité d'un tribunal criminel par chaque département nous paraît
incontestable à raison des distances. Ne pourrait-on pas, à l'exemple des
tribunaux spéciaux formés en exécution de la loi du 23 floréal an X, et à
raison des graduations de peines, qui par le Projet sont attribuées aux
tribunaux criminels, les composer de six juges y compris le président ?

Cette augmentation de dépense, atténuée d'ailleurs par la suppression
du jury d'accusation, ne doit pas effrayer, si on la compare à celle qui
résulterait de l'établissement projeté des préteurs et des propréteurs.

Que l'on donne, si l'on veut, le nom de *préteur* au président du tribunal
criminel ; mais que ce fonctionnaire, au lieu d'être amovible comme il l'est
depuis la loi du 27 ventôse an 8, soit à vie, parce que, chargé de diriger
l'instruction, il a besoin d'une longue expérience, de beaucoup d'usage,
et d'une considération publique qui ne peut être fondée que sur un mérite
éprouvé.

Pour prévenir l'endurcissement que l'on redoute, que les cinq autres
juges, au contraire, soient pris tour à tour et à la volonté du Gouvernement, dans le tribunal d'appel ; qu'il soit de plus attaché au tribunal criminel
trois suppléans au lieu de deux.

Une pareille organisation nous semble, sous beaucoup de rapports, plus
convenable que celle que l'on propose ; et c'est à quoi nous bornons nos
observations sur les articles 771 et suivans, jusqu'à l'article 786 exclusivement.

Art. 786. *Il pourra déléguer &c.* D'après l'idée que nous venons de
présenter, c'est à un juge du tribunal criminel que ces fonctions devraient
être déléguées.

Art. 792. *En vertu du pouvoir discrétionnaire &c.* Le pouvoir discrétionnaire, tel qu'il est défini dans cet article, nous paraît utile, et inséparable
de l'institution du jury; mais ne pourrait-on pas, pour en éviter l'abus,
quand il s'agit de *pièces nouvelles* ou de *témoins nouveaux*, obliger le préteur de prendre l'avis des juges ?

Art. 799. *A la haute-cour.*

Art. 803. *Les condamnera :* ne faudrait-il pas ajouter, *s'il y a lieu!*

Art. 806. Ne faudrait-il pas que cet article fût précédé de ces mots, *Dispositions communes au préteur et au commissaire du Gouvernement!*

Même article. *Le jury d'accusation sera formé &c.* Voyez notre observation au chapitre VI du livre I.ᵉʳ

Art. 809. *Le jury d'accusation sera formé &c.* Le tribunal d'appel ne pourrait-il pas, dans ce cas, faire les fonctions de jury d'accusation! Le président de ce tribunal ne voterait pas; ce qui serait en rapport avec le paragraphe 2 de l'article 1027.

Art. 812. *Le jury d'accusation sera formé &c.* Même observation que plus haut.

CHAPITRE V.

Procédure devant le Tribunal criminel.

Art. 815. *Un premier jury.* Voyez notre observation au chapitre VI du livre I.ᵉʳ

Art. 817. *Ou par le propréteur.* Suivant notre opinion, il faudrait dire, *ou par un des juges du tribunal criminel.*

Art. 821. *Ou le propréteur.* Voyez notre observation à l'article 817.

Art. 823. *Si celle-ci se présente.* Pour qu'elle (la partie civile) puisse se présenter, il faut qu'elle soit avertie ou citée.

Art. 824. *Ordonne qu'il soit rédigé un autre acte d'accusation.* Il faudrait dire par qui.

Art. 825. *Ou le propréteur.* Voyez notre observation à l'article 817.

Art. 829. *Aux premiers grands-jours.* Le mot *session,* employé jusqu'à présent, convient mieux à l'organisation que nous venons de proposer.

Art. 830. *Au préteur.* Dans notre système, cette requête devrait être présentée au tribunal criminel, et c'est le tribunal qui devrait décider.

Art. 832. *Et le préteur.* Même observation.

Art. 833. Dans notre système, ce sont les articles 332 et suivans du Code du 3 brumaire an 4, qui devraient être substitués à celui-ci, ainsi qu'au suivant; c'est-à-dire que le jury de jugement s'assemblerait le quinze de chaque mois, sur la convocation qui en serait faite le 5 par le président ou préteur, &c.

Art. 836. *L'ouverture des grands-jours.* Voyez notre observation à l'article 829.

CHAPITRE VI.

De l'Examen

Art. 839. *Assisté du propréteur*. Il devrait être dit, *des juges*.

Art. 842. *Sans préjudice de la faculté accordée au préteur par l'art.* 792. Voyez notre observation audit art. 792.

Art. 844. *Ou le propréteur*. Même observation que plus haut.

Art. 845. *Le propréteur*. Il devrait être dit, *les juges*.

Art. 856. *En état d'arrestation*. Il faudrait qu'il fût ajouté : que le préteur dressera procès-verbal de la déposition qui aura paru fausse, comme il est dit dans l'article 367 du Code du 3 brumaire an 4.

Ou le propréteur. Il devrait être dit, *ou un des juges*.

Dans le cas prévu par cet art. 856, le tribunal criminel devrait lui-même faire les fonctions de jury d'accusation. Le préteur ne voterait pas, parce qu'il remplirait les fonctions attribuées au propréteur; ce qui serait en rapport avec le paragraphe 2 de l'art. 1027.

Art. 857. *Le préteur*. Il devrait être dit, *le tribunal*.

Art. 861. *Il leur rappellera les fonctions qu'ils auront à remplir*.

Nous desirons qu'après cette disposition, l'on substitue à ce qui suit, les articles du Code du 3 brumaire an 4 qui sont relatifs à la manière de poser les *questions*.

Cette manière nous paraît la seule bonne, la seule qui puisse faire subsister parmi nous l'institution du jury de jugement. L'on se plaint généralement de la trop grande facilité des jurés à absoudre; c'est là l'objection la plus forte, la mieux fondée qu'on ait jamais pu leur faire : et pourtant l'on propose de leur donner une latitude bien plus grande que celle qu'ils ont eue jusqu'à présent; latitude vraiment effrayante si l'on considère les conséquences funestes qui peuvent en résulter. Ne donner aux jurés à décider que cette seule question vague et complexe, *si l'accusé est coupable ou non*, c'est mettre le sort de chaque accusé à leur entière discrétion, c'est ôter aux juges l'influence salutaire que leur a donnée jusqu'ici le mode de poser les questions qui résultent de l'acte d'accusation et des débats. Ce mode exige en effet une telle précision, une telle concordance avec les lois pénales, qu'il n'est guère possible que l'accusé, plus ou moins coupable, ne soit pas atteint par des peines plus ou moins fortes. Et que l'on ne dise pas que l'inconvénient majeur que nous relevons, sera évité par la question d'excuse et par la faculté donnée au jury de donner une déclaration spéciale sur une ou plusieurs circonstances aggravantes. La question d'excuse sera bien inutile, quand il aura plu au jury de déclarer que l'accusé n'est pas coupable du *crime* exprimé dans l'acte d'accusation, tandis qu'il pourrait être convaincu d'avoir commis le *fait* porté dans l'acte d'accusation, et n'être cependant coupable que d'un *crime* moins grave que celui exprimé dans cet acte. Supposons, par exemple, que *Paul* soit mort par suite des excès et mauvais traitemens exercés sur lui par *Pierre*, et que *Pierre* soit *accusé* de *meurtre* ou d'*assassinat* commis sur la personne de *Paul* ; le jury, délibérant sur une pareille accusation, et convaincu, d'après les débats, que *Pierre* a véritablement, sans excuse suffisante, exercé sur *Paul* des excès et mauvais traitemens par suite desquels ledit *Paul* est mort, mais *sans préméditation* et même *sans intention de tuer*, décidera, avec raison, que *Pierre* n'est pas coupable du crime de *meurtre* ou d'*assassinat* exprimé dans l'acte d'accusation. Ainsi, parce que *Pierre* ne sera pas convaincu du crime exprimé dans l'acte d'accusation, il deviendra impossible de lui infliger la peine due aux excès et mauvais traitemens exercés par lui sur *Paul*, tandis qu'en posant toutes les questions qui résultent de l'acte d'accusation et des débats, ainsi que cela est voulu par les art. 373, 374, 375, 376, 377, 378 et 379 du Code du 3 brumaire an 4, rien ne serait plus facile que de proportionner la peine au délit, soit en vertu de l'article 434 du même code, soit en vertu des art. 828 et 886 du Projet. Nous pourrions citer une infinité de cas semblables à celui que nous venons de supposer.

Quant à la déclaration spéciale sur une ou plusieurs circonstances aggravantes que le jury pourrait donner, après en avoir manifesté l'intention, nous sommes convaincus, par l'expérience que nous avons acquise, que ce cas se présenterait bien rarement ; et que les jurés, décidés d'avance à condamner ou à absoudre, ne manifesteraient presque jamais l'intention de donner une déclaration spéciale. Il serait bien plus commode pour eux de donner une déclaration générale : elle favoriserait bien mieux leur paresse ou leur prévention. Il y a sans doute des inconvéniens attachés à la manière employée jusqu'ici de poser les questions ; mais quelle est l'institution humaine qui soit sans inconvéniens !

On parle d'un procès dans lequel ont été posées trente-six mille questions ; il faut donc qu'il y ait eu, dans ce procès, un bien grand nombre d'accusés et de chefs d'accusation ! encore ne concevons-nous pas comment une si grande quantité de questions a pu devenir nécessaire. Mais que sont, au surplus, de pareils inconvéniens qui se présentent si rarement, et dont il ne résulte qu'un embarras momentané, en comparaison de ceux qui seraient essentiellement attachés à une question unique !

Art. 864. *La décision du jury ne pourra se former pour ou contre l'accusé, qu'à l'unanimité, à peine de nullité.*

Cette unanimité indéfinie nous paraît également sujette à de grands inconvéniens : nous proposons même d'abandonner celle qui n'est exigée que pendant vingt-quatre heures , par la loi du 19 fructidor an **V** ; et pour prouver l'impossibilité d'admettre parmi nous cette *unanimité* , puisée encore dans la législation anglaise , nous dirons que nous avons vu plus d'une fois l'impatiente légèreté de onze jurés , céder à la froide ténacité d'un seul : nous convenons que ce n'a jamais été pour condamner, mais souvent pour absoudre , contre les preuves les plus évidentes.

D'un autre côté , le concours de trois voix pour l'accusé , et de dix contre lui , nous paraît trop favorable au crime.

Nous voudrions que , sur douze jurés , le concours des voix fût de quatre en faveur de l'accusé , et de neuf contre lui. Nous voudrions encore que le tribunal pût, suivant la nature de l'affaire et le genre des preuves acquises , déterminer le délai pendant lequel les jurés seraient tenus de délibérer. Ce délai révolu, le juge délégué irait, accompagné du commissaire du Gouvernement , recevoir leur déclaration.

Art. 865 et suivans. *Voyez* nos observations à l'article 861 , lesquelles peuvent s'appliquer également à quelques dispositions du chapitre VII qui suit ; bien entendu que tous les articles de ces deux chapitres , qui n'ont point de rapport avec nos remarques , peuvent très-bien être adaptés à notre système.

CHAPITRE VII.
Du Jugement et de l'exécution.

Art. 892. *Le préteur , après la prononciation , &c.*

Il faudrait dire : *Le tribunal, après la prononciation* ; et nous observons, à ce sujet , que c'est plutôt au tribunal qu'aux jurés qu'il faut donner la faculté de recommander le condamné à la clémence du Gouvernement. Les jurés useraient rarement de cette faculté , ou , pour mieux dire , ils n'en useraient jamais.

Ils aimeraient bien mieux exercer eux-mêmes le droit de faire grâce , qui leur serait pleinement accordé , s'ils n'avaient à décider que la seule question , si l'accusé est coupable ou non.

Art. 897. *Jusqu'après le jugement du second procès.*

Il nous semble qu'il faudrait excepter de ce sursis l'exposition au poteau, dans les cas prévus par l'article 27 de la première partie, puisque , d'après cet article, la durée de la peine ne se compte que du jour de l'exposition.

Chapitre VIII.

Des Jurés d'accusation et de jugement.

Ce que nous avons dit au chapitre VI du livre I.ᵉʳ, à l'occasion des pro-préteurs, sur la nécessité de supprimer le *jury d'accusation*, et d'attribuer les fonctions de ce jury au tribunal de première instance, nous dispense de faire des observations ultérieures sur ce qui concerne ce jury.

Quant au *jury de jugement*, voyez nos observations au chapitre IV du présent livre, concernant les tribunaux criminels, par lesquelles nous proposons de maintenir le jury de jugement.

Art. 898. *Nul ne peut être juré d'accusation et de jugement.* Il faudrait, suivant notre opinion, se borner à dire, *juré de jugement.*

Art. 903. *Les jurés de jugement seront pris, &c.* Nous avons ici à émettre notre opinion sur la manière de former le jury de jugement : elle s'appliquera conséquemment à cet article et aux suivans du même chapitre, ainsi qu'à tout le chapitre X.

Nous voudrions que les jurés pussent être pris parmi tous les citoyens indistinctement, les plus probes et les plus éclairés du département ; que le sous-préfet et le président du tribunal de chaque arrondissement fussent tenus de se concerter entre eux pour la formation des *listes d'indication*, lesquelles listes seraient composées chacune de cent citoyens, et envoyées au préfet à une époque déterminée ; que le préfet, à son tour, se concertât avec le président du tribunal criminel, ou préteur, pour la formation de la *liste générale*, qui serait réduite au quart des citoyens composant toutes les listes d'indication ; que cette liste générale ne fût renouvelée que tous les six mois ; qu'elle fût imprimée comme ci-devant, et envoyée à chacun des citoyens qui la composeraient ; que les articles 503, 510, 511, 512, 513, 515 du Code du 3 brumaire an 4, fussent rappelés quant aux dispositions qui peuvent convenir au mode que nous proposons ; c'est-à-dire que, le premier de chaque mois, le tableau des jurés fût tiré au sort, en présence, &c. &c. ; que ce tableau fût formé de douze jurés et de trois suppléans, et que les suppléans servissent seulement à remplacer ceux des jurés qui, venant à tomber malades pendant le cours d'une affaire, se trouveraient dans l'impossibilité absolue d'assister à la suite de l'examen.

Quant à la *récusation*, voici ce que l'on pourrait substituer à ce qui est proposé dans le Projet, et à ce qui a été pratiqué jusqu'à présent : la liste générale, formée et imprimée tous les six mois, comme nous venons de le dire, serait communiquée à chaque accusé, après son entrée dans la maison de justice, et lors de son interrogatoire, dans lequel il serait fait mention expresse de cette communication ; elle lui serait laissée pendant deux fois vingt-quatre heures : il aurait, pendant ce temps, la faculté de récuser vingt des citoyens composant cette liste générale ; passé ce délai, il n'aurait plus aucune récusation à exercer, ni sur la liste générale, ni sur le tableau formé le premier de chaque mois ; ce tableau ne lui serait même pas communiqué ni notifié, et ne serait composé que de citoyens tirés au sort sur la liste générale, déduction préalablement faite des citoyens récusés. Le même droit de récuser vingt-cinq citoyens sur la liste générale des jurés, serait accordé au commissaire du Gouvernement, avec cette différence, qu'il ne l'exercerait que lors du tirage au sort, le premier de chaque mois ; ensorte que les citoyens par lui récusés se trouveraient également exclus du tableau des douze jurés et trois suppléans.

Telle est l'idée que nous avons conçue d'une bonne organisation du jury de jugement. Par ce moyen, la formation des listes de jurés ne serait plus abandonnée à l'incurie des juges de paix et à l'insouciance d'un commis de bureau. L'autorité administrative et celle judiciaire, obligées de s'entendre pour la formation de ces listes, y mettraient tout le soin qu'exige leur importance. L'une prendrait des renseignemens près des maires ou adjoints des communes, l'autre près des juges de paix. A l'aide de ces renseignemens, rapprochés les uns des autres, et comparés entre eux, l'on parviendrait sans doute à composer ces listes de citoyens, en état, par leur moralité et leurs lumières, de décider du sort de leurs semblables.

Le mode de récusation que nous proposons, sans occasionner des déplacemens inutiles et coûteux, sans obliger l'accusé d'improviser ses récusations, ainsi que cela est proposé dans le Projet, atteindrait le double but, d'éloigner du jury les ennemis personnels de l'accusé, ou ceux dont, sous quelque rapport que ce fût, il aurait à craindre l'influence, et d'empêcher que les jurés tombés au sort fussent connus de lui, de sa famille et de ses amis, que l'on pût conséquemment, avant leur réunion, les circonvenir et les corrompre. C'est alors aussi que *la promesse de garder le secret*, exigée par l'article 503 du Code du 3 brumaire an 4, deviendrait vraiment efficace ; au lieu que jusqu'ici elle était sans aucun objet, par la notification que l'on était obligé de faire à l'accusé, long-temps avant la session, du tableau des jurés désignés par le sort.

Nous n'avons pas besoin de faire observer ici que les articles 929, 930, et 931 du Projet, qui prévoient le cas où il y aurait plusieurs accusés dans la même affaire, peuvent fort bien convenir au mode de récusation que nous proposons. En général, si nos vues étaient accueillies, rien ne serait plus facile que de mettre à profit, pour leur exécution, les excellens détails qui se rencontrent dans le Projet que nous examinons.

CHAPITRES IX et X.

Voyez nos observations ci-dessus.

CHAPITRE XI.

Nous ne voyons nul changement à faire à aucun des articles qui le composent.

CHAPITRE XII.

Art. 943. *Les jugemens mentionnés dans les articles 614 et 615.*

Voyez nos observations aux articles 612, 613, 614 et 615.

Art. 976. *Soit par les tribunaux d'appel.* Voyez notre observation à l'article 539.

CHAPITRES XIII, XIV, XV, XVI, XVII et XVIII.

Nous observons seulement, après ce dernier chapitre, comme nous avons fait au livre III *des Peines,* articles 141 et suivans, 170 et suivans, qu'il n'est pas dit par qui seront jugés, dans les cas prévus par ces articles, les fonctionnaires y mentionnés.

CHAPITRE XIX.

Art. 1039. Paragraphe 6. *Lorsqu'il aura soustrait.* Le mot *sciemment* ne devrait-il pas être ajouté ! car cette soustraction peut être l'effet de l'erreur ou de toute autre cause très-innocente.

Art. 1040. Paragraphe 3. *Et par le tribunal criminel.* Cette disposition doit faire sentir la nécessité d'organiser le tribunal criminel comme nous l'avons proposé au chapitre IV.

CHAPITRES XX, XXI, XXII, XXIII, XXIV, XXV et XXVI.

Art. 1094. *Ou, en son absence, au proprèteur.* Dans notre système, il faudrait dire, *au premier juge du tribunal criminel.*

CHAPITRE XXVII.

Art. 1113. *Avant l'ouverture des grands-jours.*

Voyez notre observation à l'article 829.

CHAPITRES XXVIII, XXIX, XXX et XXXI.

Art. 1129. *La grâce pourra aussi être demandée par le jury de jugement, &c.*

Nous avons observé, à l'article 892, qu'il ne fallait pas accorder cette faculté au jury, mais au tribunal criminel.

Art. 1156. *Ou, en son absence, le propréteur qui présidera.* Suivant nous, il faudrait dire, *ou, en son absence, le juge qui présidera.*

Fait et arrêté à Metz, en la chambre du conseil du tribunal criminel, le 21 floréal, an 12 de la République française.

STOURM, *président;* JACQUINOT, L. H. ALBERT, *juges;*
P. BOURGEOIS, *commissaire;* DAUPHIN, *greffier.*